论语的味道

唐振杰　著

文汇出版社

《论语》作为中华传统文化的儒家经典，内涵广博宏深，却常令人望而却步。唐老师的这本书结合了自身教育经验，并联系生活实际，将《论语》的智慧融入其中，其以独特视角分学习篇、相处篇和为人篇解读《论语》，为我们开启了寻根之旅。

唐老师从"立体学习观"到"自我合理化"陷阱的避免，引导我们树立正确学习态度和方法；涵盖从真诚待人到如何面对校园霸凌等内容，教我们如何与人和谐相处；从看重内在价值到懂得度与分寸把握，让我们明白如何塑造自身品格。这本书不仅是对《论语》的解读，更是一本帮助我们在现代生活中学习、相处和为人的指南，值得一读。

——《奇葩说》幕后总教练、《松弛感》作者　胡渐彪

唐振杰老师这部书本身就诠释了何谓"君子不器"。书中的鲜活故事和随心感悟，让我在阅读过程中，自然而然地将《论语》和生活交相印证，先贤大义从此不仅是纸面文本，得以融入生命经验。

——知名辩手、《新国辩》主办人、《深度说服》作者　梁秋阳

读书有两种，一是把书读厚，二是把书读薄。《论语》显然是前者，因为孔子的话，如果只从字面理解，实在太过可惜。唐老师这本书，就是寻求《论语》更为深层的味道。在中小学机械的翻译练习以外，唐老师提供了一种对《论语》的解读，包含着他人生的历练。

——知名辩手、席瑞写作力主理人　席瑞

作为教育工作者，我们肩负着传承和弘扬优秀传统文化的责任，同时也要将其与现代教育理念相结合，为学生的成长和发展提供有益的指导。唐老师根据自己对教育的实践和洞察，用心为大家写了这本著作。我们应该借鉴他的方法和经验，在自己的教学中积极引入经典文化，培养学生的思辨能力，让学生在传统文化的滋养下茁壮成长。我们应该像唐老师一样，深入《论

语》，挖掘其内涵，将其智慧融入教学实践中，为学生点亮一盏智慧之灯，引导他们在求知的道路上不断前行。这本书，我将会推荐给我们表达新青年的所有学生和家长。

——表达新青年学社主理人、表达学堂青训总监　唐敏华

真正有效的学习是场景加方法，《论语》教授了方法，却因时代的殊异不能被方便地体悟。唐老师将《论语》嵌入当代孩子们熟悉的场景，如此，读《论语》不再只是知识的增长，更是智识的提升！

——成都银杏基层医疗创新研究中心理事长、资深思辨教练　刘力维

如果你正在寻找一本能够将古代智慧与现代生活紧密结合的书籍，那么这本书绝对不容错过。唐老师把《论语》中的经典名言如"学而时习之""君子不器"等，结合现代教育、个人成长和时间管理的实际案例，展示了这些古老智慧的当代价值，使得《论语》不再是遥不可及的古籍，而是能够指导我们日常生活的实用指南。无论你是学生、教师，还是寻求个人成长的读者，这本书都能为你提供宝贵的启示和实用的帮助。

——知名辩手、思辨教育专家　罗宏琨

"希望每个孩子在成长过程中都能遇到一位'唐老师'"——这从来不是我的客套。从他第一本书《时间的回礼》中饱含真诚的分享，到《论语的味道》里相邀启程的欣然。不为教授，而是盼望更多人能一起收获埋藏于千百年前的"宝藏"，这份赤忱之心令人甚为感佩。中华传统文化之精妙，众所周知，可也正因其厚重与广博，让许多人"望而生畏"。从生活出发、从生命真实的体验出发，邀你我共同去探索和感悟，遇到疑难有商有量、互为指引、携手前行……试问，能与这样一位良师益友共赴，何尝不是人生一大幸事？

——武汉表达者联盟主理人、"死亡咖啡馆"中国带领人　广则希

寻　根

唐老师又出新书了——《论语的味道》。

《论语》，既熟悉又陌生。大家知道《论语》是中华传统文化儒家的经典，由春秋战国时期孔子的弟子集结而成，记载孔子与弟子的言行。说它陌生，是因为古文犹如拦路虎，让不少人望而却步，现代人能静心地完整阅读《论语》的，不多。又，孔子被誉为"至圣先师"："至"者，登峰造极之意；"圣"者，非贤、更非凡人所能及，孔子的精神内涵非常深广。因而，要能正确深入领会《论语》，绝非易事。

因为陌生感，所以疑虑重重：在科学发达、多元文化价值并存的当下，年代久远的《论语》，有必要学习吗？过时了，还有用吗？能帮助到我吗？能令我快乐吗？……

这些疑问，身处教育一线的唐老师是清楚的，这也是他写这本书的初衷之一。正如唐老师自序中写到的：

在《论语》中，有着大量基于时代背景事例的对话，甚至很多问题都极为细致和具体。那我们是不是觉得，这些在春秋时代发生的事，和我们现在的生活相距甚远，所以就没有什么学的必要了呢？当你真正了解了《论语》之后，就会发现，完全不是这样的。《论语》这部书为何会越读越有味道，越深入研究就越快乐？有一个很重要的原因就是，你会发现，即使在现代社会，你在很多领域里所学到的观念，所领悟到的道理，也都能在《论语》中找到根本上的机理。即使是几千年前留下来的话语，也能够给予现代的我们最直观的指引，告诉我们，遇到问题后，应该如何去思考，如何去行动。

基于对《论语》的深入学习与知识积累，唐老师在彭一小学开设《论语》讲坛课程，也是积极响应国家号召的体现。

习总书记指出："以社会主义核心价值观为引领，发展社会主义先进文化，弘扬革命文化，传承中华优秀传统文化，满足人民日益增长的精神文化需求。""要坚持守正创新，推动中华优秀传统文化同社会主义社会相适应，展示中华民族的独特精神标识，更好构筑中国精神、中国价值、中国力量。"

阿诺德·约瑟夫·汤因比（Arnold Joseph Toynbee，1889—1975），英国著名历史学家，被誉为"近代以来最伟大的历史学家"，在《展望21世纪》里说："拯救二十一世纪人类社会，只有中国的儒家思想和大乘佛法。"

复旦大学的校训"博学而笃志，切问而近思"撷取自《论语》——子夏曰："博学而笃志，切问而近思，仁在其中矣。"这是复旦人对《论语》精神的尊崇和敬仰。

我们身边的教科书也在悄然改变。2016年义务教育《语文课程标准》进行了修订，义务教育语文教材更加重视古诗文的学习，反映中华优秀传统文化的内容大幅提升。现在使用的小学语文教材中，增加了《论语》的内容，如：

"学如不及，犹恐失之。"

"默而知之，学而不厌，诲人不倦。"

"温故而知新，可以为师矣。"

"君子喻于义，小人喻于利。"

……

从上到下、国内国外，日渐重视中华优秀传统文化，因为它是一个人、一个民族、一个国家，乃至整个人类灵魂的根。无论时空如何变化，为人之根，如孝悌忠信礼义廉耻，亘古不变。变化的，只是外在表象：时代进步、科学发展、人们的生活样态等。多样的表象，犹如大树上数不清的树叶，没有两片相同。树叶虽千姿百态，而寻其根，唯有一处！当我们纠缠于片片树叶的不同时，往往被它所迷惑。寻根，则是透过现象看本质。

如何寻根？方法论何在？如何学习传统文化，如《弟子规》《论语》？唐老师的做法值得推荐。此书说：

> 对于《弟子规》而言也是一样，我们学《弟子规》时究竟在学些什么？如果只停留在对字面意思的理解，简单狭隘地从"事"的层面学习、理解和践行，你自然就会发现，因为时代及生活方式的不同，其中很多话语的确和我们现在的实际生活是脱节的。例如"亲有疾，药先尝"，如果我们从"事"上学，努力效仿古人在那个时代限定情境下的"药先尝"的话，那真是学死了！
>
> 当我们从"事"的层面，提升到"理"的层面；从事的模仿，到做人道理的把握时，就会豁然明白"亲有疾，药先尝"讲的是"孝"道，告诉人们：为人子女的，应该无微不至照顾父母，以父母的利益为先为重。
>
> "孝"道，是做人的根本，通古今达中外，这一点亘古不变，这是"理"，这是任何人都要学习的。但是在"事"上，却是千差万别了：不同时代、不同地方、不同人群，行孝的方式多种多样，千姿百态，这些都是没有问题的，绝不能强求"药先尝"。
>
> 如此，就能领悟《弟子规》的真意，就能通过学习践行它，给个人、社会、国家带来真实的利益。

的确，若仅从"事"上学，必死于句下，学错、学死了，而非《弟子规》不好。若从"理"上学，契入了、领会了，一通百通，时时处处都得益。学习《弟子规》如是，学习其他传统文化如是，学习任何学问，亦如是。

作为讲课老师，唐老师《论语》讲坛的方法论，又有怎样的特点？

首先，立场鲜明，价值凸显。传统文化，不就是教人做老好人，做愚夫愚妇吗？来看看《论语》和唐老师的讲解吧：

一、有立场，才有价值——"乡愿，德之贼也。"

孔子向来是不喜欢"老好人"的，就是那些觉得什么都是好的，没有原则的人。我们在生活中应该也能碰到这样的人，碰到事后，谁也不得罪，这边说你好，那边说你对，自己完全没有立场和原则。

《论语》里还有一句很有名的话："乡愿，德之贼也。"讲的也是这个道理。所谓"乡愿"之人，就是那些缺乏原则、标准模糊、混淆是非，秉持着那种谁都不得罪，从而和稀泥的"老好人"。孔子认为，这样的人是"德之贼也"，他们的存在会损害德行。

二、真诚，是通往一切的道路——子曰："巧言令色，鲜矣仁。"

这句话表明了孔子的一个态度：孔子不喜欢矫揉造作的人，认为这样的人不自然、不真诚、不可信，很少会有仁德的……而我们倡导的核心价值是真诚——没有什么道路可以通往真诚，真诚本身就是通往一切的道路。

这样的立场价值，说一不二，铁骨铮铮，有原则，有骨气。非"硬骨头"，不能直下承担。

其次，联系生活，紧扣经典。正如书中写道的："用《论语》做皮，用自己的人生经历做'馅'，把生命的蹉跎和这本经典糅捏到一起，你就会发现其中曼妙的滋味。"每一集讲课中，唐老师都辅以鲜活生动的事例，如学生在学习交往等方面出现的诸多问题、丰富多彩的学生比赛活动，当然少不了唐老师自己的工作生活：喜爱的漫画、畅销书、电影，以及他酷爱的马拉松运动……《论语》的味道，很有味道，深沉且轻松，不相妨碍，相得益彰。

第三，突出问题，尝试解决。学《论语》有用吗？能给我的心找个家吗？在这纷繁复杂的世间，有没有宁静之法？那就看看这本书的小标题吧。

我们究竟"为何而学"？

帮助他人时，担心被骗怎么办？

怎样才能交得更好的朋友？

如何愉快地和老人聊天？

在沟通情境中，如何做一个被人喜欢的人？

怎样才能给予孩子真正的爱？

为什么有人会一直在进步？

人与人的距离，为何会越拉越大？

如何看待以吃穿不好为耻的人？

贫与富的真正差距是什么？

……

正如傅佩荣教授倾四十余年研究东西方哲学的心得，用西方哲学的研究方法和视角，反观中国哲学精神，在对照中重新发现中国哲学的普世价值，用传统智慧来解释现代社会、现代人所面临的困境和转机。唐老师教龄18年，先后担任语文教师、班主任、大队辅导员，现在分管学校德育工作。他始终站在教育第一线，站在学生家长之中，深知学生与家庭教育的问题与困惑。直面问题和困惑，尝试提供路径和方法，正是唐老师的聚焦点。

第四，倾情投入，乐之幸福。

知之者不如好之者，好知者不如乐之者。书中"愿意投入后的幸福"一集，唐老师写道：

> 子在齐闻《韶》，三月不知肉味，曰："不图为乐之至于斯也！"
>
> 这句话很有意思，它讲述了孔子在齐国听到《韶乐》，觉得特别好听，以至于回家三个月了吃肉都没心思了，说："没想到《韶乐》能给人带来如此的快乐！"
>
> 众所周知，孔子是爱吃肉的，但听了《韶乐》后连吃肉都觉得没味道，可见对其痴迷的程度。
>
> 很多人会觉得奇怪的是，孔子怎么会对一件事情沉迷到这种程度？这是不是夸张了呀？
>
> 我很理解那些不解的人，但同样稍感遗憾的是，那是因为你没有感受过那种沉醉其中的状态。

唐老师倾慕孔子沉醉其中的幸福忘我的状态，自己也全身心投入《论语》的学习与讲课之中，初尝投入之后的幸福感：

　　再比如这些年在学校开展的《论语》讲坛课程，同学们所能看到的只是"输出"的结果，而在整个过程中，从知识的输入到内容整理，从内容的整理到课程的输出，每一讲的每一个环节都是需要大量时间成本的。尤其在一开始的时候，每做一期讲坛，所要花费的时间，零零总总算下来都要将近10小时。但这些时间对于我来说从不觉得煎熬的原因是，只要我真心投入其中，一会儿就三四个小时过去了，你永远都会觉得时间太快了，太不够用了……

　　唐老师"真心投入"《论语》讲坛，《论语》内涵虽广博宏深，而对象是小学生，且每一集讲课时间有限，唐老师必定俯就时机做减法，用当下小学生能理解的语言和方式进行授课。与备课本身相比，更重要的是，唐老师始终非常享受整个过程。"好之者不如乐之者"，从这个角度，可以说《论语》讲坛已经入轨了，上道了。

　　此书是一位刚值而立之年的老师，学习传授《论语》的心得体会。在如今超级现实的时代，唐老师则回心关注形而上的精神家园，捧一颗赤诚无染之心于学生："看着一个人慢慢变好，是最有成就感的教育。"实属难能可贵，应给予鼓励。

　　《论语》是传承千年的经典之作，当反复研读，终身学习。不同的境遇，人们阅读《论语》会有不同的感悟；不同的人生阶段，学习《论语》定有不同的收获。学习《论语》历事炼心，寻根之旅无有止境。可否期待唐老师不惑之年乃至知天命、耳顺之年之《论语》的味道？

刘静

2024年8月31日

自　序

从2021年年初起，我就在自己的学校里开展了《论语》讲坛的课程，旨在用独特的观点、实在的案例，对《论语》里的内容进行讲述和拆解。

《论语》这部书对于小学时代的孩子而言，或许略显枯燥，学生们觉得，几千年前的文字如此佶屈聱牙，让人读不明白。而仅有范围内所接触的《论语》部分的内容，也都是一些教材的内容，这里要背，那里要考，这个加点字要明白，那句话要翻译……如果对于《论语》这部作品的认知仅仅停留在这个层面上，未免有些可惜。

只有真正开始接触《论语》的时候才会发现，这其中的奥妙完全不止停留在表面上，而是要了解在那个时候，究竟是在怎样的背景下会有这句话的出现，以及它有着怎样观念的引领，从而能对我们现在的生活和学习带来怎样的帮助。而这样的理解，需要老师的引导，需要课程的协助。这也是我为何会设计《论语》讲坛的根本原因。

关于学习传统文化，在最近几年听到过很多不同的声音，有些人会觉得有些传统的东西离现在太过久远，所以很多都是时代的糟粕，是不值得学的。最典型的就是对于《弟子规》的抨击，而对于这一点，我是有话要说的。

我们就以《弟子规》为例。我曾经参加过几次学校里的《弟子规》教育活动，在活动的某个环节中，同学们需要对《弟子规》中的某句话进行情景演绎，通过情景剧的形式来表达对于内容的理解。以下两个故事我印象很深刻：

1."衣贵洁，不贵华。上循分，下称家。"

孩子们在小品中表示，不要过多注重外表，不要总想着穿漂亮衣服，最后把那些别人送的漂亮的衣服统统还了回去。

2."年方少，勿饮酒。饮酒醉，最为丑。"

孩子们在小品中发现爸爸妈妈原来也喝酒，表示很生气，而爸爸妈妈为了能够给孩子起到榜样作用，决定戒酒。

这两个故事，孩子和家长们都演得十分可爱，过程中也笑料百出。但看完笑完，我总觉得有些许遗憾。如果我们把《弟子规》的学习只停留在这个层面，难怪会有人对此表示不理解，从而加以批评，甚至进行抨击。

黄执中老师曾经帮我们理清过一个概念，他说，这世上的格言也好，警句也罢，有些产自安稳年代，有些来自动荡时局。

我们在安稳时关心体面，所以才会有所谓"君子爱财，取之有道"，才会有"予人玫瑰，手有余香"。

我们在动荡时关心生存，所以才会有所谓"胜者为王，败者为寇"，也才会有"人为财死，鸟为食亡"。

哪一句是对的？哪一句又是错的？你很难分辨，那是因为它们产生于不同的时代。盛世的时候我们人人温饱不愁，追求精神层面上的超越。乱世的时候我们人人安危难保，用尽一切手段才得以生存。

所以，网上那些所谓"名言不可信"的笑谈——一会儿告诉我"宰相肚里能撑船"，一会儿告诉我"君子报仇，十年不晚"；刚刚还说"男儿膝下有黄金"，现在又说"大丈夫要能屈能伸"；上次还说"在天愿作比翼鸟，在地愿为连理枝"，现在又说"夫妻本是同林鸟，大难临头各自飞"……

这么多的矛盾，我们应该信什么？哪句是对的？我们陷入了迷茫……

其实哪句都是对的，只是在说这句话时，每个人的处境不一样，每个人的时局不一样，每个人所需要的方法和指导自然也就不一样。

所以我们发现，格言和警句的任务，不是要分个你对我错，更多的是要在当下给出指引，不同的时局，不同的时代，就会需要不同的指引。

盛世教人体面，乱世教人生存。

对于《弟子规》而言也是一样，我们学《弟子规》时究竟在学些什么？如果只停留在对字面意思的理解，简单狭隘地从"事"的层面学习、理解和践行，你自然就会发现，因为时代及生活方式的不同，其中很多话语的确和我们现在的实际生活是脱节的。就好比之前那些小品的例子中，你说"衣贵洁，不贵华"，而现在身处于这个时代的我们，在一些重要场合，一些重要仪式上，需要正装盛装出席，与气场相应，以示尊重和恭敬，这是从"事"上的理解。

如果我们把学习的方向调整为——它要指引我们的道理是什么？或许你就会发现，在这句话里其实告知我们的是：无论你穿的是什么，整洁和干净，永远都是体面的首要标准。

所以，小品里无须把那些漂亮衣服都还回去，而只须每天都穿得整整齐齐、干干净净地见人，这才是《弟子规》中"衣贵洁，不贵华"所要提供给我们的指引。

你又说"年方少，勿饮酒。饮酒醉，最为丑"，所以我们的家长很伟大，为了这句话，他们可以改变自己这么些年的喝酒习惯。仿佛在告诉孩子，喝酒就是一件不正确的事情。

但是李白也说过，"人生得意须尽欢，莫使金樽空对月""古来圣贤皆寂寞，惟有饮者留其名"。

哪个是对的？

在李白身处的时代，加以他的个性，他所追求的是洒脱和自由，宁愿牺牲一些体面和清醒。这是他的选择。

而在我们身处的时代，我们追求的更多的是体面和健康，所以可以牺牲一些肆意和欢愉。

没有对错，只是时代不同，选择自然也会有所不同。

所以，不必为了这句话就和孩子信誓旦旦地保证要戒酒，这可不是一件容易的事，再搭上自己的诚信成本，这实在是一件风险过大的事情。而是要通过这句话给孩子引导——凡事，皆要有个度，要懂得克制，不能过度地放纵自己的欲望。这才是这句话所要带给我们的指引。

找到指引，这正是我们学习《弟子规》的意义，其实，也是学习传统文化的意义所在。

如果有人说，有些古典文本中的话语离我们的生活太远了，和我们现在的时代完全不符，所以就没有学习的必要，甚至抨击它是糟粕的话，那只能说明他学得非常糟糕。

我们深入学习传统文化的人则要知道，没有任何一个经典文本能够给予这个时代的我们完全契合的价值。随着时间的变量，地域的变量，那些文字多多少少总会和我们现有的生活有出入，甚至冲突。

所以，我们的学习不要只停留在表面，不是仅仅为了"背"，也不是单单为了"理解"，而是要更为完整地去了解，更为深入地去汲取，才能知道如何在这样的经典中，更为有效地找对学习的方向，这样才能够寻找到相应的指引。

这样的指引，却又能实实在在地帮助我们在各自的生活中变得更通透。

对于《论语》的学习其实也是一样的。在《论语》中，有着大量基于时代背景事例的对话，甚至很多问题都极为细致和具体。那我们是不是觉得，这些在春秋时代发生的事，和我们现在的生活相距甚远，所以就没有什么学的必要了呢？当你真正了解了《论语》之后，就会发现，完全不是这样的。《论语》这部书为何会越读越有味道，越深入研究就越快乐？有一个很重要的原因就是，你会发现，即使在现代社会，你在很多领域里所学到的观念，所领悟到的道理，也都能在《论语》中找到根本上的机理。即使是几千年前留下来的话语，也能够给予现代的我们最直观的指引，告诉我们，遇到问题后，应该如何去思考，如何去行动。

熊浩老师曾在微博上说过：子的语，不难懂。初看是教条常理，但是如果用《论语》做皮，用自己的蹉跎做"馅"，把生命的经历和经典糅捏到一起，那味道，怎一个绝字了得？

就好比《论语·子罕》中，颜回评价孔子说"夫子循循然善诱人"，这句话是说，夫子有着足够的耐心去启发学生。是的，作为老师而言，让学生记住答案很简单，但让其领会精神，真正参透的过程却更费精力。而夫子对于颜回，那种纯然的耐心，去引导，去启发——"博我以文，约我以礼，欲罢不能。"这是要告诉你，真正的好老师应该长成什么模样……

你看，短短几个字：夫子循循然善诱人，应然是老师这个职业的指引与亮光。它告诉你，当你渐渐倦了，渐渐失去耐心的时候，有没有可能捺下性子，站在学生的角度去从头梳理；当即使在互相都看不见的网课时期，你又有没有那种决不相互敷衍的决心，更用心地去带领他们走完这一段互相不能看见，却也不会荒废的时光……

整个准备讲坛的过程，我真心发现，《论语》的奇特就在于，越精讲，就越深入，越深入就越觉得充满价值。你会兴奋地发现，经过时光淬炼的经典，居然可以在自己的人生中得以混合、发酵，从而熠熠生辉，这散发出的，是一种名为幸福的味道。

在讲述课程的过程中，还有一些同学会有疑问，那就是像《论语》这样的文本太过古典了，它还适不适合现代社会的年轻人呢？

我想，答案是一定的。

在2021年青年节的时候，B站发布了一条视频，题目叫《我不想做这样的人》。在这个视频中，两位青年学生，分别对于当下的种种议题发表了自己的见解，这种种观点来自全国各省市955位初中生同学：

其实，我还不知道自己想成为什么样的人，但是我们可以分享的是，我不想做什么样的人。

我不想成为拿着"锯子"的人。随时随地把人群锯成两半，这一半是男人，那一半是女人；这一半是盟友，那一半是对手。对手赞同的，我们必须反对；对手反对的，我们必须赞同。无论对错，只争输赢。

我不想做一个浑身带刺的人。嘲讽别人的成功，嘲笑别人的失败；看不惯过得比他好的人，看不起过得没他好的人；一肚子抱怨和借口，凡事不是自己的错，都是别人的错。

我不想做一个流水线上制造出来的人。没有独立的人格，只有预定的人设；没有闪光的才华，只有抛光的流量；没有精彩的作品，只有热闹的八卦。

我不想做一个隐身的人。需要挺身而出的时候，他藏在人群里；需要解决问题的时候，他消失在所有人的视线里。

我不想做一个油腻的人。你吃亏的时候，他说吃亏是福；该较真的时候，他说难得糊涂。

我不想做一个没有同情心的人、一个不讲义气的人、一个没有教养的人、一个半途而废的人、一个遗忘历史的人……当我成为师长、父母、前辈的时候，我想我的孩子会对我说，我想成为你这样的人。

这是一段极好的台词，我在这里分享给各位。但更重要的原因是，你都能够在《论语》中找到相应的原点。

我不想成为拿着"锯子"的人——"耳顺之德"：要学会对世事保持同情、理解。

我不想成为浑身带刺的人——"见贤思齐，见不贤而内自省也"：关注自己的成长，追逐他人的光亮。

我不想成为一个流水线上制造出来的人——"君子不器"：拥有独立人格，有温度，会思考，是教育真正的目的。

我不想成为一个隐身的人——"讷于言而敏于行"：有着直面问题的能力，有着敢于尝试的勇气。

我不想成为一个油腻的人——"乡愿，德之贼也"：不媚俗趋时，不流俗合污。

……

少年们这一句句话铿锵有力，它并不是新知，它早就镌刻在《论语》里。是的，有的古典，如此年轻！

在这本书里，是我整个《论语》讲坛所整理讲述的内容。我从《论语》这部书里选择了160多条，编成了141讲，根据内容，将其分为"学习篇""相处篇"和"为人篇"。

其实一开始的时候，是比较费心的，前几期的课程，从一开始的思考和整理，到之后的备课、媒体制作、顺课和宣讲，再到课后发布在学校公众号平台上文字版的归纳输出，大约每期都得花我8到10小时的时间。因为在过程中我会想到一个很重要的问题，那就是现在的学生如果要接触《论语》，以怎样的方式去讲授，才最容易让他们接受？于是每一期课后，我都会找来一些学生进行课程反馈，在之后网课录课的形式下，还能找到很多家长给予宝贵的意见。在这个过程中我发现，现在市面上大多数《论语》的课程都太过深奥且枯燥，从文化的角度、从哲学的角度去入手的话，这个年龄段的孩子是没有办法接近的，因为《论语》的门槛，对他们而言，太高了。

《论语·子张》里有句话，子贡曰："譬之宫墙，赐之墙也及肩，窥见室家之好。夫子之墙数仞，不得其门而入，不见宗庙之美、百官之富。得其门者，或寡矣。夫子之云，不亦宜乎！"

意思是说，当别人说子贡比孔子贤能的时候，子贡解释说："就拿墙来作比喻吧，我的墙不高，只到肩膀，有人路过时，探探头就能看见里面的屋子有多好。而夫子的墙太高了，过路者如果不由门进入的话，是绝然看不到里面的精美和丰富的。但能够找到门的人太少了。所以叔孙武叔说出这样的话，是很正常的。"

子贡把他和孔子都比喻成墙，自己的墙比较低，孔子的墙比较高。最大的区别就在于，低的墙更容易被别人看见里面，而高墙就务必要找到门才能进入，才能了解。所以叔孙武叔不了解孔子，在子贡看来是极为正常的，因为他根本没有机会去了解孔子的贤能。没有找到门的人，自然就不会领略其中的风景。

所以，如果要让孩子们去接触《论语》这部书，门槛过高是行不通的，我们不能光去讲道理，也不能仅仅讲方法，你不能告诉他："你就是要做一个君子，做一个好人，要更懂得仁德的重要……"这些都是毫无意义的。在我的《论语》讲坛中，我要做的一件很重要的事就是，先统领这句话中所要表达的观念，先厘清观念，然后通过他们能够理解的，甚至感同身受的案例，让他们懂得这个观念的机理，从而再落实到自己的行为中去。

是的，在教会别人"怎么做"之前，有一个非常重要的步骤常常被人们忽略，那就是"为什么要做"。没有观念引领的方法，是留不住的。

任何学问都是如此，从接触开始，先得感兴趣，然后才继续深入。我始终相信一句话：知识不值钱，讲述知识的方式才值钱。希望这样子的《论语》讲述的方式，可以让更多的同学领会到这本经典的奥妙，从而真正地，发自内心地，去寻找继续接触它的途径和方法。我知道《论语》的经典和智慧还会有很多个面相，我所讲述的那个面相选择的是孩子们最能接受的，但着实不一定是最好的。我希望的是，在我这里听完、看完《论语》的人，可以继续这条《论语》的学习之路，这才是我的课最有价值的地方。

这是一个漫长且辛苦，但却极为奇妙的"旅程"，好在我已经在路上了，那么，就希望在路上可以有缘碰到更多的同行人吧。

目 录

学 习 篇

相 处 篇

为 人 篇

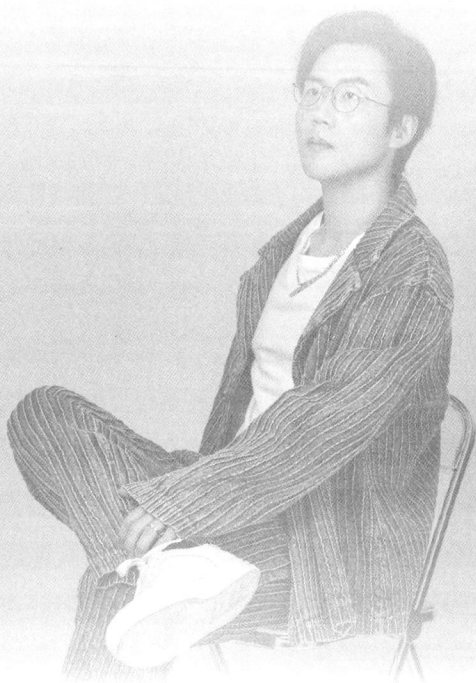

学习篇

懂得"立体学习观"

学而时习之，不亦说乎？有朋自远方来，不亦乐乎？人不知而不愠，不亦君子乎？

这句话是《论语》的首章首节，也是几乎所有人都听过、读过、背过的一句话，因为它最早出现的地方就是我们的语文书，所以在很小的时候，我们就在课堂上听老师讲解过这句话。

但也正因为如此，绝大多数人对于这句话的理解是：学习从而经常练习，是件快乐的事；有好朋友从远方来，也是令人感到愉悦的事；人家不理解我，我也不生气，这是一种极好的君子风范。

是的，从诸多《论语》的注疏来看，这句话完全可以这样理解。但再细读过后，却会有那么一丝小小的疑惑：这句话里的每一段都很有道理，但为什么要把它们放在一起呢？你会发现，如果仅仅从字面理解，把这些话放在一起时貌似就显得不那么搭调，甚至有些逻辑混乱了。孔老夫子究竟想要通过这句话告诉我们什么呢？

这里，我们就要从大多数学生在学习中的一大困惑说起。

在学习的过程中，我们很多人都会遇到一种困惑是：无论是阅读还是听课，在完成的那一刹那总觉得自己看懂了、听懂了，但没过几天，那当初看得、听得很明白的东西就会逐个遗忘，哪怕刻意回忆，也难免落得"白茫茫大地一片真干净"的下场，这着实让人感到挫败。有什么方法可以避免这种时间推移后的遗忘呢？

出于这个困惑，借由熊浩老师的《哈佛谈判书》这门课，强烈引荐给大家的一个方法叫"立体的学习观"。而"立体学习观"的基本概念就出自《论语》的首篇首节："学而时习之，不亦说乎？有朋自远方来，不亦乐乎？人不知而不愠，不亦君子乎？"

那么接下来，我们就来细致解析一下这句话究竟能够给我们的学习带来哪些帮助。

学而时习之，不亦说乎？——学习后，找到恰当的机会去实践，这不是一件让人快乐的事情吗？

我们经常会把这个"习"当作是复习。而在李泽厚的《论语今读》和杨伯峻的《论语译注》里，这个"习"更适合理解为实习、练习，也就是说学完知识之后，我们要去实践和运用。"习"的繁体字写作"習"。上面一个羽毛的"羽"，下面一个白天的"白"。宋代理学家朱熹对于它的理解是：幼鸟在白天振翅高飞的样子。所谓的"习"，就是学习了之后，去用，去试试看的意思。

学习到一个知识之后，找到合适的时机，有意去使用，刻意去练习，用理论的知识去和生活的实践进行第一个回合的碰撞，通过知识在实践中的磨合，让知识有着第一维度的把握，这是一件让人感到快乐的事。

比如在语文的写作课中，我教了一个方法，你在课上完全听懂了，也知道了它的原理。回到家后，我非常期待你用这样的方法去试试看，即使在试的过程中不那么顺畅也要刻意去使用。你得知道，这种"不顺畅"是自然的，一个新的技能和方法在刚开始使用的时候自然会有阻碍，多用几次，多试几次，就会慢慢地"长"到身体里去。而当你拥有了这些技能，从而越写越好的时候，你会发现，这的确是一件令人高兴的事。

我想，不仅仅是写作，任何领域的学习都逃不开"学而时习之"，只有真正去用了，找到了在实践中的反馈，让这样的反馈带着你逐步前进，这个过程，才是快乐的。

有朋自远方来，不亦乐乎？——当完成了自己的实践之后，我们可以选择和更多志同道合的人进行分享和参照。

杨伯峻先生对于"有朋"有过注疏：古本有作"友朋"。旧注说："同门曰朋。"宋翔凤《朴学斋札记》说，这里的"朋"字指"弟子"，就是《史记·孔子世家》的"故孔子不在，退而修《诗》《书》礼乐，弟子弥众，至自远方"。所以译文用"志同道合之人"符合本义。

按照杨伯峻先生的说法，寻找到一群志同道合的朋友是一件让人感到愉悦的事，当自身的体验有所局限的时候，和身边的朋友一同分享，在别人的生命体验里寻求到自己的人生参照。

所以，在生活中能找到在某个领域和自己志趣相投的朋友，是幸福的。这种幸福在于你们可以共同去研讨一件大家都感兴趣，并且正在努力着的事。**这样的交流之所以让人快乐，是因为一个人的知识毕竟有限，当有一些我没有参透的东西，在你这边能找到映照时；当我自己的一些发现，通过分享被你认可时，我们就好像共同被照亮了一般，这样的相处，怎能不让人愉悦？**

人不知而不愠，不亦君子乎？——别人不理解我，我也不生气，这难道不是一种君子的风范吗？

孔子是要告诉你，在学习的过程中，总有人会不认同或不理解你。**在这个时候，我们不要生气，不要一上来就急着反驳和对抗，而要在过程中先去深刻地反省自己。看看在这个知识的把握中，自己还有没有缺漏和反思的空间？**一旦这样想，这就是一种难得的君子风范。

在我们的日常学习或者生活中，总会有一些被人质疑的时候，很多人在第一时间会选择捍卫自己的观点，甚至情绪上头为之感到不快。比如在课堂上，老师在讲述内容的时候，底下的学生一旦产生质疑，老师们的反应会是怎样？是觉得生气，没面子，然后想尽一切办法捍卫自己，还是静下心来想想，同学们为什么会这么认为？究竟是哪里出现了问题？如果是知识点的偏移，那就纠正自己；如果是表达方式不当，那或许也可以为今后的讲解提个醒。但无论怎样，在受到质疑时是不应该先生气的，因为始终反思自己的人，想的都是如何能够提升自己，而不是简单地捍卫自己。

这样子的立体学习观是要告诉你：**在整个学习的过程中，从外部的知**

识，到自己的实践，由自己的实践到群体的参照，再从群体的参照到内心的独白，要构成一个完整的知识闭环。一旦掌握这样的知识闭环，我们就会进入另一个层次，不会轻易地忘记学过的内容，从而让自己的成长，更有效率。

什么是真正的"聪明"？

温故而知新，可以为师矣。

这一节中我们要讲述的也是一句很熟悉的话：温故而知新，可以为师矣。这句话语文书上也有，其中的解释是：温习旧的知识，学习新的知识，就可以为人师了。这是一种比较好理解的说法。但这句话还有其他解法，在《四书章句集注》中，朱熹对"温故知新"的解释是，复习旧的知识，可以产生出很多新的意思。你学到了很多知识，当回过头来温故的时候，知识和知识之间会有链接，你就会对之前学习到的东西产生新的体会，考虑问题也会比较深入。

这是一个很棒的诠释。生活中我们都愿意成为一个聪明的人，那我们究竟有没有想过，到底怎样的人才能被称得上是一个聪明的人呢？

在这一节的讲述中，我们先来厘清一种"聪明"的概念。有一种聪明并不意味着我会比你多了解多少，而是我能够从既有的知识里提炼出哪些新的观点和想法。

就好比很多中小学生都喜欢的一部名叫《名侦探柯南》的动漫，大家都很羡慕其中的工藤新一，或者变小后的柯南，因为他的确显得很聪明。但我们回到剧情中来看，其中那些所谓的高光瞬间，真的可以用简单的"聪明"来概括吗？

就如同有好多集，柯南能够洞察事实真相的方法在于，他懂得一种独特的交流方式叫摩斯密码；也有一集中，他一眼就能看出假钞上有着和真钞完全不一样的小细节……这样的情节比比皆是。小孩子看到这种剧情后往往会发出感叹——柯南简直太聪明了，这些稀奇古怪的知识其他人都不知道，就他知道。

是的，其他人都不知道，就柯南知道，那是因为他认知范围的设定就比其他人要大得多，有太多太多知识和技能是一开始就存在的。我们与其说这是聪明，还不如说，这是导演和编剧为了这么一个人物可以被大多数人所崇拜，而帮他立的人设。这种"聪明"之所以会让人觉得有距离感，是因为我们觉得这离自己太过遥远，大多数人都是无法企及的。

那真正的聪明是什么呢？有什么在我们的实际生活中可以借鉴，可以够得着的"聪明"呢？

这一节中所提到的"温故而知新"，或许就可以告诉你方法：去巩固一下以前的知识，聪明的人可以在其中找到新的认识。

打个比方，就好比我们都有一套乐高玩具，大多数的孩子拿到这套乐高，摸索一下能拼搭出房子，再摸索一下可以搭出一辆车子，这不困难，绝大多数的孩子都能做得到，因为既定的说明书上就是这么写的，或者本来就有现成的参考案例去指导你该如何拼搭。而我在拼搭出房子和车子后，自己再研究和摸索一下，在没有任何乐高模块多出来的情况下，却能尝试拼搭出恐龙和大象；再琢磨一下，还能搭出飞船和游艇……是的，别人用同样的东西只能搭出房子、车子，而我却能凭借着自己的摸索搭出其他新鲜的事物，这是从既有的知识里通过组合和搭配，寻求不同的角度米看待和解决问题。而这样"温故而知新"的人是可以做老师的。

这里也要提到我们讲《论语》的意义。很多人读《论语》的一大困惑就在于，几千年前的东西，对于现在的我们，除了考试会考之外究竟有什么用？而当你真正去细读《论语》后，你可以从中找到很多不一样的链接，从而让现在的学习和生活得到别样的启发。这正是此书的目的和意义所在。

作为一名一直在一线工作的老师，我始终坚定地认为，知识本身并不值钱，讲述知识的方式才更为值钱。在现今这个时代，几乎所有的知识我们都能通过各种途径获得，但如果你能对其有不一样的理解，能从不一样的角度切入去认知，或许就能让知识传播和接收得更有效率。

孔子的这句"温故而知新，可以为师矣"，就是告诉我们，要尝试在既有的知识里去寻求新的想法。这是一个非常好的学习理念，也是一个可以把我们变得更聪明的方式。

学习中怎样才能不迷茫、不倦怠？

学而不思则罔，思而不学则殆。

这句话从字面上的翻译是：学习而不思考就会迷茫，思考而不学习就会倦怠。那对于我们现在的学习有什么指导意义呢？

《朱注》中说，不求诸心，故昏而无得。不习其事，故危而不安。程子曰：博学、审问、慎思、明辨、笃行五者，废其一，非学也。

这里其实提供给了我们很好的学习方法。在学习的过程中，我们有两个观念一定要先厘清，才能更有效地进入学习状态。"学而不思则罔，思而不学则殆"这句话正是这两个观念的高度概括。

一、学而不思则罔：思考和困扰的区别

黄执中老师在他们的"好好说话"的课中谈过一个生动的例子。他说，现在很多的孩子在上课的时候总是"假装"在认真学习，而这样的"假装"认真又很容易蒙蔽自己。就好比当老师在课上提出一个问题——"5×7+28-5等于多少？"我们假设全班的学生都在听课，没有做小动作的话，那底下的学生会立马分成两拨：

第一拨学生他们会顺着老师的题目整理自己的逻辑。心路历程大致是这样的：这是一个比较复杂的运算，但没关系，一步步来，5×7=35，那35再加上28等于63，再把63减去5……老师我知道了，答案是58！

这，叫作思考。

另一拨学生他们会做冥思苦想状，把头低到最低，不让老师看见，然后满脑子想的都是：好难啊，好难啊，答案是多少呢？答案是多少呢？老师不

要叫到我，祈祷老师不要叫到我……

这，叫作困扰。

所谓思考就是有逻辑地将思维逐步向前推进的过程，而困扰就只是苦恼——不知道该怎么办。在我们的日常课堂中，大多数学生总会不自觉地进入困扰模式，任由老师和其他同学说出问题的答案。

其实不光是在课堂上，作为老师的我，在其他的场合也经常能体会到"思考"和"困扰"所带来的区别。

比如有一次队长培训，我们需要在一开始的时候做一个简短的自我介绍，从而方便在场的小伙伴们第一时间认识你、了解你。由于时间的关系，我会在十几名队长里面挑选3名上台介绍。

而当我对他们表示，会给5分钟时间准备，然后随机抽选3名上台介绍的时候，底下的队长们就非常明显地分成两种截然不同的模式。

第一种会立马做准备，脑中想的都是曾经学过的自我介绍的方法：先说什么，再说什么，然后用哪一个故事进行串联，从而突出自己的哪一项特质……这一类学生会在5分钟后底气十足地看着你，随时做好上台的准备。

第二种则会开启"祈祷模式"，在这5分钟里，他们唯一做的事情就是计算概率，然后双手合十，嘴里念念有词，求神拜佛地祈祷自己不要被选中。

那么你猜，在这两种模式下，究竟哪种孩子更能得到锻炼，更能有所收获？你再猜，在这种长期的思维模式下，会对这两类孩子之后的学习历程产生哪些影响呢？

是的，思考和困扰，这恰好就是课堂上最为典型的两种听讲模式。更要命的是，往往那些习惯进入困扰模式的同学，对于自己的判断也仍然是——我有好好听课。唉……这真的是一个不太美丽的误会。

在我的课堂上，我始终要求大家养成上课举手的习惯。**如果你懂得以上这个观念，你就会明白，举手并非是举给老师看，更多的是举给自己看。你要明白的是，举手的动作是在提醒自己，要时刻进入思考模式，而并非陷在**

困扰的陷阱当中。因为但凡不思考，在知识不断涌入的情况下，是无法真正留住它们的。

所以，所谓"学而不思则罔"，就是告诉你，分清思考和困扰的区别，在学习的过程中让自己时刻处在思考模式中，这样才不会糊涂。

二、思而不学则殆：人没有办法思考自己认知以外的东西

讲到这里，我们还要引用《论语》里的另外一句话，子曰："吾尝终日不食，终夜不寝，以思，无益，不如学也。"

所谓"思而不学则殆"，所谓"以思，无益，不如学也"，就是说思考后不学习就会困惑。我们只能思考自己认知范围内的事物，而认知范围则是随着学习的精进而不断扩张的。所以与其闷头苦思，不如投入学习。

人们常说，我们从小的学习历程就好比在画一个大圆，你所学习的文学、数学、语言、历史、地理、物理、化学等科目，都是在这个圆的范围内。而到了大学和社会，我们就会往一个地方精进，是在这个圆的某一个点上不断突进，从而寻求在某一个领域中获得成就。

而你所有思考的范围统统就只是这个范围内的东西，在你所学的范围内进行思考、整理和输出。一旦你想要涉及的领域是在这个范围外，你所有的思考就开始虚无起来，你必须要做的是，把自己的认知范围扩大，把这个领域里的知识纳入自己的空间里，这样的思考才有价值。

就好比我们正在上中小学的孩子们，如果我让你们思考一元一次方程、二元一次方程、鸡兔同笼的问题，我想你们都能够有概念，并且在脑海中可以形成逻辑链条，从而帮助你一步一步解答问题。但如果我让你们思考微积分，你们就抓瞎了，你们再怎么想都不会想出个所以然。这不是因为笨，也不是因为不用心，而是微积分根本不在你的认知范围内。如果你真的想要解决这个问题，与其拼命想，不如好好学，把它纳入你的知识体系中，你才能够去思考，去探索。

语文也是一样。我让你思考鲁迅和巴金的文章，你没有问题；让你思考李白和杜甫的诗，你也没有问题；让你思考四大名著，你仍然可以有的放矢。

但如果我让你思考欧洲的古典文学，你又抓瞎了，因为你完全不知道在这个领域里到底有哪些东西是可以思考的，因为你全然没有接触过。这个时候，你就认识到了认知范围的重要性。

是的，思考问题后的学习就是让自己有更多可以帮助自己思考的认知，不然就会始终停留在思考后的困惑之中，无法解脱。

生命坐标的参考

子曰："吾十五而志于学，三十而立，四十不惑，五十而知天命，六十而耳顺，七十从心所欲，不逾矩。"

熊浩老师曾经在一篇演讲中提过，古代的文人没有我们现在焦虑的原因在于，在中国的古典时代，关于一个人的一生会如何度过，他的彼岸如何设定，生命如何成长，都有一些相对权威而共识性的标准，值得我们去依托。

在《论语》里，孔老夫子给了一个很好的标准——子曰："吾十五而志于学，三十而立，四十不惑，五十而知天命，六十而耳顺，七十从心所欲，不逾矩。"你会发现，像这样的人生建议，让你的每一段光阴，都有沉淀下来的坐标；每一段成长，都有扎扎实实的印记。

那这句话给予当时的人们怎样的指引，以及可以带给现在的我们怎样的参考价值呢？

一、吾十五而志于学

这句话是说，在人15岁的时候就要有志于学习，而所谓有志于学习，是指要自己真正地去明白学习的意义，不靠他人的牵引，主动、自发地去学习。

我们可以想一想自己现在的学习状态，有多少是完全发自内心地懂得学习的意义，不需要老师督促，不需要家长监管，只是由衷地向往学习这件事的本身？

这就像我们在疫情管控的时候，不得已被关在家上网课，对于一大部分学生而言，这真的是找到了一个难得的"机会"：老师隔着屏幕看不到你，家长们上班管不到你，房门一关，就只是面对着一台可以上课的电脑，你会以怎样的状态去度过一天？

很遗憾的是，我们有很多学生选择的是懈怠，哪怕是一些平时表现还不错的学生，在网课期间的状态也是糟糕的。一个很重要的原因在于，他们根本还没想明白学习的意义，之前那一切的学习标准和价值都是老师和家长们强加于他们的，一旦脱离管教，便没了主心骨，瞬间就滑到肆意放纵的频道中去了。

而也有一些同学，他们无须他人提醒，自己就能在学习中找到动力。他们由衷地认为，学习这件事是可以给自己带来收获的，也能切切实实地感受到这样的收获给自己带来的种种正反馈，这样的正反馈会引导着他继续前行。是的，越早懂得学习的意义，就越早能够真正进入学习的轨道。

二、三十而立

30岁的时候要能够自立。放到现在，我们或许可以说，在人生30岁的时候，至少要有一项能够立足于社会的专长。

每逢大学生毕业季，就会有学生产生这样的困扰：毕业后找工作，是找自己擅长的，还是找喜欢的？

一个人之所以会有这样的困扰，那或许是因为擅长的事情不喜欢，喜欢的事情又不擅长所带来的矛盾。我能给出的建议是，在你的"喜欢"还没有完全转化为"擅长"时，那就去选自己"擅长"的事，因为做"擅长"的事可以带来财富的相对自由，时间的相对宽裕……这些都可以完全反哺到你的兴趣中去，去滋养你的"喜欢"，从而让这"喜欢"有变成"擅长"的可能。

就好比一个大学生即将毕业，专业是财务，但他所喜欢的事情是摄影，而目前的水平又还没有达到行内标准，刚毕业资金也不充裕，也买不起自己想要的设备。虽然他非常想要从事这个行业，但在这个时候，我仍然建议你去选择目前专业里干得最顺的事情——先去财务领域找工作。这样一来，你可以先把自己熟悉的事情做起来，做的过程中可以积累财富，用这些财富可以去购买兴趣所需要的装备。又可以节约出很多的时间，这些时间也正好可以反哺给摄影的学习和练习。如果真的有才能，那若干时间之后，你将多一个很好的选择，帮助你很好地立足于这个社会。

三、四十不惑

40岁的时候要足够明白自己想要的究竟是什么，不被蝇营狗苟所困惑，也要经得起种种诱惑，清晰地了解什么是重要的，什么是不必要的。

我始终觉得人之所以会苦恼，就是因为越往后，就越什么都想要。无论是事业、感情还是生活，当有源源不断的诱惑涌入的时候，你能否看得清楚自己的内心就很重要。

比如在工作中，你得清楚地了解，不管你选择什么都会有其相应的代价。清要清得彻底，浊要浊得决然。两者没有对错，也都能获得幸福，但卡在中间不幸福。既想要清的坦荡，又忍受不了浊的世俗；既想要浊的功利，又觊觎着清的自由。两头一堵，人生何苦？又怎能不困惑？

再好比感情上，你已然在沙滩上找到了自己当时最想要的那个贝壳，没过一会儿，你又寻觅到了另一枚更好的，可能颜色更靓丽，可能形状更独特，你是否就会扔下原有的去捡起新的那一枚？如果你是，你就永远不满足，因为在你面前，将会有太多太多比起你手上的，在某种程度上更好的那一枚。而"不惑"的人，将会坚定自己的选择，那些更美好的事物，自然等候着更多美好的人。

四、五十而知天命

50岁的时候养成一个淡然的心态，了解到有些事情即使再努力也要靠天命成全。

当我们讲到古代科举的时候，很遗憾的一点在于，很多时候不是你拼了命地去读书就一定能够高中的，有时候机遇很重要，这些强求不得。

在《演员的诞生》这个节目中，那些稍显落魄的演员们也是这样。你们所看到的只是台前光鲜亮丽的一小部分，在这个行业里，多少人勤勤恳恳、努力、认真，却始终等不到一个属于他的机会，这样的事情要靠机遇，属于

"天命"。**但是也并不意味着我们无需努力，我们的一切努力都是在为自己增加成功的可能，而"天命"选中的也一定是有完全准备的人。**

五、六十而耳顺

我们去看现在的社会动向，尤其是在网络媒体上，有种特别不好的现象和心智模式叫"顺我者昌，逆我者亡"。也就是说只要对方和他们观点不一样，这个人就马上站到了他们的对立面，成为他们的敌人，然后肆意地对其进行攻击和谩骂，甚至是侮辱和侵害。他们从来不静下心来聆听和思考，和其观点完全不同的那个对方所说的话，站在他的角度和立场，有多少的合理性。

我曾经听过复旦大学熊浩老师的一节课，他提到了中国传统文化中对于这个问题的解读和提炼，我在这里和大家做一个概述。

我们可以看到其中说到"六十而耳顺"。"耳顺"的意思从字面上来理解是让耳朵顺畅，像丝绸一样顺。孔夫子的意思在于，在六十岁的时候，人应该建立强大的同理心，任何观念、任何观点都能通情和理解。

我们在听一个人说到自己不认同的观点的时候，第一反应是什么？是急于判断，贴上标签，加以否认和抨击，还是先冷静下来，让耳朵不受干扰，不做判断地让信息先进来，在你耳朵里完成停顿和酝酿，而不只是采取盾牌似的防御形态，站在自己理论的制高点，自上而下地进行判断，去区分好坏对错？

耳朵不是抵抗的壁垒，耳朵应是接收的容器，要让它"顺"。

夫子在六十岁时就深知对各种价值抱有慈悲之心，每个人都抱有同理体验的重要性。即使再不中听的意见，也有可能有其生命的为难，和局势中的不得已。

理解和关爱、同情与感怀——这就是儒家所提倡的"耳顺"之德。

我自己是一个辩论爱好者，我之所以喜欢辩论很大程度上就是了解到"耳顺之德"的重要性，让自己不局限于一点进行思考。辩论教会你的一件事，是你也要站在那个你完全不认同的对面进行探讨，从而你会发现，位置一旦发生改变，所有的变量都在发生变化，你所得出的就是另一种与之前截然不同的结论。

生活中能拥有这等观念的人是受人欢迎的。辩论教会我们的事是：**所有的观点，都是一个人之前人生的总和**。所以我们才会知道，自己的观点哪怕再有道理，也只是在自己既有的生活条件中所提炼出的结论。我们同样知道，对方也有一套同样的理论，只是双方的条件不同而已。而这样截然相反的观点虽然自己不认同，但是在对方的立场上，它却又是如此合理的存在。

如果我们都懂得这一层观念的话，生活中又有多少矛盾和冲突能得以避免？当然，这是一件很理想化的事情，但至少，你可以先从自己做起，成为一个可爱且善良的人。

六、七十从心所欲，不逾矩

70岁的时候可以随心去做自己想要做的事，但是要在既定的规则范围内。我们始终都在鼓吹自由，在现在这个时代，自由是我们每个人所向往的。但早在那个时候，孔老夫子就提醒你，自由是要有前提的，是要在规则范围内的。而放到现在，或许会觉得"规则"的界限有些模糊，那么我们以什么作为自由的前提呢？

现代人特别追求"自由"，在疫情期间，那些打着"自由"幌子的人不遵循防疫措施，破坏防疫安全，在固定的隔离时间内私自外出，然后给自己和他人都带来很大的麻烦，那这样的"自由"是值得鼓吹的吗？

在我们看来，任何自由都要有前提。自由的前提是不伤害和影响他人，"善和爱"是我们所追求自由的前提，要不然，多少罪恶将假汝之名。

这些清晰的生命坐标，放到现在都是参考。这些参考的好处就在于，我们可以清楚地看到那些古人到很老才会有的境界，在现在可以脱离时间的束缚，成为我们的指向和目标。

不要等，六成把握就上路

季文子三思而后行，子闻之，曰："再，斯可矣。"

"三思而后行"一直以来都是一句奉劝他人"且慢"的话语，说凡事要多想想，再等等。在我们的生活中，有一个词始终是享有浪漫色彩的，也始终是积极向好的代名词，那就是"等待"。《朗读者》里说：等待，是我们和时间的一场博弈，我们凭借着智慧和耐力，与未来做一个交换。等待的不可知性，是一份考验，一天一天，一步一步地走向希望。

多么美好的注解和诠释，让我们天然对"等待"有着太多美好的想象……

记得前不久"彭一少年说"校园演讲决赛前夕，对于复赛阶段的关键词"等待"，我在和几位小选手共同探讨要讲述的方向时，我问他们，对于这个词有什么想法？那些孩子们给予我的答案极为类似，无非是要耐心面对挫折、要安心面对成长、要静心面对生活……所有的一切都是正向的，基本符合我们大多数人对于"等待"这个词的原始感悟。

我打断了他们的回答，问他们："你们当中有谁在参加这个比赛前，有过类似这么一种想法：这么高水准的比赛，这么大的舞台，身边又有这么强的对手，以我现在的能力似乎还没有准备好，要不再等等？"

问题一出，孩子们想了一想，12个人里有将近一半的人不好意思地举起了手。

我说："那现在，你们又是否很庆幸，自己当时并没有'再等等'呢？"

是的，我相信每个人都有过这样子的经历，在某一个选择的当口，犹豫不决要不要去行动的时候，脑海中会有这么一个念头不停徘徊：要不再等等……就是这句话，帮你规避了好多你本应早就做出的选择。

我有一个朋友小陈，他是一个"理论音乐爱好者"，之所以叫他理论音乐爱好者，是因为他对音乐有着绝对痴迷的热情，大学期间看到我们的吉他社成立，一直喊着要学吉他，可也总停留在说说的层面。

他第一次对于吉他抱有想学的热情，大概起源于听我们弹了一首《我是一只鱼》，作为任贤齐的狂热粉丝，他吵着要学这首歌。

我爽快地说行，这周末我先带你去买把吉他，下周咱们就开始。

听说要花钱，他犹豫了一下说："要不再等等，这个月的零花钱都用得差不多了，等过阵子宽裕了你再陪我一起去买。"

我当时抱有完全的理解，毕竟是大学生，手头紧也是常事，这件事就暂时搁浅。

下一次再谈到这个话题，差不多已经快毕业了，他们寝室里有一位男生拿着把琴，就弹唱了一首光良的《童话》，便成功脱单。他极为羡慕地再次找到了我，说这次不管怎样都要练成。

我说成，正好我换琴，这次你不用买琴，我把旧的先借给你用。

小陈高兴地接过琴，那神情，仿佛我帮他解决了学琴路上的最大障碍。

紧接着我扔过去一本《弹指之间》，告诉他这是目前最好的吉他自学书，周末回家你先看看，咱们下周开始，有啥不懂的随时问。

等再一次回到寝室，他愁眉苦脸地拿着书说："我是想问，但这上面的东西对我来说跟天书似的，我真不知道从何问起。"

我安慰他说："看似复杂，其实不用管那么多，略微有点乐理知识，我再指点一下就好。"

小陈放下书："要不再等等，我去熟悉一下基本乐理，先认认谱，不然连书都看不懂也太打击人了。"

好嘛，再一次不了了之。

就在几周前，在朋友圈看到他转了这么一个视频链接：有一个素人歌手发布了自己的一个弹唱视频，歌是一首新歌，很好听；琴也是一把好琴，音色纯正；更重要的是，手更是一双好手，指尖的弹拨和着这柔美的音色，相得益彰。

转发视频的文字写道：当年我要是能够好好学，现在估计也和他差不多了吧，如今的工作忙到真的是无心再去兼顾当初的梦想了。

我苦笑着点了个赞，没有留下任何评论。

我们好多人都活在"如果"之中，我们有多不甘自己现在的生活状态，就会有多不甘地想象"如果当初怎样，我现在也会怎样"的虚幻之中……

我已然认定小陈学琴的念头那只是停留在"念头"的层面，他要等的事情太多了，从上学时"等有钱买琴"，到"等学会乐理"，再到现在需要"等到工作闲暇"……永远都在等，永远都在盼望着最好的"时机"和"条件"，却永远都没有付诸行动。再过个若干年，小陈的理由或许会变成有了家庭的牵绊，带孩子实在辛苦；或许再过几年，理由会变成我已经一把年纪了，错过了最好的时机……

我们要等的东西太多，却怎么都没有勇气跨出"开始"的那一步。

前几年我参加了三期"表达学院"，在这个学院中，汇聚了全国各地、各行各业之中最会表达和思考的人。第二期北京站之后，没几天就恰逢第六季"奇葩说"的全国海选，也有很多人报名参加，但无奈基数过于庞大，最终能晋级的却寥寥无几。

之后听一位学姐说道，其实在第三季的时候就有过这样的机会和打算，但由于各种原因搁浅未能成行。而最让自己后悔的原因在于，那个时候她也认为自己没有做好完全的准备，她害怕自己在舞台上表现不好，那还不如再磨练个几年，总有机会的。当她觉得自己已经准备得差不多了的时候，谁也想不到那个当初受众并没有这么多的节目，如今的影响力会如此爆棚，进入的门槛会变得如此之高……

没错，你在努力，别人也在努力；你在进步，这个世界也在和你一起进步。你又有多少信心能赶得上他们的步伐?

第二季《奇葩说》的BBKING邱晨也曾在节目里说过,她来的第二季没有进行过任何海选,几个好朋友的邀约就让她参与了这个节目。之前也有过犹豫和迟疑,但好在她做了一个"管它呢,去了再说"的决定,成就了她如今这样的局面。在第六季海选做评委之后,她也说道:如果是按照现在的选人标准,当时的那个自己,极大概率也是会在海选阶段被淘汰,而好在,我比你们所有人都更早地来到了这里。

我承认有时候的"等待"是会让自己比以前更好,做好更充分的准备,让你更有信心去面对机遇和挑战。

但这个社会变化得太快了,那些机遇和挑战不停地在变动着,你现在不选择它,它就会寻求其他人的青睐。

生活中有太多的"要不再等等",于是有了太多的错过、放过……机会真的不会乖乖等到你有万全把握时。

有一个汽车广告我至今印象深刻,品牌我已经记不得了,但广告中有一句话说:"不要再等,有六成把握就应该上路。"

是的,有六成把握就应该上路,有些尚未准备好的事情会在路上备妥,有些尚未完善的技能会在路上精进,有些尚未遇到的贵人也总是在路上邂逅。这一切,都要等你上路了再说。

今天是2022年3月18日,又一次因为疫情隔离在家,在电脑前写着书的我说实话也没有做好完全的准备。但我收到一位长者的建议:你看了那么多,做了那么多,也该是时候做一轮集中性的输出了,要不,写本书吧。这着实是一件我计划之外的事,对于写书,在过往的岁月里,除了偶尔飘过的一丝零星的念头之外,也不曾有过太多考虑。所以,我第一时间想到的其实也是:"还为时尚早,要不再等等……"并且如果真要找的话,我也可以顺理成章地找出一大堆可以"再等等"的理由。

你看，这就是绝大多数人在碰到自己不熟悉、需要跨出舒适圈时的一个最快的，也是最为正常的反应。

季文子三思而后行，子闻之曰："再，斯可矣。"

其中的某一句话我们十分熟悉且沿用至今，就是"三思而后行"，这句话警戒人们做一件事情前一定要谨慎，想了又想，考虑清楚再去做。李泽厚在《论语今读》的记中写道：过多的考虑容易对利害估量太细，反而产生偏差，因"三思"反而犹豫难决，当断不断反受其乱。的确有很多人不知道，针对这5个字，孔夫子有着自己的见解，叫"再，斯可矣"——想两次就够了。

那这"想两次"是要想什么呢？

首先要想的是，这件事你该不该做？想不想做？这是做一件事的起点和初心，以及对它本身的价值判断，在这个层面上，没有人可以帮助你下决策，你必须自我决定。

曾经有个朋友找到我，有过这么一次让人挺无语的对话。

他说："唐老师，我发现我的表达能力很不好，我真的很想改变一下，你有什么办法吗？"

我基于对他的了解，诚恳地说道："你缺乏的是练习的机会，你先试着刻意让自己有上台说话的机会，在练习中去聚焦和修正。"

他无奈地说道："唉，我就是很害怕上台嘛，现在上去我肯定是不行的。还有什么办法吗？"

我说："那这样，你花点钱，花点时间，去某个训练营，让环境逼迫着你练习。"

他为难地说道："练习表达还要花钱，我觉得很不划算，而且哪有那个时间去专门学啊！还有什么办法吗？"

我叹口气说道："那这样，我这里有几本很好的有关表达的书籍，你拿回去先看看，看完之后我们再来讨论一下？"

他又说："我早就没有看书的耐心了，很多年不翻书了。还有没有什么办法？"

我说："来，我们回到你最初的那个问题，你一开始问我的是啥？"

他说："我说我表达能力不好，真的很想改变一下，有啥办法吗？"

我斩钉截铁地说："不，你不想！"

这是一段很让人无语的对话，我能很清晰地感受到他的困扰，但我也很明确，他并没有多大的动力真的去解决这样的困扰。对于"想不想"这件事，你必须得有明确的自我决定。

然后要想的是怎么做，也就是做这件事的方法有哪些？你又有着多少做这件事的储备？还可以通过怎样的路径获取资源，从而更好地完成？

想清楚这两点，就可以"上路"了。

真的上路后，你会发现：**当你全情投入其中时，你的心智会开启一个与众不同的模式，你在之前所积累的每一处的能量，都会在此刻帮助你去完成眼前的那些事。有些没想清楚的会在过程中受到启发，有些思维的空缺会在现有的资源里得到链接。**这一切都需要在路途中才能探寻得到。

认知的"四重境界"

知之为知之，不知为不知，是知也。

这又是一句在学生时代都耳熟能详的话，它告诉我们：知道就是知道，不知道就是不知道，这是一种智慧。在我们的课堂，这句话往往被引用于要让我们实事求是，不要不懂装懂。这自然是对的，但我们能否在这句话背后探寻到一个更深邃的逻辑去帮我们理解"知道"这件事呢？

钱穆先生在《论语新解》中对于这句话的白话翻译为：你知道你所知，又能同时知道你所不知，才算是知。在钱穆先生看来，人有所知，必有所不知，但界线不易明辨。每以不知为知，以不可知为必可知。

要理解这段话，我们先来分享一个观念，就是一个人的认知水平大致可以分为四层。

第一层叫作：不知道自己不知道。

这是最为底层的认知，很多人在生活中的大话、谎言、傲慢、自以为是……都来源于这个原因。

我们在很多场合都能听到别人对某一个领域的事情夸夸其谈，比如在公园里听到有些人用最慷慨激昂的语调谈论中美关系，又比如在街边听到一些闲散人员谈论读书无用，那些大学生还没有他们打散工赚得多……那些论调无知得简直让人觉得有些可笑。但令人惊讶的是，他们就是可以如此坚定且自信地把它表述出来，好似这就是事实一般地笃定。

就好像前阵子俄罗斯和乌克兰爆发战争，我们都知道世界上任何一场战争的原因都是多元而复杂的，但仍然可以在朋友圈看到很多人发表着自己单一且激进的论调，好似自己早已洞察了真相。

是的，在他们的世界里，很多知识、很多情况他都不了解，但他们全然不知，以为自己看到的、知道的就是全部，这是一件很遗憾的事情。我们要尽可能地脱离这个层次。

第二层叫作：知道自己知道。

"知道自己知道"是指，一个人经过学习，对于自己所熟悉、钻研过的领域有所了解，并能用自己的所知所学实实在在地去解决问题。

我们很多人都正处于这个层次，课堂中学习的东西越来越多，也就越来越清晰地了解到有哪些自己是掌握了的，这些掌握了的知识又可以在生活中运用在哪里，可以帮助我们解决哪些实际问题。

处在这一层的人在某种程度上是幸福的，因为他们正一点点地在吸纳知识，一点点地在扩展自我，享受着这个让自己不断丰富起来的过程。

但如果只停留在这一层，人往往会逐渐变得自负且轻浮，那些已然有的认知不断地操控着你，让你在这个领域里游刃有余，或许就会忽视掉圈外那个更广阔的世界。这时，就需要往第三个层次过渡。

第三层则是：知道自己不知道。

在学习的过程中，清晰地认识到自己认知的界限在哪里，知道自己知识的盲区是什么。"知道自己不知道"的人，不会随意乱说，会对自己不知道的领域保持谦卑与谨慎，并且只要他想，就会有针对性的突破。

我不由得想起我前几年学习历史的经历，由于要在集团学校开展一门叫"中国历史"的兴趣课，我着手整理一些我之前做过的历史笔记。说实话，我是一个中国历史的极度爱好者，之前对于整个通史的整理也十分周全。但就是在整理的过程中，我会设想，如果在讲到某个地方的时候，学生可能会产生质疑的部分，我有没有办法可以回答。

就好比我对唐朝的历史特别感兴趣，我深知不管是政治、经济还是文化，我都有着很多的了解，这属于"知道自己知道"的范畴。但同时，比如我讲到唐朝的宵禁制度，同学们如果提出当时老百姓生活细节的问题，那我就彻底懵圈了，因为我对唐朝的民生着实不了解，这就是找到了"知道自己不知道"的范畴。

意识到这一点时，就不得不重新学习，重新整合，把新的内容进行梳理和捏合。同时也深刻地知道，不管已经知道了多少，总有自己还不知道的地方，这就是所谓，越学到后面，就发现自己越有缺漏。我想，这正是"知道自己不知道"的魅力。

第四层是：不知道自己知道。

这是一种认知的高境界，你在不断攀登的过程中已然成长和突破，你的知识结构，已然超出了自己意识认知的范围。

这也是一种很难企及的境界，但确是有那么一小拨人不断地在往那里奋进。那些费尽心力想要把人类的认知和智识，在现有基础上继续往前推进哪怕一小步的人，都在这个领域徘徊，在这个能不断尝试产生增量的世界中，始终努力着。

以上就是认知的四层境界，我们大多数人处于第二和第三个层次，这也就是孔夫子说的，知之为知之，不知为不知——你得知道自己有哪些地方是了解的，有哪些地方是暂且不了解的，才会有成长和进步的空间，这样的人，是智慧的。我也希望各位同学可以不断刷新自己的认知，成为越来越有智慧的人。

成为"活生生"的人，而非器具

君子不器。

子曰："志于道，据于德，依于仁，游于艺。"

孔夫子的这4个字"君子不器"，在我看来，是最为精练的教育导向了。从字面上来理解，意思是，君子不应该像一个器具一般。那什么叫器具一般的人呢？我们又应该成为怎样的人呢？我想先从我自己说起。

我做老师已经16个年头了，像老师这样的职业，做的时间长了，最怕的一点就是"倦了"。面对好些年不动的教材，面对着一轮又一轮大同小异的题型和知识点，面对着学生类似的错误，不免会让人心生疲倦。这一点在我们现实的生活中很常见，一个老师，在讲台上上了好些年的课，其实绝大多数都能做到及格线的。问题是当他好不容易能讲好课了的时候，经不起时间一遍遍的冲刷，新鲜感一点点消失，他倦了，就不愿意再像一开始那样，好好讲了。

所以你会发现，有些老师每一年带不同的学生，用的都是完全一样的语言，甚至讲到某处，都还用着好些年前完全一样的笑话，去机械地重复着一本陈旧的教科书。是的，他成了一个可以复制的"器具"。当你重复一本好些年的教材，并且自己的教法也一成不变的时候，你有没有发现，现在讲台下坐着的那拨人，正随着时代的变化在逐渐改变。每一届学生的环境、认知都不一样，你又怎么能用一种方式去应对这些完全不一样的学生，试图也把他们教化成和模子一模一样的人呢？

君子不能够像一个"器具"一般，是告诉我们，教育不能仅仅停留在对人才的技能培育上，君子不是一个器具，不要局限于技能的培育。不要只看到教材上的知识点，而要培养学生独立思考的能力，让他们成为靠自己的双手能够自我安顿的善良公民。这对于我们老师而言，真的是一件非常重要的事。

成为活生生的人，而不只是简单的人才。

前些年有一个社会新闻是这样的：

由于高速公路ETC设备的全面使用，那些原有的收费员面临大面积下岗的处境。当一名已经在收费站工作了20年的员工得到即将失业的消息后，不禁放声大哭，她表示自己这半辈子都在从事这个行业，就只会这个技能，现在突然间让她失业，她接下去的人生可怎么办呀？

是的，这个员工很可怜。但细细想来，当你失去了"公路收费"这一个技能的时候，却不知道该以何种面貌继续生存于社会，是否会感到遗憾——这几十年，你始终把自己当作一个只会收费的"器具"啊！

我们自然是不愿意让自己陷入这样子的处境的，在当今时代下，AI技术越来越发达，它已经可以取代绝大多数我们人类从事着的可重复性高的工作了。我们也可以清晰地预见到，这样的"替代"会随着时代的发展越来越普遍，这是不可避免的处境。如果我们仍然把"练就技能"当作唯一重心的话，那或许就会让自己越来越陷入"器具"的地步。

那要怎么做呢？

子曰："志于道，据于德，依于仁，游于艺。"

孔子对于如何"君子不器"又给出了自己的方法论。对我们现代的教育来说，又该怎么去理解和实践呢？

复旦大学的"思辨与创新课"对于这句话是这么诠释的，在这里和大家进行分享。它说：

所谓志于道，是要教导学生有明确且坚定的志向，有辽阔和宏伟的目标。

所谓据于德，是要有生命的底线，有自我的原则，不能蝇营狗苟地生活。

所谓依于仁，是说人心要有从容的自我认知。

所谓游于艺，是说人要有艺术感，从而才会有生命的洒脱、开怀和自我。

你不应该成为一个"器具"，而是应该成为一个有温度、有涵养、有思考、有格局的人。对于老师而言，如何让学生成为一个能够全面发展的人，而不只是教导他们文化知识，这也是现代教育的使命和责任。

自我的复盘思维

吾日三省吾身，为人谋而不忠乎？与朋友交而不信乎？传不习乎？

我们先来看"吾日三省吾身"，意思是我每天都要在三个方面反省自己。这里有一个很重要的学习思维：复盘思维。

复盘这个词一开始是出现在围棋中，意为下完一盘棋后总结和盘点一下刚才的局面。我们之所以要有复盘思维，就是说每做一件事后，都要总结利弊得失，巩固好的，避免坏的。

有句老话我们从小时就听别人说，也经常作为名言挂在嘴边：失败是成功之母。但很多人误以为的是——失败多次没啥关系，因为只要多来几次就总会获得成功的。所以有些人就不停地试，不停地重复，以期待成功降临的那一刻。

但这样的思维是低效的，甚至可以说是无效的。懂得复盘思维后你才会明白，**失败不会是成功之母，对失败的反思才是**。只有失败后的复盘才会让你在之后的实践里不再犯同样类型的错误。你可以回忆一下你所知道的那些经历多次失败却最终取得成功的例子，是否发现，虽然他们在过程中不断地犯错，但是这一次的犯错将会是下一次的教训和借鉴，从而有意识地规避同样的错误。只有这样，才能最终期待成功的来临。

在这里可以分享一下我在参加辩论赛时，教练对我说过的话。他说，与其糟糕地打一场险胜的比赛，还不如输一场来得有价值。教练表示，赢的人很少会很认真地去复盘过程的得失。不可否认，在赢的时候，胜利的喜悦会控制情绪，它会让你沉浸其中，无暇静下心去想之前的种种失误。反而失败后的不甘和挫败会让你难受，从而让你认真复盘之前的缺漏。人的成长就是靠这一次次的复盘推动的。这就是复盘的重要性，这也是人生中经历失败的重要性。

"吾日三省吾身"，指的就是要反省，也就是要有自我的复盘思维。那夫子说的"三省吾身"，是要想哪三件事呢？

一、为人谋而不忠乎？

这句话指的是，帮人做事有没有不尽心竭力？

我们把语境放到现代来看，现代人的尽心竭力，或许指的不只是"有没有好好做事"，还指"有没有带着思想去工作"。

人和机器最大的区别在于，虽然人会犯错，但同样也有思想，人会思考，会总结。

在这里和大家分享一个美国打印员的例子。在美国一家很著名的公司里，有一名专门打印文件的打印员，很多人都以为他的工作很轻松，每天只不过是打印打印文件，整理好交给相关的负责人就可以了。而当这位打印员偶然请假一周时，大家才发现，无论派谁去顶替他的位置，一个个都手忙脚乱，完全没有办法做到像他这样高效且准确。这时候人们才知道，公司每天这么多的打印文件，如果要分门别类，没有任何错误地有效完成，这真的不是一件简单的事。这时候同事和领导们才了解到，虽然仅仅是一个打印员的工作，但这位打印员能够很认真地去思考，从而在工作中找出规律，总结出一整套自己的方法和习惯，从而把工作做到最好。这样的人是不可替代的，这样的人也是值得重用的。

这是现代意义中的"为人谋而尽忠"，这个"忠"不仅是对待他人，更是一种对待自己的态度。用一种能思考、能总结的态度去对待你的工作，你就会是一个充满价值感的人。

二、与朋友交而不信乎？

这句话的意思是，和朋友交往要守信。

我在讲这节课时面对底下的学生做了一个现场调查，有谁觉得自己是一个不守信的人？结果全场没有任何一名同学举手。而当我问，你们有谁曾看到过别人不守信呢？这时候礼堂中一半以上的同学举起手来。这个有意思的调查让我们发现，其实并不是同学们在说谎，而是没有人真的会有"不守信"的原始特质，谁都想要成为一个守信明理的人。而那些"不守信"是哪来的呢？不是凭空而来，这，往往都是情绪的产物。

在饭局中，酒桌上，我们往往会看到这样的场面：当酒喝多了，当聊天聊到兴头上的时候，人往往没有那么理性，那些亢奋的情绪时常会推动某些人做出草率的承诺。我们听到的"这事儿包在我身上""我一定帮你搞定"，等等，有多少是深思熟虑后的考量？又有多少真的有思考过事情的合理性和可操作性？都没有，有的只是"上头"后的许诺，以及事后很有可能会食言的遗憾。

有一句很重要的话要和大家分享：**极喜时莫与人物，极怒时莫与人书**。指的是高兴的时候不要允诺给人东西，生气的时候不要留下任何形式的文字。处理好自己情绪下的行为，或许就是我们与朋友相处时，遇到问题后的良方。

三、传不习乎？

这里的"传不习乎"有两种解释。杨伯峻先生对它的注解为：学过的知识，自己有没有去实践？这就要联系到我们第一讲时所说的那句"学而时习之"，大家可以再次翻阅复习。

在《论语今读》和《论语新解》中的另一种解释是：传授给别人的内容，自己有没有先做到？

在这里，我以老师的身份自我思考了一下，让学生去做的事情，自己是否有率先去做？

记得从2013年起，我就有意地锻炼自己的公众表达能力，恰好那时是大队辅导员的身份，我就要求所有的大队委员上台说话必须脱稿，不能有例外。那同样的，我自己也必须跟着一起做，从不例外，不然这样的教导就不能服众的。

　　家长们也是一样，有很多爸爸妈妈问，怎样让我的孩子喜欢看书？其实最好的答案就是，你自己对于阅读这件事情得充满兴趣，不然又怎么有立场要求孩子去做一件自己都不愿意去做的事呢？所以让孩子喜欢看书是不需要从外在多花力气的，你先自己翻阅，你先自己养成阅读的习惯，并且乐意与其分享，让他处在这么一个氛围当中，孩子自然就会跟上来。

　　所以家长们那些常见的困扰：怎样让孩子喜欢看书？怎样让孩子喜欢运动？怎么让我的孩子少打点游戏？……读到这里的你，是否意识到，问题的根源究竟在哪儿，我们又应该从哪里入手，才能更高效地解决呢？

他人，皆是自己成长的参考

子曰："见贤思齐焉，见不贤而内自省也。"

"见贤思齐"是人们一直说的一句老话，意思就是告诉我们，看到贤人要想着怎样才能和别人一样好。

关于"贤人"的理解，我们这里借鉴一下傅佩荣老师在《论语三百讲》里给予大家的3个注解：

第一，德行好的人，是"贤良"之人，我们称之为"好人"。

第二，能力强的人，是"贤能"之人，我们称之为"能人"。

第三，智慧大的人，是"贤明"之人，我们称之为"聪明人"。

从多元的角度去理解"贤人"，你就会发现，在你的身边，多多少少，都会有值得自己借鉴的榜样。

比如我们在这次疫情期间，看到很多忘我工作的志愿者，他们舍弃了自己的休息时间，投入到社区街道的核酸检测和隔离管控的服务中去。在这些志愿者的世界里，更愿意为他人着想，更愿意为别人考虑，我们把这样的人称之为好人，这种精神也是值得我们敬仰的。

再比如在日常学习生活中，也经常可以看到那些有着良好学习习惯，有着优秀学习理念和方法的同学，他们总是能第一时间吃透老师上课讲过的内容，并且很好地加以运用，最终取得不错的成绩。我们把这样的人称之为能人，这也是我们要学习的对象。

还有一种人，是生活中的智者，当我们有些问题想不明白，有些困顿走不出去时，他们往往能一针见血地指出问题，并且给予明确的方向和指引，让深陷困惑中的人豁然开朗。我们把这样的人称为智者或聪明人，这更是我们所崇拜的对象。

生活中但凡看到这般好的人，孔老夫子告诉我们，得直面差距，并去找方法与之看齐。

遗憾的是，在我们的生活中，有太多"见贤不思齐"，甚至"见贤挑刺"的人存在，这是一种见不得别人好的心理。

比如有人看到别人用功读书，就会说人是书呆子、死读书，读这么多书什么用……然后排挤和攻击对方。这段时间，我们在学生群体当中最常听到的一个字就是"卷"，遗憾的是，这个字现在有被滥用的嫌疑。当别人真的很努力、很用功的时候，便会被戴上"卷"的帽子，随即而来的就是各种不顺眼和受排挤。唉，那些你想要的自己又做不到，别人做到又眼馋眼羡的毛病，真的很容易让人迷失自己。

又比如看到别人天天锻炼，就说别人时间多，闲得慌……这在我的生活中最为常见，我是一个天天会跑步训练的人，也经常会遭到这样的"不理解"：很多人会觉得你工作不饱和，却不知我为了能跑步，处理事务的效率有多高；也有很多人会觉得你不负责任，脱离家庭，殊不知我为了平衡生活和家庭，经常早上5点或晚上10点才出门……当你看到别人在做一件你暂时企及不到的事的时候，或许先挑毛病，来得更为容易。

在现今这个自媒休时代，看到别人在社交媒体上发表成绩和意见，就有人会给别人贴上"臭显摆""爱炫耀"的标签。现在很多人之所以不爱发朋友圈，就是因为身边的"噪声"的确太大，阐述一些自己的观念和心得，分享一些自己的小成就和小确幸，在别人眼中，都会成为"与众不同"的靶子。负面的往往可以引起共鸣，正面的却时常沦为被吐槽的典型。

这是一种非常危险的心理，是那种"我好不好不重要，你不能太好"的病态心理，我们要远离这样的心理。**生活中看到比你好的人，这是不是一件好事，往往取决于你把其当作心态的负累，还是把其当作指引你前行的明灯。**

当我们看到别人很用功读书，你也想要时，与其不屑，不如去问问别人有哪些好的学习方法。

当我们看到有人在勤奋锻炼时，与其揣测，不如去咨询下，可以坚持锻炼的心得有哪些？自己想要起步的准备有哪些？

当我们看到别人取得优秀成果，或者有一些独到见解的时候，与其吐槽，不如去由衷地祝贺别人，深知所有的收获都有原因。如果你也心向往之，不如诚心讨教，从而获取一些有用的资讯。

那看到"不贤"的人我们应该怎么办呢？

"见不贤而内自省也"说的是：看到不好的，我们也要想想自己，提醒自己不要与之相同。

这是一种心态的转变：从"你不对"的心态转变为"看你这样，我有不好的感受，我不希望别人也有，所以我可不能这样"。

这里可以举生活中很常见的例子：

有一次我在上课时，全班都在全神贯注听我讲解，突然听到走廊上有隔壁班同学吵闹的声音，并且持续了很久。同学们个个眉头紧皱，有些还在嘴里念念叨叨，指责隔壁班的同学不守纪律。

看到同学们都是这样的反应，我表示充分理解。是的，遇到这种情况，我们大多数人想的是——他们怎么可以这么吵，这简直太糟糕。甚至还会想，他们怎么是这么不守纪律的人？简直无法无天！

但如果懂得了"见不贤而内自省也"，我们或许可以将这样的心态扭转为——我被他们影响到了，这意味着走廊这么吵会给认真听讲的同学带来很大的困扰，以后我在走廊可不能这么吵，不要影响到别人，给人带来不好的感受。

再比如，生活中有人说了一句很不中听的话，你听得很不开心。我们也可以从"你怎么能这么说"的心态转变为"这句话我听了很不愉快，我以后可千万不能说类似的话，因为别人听到了也会很不舒服"。

你发现没有，"见贤思齐焉，见不贤而内自省也"说的就是，人始终要为自己的成长着想，而他人，无论好还是不好，都是自己成长的参考。

环境可以构建更好的自己

子曰："里仁为美，择不处仁，焉得知？"

这句话字面的意思是说：要居住在有仁风的地方才好，选择不居住在有仁的地方，怎能算明智？

在这一节当中，我想强调的是环境对于一个人的影响。我们所谓的"风气"，有民风、校风、班风等。"风气"的意义在于，这里大多数人是怎样的人，很大程度上能影响到你是个怎样的人。

这里可以讲到一个很现实的例子，就是父母为我们择校，每每在要升学的时候，父母们总会想要帮他们的孩子在自己的能力范围内选择最好的学校，社会上也有很多的声音在讨论，这样的择校到底有没有必要。

但我们如果从"里仁为美"的角度来思考的话，父母为我们选择的真的只是学校吗？什么才是真正意义上的好学校，我想，这样的标准有很多，但有一个共性在于，那些所谓的好学校，你遇到良师，遇到益友的概率或许会高一些。所以你会发现，父母们所谓的择校，其实更多选择的是环境，所谓好的学校，大概率上有着大多积极向上的人在身边，就会把你往上拉扯；如若相反，也就会有往下拉扯的可能。

不可否认的是，环境是可以构建一个人的，那些所谓"只要我能够做好自己，就不会被周边的环境所影响"是一种非常理想化的论调。我任教这么些年，曾经非常遗憾地看到很多学生在小学的时候还是品学兼优，到了另一个环境，受到不良风气的侵蚀，没过多久就完全变成了另一副模样，不免令人唏嘘和难过。

不只是孩子，即使是成年人也一样。如果你是一个胸怀大志，想要在自己的工作岗位上做出一番成就的，有自己明确的理想和抱负的人，但不幸的是，你身处的那个环境里有着太多的尔虞我诈、人情世故，这里绝大部分人的重心都不是放在工作本身的价值上，而是在其他方面不断使劲……那这个环境对于你来说，就是一个糟糕的环境。如果可以选择，就绝不要待在这儿，它会影响你，会牵绊你，会使你的能量锐减，一点点的，失去原有的活力。

在有一节课上，当我讲到这个观点的时候，有同学有过这样的质疑和困惑：那如果去不了一个好的环境，该怎么办？

对于这样的质疑，我充分理解。这里有一句看似鸡汤却很有意味的话：当你的身边没有光，那就请你自己成为最亮的光。

是的，如果周边的环境真的没有办法选择，你在这个阶段只能待在这里的话，那么你当下的课题在于：我该如何不被环境影响，从而努力构建自己最想要的环境？

如若你能想清楚自己要的是什么，就没有什么可以轻易影响到你。人总有机会靠自己的努力去挑选你想要的环境，如果小学和初中自己没有办法有所决定，那么考取怎样的高中和大学，这就完全是自己的选择。你能自我选择身处怎样的环境，从而让这个环境来建构出一个更好的你。

当今的社会其实挺现实的，如果有得选，那就选择好的环境来影响你；如果没得选，那就有意地去屏蔽周边不好的氛围，尽可能地做好自己。你的目的，是让未来的自己，能有充分选择的权利。

我也相信，所有真心向往光的人，最终，都能聚在最为亮堂的地方。

始终着眼于自我的提升

子曰："不患无位，患所以立。不患莫己知，求为可知也。"

一、不患无位，患所以立

这句话的意思是，不要担心自己没位子，而要担心自己有没有坐这个位子的才能。

在成长的过程中我们都会了解到一件事，就是"机遇"很玄妙，有些人机遇特别好，有些人则不然。所以"患无位"的心态——担心自己没有位子这件事，极为正常。很多人都会有这样的心理活动——为什么是他而不是我？

孔夫子告诉你的是，既然事实已然没有办法扭转，我们不妨转换下心态：从"患无位"转换成"患所以立"。意思就是，把担心自己有没有位子这件事，转换为去思考自己有没有坐这个位子的才能。**这也就意味着，把对他人虚无的期待，转换成对自己的判断与准备。**

有一次区内的主持人竞选，我校一位很优秀的学生在复赛阶段被淘汰了，至于原因，就好像我之前所说的，"机遇"很玄妙，有些人的机遇就是特别好，有些人则不然，你要认同这一点。当这位同学表示难过和遗憾的时候，我在复盘的时候问她，你看过她的表达吗？你觉得你自己和她有多少差距？那位学生表示她之所以会遗憾，就是因为从她的角度来看，自己丝毫不逊色于那位被选上的同学，甚至觉得很多地方都比她要做得好。那我想，如果是这样的情况，就不必太难过，当你发现你完全有能力胜任，甚至可以做得更好的时候，就不必慌，因为身体里的才能，是留得住的，你只要耐心地等着属于你的机遇就好。

是的，不是每一次的所谓的"机会"都能把握得住，但是只要自己有足以匹配的能力，就不会彷徨，持续精进的你，总能等来属于自己的机会。

二、不患莫己知，求为可知也

意思是，不要担心别人不知道你，而是要去思考自己的才能是否足够让人关注。

虽然很遗憾，但我们必须要坦承一件事，那就是这个世界不会有那种绝对的"公平"。对于一个人的关注程度，有时候不只取决于自身的能力，还有很多因素可以左右，我们必须要放平心态，去正视这件事。

但不要慌张，孔夫子这句话是要告诉你，不管这个社会如何变化，如何复杂，我们始终要把着力点放在自己身上。你比别人好一点或许没那么明显，那你试试看比别人好上许多，到那时，那些光芒就怎么都不会被掩藏得住了。

我特别佩服我国短道速滑队的某位运动员，当她在赛场上遭遇对手犯规和判罚的不公时，她的着眼点从来不是抱怨，去深究那些外在的种种原因，那不是运动员最主要的事。她是把所有的注意力都放在了自己的训练上，刻苦练习，努力精进，以至于在下一届的比赛中，她一路遥遥领先，完全不给对手任何哪怕是犯规的机会。这种一开始就把对手甩开很远，让对方无法企及的能力，最终会让你以一种极为闪耀的姿态，为世人所关注。

是的，这个世界或许就是不那么公平，与其去奢望绝对的公平，不如把所有的注意力都放在自己的身上，去思考如何让自己的才能足够让别人关注。

不患莫己知，求为可知也。孔夫子要告诉你的是一种成长的心法：**永远把对他人的期待，转化为对自己的提升，这样你才会有实实在在的、不断成长的可能。**

管控情绪，及时复盘

哀公问："弟子孰为好学？"孔子对曰："有颜回者好学，不迁怒，不贰过。不幸短命死矣！今也则亡，未闻好学者也。"

在这句话中，出现了一个很重要的人物，就是颜回。《论语》里颜回出现过多次，每一次孔子都极尽赞赏之词，可见对他的喜欢。但就是这么一位孔子最喜欢的门生，去世得太早，不免让孔子感到难过和可惜。所谓"今也则亡，未闻好学者也"。说的就是，现在没有像颜回这样的人了，再也没听说过谁是好学的人了。这虽然说得有些绝对，但着实可以看出颜回在孔子心目中的分量。

每每我们谈到颜回的时候，**"不迁怒，不贰过"**是他身上最好的特质，放到现在也极少有人做得到，但的确是我们每一个有自我追求的人应该有的行为范本。

我们先来谈"不迁怒"，这的确是一件极为困难的事，在日常生活中，始终做到的人，并不多。

之所以说做到很困难，很大的一个原因在于，生活中我们在某件事情中所产生的负面情绪难免会有持续性，这样就导致我们即使脱离了当时的情境，负面情绪也不会马上消失，会影响到你接下去所面对的人和事。

比如孩子们时常有的经历：大人们在单位遇到了不顺心的事，难以消解，回到家后看到孩子做作业的情况不尽如人意，就朝着孩子发脾气，还自以为这是就事论事，自己生气的原因就是你不好好做作业。殊不知，如果没有今天那些单位所带回来的情绪，在平日里遇到类似的事情，你完全能够以更好的心态去解决，这就是"迁怒"最常见的情况。

又如我们经常在生活中，或者是在电视剧中看到这样的情境：一个人遇到了不开心的事，往往在之后的时间里，会因为一点点的小事就情绪失控，对着服务员生气、对着陌生人指责，等等。

比如2021年院线的热门电影《送你一朵小红花》中，男孩的母亲在得知自己孩子病情加重，自己又束手无策的时候，会对着前来乞讨的乞丐生气和指责。我们不能妄下结论说这个母亲很凶，或者这个母亲没素质，我们看到的是，一个在极度悲愤的情绪下，最终无奈爆发的母亲，只不过那个乞丐不幸成了情绪发泄的对象而已。

又比如同年热播的电视剧《小舍得》中，那个妈妈南俪在自己被降职之后，极度郁闷和生气，在这样的情绪下，来到冰激凌店买冷饮，因为一点小小的误会就和收银员起冲突。

我们不能去苛责这样的行为，因为"迁怒"的场景实在太过常见，甚至可以说是人之常情。但你有没有发现，我们"迁怒"的对象往往是在我们"下面"的人，你可以迁怒孩子，你很难迁怒父母；你可以迁怒收银员，你却很难迁怒自己的老板……我们把自己负面情绪的能量传递给了另外一些无力反抗的人，从而让这样的负面情绪继续传递……虽然这在短时间内很难控制，但你必须意识到，这真的不是一件好事。

所以颜回能做到的"不迁怒"是一种人生境界，也是我们时时要提醒自己的参照。当情绪的能量奔涌而来的时候，怎么去管控，怎么去处理，这能体现出一个人强大的内在修养。

另外，颜回还有一大特质叫"不贰过"，这同样非常了不起。

"不贰过"从字面上来理解，就是不犯同样的错误。

这在日常生活中也极为常见：好几次的考试或练习总是错一样的题；上次说错话造成不良的后果，这次又说；上次在流程上犯的错让公司有所损失，时隔没多久，又有同样的事发生……

我们很多人在生活里，在工作中，在学习上，都很难做到同样类型的错误就只犯一次。

在孔子看来，犯错极为正常，但如果犯过的错不会再犯，那简直就是一种圣人的境界。那怎样才能尽量避免不犯同一个错呢？这就要牵涉到我们上几节里所讲述的内容了。

前几节在讲"吾日三省吾身"时，我们说到要有"复盘思维"，指的就是在一件事后，尤其是一件事做砸了之后，有没有静下心来反思：看看目标的设定是不是有偏差，方案的制订够不够稳妥，策略的实施有没有落实……以至于下次如有同样的机会或情境，不要让这样的失败模式再来一遍。

这就是颜回"不贰过"的境界，我们可以相信对于每个错误细致的反思才是他"不贰过"的根本。我们在自己的学习和生活中如要尽可能地做到这一点，就得先养成复盘的习惯，不怕犯错，而是错了之后要细致分析，认清自己。

我们用最常见的学习场景举例，老师之所以会让同学们在做错题之后进行分析和整理，就是为了让你对犯过的错误有所了解，了解后才能参透，参透后方可规避。这也就是为什么说，在练习的过程中，"分析"和"订正"才是整个过程中最有价值的部分，但凡没有，练习的效率就超低。因为只有分析和订正过后，你才会知道你自己为何会犯错，以及之后碰到这样的问题，如何才能不犯错。

是的，犯错不可怕，甚至可以说，练习就是用来犯错的。你不在练习中犯错，你还想在哪里犯错呢？重要的是犯错后，你对于错误的认识和处理，才会决定这个错误，到底有没有价值。所谓的智者不是不犯错，而是让自己的每一个错都犯得充满价值。

正是因为颜回有着这样的境界，孔子才会对于他的早逝感到悲伤和遗憾。这样子的境界，正是后来人不断参照的目标。

能静能动，相辅相成

> 子曰："知者乐水，仁者乐山。知者动，仁者静。知者乐，仁者寿。"

这句话对于智者和仁者做出了自己的诠释，我们逐个来分析。

一、知者乐水：智者能欣赏流水

流水有哪些特质值得智者欣赏呢？ "水"在中国的古典文化中一直以柔和的形象出现，我们说水最大的特点就是富有"弹性"，它遇山转弯，遇坑则填平。《论语新解》中提到："水缘理而行，周流无滞，知者似之，故乐水。"是的，智者之所以欣赏流水，在于他们和流水一样，知道在什么处境下做什么选择，能判断如何才是最好的。

所谓"百川东入海"，流水最大的特质就在于始终知道自己的目标是什么，目的是哪里。所以，在路途中即使遇到阻碍和困扰，都不会太过纠结，**因为过程是可以变化的，重要的是不停地向前流。**

说到这里，我想引用当年《奇葩说》第七季里熊浩老师的一段辩词，辩题是：家长群吹捧老师的微信，要不要跟？

熊浩老师的持方是"要跟"，但区别于传统意义上"要跟"的好处，熊老师从另一个角度来和大家聊聊"要跟"的理由。他说，像辩题中提到的这种事，叫生活的琐事。其实在我们的生活中有很多这样的琐事：不想跟的信息要不要跟？同事意见不合要不要怼？熊浩老师告诉你，很多问题遇到了别急着"进入"，其实有很多问题不值得你去投入时间、精力和情绪，所以遇到这等所谓的"破事"，最好的办法就是——怎么简单怎么来。你觉得这个信息不跟不合适，但自己主观上又不想跟，那就想一想，怎么处理最简单？不用多想，跟一条最简单，就不要去增加过多的纠结和烦恼。那个碍眼的"山丘"，你不需要应对，不需要进入，你要做的，仅仅是眼睛一闭，越过去就好，前面还有一个更为长情的世界在等待着你。

是的，在我们的生活中也经常会碰到这样的问题。我的微信里躺着很多不得不回复的群，有些内容会让你很不舒服，甚至违背你自己的准则。打个比方，有一些人喜欢在半夜发工作消息，还要你回复他规定的内容，比如收到请回复"太棒了""真厉害"，等等。当你看到群里的人都在跟着一串"太棒了"的时候，要不要违背自己的意志去回，就会成为一个问题，毕竟我不想成为这一串傻傻的"太棒了"的其中一员。但如果你意识到，只要回了就不会有麻烦，就不会再花时间和精力去处理不回的潜在代价，那咬咬牙回复，或许是最为简单的做法。

当有一件事让你纠结时，如果它并不影响你眼前的目标，那不妨让我们把眼光放远一点，不要去理睬面前的这个"山丘"，不要进入，不要彷徨，用最快的、最简单的方法越过去才最重要。这是流水教给智者的智慧。

二、仁者乐山：仁者喜欢山，因为它足够稳重和包容

"山安固厚重，万物生焉，仁者似之，故乐山。"

人越成长就越要意识到一件事，那就是每一个人的观念和想法都是他之前人生的总和，**我们要能认识到这个世界上不只有自己的认知，还要去尝试理解和接纳与自己不一样的人和事。**能被称为仁者的人，内心充盈且坚定，才会如此包容和稳重。

这不由得让我想起我们打辩论赛的人群，很多人打辩论赛，越到后面就越犀利，越到后面就越想赢，而且把这样的心绪从赛场带到了生活。但凡有人发表看法，他都会发表与其不一样的看法，然后利用辩论技巧去反驳，去论证，去享受辩倒别人的爽感。

但很遗憾，这种辩手即使"水平"再高，也很初级，因为这根本不是辩论的目的。

辩论从来不是为了"赢得比赛"，而是那些漂亮的观点，严谨的论证，可以让你在生活中不断找到更亮的方向。更重要的是，当你在生活中听到不一样的观点的时候，你但凡真的懂辩论，就能明白对方立场的合理性，你可以试图去理解，但也同样可以守住自己的观点和立场，如同山一般的稳重和包容。

三、知者动：智者能与时俱进，适应变化

在讲到这一板块的时候，我们可以结合在日常生活中常常发现的一个现象——无论是在医院还是超市，很多老年人仍然习惯用现金付钱，而收银员由于用惯了扫码，往往让收现金的效率变得低下。

老年人喜欢用现金付钱，并且表示自己不会用，也不想用智能手机。这是一个普遍现象，没有什么对和错，这只是个人的一种选择——是选择选用原来已然习惯了的旧模式，还是尝试新方法，跟上新时代。

正因为这样，我就非常欣赏那些能够熟练运用智能手机的人，而且我也很庆幸自己在若干年前教会了我爸妈如何使用智能手机，这在之后的生活中的确帮助我们解决了很多的烦恼。尤其是这些年的疫情时代，智能手机的运用更为重要。居家隔离的时候，他们也可以找到自己的咨询、娱乐和生活方式。

当然，我并不是说用智能手机有什么了不起，**而是能够看到世界的变化，并且能够摆脱旧观念和习惯的束缚，主动跟着时代往前走的人，是值得尊敬的。**

我们这个时代在高速发展，很多现在你已然习惯了的模式，终究会不断地往前发展。

你习惯了排队，人工帮助处理事务，但现在有机器可以操作，节约了你很多的时间，你要不要试？

你习惯了用某个系统的软件，但当有更好平台的选择时，只是处理方式完全不同，你要不要学？

你习惯了用原始的笔记去记录课堂的内容，但有了更方便的APP，可以更高效地帮你处理，你要不要用？

是的，时代在发展，社会在进步，很多东西都在不断地更迭，我自然理解固守的方式或许让你更安全，也或许让你在当下可以节约更多的时间和精力。**但同样的，我也希望你可以了解，时代的进步是让我们的生活能够更高效更方便，但前提是，你要主动跟上来，克服思维的惰性。**

四、仁者静：仁者厚重、宽容、遇事冷静

前些时候在学校开展的关于沟通问题的讲座上，讲到关于情绪管理这一块时说到，所有沟通的方法都需要有一个稳定情绪的前提。不是说人不能有坏的情绪，而是当这样的情绪奔涌而来的时候，我们有多少人懂得管理自己的情绪。

当然，这是一件很难的事，我们可以想想公司老板面对压力时对员工的态度，或者也可以想想我们在家辅导作业时的状态……**正因为这件事情很难，它才有被做到的价值，尝试管理好自己的情绪，遇事不冲动，让"平和"始终处于主动。要知道，力量分很多种，心平气和的那种最坚定。**

最后讲到，知者乐，仁者寿：智者是快乐的，仁者也有长久的满足，可以安享天年。**是的，但凡可以成为这样的智者和仁者的话，自然就会成为一个快乐的人，也自然可以成为一个享受生命历程的人。**

以上是这句话中对于智者和仁者的某种诠释。但其中提及的部分并不对立，智者和仁者都是我们所向往的。**就好比我们说一幅画怎样才和谐？既有山，又有水，是为浑然天成；一个人怎么才丰富？既能动，又能静，是为相辅相成。**

我们究竟"为何而学"?

子曰："射不主皮，为力不同科，古之道也。"

这句话的意思是：射箭时不是比谁能把靶子射穿，因为人的力气不一样，这是自古的道理。

这里我们要了解的是，射箭这个活动，在古时是一种生存手段，很多人依靠打猎维持生计。而在文明社会，则是一种活动项目，有专门的礼仪与规制。

那孔老夫子为何说射箭比的不是为了能把靶子射穿呢？那射箭的目的到底是什么呢？

这里就要引申到我们学习某样事物的出发点了。在我们的同学中，有很多从小就习得某样技能，学琴的、跳舞的、打拳的、写书法的、下围棋的……那我想问同学们的是，你们有没有清晰地了解过，自己去学习这件事的目的究竟是什么呢？

我自己也是从小学音乐，学乐器的，成人后有一段时间是教音乐，教琴的。记得有一次接触一个刚开始学琴的孩子，他的母亲见面第一句话就是：老师你好，我们隔壁家的孩子学这个，才过了3年就考出8级了，你说我们家孩子花3年能不能也达到同样的水准？

我很诧异地问："您为啥要这么快考出8级呢？是有什么需求吗？"

她回答我："倒也谈不上需求，就是觉得3年考出8级很厉害。另外升学的时候有这么一张考级证书也挺有分量的。"

我再问："你有听过那个孩子拉琴吗？"

她说没有。

我无奈地笑了笑，是啊，你没听过，就觉得3年考8级很厉害。就好比一幢房子，你不知道它质量如何，但就觉得1个月就能造出来很厉害；一筐水果你没监管过，就觉得别人10秒钟就能洗好很厉害……那这样的房子，这样的水果，你敢住吗？你敢吃吗？

没错，我曾经看到过太多学琴的孩子，学琴的目的就只是"考级"，所以就只学考级书上的曲目，练习曲不学，琶音不练，就仅仅把"考级"列为他最重要的目的。

以至于我也看到过有不止一个孩子，即使最后按照这个模式勉强考出了10级，其演奏水平，依旧糟糕，甚至有些是很糟糕。那我想问，你真的能够有自信去展现你的琴艺吗，水平和级数之间的巨大落差，是否又会是一种无形的压力呢？

所以，在我看来，我们学音乐的目的不是只有考级的，甚至说"考级"应该是众多目的当中最不重要的一个。我们学音乐的目的，更多的难道不是一种音乐素养的习得，或是一种音乐教养的熏陶？……"考级"应该只是水到渠成后的附属品，而不是一心求之的必需品。

再比如我们讲到学习武术的例子。学武术的目的是什么？是要打败所有人吗？是一遇到问题就要靠武力解决并且立于不败之地吗？如果是这样，那么你学习的原点就产生了偏差。

现实生活中，一些学习武术、格斗的人平时其实很少跟人打架，因为他们知道自己的水平是不可以和一般人动手的，他们只会在训练场、竞技场上和同仁切磋，他们追求的是一种武道的精神。

在这里和大家分享一部名叫《第一神拳》的漫画。里面的主人公一开始也是个不招人待见的混小子，抽烟、喝酒、泡吧……生活极其混乱。因为是混混，所以他经常打架，越打就越希望自己可以变得更强，所以他就慢慢接触到了职业拳击的领域。到了这个领域之后发现，自己原本认为的"强"，在这里是如此不堪一击，如果不经过系统训练，不经过技能习得，是没有办法更进一步的。

出于让自己越来越厉害的目的，他开始刻苦训练：每天早起跑步练习有氧，那就意味着前一天晚上不能去泡吧，太晚休息会影响第二天的早起；想要锻炼自己的肺活量，那就必须要戒烟；想想让自己更为清醒地完成训练计划，那就务必要戒酒……长此以往，这个之前的混小子，在训练中，逐渐变成了一个生活极其规律的年轻人。

练习了一段时间后，他的拳击技能有了质的提升。正当这个时候，街上又有小混混要找他麻烦时，匪夷所思的是，他居然忍住了，任由对方拳打脚踢都不还手。在他看来，这是个极好的抗击打练习，更重要的是，他觉得"我"现在是一个真正的拳手，"我"不能随便对人出手。

直到这里，主人公才真正成长了，也真正从一开始的"打拳是为了打败所有人"的出发点，逐渐进阶为对"武道"的理解……

是的，这句话就是要告诉我们：**我们学习某种本领，先要搞清楚自己的目的和原点，不要太过表面，而应去找找所学事物之中最值得追求，也最有魅力的地方。**

解决问题的正确方法

冉求曰："非不说子之道，力不足也。"子曰："力不足者，中道而废，今女画！"

这是一段冉求和孔子的对话，冉求说："我不是不喜欢老师的学说，但我力量不足，尽力了。"孔子听后不是很愉快，说："力量不足的人，至少也在中途放弃，而你却画地为牢，不肯前进。"

这也是一段很有现实意义的对话，说实在的，我们身边有像冉求这样思维的人，其实还蛮多的。

比如你说你要减肥，我让你去跑步，先尝试一下3千米，你一步都还没跑就说：跑这么多我肯定跑不动，我知道自己的体力很差。

又比如我让你去学习，你刚看了题一眼就说：这题我肯定不会，也太难了。

你发现了没有，很多人连试都不试，就找理由放弃。并且可怕的是，他们会说服自己，这是我的能力问题，本身就办不到。

这在我自己任教的班中太过常见，很多学生在完成练习的时候，一遇到稍难一些的题目，就会空着，然后直截了当地和我说：唐老师，这题我不会。

是的，"不会"这两个字要说出口极为简单，因为只要说出"我不会"这3个字，你就轻松了，你就不需要再花费时间，花费精力去思考，去行动了，任何的锅都可以甩在"我不会"上。这着实不是一个好的思维习惯，太多的不愿行动，太多的懒得思考，都变成了简单的"我不会"，随着时间的推移，就会逐渐变成"真不会"。

你要去想，你要去做，你要去试……先让自己动起来，不要简单地用"不会"两字蒙蔽自己。

每每讲到这儿，有些人又会说，那我试过了，但仍然不行呢，是不是就可以放弃了？

我这边能给出的意见是，不着急，先看看我们的方法对不对。

在这里，我给大家推荐一本名叫《刻意练习》的书，里面谈到一个观念叫作"3F"法则，我们要解决一个问题，要经历3个步骤：

聚焦（Focus）： 先找到问题的原因在哪儿，问题缩小，找准切入点。

反馈（Feedback）： 找知识学习，找专人指点。

解决（Fix）： 修正它，尝试着手实践。

就好比有位同学和我说，唐老师，我上台演讲总也讲不好，该怎么办？我也试了好多次，但就是讲不好，太受打击了。

我会告诉他，你给自己的这个问题太大了，你没有找准自己的问题究竟在哪儿。

你说你演讲不好，我必须要知道的是，你演讲哪儿不好？是不知道讲什么内容？还是说话磕绊？或者是对紧张的管控？每一个小问题都有不同的解决方法。

那个孩子说，我不知道如何处理自己的紧张情绪。Bingo！这就是一个好问题。一个相对比较小的问题，就能找到更准确的解决方法。那么当我和你讲述了如何应对紧张的方法后，接下去你要做的事就是对照这个方法，去实践。

又好比一直有人问我说，我语文不好，该怎么学？

唉，如果是这么一个巨大的问题扔过来，那我只能回应你"好好学"。问题很笼统，答案就会很笼统。

我要知道的是你语文哪里不好。是基础？是阅读？是习作？

如果是基础，我们就再往下切，是字词，是句式，还是对于古诗词的积累？

如果是句式，那我们就再聚焦，是反问？是修改病句？是缩句？……

如果你说，我的确是缩句不太会。Bingo！你就找到了最小的那个聚焦点。那么我就来教你，缩句的有效方法，接下去你就照着这个方法去练习，去反馈。

所以你发现了没有，问题聚焦得越小，就越容易找到解决方案。很多时候问题得不到解决，是因为你的问题太大了，不具体的问题是没有办法着手解决的。

所以各位同学，不要轻易动摇自信，你们很多人只是没有找对方法，别急着放弃。

什么时候动摇自信？就是"3F"之后仍然不行，仍然失败——你们，还离得很远……

如何让学习变得更有效？

子曰："默而知之，学而不厌，诲人不倦。"

这句话从字面上来解释是：学到的东西记在心里，学习不感到厌烦，教导别人也不会觉得劳累。

这里，我们必须复习一下《论语》首章首节——"学而时习之"中提到的一个观念：立体学习观。**一个知识的习得要经历很多的步骤：先积累学习，再整合实践，最后输出。形成一个知识习得的闭环，才算真正完成这段学习。**

我们先说第一个步骤：**默而知之——知识先输入，先接触，先了解。**

这里我举的例子是我们学习中很常见的片段，比如接触古诗，第一步一定是先认知，在理解它的意思后尝试去背诵。

注意了，我们这里的背诵，指的是在理解后的背诵，你得全然了解诗的意思，然后通过一遍一遍的诵读，形成对诗的整体感知。

很多同学在学古诗的时候往往有一个很不好的认知，就是只要我把它背下来，就万事大吉了。他们会一遍又一遍地熟读，然后借由记忆的规律把它"硬塞"到脑子中。

这样的方法自然是能够背得下来的，但你会发现，一旦让你默写的时候，就会写错字。你压根不理解这句诗里这个词的意思，自然就会张冠李戴。你还会发现，当要结合诗情诗意让你去理解的时候，那光会背诵的技能，是没有办法让你回答像"在你所学的古诗中，有哪些诗句是能体现出诗人忧国忧民的情绪的"这样的问题。

是的，你不理解诗的意味，你就没有办法学得透彻。而我们所谓的"默

而知之"，给予我们现在学习的引导可以是，要学会整体化的学习，别仅仅浮
于表面。

再来看第二个步骤，**学而不厌——知识再整合、消化，从中了解更多的
内容，相互呼应，相互印证。**

同样的例子，我们在背诵完一首李白的古诗之后，你慢慢地了解到了古
诗的背景，知道原来李白生活在开元年间，而开元年间是唐朝最为鼎盛的时
代，繁花似锦，令人向往。李白的主体生命是在这样的朝代中度过的，以至
于他形成了一个极为洒脱的性格，诗中多为"花剑酒月"，极富浪漫主义色
彩。相比较而言，杜甫则不然，安史之乱的八年他统统赶上，你就知道他那
忧国忧民的诗句究竟是从何而来……然后你就能逐渐理解，为何李太白能称
为"诗仙"，而"诗圣"的称号，唯有杜子美能担得起。

你看，在古诗学完之后，有着太多衍生的知识可以学习，太多未知的领
域可以探索，从而让你对这一段的学习有更好的感悟。从已知到未知，再把
未知变成已知，又从已知探寻未知……这个过程有收获，有消化，又怎会让
你感到厌烦呢？

李泽厚在《论语今读》中说，学为何能不厌？因学非手段，乃目的本身。
你在学习中的快乐如果是来源于对知识的好奇、兴趣和渴求的话，那这个过
程，自然是不会令人感到厌烦和疲累的。

最后一个步骤，**诲人不倦——知识再输出，教导别人，把自己明白的讲
给别人听。**

在这里我们要厘清一个很重要的观念：真正的懂不是你听懂了，而是通
过你的讲述，把别人说懂了。

很多时候，我们会觉得有一节课老师讲得真好，我全都听懂了，千万别
误会，这个不是你懂的，而是教你的那个老师，他真懂了。

要判断一个知识点你到底有没有懂，需要你做一件事，就是把它表达出
来，无论是通过说的，还是通过写的——我们把这个过程叫作"输出"。一开
始你会发现，一个明明听懂了的知识点，自己说的时候总会词不达意，缺少

些什么，那个时候你得意识到，这就是"真懂"和"假懂"之间的鸿沟。

　　所以各位家长，我们是否也已经意识到，如何让孩子更有效地梳理在校听课的内容呢？

　　我们可以尝试让孩子们在回家的时候把今天老师课上的知识点，来向你进行一轮"输出"，他来讲，你来听。在听的过程中你就可以大致判断，但凡你能听得明白的部分，就是他在这节课上已然弄懂的部分；只要是你听不明白的部分，就是他在这个知识点中，还不够完善的部分。那就再次翻开书本，打开笔记，一同刷新对于这个知识点的认知和梳理，然后再次进行第二轮的"输出"……

　　就好比判断一个孩子有没有搞懂一道数学题，可以试试让他给你讲一遍，如果你能懂，孩子就懂了。

　　再难一点的版本，试试让他给爷爷奶奶讲一遍，如果他们都能懂，孩子就是完全吃透了。

　　所以，"输出"是在学习的过程中，决定一个知识能不能为我所用的重要环节，也是判定这个知识是不是属于你的最后检验。

　　没有输出的知识都是浮云，要真正弄懂一个知识，就一定要去输出，要去"教"别人，去分享给别人。这也是复习和练习的一种，不要为此感到厌倦，我们教导别人不只是为了他人的习得，更是为了自己的巩固。你要知道，这是自我成长的必经之路。

　　以上就是从学习观念的角度入手，和大家讲述一个知识如果要真正习得，需要经过**"输入——整合——输出"**的过程。也希望同学们可以在今后的学习历程中牢牢记住这个观念，它能帮助你更有效地学习。

探寻学习真正的乐趣

子曰："知之者不如好之者，好之者不如乐之者。"

这句话里提到了学习的3种境界。

一、知之：知道，并了解重要性

"知之"是大多数人所处的阶段。你会发现现在有好多学生，在被问及为何要学习的时候，内心所有的真实想法还是：我学习是被迫的。因为我不学习我爸妈就会打我，就会骂我，或者就会不爱我……

好一点的是，我学习是因为我了解学习对于我的重要性，比如我得去一个好一点的学校、我得从事一份好一点的工作、我学习好父母就不会为我担心……

但凡学习是处于这么些个出发点的话，就不难理解，很多学生一旦脱离了"被迫"，或者这种功利的"重要性"不那么大了的时候，他们就很容易"放飞自我"。

就好比网课期间，有些学生就会觉得，这可是个难得的好机会，居家网课，老师隔着屏幕看不到你，爸妈上班管不了你，那么我就可以不学了，只要保持电脑开着就行了，至于老师讲什么我并不是很关心。因为一旦脱离管控，学习就可以和我毫无关系。

再比如很多学生考上大学后，完成了所有的升学目的，就开始尽情享乐，荒废学业。那些高中时成绩还很不错，一到大学就夜夜笙歌，整个四年都没有什么收获的学生，比比皆是。

又或者是很多人有了工作之后就不学习了，因为在他们看来，学了这么多年，终于摆脱"学生"身份了，我现在的主要目的就是赚钱了，至于学习这么苦的事情当然就不必做了……所以你会发现很多成年人，他们自从毕业后就很少读过书，很少拿过笔，除了工作，所有的业余时间都花在了娱乐上……

以上的这些情况，都是因为，他们对于学习的认知都停留在第一阶段——"知之"。

二、好之：对其产生喜爱

这是下一个境界，就是**在学习中真正找到自己感兴趣的，无须他人提醒，就会自主地去学习。我学习的动力在于"这个领域我喜欢"，而非任何胁迫。**

就好比之前提到的，了解了李白的诗后，你会对李白这个人很感兴趣；在了解了他这个人之后，你又会对他身处的这个时代很感兴趣，所以又会去了解唐朝的历史，自己去买书，自己翻视频，自己去寻找需要的内容，带着对于未知的好奇，完全不必他人提醒。

又好比做一道数学题，有同学发现有一道题居然还有另外一种解法，而这种解法老师上课没教过，却有着比老师更有意思的结题思路，感到着实有趣，从而继续钻研。

这些都是"好之"的体现。

黄执中老师在一段视频中提到过：人为什么要努力？有些人觉得努力就是为了赢。但如果你努力的原因只是为了获胜，那么这种动力是脆弱的。因为我们不得不承认，决定人生输赢的因素里有很大的一部分叫运气，如果那些成功的人有谁告诉你他的成功完全来自努力，那么他不是一个骗子，就是一个自恋狂。就像当年他在打辩论赛的时候，完全想不到有一天会有《奇葩说》，辩论会突然被人重视，成为一个被很多人接纳的活动，这个过程完全不是靠努力创造的，这就是运气。如果他当年努力打辩论赛，动力是因为以后可以赚钱，那这种动力就会非常不靠谱，非常容易磨损。**所以，"这件事情好有趣"——这个才是最为可靠的动力来源。**

三、乐之：乐在其中，感到由衷的快乐

不可否认，学习对于大多数人来说都是一件相对苦恼的事情，只不过苦恼的程度不一样。而"乐之"的境界是完全不恼，学习是一件乐在其中的事情，就好比去游乐园一样。有这境界的人很少，但它却始终是所有的读书人向往的方向。

在这里我们又要提到，很多同学在聊人生的时候，很容易提及"梦想"，但"梦想"这东西真的不适合成为人生的长远目标。不要去紧跟你的梦想，因为"梦想"往往是你在某个阶段自身处境的一个反映，当你真的去追寻梦想的时候，非常有可能在你达到梦想的时候感到空虚和痛苦。

专家的建议是，**当我们在想我们人生的时候，与其去追寻梦想，不如去找寻热情。热情指的是你在做一件事情的时候不只是觉得有趣，还会由衷地感到开心，感到饥渴，会让你愿意投入。**

就好比我这些年不停地在研究沟通与表达，在深究适合中小学生的《论语》课程，我越深入就越觉得有趣，越有趣我就研究得越开心，就越发觉得这件事情有意义。这也就是为什么我在做这些事的时候，会有无限能量的原因。

对于学习中的同学们而言，我们不必先去急着追寻自己的"热情"，但在学生时代，至少要达到第二层"好之"，感受到学习的乐趣，才能让学习变得更主动，也才有可能更进一步找到通往"乐之"的方向。我在《论语》学习版块的所有努力，都在试图帮助同学们找到学习的乐趣。

什么是真正的"好学"？

子曰："十室之邑，必有忠信如丘者焉，不如丘之好学也。"

这句话字面的解释是：大概有十户人家的小村子，一定有人像孔子一样能够做到忠信，但最好学的只有孔子了。

所以在孔子看来，真正能做到好学是不易的。

那什么叫"好学"？

我们很多学生的理解是，我每天都要上课，爸爸妈妈帮我在课余时间报了很多课程，语数外都有。连双休日都排满了，报了很多兴趣班的课程，那我可太好学了。

我每每听到同学们报了这么多的课，都会由衷地觉得他们太辛苦了，但遗憾的是，这很有可能不是好学，而更接近于功利，是被安排。

我们不妨想一想，很多时候，我们去上这个班，上那个班，内心深处的原始动力是什么？如果说完全是为了考取一个好学校，只是为了分数的话，那谈不上是真正的好学。

成人也是一样，我们去学这个，去学那个，如果内心的原始动力也仅仅是为了职位，甚至是为了钱的话，我不能说你错，那这真的也谈不上是好学。

那种内生性的，对世界的好奇、对未知的探索，在过程中会有愉悦感的，才叫作好学。

我曾经有一个学生，他是一个狂热的日语爱好者，而他对于日语的热爱，并没有任何功利的目标，完全是兴趣和爱好。所以他夜以继日地学习日语，专研日本文化，他在这个领域的学习劲头，就可以称之为"好学"。当他真的学有所成，那所谓的证书、职位乃至金钱都会随之而来，但那也仅是你热爱的附属品，而并不是你去做这件事的原因。

是的，认识到了自己对某个领域的喜爱，无须别人督促，就去投注财力、时间、精力……这样的人，是好学的。

好学可以给我们带来很多可能性。

首先是外在的可能，**好学能让你拥有更多的选择权，你自己越丰富，越强大，你就能拥有更多选项**。这几乎是所有努力着的人都在追求的目标。

生活在这个时代的人，所有的努力都是为了能够给自己增加选择权，很多东西不一定是你都要的，但是你应该尽可能地让自己有权利选择。真正的好学是有衍生价值的，这跳脱于功利的目的，却有着实际的利益。

然后是内在的可能，**好学可以让你知道这个世界还有很多不一样，你所看到的并不是全部，你对那些新鲜的、未知的世界还充满好奇和探索，这会使你充满活力**。

当我们谈到，人什么时候才算是真正的老去？不是年龄，也不是身体机能，而是你对这个世界突然停止了好奇的时候，那就是真正衰老的时候。丧失了探索欲，丧失了好奇心，你就永远停在了当下。

但也有很多停止学习的人会说，我现在不需要学习，因为现在也很好，现在的生活也不错，也是自己想要的。

很多固守己见的人也会说，我觉得我自己认为的就是对的，我对你所说的不认同，也没兴趣。

是啊，你停在这里，意味着你就只看到这儿……你说你选择了这种生活，我并不同意，什么是真正的选择？从某种程度来看，**真正的选择是阅尽各种可能，从而选择自己的独钟**。就好比吃过很多高级料理，你仍说，我只喜欢面前这盘，这才是选择。而不是眼前只有这盘，却说我对其他的不感兴趣，这是自我妥协的借口。

而这种选择，只有"好学"才能带给你。

我们所谓的"好好学习"，不仅是要学习知识，更重要的，是要学习怎么去学习的观念，习得这样的观念，学习就不会是一件太过枯燥、太难的事。

我们身边有好多人不喜欢学习，很重要的一个原因就是，学习的观念不对、习惯不对。而观念错，就样样错……

类似于这样有关学习的观念，《论语》里给了你很多的指引。

"学习'学习'本身"的能力

子曰："述而不作，信而好古。"

这句话在五年级的语文书上出现过，从字面来理解很简单，所谓"述而不作，信而好古"的意思是，把前人的东西综合起来传递，并不自己创作，相信前人的东西。

我们来仔细品味一下这句话要向我们说的是什么。"述而不作，信而好古"给我们阐述了一个很重要的学习观念——**Learn to learn（学习"学习"本身）**。要明确的是，很多学者都认为，现阶段我们的学习，直至大学本科毕业前，所有的学习模式都属于"Learn to learn"（学习"学习"本身）。那什么叫"学习'学习'本身"呢？**就是说我们现在训练的是独自面对问题的能力，通过知识的存量来解决现实问题的能力。**

就好比我们在基础教育阶段，每天都要完成作业，那我们是否能够学会用知识的存量解决眼前的作业？这个"存量"在这个阶段或许是某一套公式、某一个语法、某一种写作方式或者是用某一种学习工具……

其实不仅是作业，即使是一些生活中碰到的小问题，我们也可以通过自己所学知识的存量来帮助解决。

再好比我们到了大学，需要完成学术报告或者论文撰写，我们也要很明确地去了解对于这个课题，之前的人研究到哪里了？在这个相似的领域，他们有过哪些想法？这些想法可以给你带来怎样的启发？所以在写论文之前，有一个必不可少的步骤就叫作文献综述，通过查阅别人的研究，来清晰地认知这个问题的探索性和局限性究竟在哪儿。

又好比我们在生活中遇到某些困扰，也要去想一想，之前有没有人和你遇到过同样的问题？比如你和同事在某种情境下产生矛盾了，不知道怎么沟通，你能否找得到有关的观念、理论和方法去帮助你摆脱眼前的困境呢？

这就是我们直至读到大学本科都在一直训练着的能力——学习"学习"本身。每每遇到问题的时候，你要坚信，你不可能是人类历史上第一个遇到这个困惑的人，一定有人在之前就贡献了想法、陈述了观念、找到了数据、做好了铺陈……甚至有些都已经非常系统地回答过了。而你，能找到吗？

所以，孔夫子说的"述而不作，信而好古"的意思是：你要相信前人所做出的贡献（**信而好古**），并且要能找到这些"数据"加以整合（**述**），不要贸然去"创新"（**不作**），要借由这些信息建立一套圆融的理论去解决。而信奉这样的观念，即使提供不了一个完全正确的答案，却也能找到一个靠谱、内在自洽的答案。

有些人就要问了，那我到底可不可以有知识领域的创新呢？自然是有的，有存量，就会期待增量，这也就是所有研究生所存在的意义。在这之前，我们必须要习得的，是"学习'学习'本身"。

不要陷入"自我合理化"的陷阱

子曰:"我非生而知之者,好古,敏以求之者也。"

这句话同样出现在我们的语文书上,字面意思说的是:我并非生来就都明白的圣人,只是学习前人的经验,勤奋主动地学习罢了。

我们先来看这句话:"我非生而知之者"——"我并非生来就知道的人"。

是的,没有人是天生就了解某种事情的,所有的能力都是后天习得的结果。这个过程一定不容易。

我之所以说这个过程不容易,很大的一个原因在于——人,都是善于自我合理化的动物。当一件事情遇到阻碍时,这一关特别难过时,很多人都会选择一种让自己能够接受的方式来安慰自己。

就好比我弹琴弹不好,我会说服自己,那是因为自己天赋不够……

我题目做不好,也就安慰自己,说是自己没有其他人聪明……

我不善于沟通,也会给自己找理由:我天生就内向,不适合沟通……

这就好像我之前一章中写到的,很多同学在做较难的练习的时候,会选择逃避,选择不做,往往他们最常给出的理由就是——我不会。"我不会"这3个字就是最好的自我行为的合理化,因为只要你在内心坚信自己是不会的,那就不必陷入自责的苦恼,会坦然接受这样的结果。如若不是,你就必然会陷入那种既不想做,又不想承认自己懦弱和懒惰的现实,那就极为痛苦。

在日剧《被讨厌的勇气》中,有一段是:人之所以一直无法改变,是因为早已认定自己无法改变,是因为就算日常生活中有不如意,但是保持现状能更轻松更安心,你的不幸,就是你自己选择的。

　　是的，你很想跨出去，但留在原地会更轻松，你就不得不想办法找到强大的让自己困在原地的理由，这实在太过遗憾……

　　你发现没有，一件事情你要找理由，总是能找得到理由的，人的自我合理性的能力就是那么强大。你会想方设法让自己内心得以安顿，让自己的懈怠变得理所当然。因为只要这么一来，你就可以轻松了，你就不用像别人一样努力、用功，就解决了自己的困惑和难过，所以很多人都会用这招来说服自己。

　　不要上当！给你方法解决！

　　这句话的后半句就是方法论："好古，敏以求之者也。"——我只是学习前人的经验，勤奋主动地学习罢了。

　　在这里，我们要回顾一下之前刚学习过的内容："述而不作，信而好古。"

　　遇到问题之后别急着放弃，先看看前人有没有经验值得你参考。

　　我们再来回顾一下"冉求曰：'非不说子之道，力不足也。'子曰：'力不足者，中道而废，今女画！'"中的内容：遇到问题后的**"3F"法则——聚焦、反馈、解决**。

　　找到自己的问题所在，再去找到别人解决此类问题的方法，勤奋、主动地去试试看，试完之后再不行才是你苦恼的时候。

　　所以有句老话说的是，什么叫天赋？就是尽了你的全力，看看自己的极限在哪儿，是否有再突破的可能……而很多人的努力程度，大可不必去拼"天赋"。

德、学、义、善的修持之道

子曰："德之不修，学之不讲，闻义不能徙，不善不能改，是吾忧也。"

这句话里，孔子对四件事表示忧虑，我们一件件来看。

一、德之不修

所谓"德之不修"，是指不去培养品德，不能认真地对待道德修养。

在这里，我们不去谈论那些完全不修品德的人，对于我们周围的环境来说，这没有参考价值。我们要谈的是，对于大多受过良好教育，有着基本素养的人，究竟什么才是真正的修品德，我们应该用何种态度来面对自己的道德修养。

《论语》里还有句话——樊迟问仁，子曰："居处恭，执事敬，与人忠。虽之夷狄，不可弃也。"意思是说，那些好的品质，即使是去了蛮夷之地，也不能放弃。这就是为了告诉你，判断好的品格，要看在极端情况下还能否坚守。

著名作家梁晓声对于"文化人"是这么解释的：植根于内心的修养、无须他人提醒的自觉、以约束为前提的自由、为他人着想的善良。

其中首当其冲的就是**"植根于内心的修养"**。什么叫作"植根"？**就是需要长时间播种"德"的种子。**

在这里，我要给大家分享一段《名侦探柯南》里的情节。在这个片段中，那个千叶警官之所以会给苗子留下如此深刻的印象，是因为他在小时候的一个行为所透露出的一种观念。

当年幼的苗子试图闯红灯的时候，同样年幼的千叶立马拦住了她。苗子不满地说："又没有车，为什么不能过？"千叶严肃地告诉她："一次放纵自己违反规则以后，就会养成习惯；一旦变成习惯，想改也改不了了。"

是的，这很像《中庸》中所提及的慎独的概念，润米咨询创始人刘润曾经提到过一次他和他儿子的互动。说有一次和儿子出去办事，在等红灯的时候想起了一个著名的等红灯测试，就和儿子聊了聊这个话题。

他问了儿子："假设某个晚上，你路过一个路口，正好是红灯。因为很晚了，所以旁边的路口完全没有车，也不会影响任何人，在你看到这是红灯时，要不要选择直接过去呢？"

儿子说："那我要看看有没有摄像头。"

"的确，确实会有人有这样的顾虑。如果有人选择不过街，他们是会为了什么不过呢？"

儿子说："他们是因为怕被拍照。"

刘润继续问："那假设没有摄像头，会不会也有人不过街？"

儿子说："会的，如果和朋友一起，就不过了。"

刘润问："为什么？"

儿子回答："怕被别人说呗。"

"那假设只有他一个人，旁边没有任何人，任何车，任何摄像头，那这样会不会所有人都过街了？会不会还有人等完红灯再过街呢？"

儿子说："也有，还得看他是不是在赶时间。"

"那有没有可能一个赶时间的人，在没有车、没有人、没有摄像头的情况下，也等完红灯再过马路呢？"

儿子认真想了想说："有的，他只是想遵守交通规则。不管有没有人，都要遵守规则。"

是的，这样的人，就是《中庸》里说的"慎独"，不管对方怎么样，自己作出的承诺，白纸黑字写下来的东西，制定好的规则，就要遵守。不能因为对方的因素就破坏规则，践踏承诺。因为遵守道德规范，不是为了别人，而是为了自己。

而对孩子说这个，更重要的原因是要提醒自己，我们只有自己做到了
"慎独"，尊重承诺，尊重信用，才能让孩子看见，并且相信这个世界上是有
慎独的人存在的。"植根于内心的修养"并不容易，我们要从小养成律己的习
惯，恪守自己的行为，用心去修自己的德行。

二、学之不讲

所谓"学之不讲"，指的是学了不愿意讲。

这里我们仍然要回顾前几节中所讲过的一个重要观念：输出的重要性。

学习不只是学了就过了，很多同学之所以学习效率不高，就是因为有这
种错误的观念，他们认为只要自己去上课了，去听讲了，就等同于是学习的
全部了。其实还差得很远。如果你在上完一节课后，书包一扔觉得自己已经
完成任务了，那接下去，时间就会无情地把那些你当下刚刚记住的东西一点
一点蚕食干净。

**你必须要做"输出"，最好的学习方法，就是把自己学过的东西重新整理
消化好后，再通过讲或写的方式输出一遍。太多人怕麻烦不愿意做，所以才
会有那种"知识留不住"的困扰存在。**

三、闻义不能徙

所谓"闻义不能徙"，指的是获知正确而有益的事情，不能去接近和跟从。

前面我们提到，人是很容易自我行为合理化的，就好比我们在各种社会
新闻里可以看到，有些明显做得不对的人，仍然强词夺理地为自己辩护，让
人不免有些唏嘘。

前阵子有条社会新闻，说有个男子在餐厅抽烟，被旁桌的女子指出后，
不但不改，还找出各种各样的理由来为自己的抽烟正名。从他越来越弱的理
由中可以看出，他其实也意识到自己的不对，他也知道自己找的几个理由越
来越荒唐、越来越可笑。但可悲的是，他就是不能服软，在他们看来，只要
我认错了，就意味着我被你打败了，而内心残留的"自尊"不允许自己被
打败，所以就只能找出各种理由为自己的行为做合理化的辩解，这真的很
遗憾。

四、不善不能改

所谓"不善不能改"，是指做错了事，有缺点，却不能及时改正。

我们要了解一件事：**缺点之所以是缺点，那是因为它已然形成惯性。**

所以在日常学习中，那些字写得差、审题不仔细、做完不检查等等的行为很难一下子修正的原因就是，这些坏的习惯，你重复了太多次，以至于它已经长到你的身体里，变成一种下意识的行为。要把它拔出来是需要决心和勇气的。不要被不好的惯性带着走，发现不对的就要及时修正。

我记得我曾经和那些被拖累得很厉害，自己都觉得很懊恼的学生说：**你一定是做错了些什么，不然你为什么会是现在这副样子？你一定得做对些什么，如果你不再想继续这副样子……**

以上四件事就是孔子的担忧。我想之所以是孔子的担忧，也就意味着要做到这几件事并不简单，甚至有一些是要违背天然的人性的。**但正因为不简单，它才有它的价值，也是我们所追随的意义所在。**

愿意投入后的幸福

子在齐闻《韶》，三月不知肉味，曰："不图为乐之至于斯也！"

这句话很有意思，它讲述了孔子在齐国听到《韶乐》，觉得特别好听，以至于回家3个月了吃肉都没心思了，说："没想到《韶乐》能给人带来如此的快乐！"

众所周知，孔子是爱吃肉的，但听了《韶乐》后连吃肉都觉得没味道，可见对其痴迷的程度。

很多人会觉得奇怪的是，孔子怎么会对一件事情沉迷到了这种程度？这是不是夸张了呀？

我很理解那些不解的人，但同样稍感遗憾的是，**那是因为你没有感受过那种沉醉其中的状态。**

我在这里也可以分享自己的两段经历：

我在好些年前是一个极度的吉他爱好者，从一开始的民谣弹起，渐渐开始不满足，去接触更有难度的指弹。记得当时弹吉他弹到最兴起的时候，接触到了一个叫押尾光太郎的人，他是日本很有名的吉他指弹大师，在我看来，他的指弹曲子出神入化，旋律也美到简直让人神往。尤其是那两首名叫《家路》和《黄昏》的曲子，是我梦寐以求想要弹会的曲子。但说实话，以我当时的水平，这两首曲子中有很多的指法特别难攻克，但正是因为喜欢，我在那段时间时常一吃完晚饭，差不多晚上六七点就坐在桌前，一个乐节一个乐节地"啃"……有很多次，当感到身体疲累的时候，一抬头，时间已经是凌晨两三点了，却丝毫不感到疲累，就只是因为时间太晚了，不得不选择睡觉。这样的日子过了一阵子之后，当自己真正把这两首曲子弹到炉火纯青，甚至可以演出的地步时，那种内心的满足感，真的很难用言语表达。

再比如这些年在学校开展的《论语》讲坛课程，同学们所能看到的只是"输出"的结果，而在整个过程中，从知识的输入到内容整理，从内容的整理到课程的输出，每一讲的每一个环节都是需要大量时间成本的。尤其在一开始的时候，每做一期讲坛，所要花费的时间，零零总总算下来都要将近10小时。但这些时间对于我来说从不觉得煎熬的原因是，只要我真心投入其中，一会儿就三四个小时过去了，你永远都会觉得时间太快了，太不够用了……

所以大家都要明白一件事，我们对于时间的感受是很主观的。

当你感到非常愉悦的时候，好比去朋友家开PARTY，去迪士尼玩……你回忆一下当时的感受，是不是觉得每一秒钟都是快乐的，以至于每次结束的时候你都会感到这一天的时间过得飞快，都会恋恋不舍？那是因为你完全乐在其中。

而当你来到一个满是陌生人的地方，或者去一些你不喜欢的场所，甚至去上某些我们主观上不想去的课时，你就会发现明明只有一个小时，为什么这段时间可以显得这么长。你觉得时间过得巨慢的原因是，你对这件事情完全无感。

如果，你找得到一件能让你如此投入其中的事的话，就如同《韶乐》对于孔子一般……我想，这是很幸福的。

如何正确地教导人？

子曰："不愤不启，不悱不发。举一隅不以三隅反，则不复也。"

孔老夫子在教导学生的时候，也有自己的原则，这里分为3个部分。

一、不愤不启

所谓"不愤不启"，意思就是，没有憋于内心，说不出的痛苦挣扎，那就不要去启发他的思路。

这里我用我自己身上的很生活化的例子来和大家讲述。

看到我有过几次很有效的减肥历程，很多人会在生活中问我有关减肥的问题。

有一次，一位女性朋友问我："看你减肥这么成功，有没有什么经验传递？像我这样的，到底怎样才能瘦下来？"

我回答她："你平时朋友圈晒的都是美食，经常去外面吃饭，想要瘦，你先得少吃一点，或者少到外面去吃饭。"

她说："少吃是不可能少吃的，我工作消耗大，每天只有吃饱了才能够有力气上班，才能够保持专注。"

我又说："那你尝试吃得健康一点，不吃含糖的食物，把精致碳水都换成粗粮试试。"

她说："但不吃糖会让人心情郁闷，我觉得还是心情好更重要。"

我说："好吧，那就只能运动了。吃得多不碍事，重要的是得把吃的东西都消耗掉，每天保证消耗的热量大于摄入的热量，造成热量缺口就能减肥。"

她又说："我这破体质，连跑500米都费劲，运动就免了，根本就不适合我。"

我无奈地叹气：你是真的想要改变自己吗？

你会发现一件很有意思的事，就是她自以为体重对她来说是个问题，却完全没有动力去尝试解决。那也就意味着，这对你来说谈不上是一个真问题，你完全没有为它困扰过，痛苦过，你自然就不会想要去真正解决。很多人所谓的问题，其实并没有真正给自己带来过困扰，这也不是他自己内心迫切想要解决的问题。把"改变"放在口头，那是因为口头的表态不需要成本，一旦需要成本的改变，他们一定会找理由拒绝。那完全是因为这不是他真正迫切想要的。**所谓的"不愤不启"，就是你有需求，有困境，我可以启发你。但如果你完全不想，那我就不必说。**

二、不悱不发

"不悱不发"指的是一个人没有到想要组织表达，却又组织不好的时候，就不要和他讲明白。

生活中，经常可以碰到这类问问题的人：

这题怎么做？

这篇文章怎么写？

这个辩题有什么论点？

……

而当你反问他：

"这题你哪个环节卡住了？"

"这篇文章哪个部分有问题？"

"这道辩题你思考到哪里了？"

这时他们就会一脸茫然地看着你，然后表示这些都没有。

我们把这样的人称之为"伸手党"，他们什么都不思考就问你要答案。**在我看来，如果你什么都没想过，我不会帮你，你至少得先思考一轮。**

所谓的"不悱不发"，就是指当你在思考的过程中陷入混沌，涨红着脸怎么都说不明白的时候，那我可以来帮助你。因为你已然思考过，思考过就会知道自己的症结在哪里，启发起来才有的放矢。

所以，孔夫子在这句话的前半段告诉你，生活中我们不要好为人师，去和那些真正需要的人说。

三、举一隅不以三隅反，则不复也

有一个成语叫"举一反三"，意思是，我和你讲了一个方面，你应该能够类推到其他方面，也就意味着你全然了解了本质。

孔夫子说，如果一个人还做不到举一反三的话，那就不要继续往下讲了，因为他还没有对这个知识融会贯通。

我们打个最常见的比方，就好比在数学课堂上，老师教你做这道应用题，讲了半天，你做对了。但老师换了换数字，你就又不会了。这时候老师得意识到，要停止。不能再往下教的原因是，你对这题还没有全然了解，要继续研究。

所以，这句话是一句很好的启发：**要真正有解决问题的决心和困扰（不愤不启），要有主动去思考的过程（不悱不发），最后还得要有领悟问题的能力（举一隅以三隅反）。**这也是一个人解决问题的整体脉络。

"向善"比"至善"更重要

子曰："仁，远乎哉？我欲仁，斯仁至矣！"

这句话提出了一个疑问：仁真的很远吗？孔夫子的态度是：这并不遥远，我只要想到仁，就已经具备仁了。

我们时常会觉得一件事情要做到很难，只要没做到就是没有。其实并不是这样的，比起"做到"，有心去做的那个过程更有价值。有时候即使暂时没达到，但在过程中积累下来的养分也可以让我们变得更好。

就好比"仁"，孔夫子觉得，**仁是一种向善的状态，它并不是至善本身，你只要起心动念，就已经走在仁的路上了。**

就好比你坐在车上，经过一个地方的时候看到马路边有一个人老人需要帮助，你只要想，如果我以后碰到这样需要帮助的人，我一定就伸出援手。那你就是一个可以具备仁德的人。

怕就怕你什么概念都没有。

就好比我们很多同学，中午倒饭的情况非常严重。我们在发现问题后倡导"光盘行动"。但所谓的光盘行动，并不意味着要铁腕强制，要逼迫你每天百分百都要做到光盘，我觉得这是不对的。在自身有一些特殊情况的时候，稍微有些欠缺，那我们都能理解。

但当你因为自己的原因，在出门倒饭的那一刹那，你有着怎样的心理活动很关键。你是觉得这是一件非常理所当然的事情，还是会心怀愧疚，觉得浪费这个行为并不好？如果是后者，那我同样觉得你是一个走在仁德之路上的人。

我们生活在这个社会上，要有行为的标准，一旦有标准，它就好比一盏亮着的灯，就会始终指引着你往对的地方走。不要担心自己还做不到，你只要在路上就好。

充分准备，方能不留隐患

子路曰："子行三军，则谁与？"子曰："暴虎冯河死而无悔者，吾不与也。必也临事而惧，好谋而成者也。"

这是一段子路和孔子的对话。子路问："如果让老师带领部队出去打仗的话，你会带谁去？"孔子回答："徒手打死老虎，赤脚过河，死了也不后悔的人，我不和他去。需要的是遇事小心谨慎，会充分用谋略准备的人。"

不得不说，这段话对于我的意义十分重大，"临事而惧，好谋而成"也是我一直以来的观念。

我们先来看孔子看不上怎样的人。所谓"暴虎冯河死而无悔者"，指的就是那些一身蛮勇的人，他们不顾后果，只身上前，仅凭一身蛮勇去做事，而这样的人是不把自己的生命当回事的。一个连自己生命都不当回事的人，是欠考虑的，带这样的人上战场，并不能提升获胜的概率。

就好比我们举"武松打虎"的例子，熟悉故事的都知道，语文课本上也有相应的课文。当你读完整篇文章后，你应该能了解到的是，武松那场打虎其实打得并不轻松，稍有不慎就会丧身虎口，好在精疲力竭之前打赢了，所以才会成为阳谷县的打虎英雄。在此之前已经有很多人都死在了这里，他们的名字都淹没在了尘埃里，失手了，你就完全不知道他们是谁了。值得回味的是，当他上山之前，别人已经告诉你山上有虎，并且极度危险，劝你别去的时候，你仍然不当回事，在毫无准备的情况下一身蛮勇上前，去赌个"不成英雄即成鬼"的概率，说实话，这样的人，在现实生活中容易坏事。

那怎样的人才是孔子看中的人呢？**"临事而惧，好谋而成"——这是要告诉你，遇到事情会紧张，会害怕，这再正常不过了，但正是因为这样，你**

才要充分谋划与准备。

举个例子，在我熟悉的公共表达领域，经常有人会问一个共性的问题：上台怎么才能不紧张？一般我会用我自己的故事来告诉他们：

你们看到现在的我已经做过大大小小很多场的演讲，有两三分钟的小演讲，有40分钟的长演讲，更有长达两个半小时的脱稿讲座。

在台上，你们能看到的都是我所谓风风光光地侃侃而谈，在你们看来，仿佛演讲这件事情对于我来说犹如家常事一般简单。但你们看不到的是，无论是哪次演讲，只要是上台，在之前的准备工作中，我都会用极为认真的态度对待。

比如，在2018年的年底我需要做一次上海市重点课题的结题汇报，以演讲的形式，把课题中所要阐述的观点和事例表达出来，整篇有40分钟的时长。

在提前两周定稿之后，这14天里的每一天我都会进行顺稿的练习，每天从头到尾完整的两遍。在之后的顺稿中，我还会录下每一段自己觉得有问题的文稿音频，反复聆听，寻找不自然的地方进行修正。

上台前的那一刻，我能够信心满满，气定神闲，是因为这份稿子已经被我顺过不下30遍了，我已然有着万全的把握。

迪士尼动画《疯狂动物城》里兔子朱迪说过一句话："我们唯一要害怕的，就是害怕本身。"是的，**遇到一件困难的事，自然会畏惧，自然会紧张，但首先要做到的就是：必须充分准备，不留任何隐患。**

这是孔夫子在这句话中给予我们的指引，也是我始终贯彻的理念。

发现兴趣，找到乐趣

子曰："兴于诗，立于礼，成于乐。"

这句话从字面上来看，的确有些年代感。孔子说，要从读《诗经》入门，在社会立足必须学礼，以礼为根本，再以音乐养性，才是学有所成。

这么一句充满年代感的话，对于现在有什么借鉴的意义呢？

首先，我们说兴趣，在那个年代有《诗经》，是可以作为很好的参本加以学习的。现在的参考坐标比较多，但无论是哪件事，对其的投入都要先培养兴趣。

兴趣的启蒙要从高质量的接触开始。很多人自以为我对这样事物没有兴趣，很大程度上是他没有好好接触过，或者都是低质量的接触。

我们都要了解一件事，就是你所谓的"不喜欢"，是真的不喜欢，还是你没有接触过"质量好的"。但人奇怪就奇怪于，但凡一开始接触的事物自己觉得没那么好，就会很自然地给自己设定——"我不喜欢这个"的结论。

就好比很多人小时候都不喜欢历史这门课，那是因为有些中学的历史课堂的确枯燥乏味。老师一进教室就让同学打开课本，把课本上的内容照本宣科地讲述，然后再罗列要考试的知识点，让同学回家背……这样一来，历史的兴趣的确会被压榨，这样的压榨会导致学习的懈怠，学习的懈怠会影响最后的成绩，一次次成绩的失利让你对这门学科产生反感，然后对自己说：我讨厌历史，历史这门学科根本不适合我。

唉，这简直太遗憾了。

而当真正遇到了好的老师，好的读本，他会让你真正接触到历史的魅力。抛开应试，让你先入门，入门后的那种由内而外的兴趣就会滋长，兴趣会加强学习的动力，动力会促进知识的吸收，知识会提高最后的成绩，这样的正反馈会带着你不断前行。

做事阶段，还要洞悉为人处世的规范。孔子特别强调"礼"，而这个"礼"从当时的时代看，也是极具年代感。放到现在，或许我们可以把它理解为我们做人或者做事的规制，学习要有学习的规范，相处要有相处的礼法，这样你才能立足于这个社会。很多时候我们必须依照规律来做事，才会更有效率。

最后，人要找到生命中真正的乐趣，这会让你的生命感到充盈和丰富。就好比我们在"知之者不如好之者，好之者不如乐之者"那一节中所说的那样。

发现兴趣——制定规范，确立方法——找到乐趣。这也是我们一生学习和工作的大致脉络。也是这句看似有年代感的话，可以给现代的我们带来的指引。

真正的好老师是什么样的?

颜渊谓然叹曰:"仰之弥高,钻之弥坚。瞻之在前,忽焉在后。夫子循循然善诱人,博我以文,约我以礼,欲罢不能。既竭吾才,如有所立卓尔,虽欲从之,末由也已。"

这段话是颜回对孔子的夸奖,整篇都充满着溢美之词。从他对孔子的赞美中,我们可以收获怎样的启发呢?

一、仰之弥高,钻之弥坚

这里赞叹孔子他老人家"有高度,有深度"。越仰望越觉得高远,越钻研越觉得坚固。为何颜渊会有如此的感叹?那是因为躬身入局之后,方才知道自己与老师之间的差距有多大。

生活中有很多大师,在日常中,别人看他也没什么了不起,但凡你到了他的领域,就会觉得他散发着极为璀璨的光芒。

就好比在我熟悉的跑步领域,有太多平时看上去毫不起眼的人,他们和你身边的其他朋友一样,也插科打诨,也吃喝玩乐。但每每你看到他们比赛的成绩后,会觉得不可思议,这么好的成绩你们是怎么跑出来的?再当你真正了解到他们的训练后,才知道这些"疯子"们有多厉害。紧接着你照着他们的样子去练习,去更系统地进入到这个领域中后才发现,自己和这些精英们的差距到底有多大,这差距来自时间的长度,这差距也来自专研的深度。

又好比我另一个爱好:打辩论赛。在一开始的时候参加了几个小比赛、小活动，并很幸运地取得了不错的名次和成绩，就很欣然地觉得自己在辩论上或许真有天赋。而当你真正进入这个圈子时才发现，在这里摸爬滚打过多年的辩手们到底有多强，他们的认知广度，他们的思维深度，他们的表达力度，都不是你一个新手在短时间内可以企及的，这时候你才真正意识到差距的存在。

是的，很多事情，只有等你真正接触了，深入了，你才能看到差距。但好在，看得清差距的人，才能找得准方向。

二、瞻之在前，忽焉在后

这句话的意思是：看他好像在前面，忽而又在你后面。这是一个老师极高的境界。

生活中很多人比我们强，但又有哪些人可以称得上是我们的老师呢？

首先，他要能引领你，他让你看到什么叫真正的"好"，他也能教会你如何去做到这个地步，那不断引领的作用就像一盏指路的明灯一般，时刻提醒着你前进的方向。

更重要的是，好的老师还能找准你的痛点，挖掘你的热情，重视你的反馈。**在你学习的道路上，不仅是引领，更多时候会尝试推动。他不仅要展现自己的好，还要让你变得更好。**

这是好老师的价值。

三、夫子循循然善诱人

我们再来看过程。在教导学生的时候，孔夫子有足够的耐心去启发学生。

说实话，这个观念现在有很多老师不常有，缺乏应有的耐心，只想要最后的结果和答案。

比如在有些老师的语文课堂上，做练习的时候，他们会把答案直接给学生参考，然后教导他们背下来，因为考试会考，而只要照着答案上面写，考试就不会丢分。

恕我直言，这是一个极为扯淡的做法。那种只求结果的思维模式会让学生丢失所有的过程。那到底是答案重要，还是取得答案的过程重要？如果你觉得是前者，那真的是误人子弟，活生生地把学生教导成一个只会背答案的机器，但凡换了一篇文章，一个问题，就又不知从何下手，这种认知胎记会耽误他们一辈子。

那为何有些老师会这么做呢？我觉得很大的一个原因就是他们缺乏耐心。把孩子真正教会不是一件很容易的事，让孩子背出答案容易，而后者更容易看到显性的成绩，所以选择后者。这极为遗憾且悲哀。

好老师要知道的是，一样事物但凡没有足够清晰的了解，是怎么都留不下来的。你需要有这样的耐心让其掌握。

四、博我以文，约我以礼，欲罢不能

在颜渊看来，孔子能够让他获得广博知识，让人好好做人，这个过程太美好了，简直让人停不下来。

为什么会停不下来？

那是因为他已然有了充足的内在动力。在学习的过程中，每天都能看得到自己的进步，自然停不下来。

我们来举两个生活中常见的例子。

经常有人会问：怎么才能够坚持学习？

我们在讲"坚持"的时候，实际上方向就已经是有偏差的了。在生活中，我们不会说要坚持看电视，坚持玩游戏，坚持出去玩……那是因为这些东西根本不需要坚持，它自然而然会进行下去。为什么会这样？那是因为这些事情给我们带来的愉悦感和舒适度会让我们不自觉地做下去。

是的，学习也是一样，很多人会觉得学习是一件很难坚持下去的事，是因为他们根本无法从学习中找到动力继续前进。自己无论怎样努力都做不好，做不好还会被骂，被罚。久而久之，这件事情就会成为一件讨厌的事情。

而要让一个人"坚持"学习，那一定要先让他尝到学习的甜头。不要一上来就定下太高的期待，而要想尽办法让他知道，他做的每一步都有成果，做的每一件事都对自己充满意义，取得的每一个成就都能被看见。一旦形成这样的正反馈，他自然而然会把学习进行下去。

减肥也是一样。别问怎样才能减肥，道理你都懂，你要做的就是找准适合自己的方法先去做，只要方法正确，每天的掉秤会对你产生正反馈。你付出的每一分的努力，秤都看得见，你每天都能看到自己轻个好几两，那这样的事，又有什么坚持不下去的呢？

没有所谓的坚持和毅力，你需要的是充足的正反馈，正反馈会带来充足的内在动机，他会使你不断前行。

五、既竭吾才，如有所立卓尔，虽欲从之，末由也已

这句话的意思是：我已竭尽全力，却仍有像高山一样的老师，我希望能像他一样，但不知道怎么走，太广博了。

在我看来，此生能找到这样的老师，那绝对是太过幸福的事。什么样的人值得追随？**他用他的光，指引着你的方向，你不必像他一样，但在跟随他的过程中，他能使你成为更好的自己。**

在这里我有一个观念要和大家分享。

当我们在日常的学习中，面对纷繁复杂的课程不知该如何进行选择的时候，或许，**跟对"人"，比跟对"课"更重要。**

这个碎片化的时代可谓是"乱花渐欲迷人眼"，信息的纷繁和多元，让你在做选择的时候的确会乱了方向，做不出最好的判断。

而做出高效选择的方法，永远不是去盲目地跟随那些醒目的、亮眼的、被很好包装过的标题，而是跟对那个你真正能与其产生共鸣、能够给你指导价值的人。

我们在大学学习或者在社会打拼的时候，有没有过这样的体验：某一个导师在某个领域对我有很大的指导价值，我能够从他身上领略到很多想不到的观点和思想，学到很多想学的知识和技能，他在这个领域所积累下来的那些价值正是我想努力的方向？那么不要犹豫，跟着他，认准他——那个他，是能够给予你明确方向的人。

　　以上就是颜回对于孔子的评价，看似整句话都在褒奖，其实我们也可以在其中看到孔夫子对于学生的影响究竟是什么，以及这些影响对于现在的我们而言，又有哪些指引的参考。明白了这一点，这节课就能给你带来一些启发。

明确自我存在的意义

子曰:"譬如为山,未成一篑,止,吾止也。譬如平地,虽覆一篑,进,吾往也。"

这句话的原意是:比如推土成山,还差一筐就成了,如果要停下来,这是我自己要停的;比如把地填平,即使只倒了一筐,如果要继续,这也是我自己要去做的。

我本人非常喜欢这句话所要表达的含义,并且极为认同,每一个人也都得借助这句话好好思考一下自己。

在畅销书《世界尽头的咖啡馆》里,作者提到过一个"海龟理论",他说:"在我的人生中,那些想要消耗我注意力、精力和时间,但与我的PFE(生存意义)并不相关的人、活动和各种事物,就是涌向岸边的反向海浪。而能帮我成就PFE的人、活动和事物,就是涌向大海的正向海浪。因此,我在反向海浪上浪费的时间和精力越多,留给正向海浪的时间和精力就越少。一旦想清楚这一点,我看待事物的角度就不一样了。我开始谨慎选择'划水'的时刻,关注自己'划水'的理由。"

"海龟理论"告诉你的是,如果你和你想做的事不在同一个频道,你就会浪费许多精力。等你有机会做你想做的事的时候,你可能就没有力气或时间了。

是的,我们的人生中面临无数种选择,但其中一定有一个是最重要的:

你究竟想成为怎样的人？你究竟想要做怎样的事？亲爱的同学们，在你撸起袖子准备加油干的时候，你有没有搞清楚自己真正喜欢和想要的是什么？你对自己的人生有没有一个清晰的判断？

每年过年后，身边总有一拨学生会开始焦虑。考大学的学生考虑的是：我要报考怎样的专业？大学里的却在想：我要去考个什么证？临近毕业的则在纠结：怎样的工作才是最好的选择？

他们其中有一些人会和我聊聊天，发发牢骚，我发现，他们之所以会困扰的一个共同点在于，他们都不知道怎样的选择才是最有用的。专业的前景、证书的范围以及职业的规划，他们全都捉摸不定，就任由时间裹挟着他们向前走，然后在自己的思考中迷茫，最后在别人的建议里决策。

在人生的岔路口，我们都倾向于找到一个最优化的选择：选专业要选最热门的、考证书要考最有用的、找工作要找最赚钱的……在这个功利的社会当中，能选择一个性价比最高的生存之道，自然是极有竞争力的。

这是人之常情，我也非常理解。

我们每个人在社会上，都会想要以一个最佳的姿态去生活，我们的努力也始终是朝着这个目标奋进。所以，功利一些无可厚非。只是我在想，我们是否可以有一个更大的尺度来丈量"功利"……

无论是在学习还是工作中，我们都会顺应着往前走，只要是对现在有利的，就一股脑儿地钻进去，投入时间和精力，去面对和处理眼下的局势。

刚工作的前几年，我也是选择这么一种模式。做班主任和语文老师的时候，我就把时间大量投入到班级管理和学科教学的活动中去。自从担任大队辅导员后，任务变得多元，时间被压缩，就又不得不摒弃一些学科的研究，一门心思投入到少先队的研究中去。

那时，只要是活动我就接，只要是会议我就参加，只要是领导安排下来的任务，不管什么，我都尽力地去完成，不加任何筛选。

现在我回过头去看看那几年的收获，横冲直撞的我顺应着当下的"主流"，做了很多的事，承接了很多的活动，参与了很多的项目……那时候的风风火火看似风光，却犹如烟花般只有着瞬间的璀璨，繁华散尽后就又归于平凡。直到现在，那段岁月对于我个人来说，都宛如浮云一般，能真正留给我的收获，少之又少。

当时我也在想，做语文老师的时候就好好钻研语文，把精力都花在学科上，看看能否在这个领域有所建树；而担任辅导员后又把时间转移到少先队的各项繁杂的事务中去，想着在这个方向，或许也能有自己的突破和成就……

这种极为狭窄的功利有两个特别糟糕的认知缺陷：

一是没有可持续的发展，任何技能都不容易在你内心延续地生根。

二是在人生的选择上，容易出现多次的变道。

朋友小Q就是这么一个很可惜的例子。

高考的时候，她迫于无奈选择了一个自己不喜欢的专业——土木工程。在学习了一段时间之后发现这个领域对自己的阻碍太多，而对它的兴趣却又少之又少。

听了朋友的建议，觉得做老师或许是一个不错的选择，所以她又去攻读教师资格证，但又因为缺乏对相关知识的了解，和本身对孩子的抵触情绪，最终让她放弃了这个选择。

工作后，随便找了一家公司开始了朝九晚五的模式，却又在几个月后悻悻辞职，觉得这里无聊透了，根本不是自己发挥的平台。

现如今毕业仅仅3年的她，已经辗转了4个单位，2种职业，却仍然找不到自己前行的方向和目标……

小Q始终抱怨自己的运气很糟糕，每次都想要做最优化的选择，却每次在进入之后发现其实并没有想象中那么好，所以再一次地变道，做又一次的选择……循环往复，无休无止。

认识小Q这么些年，我也始终不知道她到底喜欢些什么，擅长些什么，只见她被社会裹挟着向前走，一步一坑，异常吃力。

小Q不是一个消极的人，她总想着让自己的生活变得越来越好。但可惜的是，这特别狭窄且冒进的思考问题的方式，给她打下的认知胎记和心智模式，最终还是耽误了她。

那一年在表达学院的学习中，我们提到了职业的"底层逻辑"，在这个问题的剖析上，导师给了我们一些思考的方法，其中有两个我印象深刻。他说，你想一想，在你的职业里，一般高手与顶尖高手的区别在哪儿？如果现在让你转行，你又有哪一项技能可以直接带走并为你所用？

这是两个特别好的问题，它让你找到当下的着力点究竟在哪儿，正不正确，以及如果离开了本来的职业特性，在这么些年的努力中，你投入时间和精力所培育的结果中，又有哪些是真正属于你的东西。

很庆幸的是，在最近的这些年中，我并没有保持着像以往一样的工作模式，我不再被其他人裹挟，那些与主线无关的任务，我也已经逐渐学会了筛选和拒绝。

在此期间，中国传统文化和表达的系统学习作为我的两大爱好，也成为我之后绝大多数工作的主线和灵魂。

近些年来，我在学习和研究这两个领域的时候，也会有些许声音出来质疑：这和你现在的工作有什么联系？你把大部分的精力和时间放在这里，对你现在的职位没啥帮助，会不会太过浪费？

2018年的年底，我完成了上海市少先队的市级课题的展示，课题的名称叫《基于传统美德的少先队体验式活动的研究与实施》。

学校少先队工作作为德育工作的一个重要组成部分，育德是我们重要的目标之一。这个课题的出发点来源于《大学》里的一句话：大学之道，在明明德，在亲民，在止于至善。

那怎么"明明德"呢？《大学》里说："古之欲明明德于天下者，先治其国，欲治其国者，先齐其家，欲齐其家者，先修其身，欲修其身者，先正其心，欲正其心者，先诚其意，欲诚其意者，先致其知，致知在格物。"所谓格物致知，是中国哲学理论的重要范畴。格致，就是倡导认知后的实践，也就是我们体验活动的最终目的，认知后的实践是明明德的起始，也是我们这个课题的价值所在。

在整个课题的展示中，长达40分钟的主题演讲，也是在同类的课题结题形式中所没有的。

传统文化作为课题开题的原点，公共表达作为课题结题的方式。

这，丝毫没有浪费。

我突然意识到，在你的学习和工作生涯中，如果你前进的方向是你的兴趣，它就会给你带来巨大的动力和价值。让你在整个过程中不慌乱，不焦虑。

我们回到这句话——子曰："譬如为山，未成一篑，止，吾止也。譬如平地，虽覆一篑，进，吾往也。"

人生中所要做的事，要以个体为基础，要有自己坚定的选择，培养自己对生活的决定能力。

《论语》里的这段话，用在这里，就恰到好处。

这又怎么会浪费呢？

对于生活，我们都有追求，有追求就会有所"功利"，但对于丈量功利的尺度能否再宽泛一些？

复旦大学的熊浩老师在某堂课里说过：在你的人生中，有没有一样兴趣和追求，可以提供给你生命的定力，提供辽远的创造性，可以自我提供生活的意义，从而维持我们人生豁达的调性、格局和暖意？这些，都不存在于我们的课表中，都需要我们在工作和学习中自我探索，不断精进。

我始终坚信一句话："有情怀的，就都是有用的；能生根的，就都是有利的。"

"有用"和"有利"这件事，除了明天能找到一个好工作、能取得一个好成绩之外，有没有更大的参照系统？

愿我们都不被生活裹挟，愿我们都能找到着力的原点。

为什么有人会一直在进步?

子谓颜渊，曰："惜乎！吾见其进也，未见其止也。"

子曰："贤哉回也！一箪食，一瓢饮，在陋巷，人不堪其忧，回也不改其乐。贤哉回也！"

孔子实在是太喜欢颜回了，颜回去世后，还时不时地想念颜回。这里提到的是对于颜回的惋惜之情——太可惜了，我只见他进步，从未见他停止过。

这里谈到了学习的进步和停止，这对于我们现在的学生而言也有很实际的意义。

我们先来看，学习为何会停止？

首先来看第一个原因，那就是感觉自己到了瓶颈，任由自己再怎么努力都突破不了。很多半途放弃了的学生就是由于这个原因，他们发现自己怎么用功都考不上自己理想的学校，所以就躺平了，放弃了。

但更常见的原因是，很多人觉得学习对于自己已经没有用了，我已经完成了升学的任务，或者我已经考到了想要考出的证，我已经踏上了工作岗位，就不必再去学习了。

那我们再来理解一下，人又为何会一直进步呢？

一直追求进步的人，与其说他是在追求结果和功用，不如说他是在追求学习的本质。

好几次家长会上谈到阅读的时候，比起那些家长不知道怎么让自己的孩子喜欢看书，更让我觉得感慨的是有些家长们总会忍不住地吐槽：我家孩子倒不是不喜欢看书，但他整天看的都是那些没用的书，我该怎么让他去接触那些有用的书呢？

这样的问题我很有感触。我是一个对传统文化极有兴趣的人，每当在谈及《论语》《中庸》《弟子规》等书籍时，多多少少也会听到类似于这样的声音：你看这些有什么用？学习传统文化真的对你的工作有帮助吗？

每次听到这里，我总是感到有些遗憾。没错，从我小时候就有一个概念始终被大人们挂到嘴边，就是一定要看"有用"的书、做"有用"的事，甚至还有接触"有用"的人……我们总是习惯把"有用"作为丈量生活的标杆，仿佛但凡做的事情在眼下没有实际的用处，你就是在浪费时间，浪费精力，从而被加以阻挠和反对。

那什么是世俗眼中的"有用"呢？或许是对现在的学业有所提升，或许是对升学的关卡有所帮助，又或许是对眼下的工作有所收益……好像所谓的"有用"就是一定要给眼下的自己带来肉眼可见的改变和精进。

但我们可以回忆一下，我们从小喜欢的各项事情，包括现在接触的各种爱好，它们，都是"有用"的吗？

我们从小喜欢上篮球这项运动，或许只是因为儿时的那部叫《灌篮高手》的动画片，我们感受到樱木花道和流川枫在球场上的飒爽，感受到赤木刚宪和三井寿对于梦想的执着，更感受到成功和失败对于我们成长的意义。所以男生们从那个时候开始，纷纷爱上了篮球这项运动。

我相信其中很少有人在刚开始打篮球的时候就会说：我打球是要成为球星的，我打球一定是要"有用"的……

我们不会这么想。我们只是享受着在球场上肆意奔跑的快感，享受着肢体与肢体碰撞时的激烈，更享受着比赛后把饮料一饮而尽的激爽。我们赢球的时候一起欢呼，输球的时候一同懊恼，我们完完全全沉浸在这里，尽情享受着过程的愉悦。

而我现在喜欢的马拉松运动，最无奈的也是听到有人问：你又去外地参加比赛了？有奖金吗？跑了第几名？每次遇到这样的问题，也只能摇头苦笑："没有，但那些统统都不重要。"

对于绝大多数跑者而言，我们的奔跑在旁人眼里着实是"无用"的，没有名次、没有奖金、没有表彰，更不会对现在的工作带来什么帮助。但我们就是这么开心地跑着，我们只是享受在跑步的过程中那极致的安宁；享受心率在有效的节奏里规律地跳动；享受长距离过后身体的极限，并且尝试突破它后那种巅峰的快感……

我的朋友喜欢越野，每年都会有几次带上所有的装备，选择一座山脉，花上一两天的时间拾级而上。她说她也只是享受那种与大自然遥相呼应时的灵动，与自己身体不断进行对话后的突破，以及一步步踏上山顶时，极目远眺，看落日余晖时的壮阔……

是的，这一切在旁人看来，都是没有用的，但这一切都是我们心底里的热爱。

熊浩老师在某节课上说：热爱这件事，是发现生命中的某种喜欢，它就有自己独立的价值。你不需要依附任何功利性的指标。"做什么事情对我有帮助吗？"不应该作为你坚持和投入的标准。

我会承认，我们喜欢的大多数的事情，在生活的某个层面里的确是"没用"的，但没用并不意味着对我们来说没有意义。无论是在自己喜欢的运动和艺术里，还是在那些非常有趣的阅读体验和生活实践中，我们都能感受到自己的成长。**生命中的爱好完全来源于自己，比起那些功利的价值判断和依附，"喜欢"两字就足以让你朝着自己想去的方向继续精进。最难得的是你由衷地喜欢，由衷地珍惜这份只来源于喜欢的纯粹。**

我很难想象一个没有自己纯粹爱好的人，他的学习或者工作会变成什么样子。当生活中所有的事情都依照着"有用"而前行，而没有任何发自内心的喜欢作为辅佐和调剂，那这样的生活和工作将会是多么单调而缺乏更为灵动的启发。

我们进入到另一个层面来谈"有用"，这些长时间的兴趣和爱好所积累的能量，真的对于我们现实的生活没有实际的作用吗？

运动教会我的是自律。长期有运动习惯的人，尤其是马拉松这种需要花费大量时间和精力进行日复一日、年复一年训练的运动，每周计划的制订，每次训练的达成，都要严格按照既定的标准完成。它教会我计划要列得详细，一旦制订好计划，就必须风雨无阻地完成。这样的习惯，在现实工作中也给予了我极大的帮助。

所以，不要再用那种功利的眼光去判断"有用"这件事，如果你或你的孩子能找到一件自己真心热爱的事情，随着时间的沉淀，你们都会在这件事中找到自己。重点在于，你是否真的喜欢，且愿意不求回报地投注时间。

或许在思考着"有用"和"没用"之前，我们有更重要的事情要去考虑。

阅读对于我来说会成为习惯，是因为我还有更多事情想要去知道。

运动对于我来说会成为喜好，是因为我还有很多极限想要去挑战。

这不禁让我想到孔子另一句夸赞颜回的话——子曰："贤哉回也！一箪食，一瓢饮，在陋巷，人不堪其忧，回也不改其乐。贤哉回也！"

说的是颜回每天都过着极为简单的日子，别人都不能忍受这种清苦的日子，但颜回则乐在其中。这是颜回的境界，内心极度平和的人才能有"一箪食，一瓢饮"却"不改其乐"的境界。

如果问颜回"乐"的是什么？那就是他的求知之乐，不是乐于结果，而是乐于过程，那是出自生命本体的快乐，和世俗的欲望都不同的快乐。也是我们求知者所应该追求的那种最为纯粹的快乐。

所以，不要把学习的动机停留在功用上，而是要看清学习的本质是什么，认真且透彻地去领悟学习给自己带来的好处，这样的人，就是一个一直追求进步的人。

什么样的人不会失去志气?

子曰:"三军可夺帅也,匹夫不可夺志也。"

这句话生活中很常用:军队的将领可以改变,但男子汉的志气不可夺去。

这一节,我们来聊聊志向。

很多家长在跟孩子聊学习、聊人生的时候其实都跑偏了方向。他们往往会用那种低层次的激励去要求孩子达到他们的诉求。

比如:你要好好读书,考出好成绩,爸爸妈妈就带你去吃你最想吃的那家餐厅,就带你去你最想去的那个游乐园。

这种激励所诉诸的是孩子的舒适,他们好好学习的目的就会被形塑为:能吃好吃的东西,能去好玩的地方。

再比如:你要好好读书,考个好成绩,不然我们就会揍你。

这种所谓的激励诉诸的是孩子的安全感,他们好好学习的目的就变成了要讨好于你,免得使自己遭受不想要的苦难。

再好比:你要好好读书,考出好成绩,这样爸爸妈妈才会更爱你。

这种激励诉诸的是孩子的归属感,在他看来,你们的爱是可以通过成绩来交换的,是可以量化的。换句话来说,你们的爱也是可以因为没有成绩而随时消失的。

还有的是:你要好好读书,考出好成绩,这样隔壁的那个王小明就不会看不起你了,相反你还可以嘲笑他。

这种激励诉诸的是孩子的尊崇感,他会觉得,学习和成绩对于他而言,或许是种资本和武器,从而可以使得自己更有尊严。

我不能说这些方法都没有用，它之所以会存在，并且被很多父母所使用，那就证明在很多场合下，它是有效的。

但这着实不是我们所倡议的好方法。因为这些都和学习的本质相去甚远。孩子的学习到底是为了什么？或者往更大一点的方面说，我们生活在这个社会上到底是为了什么？比起舒适感、安全感、归属感和尊崇感，有没有更好的理由可以让孩子明白努力的重要性？

有的！当我们谈到一个人的"志气"，就会明白，比起那些，或许诉诸人的"自我证明"要来得更有效。

我记得当时有一位支教的老师，在大山里和那些想要出去的孩子们说：要好好读书，因为你们要知道，你们生来就是高山，并非溪流，你们值得更广阔的天地，任由你们去证明自己存在的意义和价值。

这样的证明感会让孩子充满志气，这样的志气来源于对于自己内在可能的探索，而并非外在的压力和诱惑。而我认为，只有拥有这等志气，才会走得更平稳，更长远。

那我们再来理解一下，在生活中，什么可以夺去我们的志气呢？

或许是挫折、失败和打击。有太多太多的人在努力的过程中不断遭受阻碍，最终选择了放弃。

在这里我有一些观念想和大家分享一下。很多时候我们会觉得生活对我们不公平，感觉自己做了好多都没有相应回报，这是因为我们很不自觉地掉入了"贩卖机思维"的陷阱中。你投了硬币，就觉得立马要出商品，不能够让我过多等待，不然我就被坑了，不然我就被骗了，以至于我今后看到这样的贩卖机，就再也不敢投了。

但世界上有太多事情，不会是即时得到回报的。就好比作为学生，面对我们眼下的学习。我们花了大量的时间，大量的精力，乃至是大量的财力在自己身上，并不见得可以立马收到回报的。在这个过程中，你一定会遇到阻碍，一定会遭到挑战，一定会面临挫折，这些都是努力过程中本身就会存在着的东西。这个时候，你会不会觉得自己的努力就这么白白浪费了，自己是不是被骗了，被坑了，没希望了呢？

　　我想请各位同学都想一想，在这个努力的过程中，你真正想要的是什么？你是否不只是想要那个结果，而还有一个境界：你想要变得更好，让自己在整个过程中眼界会变得更开阔，智识会提升，你知道了别人不知道的事情，你也体会到了别人体会不了的东西。当你有一个更大的世界的时候，你得意识到，你要有耐心等一等，晚一些放弃，就多一分可能。

　　我想，是这样的。

正面，负面，都可为"师"

子曰："三人行，必有我师焉，择其善者而从之，择其不善者而改之。"

"三人行必有我师"是一句流传很广的话，意思大家都能明白，但确实很难做到。

我们先来重新定义一下"师"的含义。杨伯峻的《论语译注》中提到，这里的"师"不是简单的传统意义上的教你课的"老师"，**而是看一看在日常生活中，从他人身上，我可以学到些什么？**

一、择其善者而从之

从字面上来理解这句话就是，别人身上好的地方，我们要去学。

是的，看到别人某些方面做得很好，**与其羡慕、嫉妒、恨，不如欣赏、尊重、学。**

为什么说这一点很难做到呢？因为人的本性就是喜欢接受负面的信息。

举个例子，当家长们在一起聊天的时候，是更喜欢听到对方说"自己孩子学习成绩有多好"的话题，还是更愿意去接"自己的孩子又不乖了，在家里惹自己生气"的话题。我想，很多人更愿意接受的是第二种。你家的孩子不一定学习成绩好，但凡有落差，心里就会不舒服；但孩子总有惹自己生气的时候，听到类似这样的话题，就显得更有共鸣。

再比如我现在要和大家讲两个故事：一个是我这些年很厉害，参加了很多比赛，拿了很多第一名的故事。另一个是我中学时有门功课很糟糕，连续很多次都是不及格，被老师约谈，甚至担心我会不能毕业的故事。你仔细品味一下，你内心真正想听的是哪个？我想大多数人都会愿意听第二个。

那是因为负面的信息有共鸣，正面的信息大多没有共鸣，所以会本能地排斥，不接受，甚至有些时候会反感。这是人的本性，我们很难去改变，但我们要尝试去克服。当看到别人做得好的时候，我们要尝试去接纳，然后去判断他身上有没有什么值得我学习的地方？

就好比你看到一个天天跑步、坚持锻炼身体的人，你要想的并不是——"这人时间真多……""天天跑步多无聊……"；而是去思考——"这个人是怎么坚持下来的？""哪天我也可以和他请教一下……"

再好比你看到一个同学成绩优秀，总是得A，你要想的并不是——"这有什么了不起……""臭显摆什么……"；而是去思考——"他到底有什么好的学习方法？""从他身上我可以有哪些借鉴？"

是的，这个在某个领域做得比你好的人，但凡你抱有从他身上能学到些什么的想法，那么他从某种程度上就是你的"师"，他能让你进步，从而变得更好。

二、择其不善者而改之

"师"的另一个面相，就是看到不好的地方对照下自己，而不是第一时间去批判，甚至开骂。

就好比我们时常可以在社交媒体上看到类似这样的社会新闻：家长没有照看好小孩，导致小孩遇到危险，甚至伤及性命。每次在这样的新闻底下，总是会有一大波人开骂："你不该这样！你不配为人父母！你怎么能这么不负责任！"……

从心理的角度来看，这些人好似只有通过谩骂才能获取些许的心理慰藉——我和他不一样，所以我的孩子不会遭受危险。但谩骂没有办法改变现实，也对你没有任何帮助。

那或许我们可以转换一下我们的心理，看到类似这样的负面新闻，我们第一时间不是指责和开骂，而是去想：这是多么惨痛的负面教材，我以后可要提醒自己不能这样……

那这，也算是从另一个层面教导和指引了你。

所以，生活中，无论是好的，还是不好的，但凡你抱有成长的心态，那么它们都能成为你的"师"，从正面引导你，从负面警醒你。

专注于自己，不纠结冒犯

曾子曰："以能问于不能，以多问于寡；有若无，实若虚；犯而不校。昔者吾友尝从事于斯矣。"

曾子说，有一种很难达到的状态，但我从前的一个朋友——颜回就是这么做的。那么是哪种状态呢？

一、以能问于不能，以多问于寡

这句话类似于"不耻下问"，意思是能干的问不能干的，学问高的问学问低的。

为什么说这句话是很难做到的呢？因为很多人会碍于身份和面子，觉得我的职位比你高，我的能力比你强，怎么能来问你问题呢？会显得很没有面子。

但我们仔细想想，在这个社会上，**每个人都会有自己擅长的领域，在各自擅长的领域里，向谁请教都是应该的。**

比如有个博士生，开车开到一半车坏了，旁边坐着一个学历远不如他的人，但是却对车颇有了解，那么在这个时候，不会的就该问会的。

又好比有一部电影叫《生存家族》，讲的是日本的一家人因为全市停电，不得不去农村生活一阵子。城市人在一开始的时候是有那种天生的优越感的，而一旦被迫到了农村，什么都不会，那不管你是什么职位、什么身份，一切都还得问当地的农民，从而维持你的生活。

我们都得了解到，人是多面的，哪怕是一个看上去并不如你的人，在某个领域也会有过人的长处，如果你需要，那就虚心请教。

二、有若无，实若虚

这句话的意思是，一个人有，看上去就和没有一样，要怀着空杯心理去接受新的知识。

这也就是为什么你看到一些学问越高的人就越谦卑，那是因为他越学得多，就越觉得自己"还不够"，学得越多，就觉得自己越缺。这里我们要回顾一下之前学过的认知的4个层次，其中2个层级叫作"知道自己知道"和"知道自己不知道"，那越有学问的人，就越知道自己还不知道些什么，一旦到这一点，就会认可自己当下的局限性，就会谦卑和谨慎。

三、犯而不校

遭受别人冒犯的时候，笑一笑，不计较。

说实话，这是一种非常难达到的状态。

这里指的冒犯是那种让常人无法忍受的冒犯，要不然也不用提"计不计较"。当生活中遇到那种冒犯，甚至恶意冒犯我们的人，我们可以选择采取一种怎样的态度呢？

首先我们要清楚的一点是，那些恶意冒犯我们的人，在当下是拼了命地想把我们拉到他熟悉的局势中，去和他的擅长开战。这仿佛就像一个泥潭，一旦你被拉下去，无论什么情况你都不会体面，满身都是泥，甩也甩不掉，必将成为周边围观人的谈资。

在泥潭里的争执，我们更是没有任何胜算。追求体面的人第一时间想的是怎么把自己身上的泥巴撇清。而那些"身经百战"的人则根本不会在意身上的污渍，他们太过习惯这样的局面了，在之前的人生经验里，这样的事情不知发生过多少次，他们已然适应，所以他们会使劲地把泥巴往你身上甩。这样不对等的局势，你又怎么可能争得赢？

所以我们在面临这种局面的时候，一定要冷静判断，在对方拼了命地要把你拉下泥潭的时候，无论如何都别陷进去。即使认个怂，即使道个歉，也不要让自己陷于这个会让你更为尴尬，且满身污渍的境地。

有人问："面对这样一个人，我要怎么才能吵得赢？"

我的回答是："**面对这样一种人，输赢不重要，第一时间撤离，从而在今后与其保持距离，保留住你的体面，才更重要**。"

有些事情不那么重要，我们不能掉入一个固定的思维陷阱里去。就好比曾经有过这么一个笑话：你开车在路上，看到一个人和一条狗，你是先撞人还是先撞狗？不要去尝试分析撞人和撞狗的利弊得失，你正常的反应应该是——赶紧踩刹车！不要让这糟糕和两难的局面出现。

要知道，生活中的有些人你是吵不赢的，他们长年累月所形成的那种格局和层次也并非是你能改变得了的。不幸在生活中遇到，最好的方法则是远离和退让，尽可能不与他们产生任何交集。

有些时候，退一步，让他赢，并不是因为你弱小，而是在你的格局里，并没有必要与他计较。

曾经有这么一个让我始终印象深刻的公益短片，叫《垃圾人定律》：

两个朋友开着车，开开心心地出门办事。突然，一位中年大叔在路中间直接横冲出来，还好朋友一脚刹车踩得及时，才没有撞到他，避免了一起车祸。

正当车内两人都惊魂未定的时候，面前乱穿马路的中年大叔却发飙了，他在车头的位置始终骂骂咧咧，做着一个又一个不文明的手势，大喊着"你疯了吗？哪里学的开车？你害我要迟到了"之类的话语，他丝毫意识不到自己的错误，并在言语间尽情发泄着他所有不满的情绪。

车内的两个朋友，一个愤愤不平想要下车理论，却被另一个拦住了，只见他朝着那个大叔满脸微笑地表示歉意，并向他招着手，示意让他先过。大叔再骂了一阵子之后没得到任何的回应，也就悻悻离开了。

那位想要理论的朋友显得很不理解，问他说："明明是这个人的不对，你为何这么冷静和友善？他刚才差点毁了你的车！而我们差点一起进医院！"

朋友微笑着说："兄弟，我告诉你一件事，有些人就好像一辆垃圾车，他们每天带着垃圾到处走，充满着失望、烦躁、挫折和愤怒。然而当他们的垃圾装满时，就需要找一个地方倒掉。有时候会倒到你的身上。但你得知道，这不需要太过在意，你只需要招手、微笑、祝他们好运，然后继续过你的人生。不要让他们的垃圾传染给在工作、在家和在街上的人。你喜欢那些对你好的人，也要记得祝福且远离那些对你不好的人。生命的10%在于你创造了些什么，剩下的90%在于你怎么去接受。"

这个短片始终萦绕在我的脑海中，也时常在我碰到类似情况的时候不自觉地跳出来。它告诉我，如果在生活中遇到这些充满"垃圾"的人堵在你的面前，记得，不要对抗、保持体面。

让人非我弱，笑一笑，任他赢，让他过……

是的，主动地专注于自己，这是颜回的境界，也是我们努力的方向。

"发现自己赶不上"不是一件坏事

子曰:"学如不及，犹恐失之。"

这句话在语文书上有，从字面上理解：学习总怕赶不上，总害怕会失去。

我们先来看"学如不及"。**但凡你在学习中感受到"赶不上"的时候，那说明你正处于一个相对好的状态：知道自己不知道。**我觉得，这是一件好事。

我们在学习中要了解到，人在什么时候最无忧无虑？啥都不知道的时候最无忧无虑。所以我们常说童年最快乐，其中一个原因就在于，童年时候的我们知道得很少很少，知道得少就没有困扰，也没有过多的期待，整天就能嘻嘻哈哈地度过，所以就没有了忧虑。

那人在什么时候最自信？知道了一点，就以为自己都知道的时候最自信。

生活中经常能遇见那种斩钉截铁、信誓旦旦地去聊一件还挺复杂的事的人，他们会聊经济、聊文化、聊政治，这么宏大的话题，他们却能用自己的话下定论且不容反驳，显得如此自信。而这样的论调往往会显得浅显，甚至可笑，但为何他们会如此自信呢？那是因为，这就是他们所认知的全部啊。

人在什么时候焦虑和谦卑呢？那就是深入学习后，发现自己还有很多不知道的时候。

这里我会讲我自己的故事。我在刚接触辩论的时候就有着很高的起点，在表达营的营期，在一群最会说话的人群里，以总分第一进入决赛。之后在上海表达者联盟的赛季，又一路赢到底，拿到了上海赛区的冠军，进军全国赛。一切来得如此顺利，不由得让我认为自己很强，甚至盲目地觉得自己超有天赋。

直到之后一点点深入接触，认识的人越来越多，比赛越打越多，我就越来越焦虑，越来越觉得身边的人怎么能那么强？他们怎么可以做到这种程度？那时候的我才感受到"学如不及"的焦虑感。

但我一点都不恐慌，那是因为我清楚地知道，这是一个很好的状态，因为你已经在正确的轨道上行进了，并且已经逐渐了解知识体系的脉络。看得到差距并不是一件坏事，因为这样的差距才更适合制定正确的方向。

这时候有同学问："要学的东西太多了，我实在赶不上怎么办？"

这里我就要引用胡适先生的一句话——**"怕什么真理无穷，进一寸有进一寸的欢喜。"**

与各位共勉。

之后我们来谈"犹恐失之"。

很多学生有类似的困惑，学完之后怕自己忘得一干二净。我们可以回顾下第一篇讲义"学而时习之……"中，关于立体学习观的内容。

时刻担心会忘，那就要想办法把它留住——怕就怕你根本不在意自己会不会忘。这就是为什么很多同学在外的补习班没有效果，那是因为你回家就"扔掉"。你回想一下，在学校里，或者那些补习班里上完课后，是不是一回到家就感觉如释重负，然后再也不去过问？是不是有那种自认为已经完成了整个学习过程的感觉？如果有的话，那就怪不得在一段时间后，那些原本以为记得住的内容就会逐渐淡忘，你是经不起时间对于记忆的冲刷的。更遗憾的是，在学习完之后，如果你根本不在意会不会忘，那么很遗憾，你一定会忘。

但凡在意，就要有系统的学习观，好的观念就是可以帮你更有效地记住所学的内容。

以上就是"学如不及，犹恐失之"的内容。我们谈到，怕自己赶不上不是一件坏事，因为你清晰地了解到了自己的不足和缺失。而如果你怕学过的东西会忘记的话，那么就要想办法把它记住，这里我们可以出门左拐，回顾第一讲的内容，我相信它会对你有所帮助。

做会管理时间的强者

子在川上曰："逝者如斯夫！不舍昼夜。"

这句话的意思是，孔子看着流水感叹："时间如流水一样流去，不分昼夜。"

这一节，我们利用这句话，来谈时间的概念。

那些熟悉我的学生但凡谈到我，有一个印象是他们所共有的，那就是唐老师这么些年在时间观念上，有着近乎苛刻的要求。

我想他们总结得没错，对于时间，我总有着最为严格的管控。大队委员开会，说好几点开始那就是几点开始，你只能提前不能晚到；日常活动的邀约，只要约定好的时间一到，立马启程不会等待……在与学生接触的时候，这样的时间观念总是我最为看重的部分，有种不留任何情面的冷酷。

在我看来，一个不会善待他人时间的人，又怎会尊重自己的时间？

时间，是这个世界上最公平的东西，我们每个人出生在这个世上最公平的就只有两件事：一是每个人都会死，无论你是权贵还是百姓；二是每个人每天都只有24小时，也无论你是富有或是贫穷。正因为这样，我们的人生价值区间，就在于怎么在有限的生命里，有效地利用好自己的时间。

可惜的是，太多的人并不明白这个道理。

我曾在某个课堂里，深刻反思过自己人生中21岁到25岁这世俗眼里最美好的几年。

学生时代的剥离，加上一份稳定的工作，让我对那个阶段的人生充满着惬意的想象。当时间、精力和财力都逐渐富裕的时候，随之而来的就是不堪回首的报复性享受。

依稀记得那些年的寒暑假我是如何度过：从早上睁开眼睛开始，电脑就成了唯一的"伙伴"，打怪、练级成了那段生活的主旋律，我甚至可以在两个月内将一个崭新的网游账号练到满级。投入的时间和精力不计其数……

对于这段时间的岁月，我实际上是非常后悔的。在反思过后，接下去的几年则过得不太一样。

在那节课里，我还和同学们细数了我这些年来的"成果"：

我在29岁到35岁这段期间，主要学习的方向是表达，并有了一些阶段性的成绩，并且在32岁的"高龄"开始接触辩论，34岁这一年获得上海表达者联盟2020赛季的冠军。

在28岁那一年，我跑了人生中第一个全马，并在之后的7年里累积了近20 000千米的跑量。

在26岁到28岁的这3年里，我维持着减肥的成果，并以此为起点，养成了良好的生活习惯。

在26岁到35岁的这几年里，我每年都保持着阅读，并且通过学习始终维持着知识的增量。

而当我回忆起我21岁到25岁那些年的时候，我压根就想不起这些年里我都做了些什么，完全没有记忆，有的只是记得那几个网游的名字。当初熟记于心，闭着眼睛都能打上的游戏的账号，我现在却连一个字母都想不起来……

彻彻底底的浪费……

所以我在20多岁的时候经历了好多次的失败，有些失败可以弥补，但有些错过就真的是错过，再也回不来了。

那些年的空窗期所造成的那个空洞的自己，直到现在都让我悔恨不已。

如果你连自己的时间都不尊重，又有谁来为你的人生负责？

跑步伊始有幸读过一本书，日本著名作家村上春树的《当我谈跑步时我谈些什么》。

作为知名作家的村上春树，在日常的生活中对于自己有着严格的时间管理。每天凌晨4点起床，在之后4小时的写作时间里将近要完成10页稿纸。即使在写完后仍有灵感，也绝不多动一笔，严苛地完成每天的写作计划。

除此之外，他还坚持着每天跑步一小时的习惯，他说："希望一人独处的念头，始终不变地存于心中。所以一天跑一个小时，来确保只属于自己的沉默的时间，对我的精神健康来说，成了具有重要意义的功课。至少在跑步时不需要和任何人交谈，不必听任何人说话，只须眺望周围的风光，凝视自己便可。这是任何东西都无法替代的宝贵时刻。"

"而当今天自己不想出去跑的时候，想到那些自己不愿意做的事情，比起这些，每天一小时的训练又算得了什么。在我看来如果连这么一丁点事儿也不肯做，可要遭天罚呀。"

三十多年的跑步生涯不但帮他养成了良好的习惯，更是让他有了一种超脱的气质。那宛如修炼般极度自律的生活，让他不但成为日本文学史上鼎鼎大名的作家，更是培养出一位马拉松和铁人三项的优秀选手。

是的，只有对自己的时间能够严格管控的人，才能让自己的生活熠熠生辉。

那时间应该如何来管理呢？

在这里我给大家一个简单的时间管理的方法：

1. 分清"该做的事"和"想做的事"。

生活中的事大致可分为这两类，对于我们学生而言，完成作业是"该做的事"，拼个模型是"想做的事"。这两类事情一定要极为清晰地加以辨别。

2. 列出今天需要做好的事情。

换句话说，就是今天的时间内，你有哪些该做的事情，要把它整理出来。比如要完成哪些作业？该进行哪些训练？越多就越要梳理。

3. 排好优先级。

这一步很重要，就是把这些今天内该完成的事情，排好序列。哪些先做，哪些后做，这可以根据你自己的习惯和喜好进行排定。

4. "块状时间"依次完成。

这里我们要理解什么叫作"块状时间"，顾名思义就是要有"一整块的时间"的概念。我们很多学生做事情动作慢，就是因为他们习惯于那种碎片化时间的模式——写一会字休息一会儿，练一会儿琴去吃个东西……这样一来，一件完整的事情就会被切割得极为细碎，使得效率变低。

我会建议把时间组合起来使用，一件事情完成后，或者一个模块完成后再进行休息。比如语文作业，你可以定个时间，把练习册统统写完再休息。又或者练习册的练习比较多，你还可以选择把前三部分写完再休息，休息完后再进行下一部分。把任务细化，然后集中注意力，专注地去完成，做事才会有效率。

除了时间管理之外，更好的方法叫作精力管理。

首先，你要对自己一天内的巅峰状态时间有所了解，有些人是上午10点到12点，也有些人是深夜22点到0点，每个人的状态不同，巅峰状态的时间也不同。

对于我而言，一天里精力最为充沛的时间是早上10点到12点这两小时。如果我可以选择，我就会把一天里难度最高，最需要我调动精力的事放到这个时间段去完成，其余的事，可以往另外的时间点安排。这样的精力分配方式，做事的效率就会高得多。

以上就是对于时间管理和精力管理的方法，可供参考。

是的，让每一分钟都用得恰到好处，能成为生活的强者；使每一分钟都不被辜负，是对自己的人生负责。

找到"无倦"的价值

子张问政。子曰："居之无倦，行之以忠。"

子路问政。子曰："先之劳之。"请益。曰："无倦。"

子张和子路都在问如何治理政事，孔子给出的关键词都是"无倦"。

我们先来看给子路的回答，孔子首先告诉子路的是——"先之劳之"。

所谓"先之"，就是要走在民众前面，成为他们的楷模。这就意味着，为政之人，要别人做到的事，自己首先就要做到，不然就没有说服力。

其实不仅为政，生活中也同样如此。如果你的父母、你的老师要求你做到的事情，他们自己都不去做或者做不到的话，试问他们又怎会让你信服呢？就好比很多家长要求孩子不要总是玩手机，要把心思放在学习上。话是没有错，但是每当孩子做作业时，家长就在旁边开心地玩着游戏，并表现出一副乐在其中的样子。那么请问，你的那句"不要总玩手机，要把心思放在学习上"的话，还能有多少说服力？

正是因为了解到这一点，我本人在生活和工作中就尤其注意。就好比我从2012年开始，就鼓励学校的大队委员，每次上台都要脱稿，只有这样才能锻炼自己的公众表达能力。但正因为给他们提出了这种高要求，那么自己首先就要做到，于是从那时候开始，只要是上台发言，我也都会逼迫自己不拿稿子，一次都不许。这样在给学生提要求、做培训的时候，才会有足够的说服力。也正因为这样，我校的大队委和我本人的公众表达能力，在这么些年的锻炼中变得越来越强。

语文课堂上要求学生保持阅读也是一样。所有要求学生要保有阅读习惯的老师和家长都要先问自己一个问题，就是你自己有没有这样的阅读习惯去给孩子做表率？我的微信里加了很多学生，我每隔一段时间，都会有自己的阅读小结和推荐，让他们知道，要求你们好好读书的老师，自己在生活中也同样有着阅读的习惯，并且乐在其中。这才有可能让他们知道，读书或许真的是一件还不错的事。

生活中也同样如此。我是一个很不喜欢别人迟到的人，也很偏执地要求身边的人不要迟到，这是必须要遵守的底线。这样的要求会有效果的前提在于，我是一个从来都不迟到的人，没错，是"从来"都不迟到，因为对时间的偏执，我出门会留有足够多的提前量，以至于我可能会早到很久，却一次都不会迟到。

是的，你要求别人做到的，你自己先要做到，这不只是从政的观念。

"劳之"指的是要让民众有事可做，放手让人去做。放到现在，这个"劳之"可以给我们的指引是什么呢？

如果你是一个管理者，你要管理你的众多下属，当你要让他们去做事的时候，什么人做什么事有什么样的标准？你得先知道他们要的分别是什么。

在职场上，我们大致可以把员工的诉求分为3个层阶：钱——尊崇——价值和自我证明。

当主管和员工产生矛盾时，往往是双方在阶层上产生了偏差。

很多主管认为，员工在意的是待遇，是环境，是升迁机会……当你根据这些出发点去安排员工做事的时候，发现他的动力不足，有所懈怠，你就会认为这是一个没有上进心的员工。

但或许你不知道的是，那个你认为在意待遇、环境和升迁的员工，其实在意的是兴趣、受赞赏和归属感。当你只是用前者来衡量他，并且委派他任务时，自然就收不到相应的效果。

所以说，在现代背景下，我们所谓的"劳之"，不仅要让民众有事可做，更重要的是，你得了解底下人的诉求，用不同的手段，去激发他们的自我价值。

以上是"先之劳之"的意味。子路听到之后，觉得还不够，就请孔子多讲一些，这时孔夫子给出了两个非常精辟的字，叫"无倦"。

从字面上来理解，这两个字的意思是"不要倦怠"。也就是告诉子路，从政不要凭借着惯性来做事，要不断学习，不断进步。

这句话给予我的影响是巨大的，尤其对于老师这个行业来说更是这样。在我看来，教书最怕的就是"倦了"，因为老教材用了这么多年，面对一轮又一轮大同小异的题型和知识点，面对着学生重复的错误，不免会有所倦怠。其实只要是学校里上课的老师，只要在讲台上磨炼几年，多半可以磨出个及格线，好不容易当他能讲好一堂课的时候，遗憾的是，他倦了，他疲了，他不愿意了……这种感觉很普遍，虽说都有意在抗衡，却仍然历经着时间无情地冲刷。

这也就是为什么在前几年，全国统一教改，换了部编教材之后，虽然前几年的备课统统作废，一切都要从头开始，但我的内心却是有些小小兴奋的，这意味着至少有一些新的东西供你重新思考，重新整合。所谓"学而时习之"——我可以将自己所看所学的内容不断地与实践进行碰撞；所谓"温故知新"——也可以在以往的内容中找出不一样的角度和观点，从而有全新的解读……这些，或许可以去对抗这十几年来不可回避的或多或少的"倦意"。

《奇葩说》里的席瑞曾经说过：老师必须知道一件事——对于老师而言，很多个学生只是他三到五年中的其中之一；但对于学生而言，是他人生没法重来的唯一……

多么朴素的道理，关于教学的问题，最终还是要回归到"热爱"，而你的热爱学生是能够感受到的。它不是拿着教育理论去对照的流程，也不是表演指导可以培训出来的伪装的激情，而是把每一节课当第一节课；即使讲过十遍，也会在空闲的时候想想哪里是不是仍然不够清楚；知道即使是网课期间，屏幕面前坐着的也会是因为你的一句话从而可能被影响很久的人……

教学是一种氛围，也是一个场域，要做到即使隔着屏幕也还能让人有交流的欲望，要有生动的演绎，这需要的是"内在的喜欢"。

当你真正喜欢一份职业的时候，那种疲倦感就会消失。为什么现在这么多的上班族会觉得累，多半是因为倦怠，他们厌倦了自己的工作，厌倦了自己的生活节奏，那所有一切的工作都是为了一个极为功利的目标，时间久了自然抵御不了这种倦意的侵袭。

而当你把工作的价值看得更大一些，你可以全身心地投入到你的行业之中，你可以看到你所做的这一切都有着明确的价值，并且可以感受到这种价值给予自己的明确反馈，那么上班将不再是字面意义的"上班"，它会成为你价值输出的最好平台。

是的，我想，这样的"无倦"不仅是政局，也是每个行业里都要做好的标杆。对于教师而言，你面对的不只是课，更重要的还有"人"，对于其他行业来说，又何尝不是？

不管是什么职业，都要忠于职业的原点。这就是孔子对子路所说的后半句"行之以忠"的意思。内心想的，要和表现出来的一致。

做官的就好好想想你为官的原点。

做老师的要想清楚你站上讲台的理由。

做医生的要明确自己在手术台前的使命。

……

如果人人都能够"无倦"地面对自己的工作，能够"忠诚"地对待自己的职业，能够"先之劳之"地做好自己的表率，那这个社会就将是人人所向往的社会。

知识怎么学，才能真的有用？

　　子曰："诵《诗》三百，授之以政，不达；使于四方，不能专对；虽多，亦奚以为？"

　　这句话的原意是——孔子说："把《诗经》三百篇背得很熟，让他去处理政事，却发现不会办事；让他到外面去交涉，他也不能应对，虽说学了这么多，又有什么用呢？"

　　这里指的"诵《诗》三百"，实际上指的就是《诗经》这本书，它有305篇，所以一般称为"诗三百"。在那个时代，读书的人都要读《诗经》，它能够让思想得以净化，然后回归人性本善，从而明确志向。真正把《诗经》读明白了，就会非常有智慧，一个有智慧的人，处理问题自然也是没有问题的。

　　那在这句话的原文中为何会说一个能够诵《诗》三百的人，"授之以政，不达；使于四方，不能专对"呢？

　　如果大家觉得《诗经》离自己太过遥远，那就放到现在来想想，为什么有些人，明明学习成绩不错，该记的都能记得住，每次考试也都能拿高分，而真的需要他去处理事务的时候，却发现他完全没有这个能力？这个时候就会有一个疑问：为什么这个看上去学了这么多的人，却没有什么实际作用呢？

　　那我们就得借此先来了解一下，学习的目的究竟是什么？

　　不得不承认，我们现在很多学习的目标略有偏颇，我们把过多的目光投注到了最为功利的升学上，以为学习就只有一个目的，那就是考上一个不错的学校，然后选择一份体面的工作。所以，很多学生在求学阶段会拼了命地学习，且学得异常辛苦，所有要背的东西都得背出来，所有要做的题都得做出来，一切的目标，就是为了最后的那场考试。

我不能说你错，但这样的学习模式未免有些可惜。如果大家还记得前几章我们所提到的"知之者不如好之者，好之者不如乐之者"的话，就会明白，如果只停留在"知之"的阶段，学习就会变成一件充满程式化的事，你不能在其中体会到任何的乐趣。

就好比在课堂上学习古诗，如果你学习古诗的目的就只是把它背下来，默出来，那可想而知，你学习的过程一定是痛苦的。因为你完全体会不到古诗的境界，体会不到深入学习每一首古诗都能给你带来历史和文化的冲击，你就仅仅停留在冷冰冰的字面，那每一个字都可以折算成分数，去换取你想要的成绩，那将会是一种多么悲哀的学习过程。虽然你能背出很多，默出很多，考得高分，但重要的是，这个过程你不快乐，你除了分数之外，没有任何实际性的收获，这无疑是可惜的。

《论语》的学习也是一样，我在学校讲了这么多时间的《论语》，发现学校里的孩子在之前之所以会对《论语》没兴趣，完全是因为课堂中学的《论语》里的句子，纯粹都是用来考试的，老师在课堂上让他们读，让他们背，让他们翻译，这一切最终都是为了落实到考试的分数上。当同学们觉得我学这些这么久远的句子，仅仅是为了背、读和翻译的话，积极性大幅下降就是很正常的事。

那我们应该以什么样的姿态来学习《论语》呢？就如同我在序中说的一样：《论语》的话并不难懂，初看也仅仅是教条常理，但如果用《论语》做皮，用自己的人生经历做"馅"，把生命的蹉跎和这本经典揉捏到一起，你就会发现其中曼妙的滋味。

就好比前几节课中有提到，颜回评价孔子说"夫子循循然善诱人"，这句话是说，夫子有着足够的耐心去启发学生。是的，作为老师而言，让学生记住答案很简单，但让其领会精神，真正参透的过程却更费精力。而夫子对于颜回，那种纯然的耐心，去引导，去启发——"博我以文，约我以礼，欲罢不能"。

短短几个字"夫子循循然善诱人"，应然是老师这个职业的指引与亮光，它告诉你，当你渐渐失去耐心的时候，有没有可能捺下性子，站在他的角度去从头梳理；当如今这等互相都看不见的网课时期，你又有没有那种不会互相敷衍的决心，更用心地去带领他们走完这一段互相不能看见，却也不会荒废的时光……

《论语》的奇特就在于，越细读，就越深入，越深入就越觉得充满价值……当你发现经过时光淬炼的经典，居然可以在自己的人生中得以混合，发酵，从而熠熠生辉时，这散发出的，就是一种名为幸福的味道。

是的，每每当你这么去学习的时候，当你的目标不只是世俗追求的功利，而是真的能体会出所学之道的本质，去探求那种内核的力量时，你又怎会只停留在表面？你又怎会不知如何运用到实际中呢？

这是我们学习知识的本质追求，那么学习的过程中我们究竟可以怎么做，才能更有利于我们留住知识，将知识更好地利用起来呢？

这里我们要回顾前面说的"默而知之，学而不厌，诲人不倦"。这句话告诉我们，学习知识不能只停留在表面，要由3个步骤来完成。

首先是"默而知之"：这要求我们先做输入，对知识有基本的了解。

然后是"学而不厌"：接着要对知识进行整合和消化，你不能只是读和背，你得了解你读的，你学的这些究竟是什么。

最后是"诲人不倦"：这要求你在学习的最后，做整合输出，让消化好的知识，通过各种方式导出，才能留得下来。

我们所倡导的有效学习，就是告诉你：首先要带着正确的学习动机去学习，感受学习过程的价值；其次，学好的知识，刻意去练习，有意去使用，有具体的实践才会让所学的东西更为牢固。这样才不至于在真正要用的时候，有那种"虽然自己学了这么多，但完全用不上"的巨大落差。

明确"作战"的意义，做好"战前"的准备

子曰："善人教民七年，亦可以即戎矣。"
子曰："以不教民战，视为弃也。"

这两句话如果从字面上来翻译，那就是：一个能干的人，用7年的时间训练的百姓，才可以投入战争。而让没有经过训练的百姓去作战，那就是放弃他们了。

从原文来看，它是在和我们讨论战争，说经历过训练的百姓才可以投入战争，那问题来了，究竟要训练些什么呢？

一般人或许认为，训练士兵，无非就是训练战斗的技巧，或者是战斗的胆识。我们看过很多影视剧，里面拍摄的关于练兵的场景，都是在这个层面上的训练，希望带出来的兵士可以在战场上更为英勇，屡建战功。

但在我看来，如果要上战场，比起教会他们技巧和胆量，更重要的是让他们认识到战斗的意义，也就是让他们每一个人都知道，自己是为何而战。

熟读历史的同学一定知道，如果一支部队里的兵士，参与战争的目的不清，或者仅仅是为了粮食，为了钱财，这样的部队是没有战斗力的，一冲即散。在历史中，真正有战斗力的部队，往往都是知道自己为何而战的部队。就好比前阵子热映的电影《长津湖》，讲的是我国抗美援朝的志愿军战士，明知各方面都比不上美军，却仍然奋勇抗战的故事。在这部电影中，让我印象最为深刻的，就是一名战士拿着他女儿的照片说道："这场仗很辛苦，但是我们一定要打，我们不打，我们的下一辈就要打……"

是的，当你踏上战场，你能明确你战斗的意义，你知道这场仗是为家人打，是为国家打，是为全国的老百姓而打……在这样的意义驱使下，才能爆

发出强大的战斗力。这也是为何我国的志愿军战士如此英勇的原因，因为他们人人都知道打这场仗的意义。

那这样的道理对于和平时代的我们又有怎样的启发呢？

我想不只是战争，我们来看看和自己有关的学习和工作，自然也是如此。

比起学习技巧，学习观念更为重要，我非常建议小学阶段的家长，与其让孩子在小学去和别人拼分数，倒不如把更多的注意力放在对于孩子学习观念的引导上。**我们得让孩子知道，我们为什么要学习？学习究竟是一件怎样的事？在学习的过程中我收获的到底是什么？**这些，我在这本书的"学习篇"版块里已然讲得非常详尽，或许可以给你参考。一旦孩子有了好的学习观念，养成好的学习习惯，就是进入中学后最大的竞争力。当好多孩子还停留在"知之"的阶段，你们已经过渡到"好之"，甚至乐之；当好多孩子拼了命地去死记硬背的时候，你们已经了解到了"学而时习之""有朋自远方来""默而知之，学而不厌，诲人不倦"的观念；当别人因为明天的考试而慌乱和焦虑时，你们已经懂得"临事而惧，好谋而成"，从而安心地继续准备……你看，当有了正确的学习观念，所有的心境都会有所转变。这些，才是可以继续攀登的最佳动力。

对于我本人而言也是如此。我不止一次讲过，《论语》的学习不是学技巧，考背诵，从而有着可以"掉书袋"的优越。更重要的是，它可以帮我们厘清众多处事的观念，让我们在生活的蹉跎中可以找到明确的方向。《论语》不只是教我们怎么做，更重要的是要告诉我们，为什么而做。

接下去我们来看看第二句："以不教民战，是谓弃也。"意思是让没有经过训练的百姓去作战，那就是放弃他们了。

同样，先从战争角度而言，在历史的长河中，这样的情况屡见不鲜。比如每一个读历史的人都会遗憾北宋的灭亡，曾经这么繁华鼎盛的一个朝代，最终落得这么一副下场，着实令人唏嘘。很多学生在看完北宋的历史后都会有这么一个疑问，就是北宋这么大的一个国家，部队的战斗力为何如此低下？

这里有三个很主要的原因。首先是虚报人数，招募的兵士和实际的兵士数量严重不符。然后是"喝兵血"，从中克扣应有的粮饷。最后是让兵士们做私事，不参与训练，很多兵士成为官僚的傀儡。这样的一支部队，如果投放战场，他们没有经历过胆识和技巧的训练，更重要的是，他们根本不知为谁而战，战斗的意义究竟是什么。

以至于当这么一支部队，面对金国的战士时，金军仅仅是在河对岸用羊腿骨擂一夜鼓，就能吓退北宋士兵数万人……这么匪夷所思的画面底下，有着一个最底层的逻辑，那就是：没有经历过训练的士兵，上了战场，就等同于放弃了他们，他们不具备任何战斗力。

那同样，这句原本用在战争上的话，对于现在的我们，有哪些指引？

我们可以看到很多企业，在刚刚招募新人的时候，都会组织几轮培训。有一些已经大学毕业，刚刚踏上工作岗位的学生和我抱怨过，他们不理解为什么要有这么多轮的培训，周期长，任务重，还不允许打马虎，觉得这个企业太折腾。

但在我看来，如果一个企业愿意花大力气去做这样的岗位培训的话，那么这个企业大概率会是一个负责任的企业。这里的负责任不只是对你负责，还是对企业本身的负责。**因为有了这样的培训，它才能够在这个过程中让你知道，你的岗位需要用到哪些能力？可能会碰到哪些麻烦？又有哪些可以应对的选择？它把所有可能预见的错误都在第一时间向你公开，并且做好提醒和应对，从而让你在真正踏上岗位的那一刻，是相对笃定，且有所准备的。**

那些没有培训的企业，往往要面对的是，作为新人的员工上任后所出现的种种不可避免的错误，然后在犯错和纠错中反复徘徊，烦了自己，也误了他人。

子曰："善人教民七年，亦可以即戎矣。"
子曰："以不教民战，视为弃也。"
这两句话不仅可以用来解释战争，对于现代的我们，也有很明确的指引。

成长的过程，就是抵御本能的过程

子曰："士而怀居，不足以为士矣。"

这句话的本意是：一个人如果太留恋安逸的生活，就不足以成为士了。"怀居"指的是贪恋安居的生活，意指有贪图享受的内心。这个"士"，在古代指的是有志向的读书人，所谓"士人"，就是指那些为国家服务的读书人。

在孔子看来，一个有志向的读书人，就是应该为国家、为人民做实事，我们把它称之为抱负。如果一个读书人做了官，却只求生活的安逸的话，那么就不配称之为"士人"。

在这里，孔子对那些做了官的读书人提出了很高的要求——不能怀居。也就是不能贪图享乐。为什么说这是一个很高的要求呢？因为"吃喝玩乐""贪图安逸"，是人的本能，它的力量十分强大。

那一个人顺从自己的本能有没有错？我觉得是没错的，因为这是人之常情。

就好比我们饿了就想吃，困了就想睡，看到好玩的地方就想去玩……

这些让你感到舒服的，不需要太过用力就能做到的事情，它的诱惑力就是这么强大，你很容易就被牵着走，就是人本能的力量。

但如果你是一个对自己有所要求的人，你是一个背负着使命的人，那么你就不能够被本能随意地带走。我们说：人的成长过程就是抵御本能的过程。在抵抗本能的过程里，你会成长为一个有价值的人。

比如肚子一饿就想吃，这是本能。但是，你想要的是健康的身体，想要的是美妙的身材，这个时候你能忍住食欲，这就了不起。

晚上你已经很困了，非常想睡觉，这是本能。但你想到今天的事情还没有做完，今天的题还没有刷完，你有着团队的使命要完成，你有着自己的梦想要追逐，所以你能忍住困意，这很了不起。

你看到别的小伙伴都在外面玩，也告诉你好多好玩的地方，想让你一起出去玩，你也非常想去，这是本能。但你想到家中有人需要照顾，想着自己还在备考，你忍住不去，这很了不起。

……

是的，人之所以了不起，是因为他能有内生性的力量去抵抗本能。这样的力量对于"士人"来说尤为重要：你不是普通人，你有能力，你也有使命，我对你的期待就会更高，我期待你可以不被本能牵引，有足够的力量，去明确自己的价值。

为自己学习的价值

子曰："古之学者为己，今之学者为人。"

这句话是说：以前的学习者为自己学习，现在的学习者为别人学习。而采用《荀子·劝学》《北堂书钞》及《论语疏证》，其意为：古代学者的目的在修养自己的学问道德，现代学者的目的却在装饰自己，给别人看。

这里提到的是两种不同的学习目的，那哪一种才是我们所倡导的呢？

一、为自己学习

古代我们所推崇的读书人，他们学习圣贤之道，很多都是出于"为己"的目的。通过学习，通过实践，把所学到的知识和学问落实到自己的生活中去，也落实到自己所说的话和所做的事当中去。当自己的一言一行在起心动念中，都和自己所学之处一一吻合时，那就是一个真正的读书人了。

那为何要通过自己的学识使得自己变得更好呢？那就要脱离自身，往远看。

《大学》里说："古之欲明明德于天下者，先治其国；欲治其国者，先齐其家；欲齐其家者，先修其身；欲修其身者，先正其心；欲正其心者，先诚其意；欲诚其意者，先致其知，致知在格物。物格而后知至，知至而后意诚，意诚而后心正，心正而后身修，身修而后家齐，家齐而后国治，国治而后天下平。"

格物致知、诚意、正心、修身、齐家、治国、平天下。这是有基本的逻辑关系的。作为一个读书人，先要在实践中掌握知识，诚心诚意地去读书，摆正自己的内心，修得自己的品性，方能齐家治国平天下。通过自己的学识，最终要达到的目标，就是为这个社会，为这个国家，去贡献自己的一份力量，去体现自己的一份价值。

所以，为自己学习并不是自私，而是先从提升自己开始，再去教化众生，服务社会。

对于现在的我们来说，有了为自己学习的观念，知道我读书实际上是为了让自己有好的改变，一旦这样想，你就会在整个学习的历程中明显地感受到自己成长的变化。有此等思维的学习者，就会是一个谦卑的，且能看得到成长轨迹的人。

二、为他人学习

谈到为他人学习，我们就不得不回顾一下在"三军可夺帅也，匹夫不可夺志也"这节课中的某段诠释。那节课里说到我们要激励孩子学习的时候，很多师长诉诸的都是以下这些内容：

舒适：好好学习，就带你去吃好吃的。

安全：好好学习，不然你就会挨揍。

归属：好好学习，爸妈会更爱你。

尊崇：好好学习，去反击那个嘲笑你的同学。

一旦我们把学习的目的形塑成以上这几个样子，就很容易把学习的目的变成"为他人学习"。当学习的目的不在学习本身，不在提升自我，而纯然依仗于外界的刺激与绑定时，这无疑是可惜的。

为他人学习的基本逻辑就在于：我的学习是要让别人看到自己，从而可以证明自己的能力。

我记得我在小时候就做过这样的事，我相信很多学生也都会有类似这样的体验。在初中的时候，我参加了一个课外的物理培训班，这个班时不时地会讲一些超纲的难题，思路非常与众不同。每每学会这样的题目时，我是兴奋的。但仔细品一品这种兴奋的味道，它不来源于知识本身，更多的是一种扑面而来的优越感。所以当我学会了这些题，第二天到学校里去就会拿着题目，满世界找同学解答，看到同学们困惑的脸，那种病态般的自豪感就会油然而生。这种就是典型的"你的学习是为了他人，是为了在他们面前证明自己的了不起"。

所以你就很能理解，为什么很多学生都不喜欢那种一考完试，就抓着别人问分数问答案的同学，因为往往急着问别人分数的人，就是那种自己的分数已然很好，但是还要在别人这里证明自己有多好的人。是的，这样的学习，就是我们所谓的为他人学习。

与之前为自己学习会带来谦卑相反，为他人学习的人会产生的往往都是骄傲与愤恨，这就远远脱离了学习本身的价值。

所以我始终倡议，不要在学习中过多去诉诸"舒适、安全、归属和尊崇"，我们要诉诸的是"自我证明"：你天生就是高山，而非流水。要让孩子知道自己本身的价值是可以通过学习而建立的。一旦这样想，学习的力量就不再是外界的诱惑，而会来源于对自己内在的探索，从而去追求自己更多的可能。

别在碎片化的时代中迷失自己

子曰："群居终日，言不及义，好行小惠，难以哉！"

这句话中，孔老夫子谈到一类人，他们整天无所事事，有很多时间，却没有好好利用，总是靠休闲来打发，说出来的话也没有实际的意义，还时常施以一些小恩惠。在孔子看来，这样的人很难有所成就。

这段话的确可以给我们现代人一个极大的警示，因为比起古人，现代的我们更有条件，也更容易"群居终日，言不及义，好行小惠"。

自从智能手机普及以来，我们的生活模式就发生了极大的改变。你看看现在的人，几乎每个人都整天拿着手机，所有和生活有关的事物仿佛都离不开手机。如果手机上有那种统计屏幕亮起时间的功能的话，我们都可以看一下，一天下来，我们在手机上花去的时间是多少，这个数字，一定是一个非常庞大的存在。

然而在手机上花去那么多时间后，可以给我们带来些什么呢？这个答案或许有些残忍。我们可以回忆一下前几年的网络热频词汇。去年是"YYDS"（永远的神），"EMO"（负面情绪）；再往前是"干饭人"（奋力吃饭对生活充满热情的人）；再前头是"我太难了"和"盘他"；再往前或许就是"佛系"和"确认过眼神"……

我记得以前熊浩老师有篇演讲中就提到，这些当时的网络热词，当你现在回想的时候，你会发现很多你已经忘记了，你只知道，这个词当时居然那么流行。

现在的确是一个信息爆炸的时代，我们很难讲一个人真的愿意去"群居终日"，但在这个时代的特点下，人们很容易就陷入了这种状况之中。我们每天面对大量的信息扑面而来，有朋友圈、微博、抖音……各种信息以文字、图片、视频的形式不断地向你投送，它们有一个共同的特点就是：短，但是多。它不需要你花大量的时间和精力去读懂它，它会用最低门槛的形式向你展示，用最短的时间，最简单的方式让你瞬间产生愉悦和舒适。然后有很多人就开始陷入了这种无尽的循环当中。

一旦习惯了这种模式，你就陷入了一个非常狭隘的圈子，它把你团团围拢，我们不停地去看别人的饮食，别人的旅游，别人的玩乐，别人的喧嚣……却察觉不到，自己慢慢失去了时间，和自己内心成长的契机。你会发现你一整天的时间统统花在了这上面，一个人看着一群人的"狂欢"；失去了阅读和学习过程的你，当要发表自己的观点时，却也只能用只言片语表述，很难再整理出精准且漂亮的话语；然后相互点赞，相互留言，相互在这个圈子里留下自己每一天的痕迹……"群居终日，言不及义，好行小惠"。

不能说这样的生活是错的，但是真的很遗憾。如果所有的生命历程和格局都只停留在这样的琐碎之内，那么就如同孔子说的——难以哉……你如若想要有自己生命的成长和灵魂的抱负，便不大可能会实现。

很多人或许会提出疑义，觉得他们在日常中看的东西也是有意义的，怎么可以说是浪费呢？

是的，这就是我们这个时代最大的便利，也是最大的陷阱。自从有了短视频这样的媒介之后，看完一个资讯的时间成本大大降低，所以大量的人把大量的时间投注于此。在他们看来，短视频可以在两三分钟的时间里帮你讲完一本很好的书，也可以在三五分钟内替你了解一部经典的电影。现在有大量的视频博主在做这样的输出，因为他们清楚地知道，现在已经很少有人愿意花个几天时间去读一本完整的书，甚至不愿花上两个小时去看完一部完整的电影，这样的短视频就会有它大量的目标群体和市场优势。

更可怕的是，那些看完这些短视频的人，会在心里告诉自己，我已经看完了这本书，也已经看完了这部电影，从而给自己一个"我还算努力"的假象，给自己一个最美好的，也是最巨大的骗局……你有没有发现，在这样的短视频洪流中，即使你看的是和知识有关的内容，如果你仍然不把大量的时间归还自己，你丧失的，就是那种可以读完一本书，看完一部电影的耐心与定力。如果你是一个学习者，还有什么比失去这些更让人害怕的吗？

写这篇文章的时候，正值上海疫情封控之际，今天是居家封控的第28天了。在这28天里发生了好多乱七八糟的事情，每天都有真真假假、虚虚实实的各种消息满天飞，它们就充斥在你的微信里、你的微博里，让你每天都不自觉地周旋于这样的传播之中。有时候真的会觉得，信息太多是一种灾劫，它极度消耗你，让你沉浸在这种信息流所带来的情绪里，不断盘旋，你跟着它焦虑，跟着它生气。不一会儿，几个小时就过去了；不一会儿，一整天就过去了……当我意识到这一点后，我决定戒除了一段时间的朋友圈和微博。当主动屏蔽掉这些后，你会突然发现，当你真正把时间交还给自己的时候，这些时间才是有意义的，你不再跟着别人走，你有你自己的主线和方向。

不要奔涌向前地去参加一些毫无意义的"狂欢"，而要有自我的定力，寻求灵魂的成熟和独立的声音。脱离盲从，选择坚定。

是的，在这个极具碎片化的时代，我们都应该及时调整，重新去审视自己学习的状态，捡起阅读的习惯，找回看完一个故事的耐心与定力，重新恢复求知的兴致与乐趣。摆脱"群居终日"，告别"言不及义"，远离"好行小惠"，希望我们都能够在这个时代中精进成长，从而目力沉着，以至神思远博。

看着一个人慢慢变好，是最有成就感的教育

子曰：“有教无类。”

这句话非常有名，是孔子教育理念的体现，也是其作为教育家为人所推崇的原因。

这句话在各种注疏中最普遍的含义是，不管什么人都可以接受教育，不会因为你的身份、客观条件等因素的限制，把你排除在教育对象之外。

在孔子那个年代，只有贵族子弟才有资格接受教育，所以也只有贵族子弟才有出人头地的机会和资格。孔子却不那么认为，提出了“有教无类”的教育理念，不分贵族和平民，也不分资质高与低，只要你有心向学，都可以入学受教。

这样的教育理念在我国直至今日都有着很好的传承。比如我们的九年制义务教育，指的就是只要你是中华人民共和国的公民，到了一定年纪之后，不管你是什么身份，都可以免费入学接受教育。随着教育时间的推移，九年之后你的学历历程则根据你当下的水准来决定。

这就是“有教无类”教育理念的一种体现，它在基础教育范围让所有人都有学上，都有书读，都有机会成为一个有文化的人，这对整个国家的教育有很重要的影响。

时至今日，我们的政策一点一点在改变，前两年的“公民同招”政策，在我看来，则是另一种更深入的“有教无类”的体现。

公办学校在这个政策前，有“选人”的权力，他们可以通过入学的选择，从而选取报名学生中资质最好的、最为优秀的学生入学，来提升自己学校的

排名和升学率等数据。当然我不是说这样不好，因为从效益上来看，这的确是一个很有效率的做法。但仔细琢磨一下，如果在入学的时候就做出这样类别的筛选，这就无异于把人当作"产品"，去一类一类地做比较，从而优胜劣汰，留下那些最好的学生，去接受相对更好的教育资源。而当"同招"后，大家的条件变得一样，我们都要通过抽签来决定是否入学，不能说是最公平，但也的确给了很多人之前不曾有过的机会。

为何要有这样的理念呢？这就得理解"有教无类"更为深入的原理是什么。

其实，人，生来就是"有类"的，就是有各种各样的差别的。有智商上的差别，有人聪颖，就有人稍显愚钝；也有品行上的差别，有人正直，就有人稍显邪魅；更有财富地位上的差别，有人天生显赫，就一定会有人家境平平……这些都是客观存在的。

但作为教育者，我们一定要有一个观念：这些差别，都是可以通过好的教育消除的；所有的"不好"，都是因为他们没有一个好的契机，去认同，去改变。而你，是可以给他们这个机会的，不是吗？

认同这一点，老师们在遇到所谓"差生"的时候，就不要焦躁，更不要放弃。命运安排你遇到现在的他，就是给他这么个机会：他有没有可能在你的手上得到改变，甚至重生呢？

前两年，在我们班里有一个女生，在刚刚接手她的时候，很多人对我说，这个学生之前几年太糟糕了，你就不要太当真，该放过她就放过她吧……我找了找她之前的成绩，的确有些离谱，各项主科成绩，没有一门超过30分，更有甚者在个位数徘徊。

所以，刚刚开始的时候很困难，看着她上课时的漫不经心，作业时的不知所谓，你都不忍心怪罪她。原因是，你完全知道，这一切都超出了她现有的能力范围，做不到的事就不想做，不想做就更做不到，她就这么一头栽进了无限的负面循环中。

这个时候，她需要的不是跟上大部队，而是要从她力所能及的小事开始。

所以我鼓励她，从一开始的默写错40个，能否先进步到错30个？做到之后带着全班同学大肆鼓励，让她在一件小事中找到久违的自信。然后再进一步，能否下次减少到25个？……照着这样的节奏，不出一个学期，这个姑娘的默写，从一开始的错40个，最终开始稳定在只错8到10个的水准。随着这一件小事给她带来的自信的积累，她的课堂效率开始慢慢提高，作业质量也开始渐渐提升，考试成绩的提升虽然没有那么快，但也从30分逐渐上涨。当我看到她有一次分数接近50的时候，我知道，她是有可能在毕业前及格的。是的，及格，这个她在任何一门学科上都不曾想象过的"成就"。不仅她不相信，她的家长也不相信，他们已经习惯了这样的处境……而当他们都不相信的时候，我是坚信的，并且愿意一步一步牵着她往这个目标去走。

所有当老师的都要知道，正反馈对于孩子来说是有极强的作用的。当一个始终在批评声中长大的，始终被放弃的学生，一次一次地被表扬，一次一次地知道自己原来可以做得到，一次一次看到自己的努力有着显性成果的时候，从内心滋长出来的力量，就是无穷的。

这个女孩毕业前的最后一次测验中，她语文考出了60.5分。这是她从二年级以来第一次及格。全班跟着她一起放声欢呼，甚至专门为她筹办了庆功会。在最终的毕业考上，她的语文成绩是72分，我到现在还记得那时她脸上所洋溢出来的自信和喜悦，那种名叫蜕变的喜悦。

是的，通过教育，任何人都能变得更好。能看到一个人慢慢变好的过程，对于老师而言，就是最有成就感的教育，不是吗？

眼中有"人"，心中有光

> 子路问："闻斯行诸？"子曰："有父兄在，如之何其闻斯行之？"
>
> 冉有问："闻斯行诸？"子曰："闻斯行之。"
>
> 公西华曰："由也问闻斯行诸，子曰：'有父兄在'；求也问闻斯行诸，子曰：'闻斯行之'。赤也惑，敢问。"
>
> 子曰："求也退，故进之；由也兼人，故退之。"

这轮对话体现了另一个孔子的教学理念：因材施教。

我们先来看这段话的意思：

子路问："听到一个道理是不是要立刻就去做呢？"孔子回答："家里还有父兄在，怎么可以听到了就去做呢？"

冉有问："听到一个道理是不是立刻要去做？"孔子回答："赶紧去做。"

这时候旁边的公西华听着就很疑惑了，他问孔子："由（子路）问是不是听了马上去做，您说'家中有父兄在'；求（冉有）问是不是听了就去做，您说'马上去做'。我有些糊涂了，先问个明白。"

孔子说："求（冉有）这个人个性比较优柔寡断，遇事总退缩，所以要鼓励他，听了马上要去做。由（子路）这个人能力很强，个性也很强，有时候比较鲁莽，所以要约束他，遇事要请示一下，不能自作主张。"

这是一段非常有代表性的对话，从中完全能体现出孔夫子的教育智慧。面对底下众多的学生，他所采取的手段和方法都不一样。

从各种记载来看，子路就是一个胆子很大的人，所以有时候容易闯祸。孔子自然是了解他的，所以当他来问这个问题的时候，孔子给出的意见是根据他的个性特点制定的——且慢，你先缓一缓，问一问。再如同文中的冉有，其性格是很保守的，遇事往往缺乏果断，那就需要老师在后面推一推，让他有信心，有动力去做。

是的，这对于教育者来说，是个非常重要的观念。你面对的学生众多，每一个人都是一个不同的个体，他们都有各自成长的轨迹和性格的养成，所以在教导的时候，是不能够一刀切的，必须得寻找到适合他的方式。

在这里我想讲一个自己的故事。

两年前的一段时间里，我做过好几次心理咨询。做老师的这十几年里，遇到过好多类型的学生和家长，也有过五花八门的问题，但真正难以消化，需要外界介入的，或许只有这一件事。

小Z同学在班内始终是一个还不错的同学，也是班内的大队委员。正因为这样，我从接班开始，就很少批评她，并给予她很多机会和资源。

在那个学期里，她参加了新一届大队委的选举，也参加了学校演讲比赛的复赛。但很遗憾的是，由于种种原因，这两件事情她都没有做得很好，大队委落选的一周后，在演讲比赛中她也止步于复赛阶段。

就在不久后的某一天，因为她作业糟糕得实在离谱，完全不符合她的水准，我稍显严厉地批评了她，在我的印象中，这也是我第一次批评她——原话是："你怎么可以把作业做成这样！也太过分了！"并重重地把本子摔在了她的桌上。

然而，接下来的事情是我料想不到的，这个姑娘之后连续一个多月不愿意来上学。起初大家都以为这只是身体原因，并一直祈盼着她能够康复回来上课。但随着时间的推移，事情逐渐有了变化，她的外婆和妈妈先后来到学校找到我，说孩子之所以这么长时间不来学校，是因为明确表示她不愿意上我的课。在没有指责我的前提下，寻求我和她们共同来解决这个问题。

说实话，当时我是有些诧异的，一个我内心很喜欢的学生，怎么会有这样的抵触情绪，我一时间找不到答案。但我总乐观地想着，或许这只是暂时的闹情绪，过几天就会恢复正常的。

但情况始终得不到好转，这姑娘不愿意来学校的情绪愈加激烈。家长并不允许她一直在家旷课，就逼迫着她来学校，结果她反抗得厉害，并以跳窗相威胁。家长无奈再来找学校商量办法。

这时恰巧我有一个长达一周的会议要外出，班主任和我都有一个美好的设想就是，这一周正好是让她缓和的机会，或许这一周回来后，一切就都会恢复正常。

外出的这一周我始终牵挂，并每天询问班主任她的情况，得知她在我不在的时候，每天准时来校上课，并无异样的时候，内心稍稍得以平静。

一周后我回到学校，在踏进班级门的一刹那，我有着异乎寻常的紧张。我多么希望她就坐在原座上，这一切就只是一个小小的插曲。但事实是让人失望的，我回来了，她就又旷课了……

这时候家长爆发的情绪是可以理解的。孩子在家旷课这么久，情绪指向也极为明确，虽然她们心里也很清楚地知道，这事儿不能全怪我，但女儿不来学校就是因为对一位老师这么强烈的抵触，事情发展到这个地步，气氛也是紧绷到了极点。

直到后面我们达成一个很无奈的协议，就是她来学校上课，但是只要是我的课，她就出教室去班主任那儿自修……那时候的情景是这样的，每当我抱着书进教室上语文课，她就会拿着作业或者课外书出教室，即便在门口和我擦肩而过，没有任何眼神的交流。下课时，她也早早地在门口等候，等着我出教室的那一刹那，从我身边走进教室，也没有任何表情和交流。

那个时候的我非常敏感地注意到了自己心理的波动。我委屈吗？我超级委屈，我自认为完全没有做错：一个老师，用一种很普通的方式来批评一个作业做得不好的学生，这件事有什么错？但最终就导致这孩子接受不了，结果不愿意来上学，不愿意上我的语文课。

在这个时候，我找到了心理咨询师，做了好几轮的咨询和疏导，才不至于让自己始终陷在这样的情绪里。

那段时间里，在解决完自己的情绪后，我想的是，面对孩子这样不稳定的情绪，到底是维护老师和学校的尊严，继续秉持自己完全没错，任由孩子和家长自我消化，还是放下那所谓的面子，找孩子沟通，解释并承认自己的方式不当，并且诚恳对她做出回课堂的邀请。我纠结再三，选择了后者。

承认"错误"是一件很困难的事，尤其是对在自己视角里并没有过错的事，要承认错误，更为困难。但为何这就是我最后的选择？那是因为我知道在当下，有比"对错"更为重要的东西，我必须得放下那执拗的"对"，才能换取那最理想的结果。

这件事情让我想到了社会新闻里那些走极端的孩子，他们因为一些在旁人眼里的"小事"，做出了最为极端的举动。但遗憾的是，事后学校和老师审视自己，觉得自己在行为上完全没有过错。

不，你错了，错就错在你始终认为自己是对的，不觉得自己错的行为，最终导致了这个不可挽回的结果的发生。你不肯放下规矩，不肯放下尊严，最终，你放下了孩子的生命。在以孩子为本的学校里，这样的"对"又有什么意义呢？

我得清楚地知道，那两次的竞选失败对于始终优秀的小Z来说有着多大的打击。你所谓的好机会在她那里，是否强加于她的无形的压力，从而导致难以承受的挫败感？我也得清楚地知道，在那种情绪状态下，我有没有义务和能力去观察和感知到她的异样，并且在那个需要批评她的当口，选择更为合适的方法去应对那个特殊时期下的那个特殊的她？

然而我那时并没有，所以导致这个心思敏感的女孩有着这样反常的情绪抵抗，从而让她这么久时间缺课，这件事情极为遗憾。我没有办法去弥补这个遗憾，但至少有一件事情我可以做，就是意识到当时的那个判断，是错的，那就不会再有第二个第三个这样的事情发生，我也有更好的方式本可以避免这种遗憾。

放下身段，在事情正在往不可逆的方向推进的时候，不要执拗地觉得自己是对的，承认错误，及时修正，那我们的身边就不会再有这么多的悲剧不停上演。

现在，事情已经过去两年多，小Z也毕业了。在这两年里，我们的关系逐渐好转，情绪解决了，心结打开了，一切就都能迎刃而解。现在的课堂上，小Z是最积极聆听的一个，不仅是上课，日常的交流也逐渐增多起来。即使毕业了，我们还时不时地聊聊天，她也很愿意找我说说中学的生活。从那些充满热情的话语中，我可以确定，那时的我，真的做了一个极为正确的选择。

所谓的"因材施教"，就是你得明白每个孩子都是不一样的个体，我们常说，不要区别对待别人，对所有人要一视同仁。这或许是一个公平的标准，但我们也要清晰地认识到，这并不是一把绝对的标尺。在学校里，在班级内，每个孩子的成长环境不一样，性格特点也就不一样，内心的敏感程度和可承受压力的程度统统都不一样。如果仅仅是用行为标准来衡量，做到什么程度要表扬，做到什么程度要批评，做到什么程度要惩罚……我不能说这是错的，但遗憾的是，这真的不是一个好的做法。眼里有"人"，你才会真正站在他的角度去感受，去思考：你当下的决定，对于他来说，究竟适不适用。

是的，眼中有"人"，心中就会有光。每天的问题纷繁且复杂，但只要把目光放在"人"的身上，去了解他，去认同他，去帮助他……我们才能看到一朵朵形态不一，但同样盛开的鲜花。

人与人的距离，为何会越拉越大？

子曰："性相近也，习相远也。"

很多人熟悉这句话是在《三字经》中的"性相近，习相远"。其实它的出处来自《论语》。这句话的意思很好理解——人的本性相接近，但习惯可以把人拉开差距。

这句话可涵盖的范围其实很广，小到生活，大到人性，这句话都能够解释。在这节课中，我所讲的主要方向，还是和大家最熟悉的学习领域有关，看看在我们最熟悉的学习领域中，这句话可以带给我们怎样的指引。

在学校里，我们经常可以听到类似于"天才""学霸"这样的词，来形容那些成绩很优秀、各方面表现都很出色的同学。在很多人看来，这些"天才"，这些"学霸"和自己最不一样的地方在于，他们是拥有过人的聪明资质的，而"我"不能及……

当然，我们并不排除有那些真正智力远超于常人的存在，但是我们也要很明确地知道，其实身边大多数人的优秀，不是天生的，而是通过后天习得的，是努力的结果，是积累的结果。当你感叹那个所谓"学霸"的成就的时候，或许，你可以去观察一下他平时是怎么做的。

我时常和我的学生讲起我表弟的故事，我表弟从小就是一个人人羡慕的学霸。

首先，他有着极为优秀的成绩。记得他高一的那一年，我和他一起在一家肯德基用餐，旁边有一桌坐着两个高三的学生，他们正埋头解题。由于离得很近，我们可以很清晰地听到他们的吐槽，说今天老师留的作业也太难了，有一题很多人都不会，他们面面相觑，找不到任何办法。这时候我表弟把头凑过去一看，然后思索了一下，拿出一张纸就写了起来，不过5分钟的时间，他把一张写满了整个答题过程的纸塞给了那两个高三学生，然后继续吃起饭来。我到现在还记得那两个高三女生眼里，流露出来的不能用言语表述的复杂神情。

除了学习之外，他还是一个非常会玩的人，当下流行的东西他样样都知晓，样样都熟悉，也样样都能参与。当学校里组织篮球比赛的时候，班里的每个人都争先恐后地想要当正选球员的时候，他却被学校选派为其他年级的裁判……

就这样一个表弟，在他的同学看来，简直是神人一般的存在，是名副其实的"学霸"，仿佛他天生就比常人更强，更聪明。

熟悉他的我曾经在暑假和他同住过两个月。在这两个月里，我亲眼见证了他每天的作息和习惯，这才让我明白，所有在旁人眼里看到的"强"，都是有原因的。

他会每天5点起床锻炼，然后洗漱完毕之后，开始做一天里的正事，在这段时间里，没有人可以打扰他。他把手机放在与自己隔绝的地方，3个小时，全神贯注地去完成作业，完成练习。同学们都说他时间多，又会学习又会玩，这都是从哪来的时间？当你真正了解他后才知道，并不是时间多，而是他的3小时，是实打实的3小时，这个时间密度里的完成度，要比别人高得多。下午的时间则相对轻松，当完成了一天里最必要、最困难的任务之后，他会把一些时间留给自己喜欢做的事——看书、打球、玩游戏……也是样样不落。到了晚上，他依旧会做好第二天的计划与准备，一到22点，就安然入睡……

是的，这是习惯的养成。没有人天生是强的，长期以来这样的习惯则会改变一个人。

所以身处学校的你就会发现，年级越高，同学们之间的差距就越明显。明明刚进校的时候大家都差不多的，过个几年，人与人之间的差距就明显拉开了。可明明大家都在一个学校，面对一个老师，上一样的课，这差距是从何而来的？

你可以想一想，每一节课你是怎么上的？认真听课，还是插科打诨？

每一个老师你又是怎么应对的？是有问题都去问，还是有他没他对你而言一样？每一天的作业又是如何完成的？是一次次地有效练习，还是敷衍了事地完成任务？

是的，面对一样的条件，你选择不一样的模式，时间越长，差距就越大，这就是习性会给人带来的改变。

所以，但凡了解这个观念，我们就得明确，习性这东西，和周边的氛围紧密相关。

你说你想让一个孩子写出一手好文章，我会和你说阅读的习惯很重要。从小看《红楼梦》长大的和从小看《喜洋洋》长大的，写出来的东西就是不一样，而且越往后越不一样，这是时间的力量。

你说你想让孩子有强健的体质，我会和你说运动的习惯很重要。一个从小跟着爸爸出门跑步锻炼的，和一个每天跟着爸爸躺沙发打游戏的，身体素质和精神状态就是不一样，而且也是越长大就越明显。

所谓"性相近也，习相远也"，就是要告诉我们，后天的努力，好习惯的养成，远比先天优势重要得多。这样的优势，其实，是掌握在我们自己手中的，不是吗？

事精"小道"，志存"大道"

　　子夏曰："虽小道，必有可观者焉；致远恐泥，是以君子不为也。"

　　这句话的意思是：子夏说道，虽然是一些小的技艺，却也有一定的可取之处；但如果执着于此，恐怕就会妨碍实现远大的目标，君子是不会这么做的。

　　这里我们要了解一下什么叫"小道"。《朱子集注》里说：小道，如农圃医卜之属。也就是说在那个时候，像种地、种菜、看病、算命这些行当，称之为小道。

　　而在现代看来，一个技能，一种才艺，都可以算作是小道的范畴。虽称之为"小"，但每个技艺都有它的门道，是可以研究的，也有它的可取之处，所谓"虽小道，必有可观者焉"。

　　这就让我想到我们前几年一直在提及的"匠人精神"。它就是指在自己的技能领域，对自己所做的事不断研究、精益求精、精雕细琢的精神。尤其在现在这个时代，一切都追求着产量，追求着高效，追求着创新，人们似乎已经很难去感受到所谓的"用心"。开一间餐厅，讲究的不再是对于美味的精细把控，而是流水线的加工料理包；穿一件衣服，也不再讲究量身定制，对你身材的细微观察与处理，而是一刀切的尺码以及大众化的标准；做一个手工，讲究的也不再是细节的追求，而是速度为先的要求……

　　的确，在我们这个时代，各项科技已经发展到不需要我们过多地花心思去处理那些原本挺复杂的事务，我们只需要按照流程串接，就能取得想要的结果。但越来越多这样以效率为先的标准出现的时候，我们渐渐失去的是那件事本身存在的魅力。当一切都能用机器来替代的时候，我们得发现，比起流水线上产出的成果，更重要的是还有没有人愿意去费尽心力，专注地去做那件事？**那种精益求精的心思，那种始终如一的热爱，都会让你觉得，人类之所以不能够被机器代替，是因为人有一颗有温度、有灵魂的心，那手中打磨出的东西，不仅是成品，更有时间的磨砺，更有体温的余热……这就是所谓的"匠人之道"。**

之前有一部纪录片叫《寿司之神》，讲的就是这么一位日本老人，把自己这一生的时间都花在了制作寿司上。有一个镜头里，他对着记者说："做寿司要用3种水，淘米一种水，煮米一种水，最后制作寿司还要一种水，这3种水都不一样。"记者问道："顾客能感受得出来吗？"他说："应该是不大能感觉得到的呢。"记者就不解地问他那为何还要这么做？那老人慢慢地说道："因为我能感觉得出来……"

我想，这样的"匠人精神"，是应该为人所称道的。

或许很多同学就有疑惑了，那为何后半句会说"致远恐泥，是以君子不为也"呢？

那是因为在孔子看来，君子是要成"大道"的，而不能拘泥于这种"小道"。"小道"做得好的确也是受人尊敬，人也的确应该专注于自己手中的事。但如果沉浸在其中不出来，那是不符合孔夫子给予读书人的期待的——这不是一种君子状态。

子夏自然也是继承夫子的学说的，《论语》里说到过："志于道，据于德，依于仁，游于艺。"起头的就是"志于道"，也就是要立志大道，你要追求的不只是你自己的喜好，更为期待你的是，你得把你的能量带到"齐家治国平天下"的高度，他期待你的不是把一个技能做到最好，而是期待你可以给这个社会，给这个国家，带来好处。

那对于现在的我们来说，可以有哪些指引呢？

我们或许可以捎带复习下前几期讲过的那句"君子不器"。所谓的不要拘泥于"小道"，也就是为了告诉你，不要把自己所有的价值投注到一件事情当中去，那极有可能成为一个"器具"。

我们对你的期待，是想让你成为一个活生生的"人"，你可以是多元的，可以是丰富的，但最重要的是，你得是有价值的。这样的价值，不只体现在事情本身，那是一种"大道"的提升。

复旦校训中的学习之道

子夏曰："博学而笃志，切问而近思，仁在其中矣。"

"博学而笃志，切问而近思。"是复旦大学的校训，它一直用来鼓励复旦学子能够从各个方面去研习，不断开阔知识面，吸取各种学问的精华，立个远大的志向。但也同样要求你要脚踏实地地去做，切切实实地提问，由近及远地思考。

我本人非常喜欢和认同复旦的校训，它用《论语》里的这句经典，的确给现代的学生一种非常明朗的启发。

首先是"博学而笃志"。

为什么要"博学"？实际上它是告诉我们，学习知识不要有局限，要尽可能地通晓多个领域的知识，这样才能具有足够宽的视野，才能帮你解决足够多的问题。

这不由得让我想起吴宇森的电影《赤壁》中，由金城武所饰演的那个诸葛亮，他有一个口头禅就是"略懂"，这两个字在那几年成为很多人的口头禅。但我们深入来看，剧中的那个诸葛亮无论遇到什么问题都能从容地说出这两个字，排兵布阵"略懂"，水上交战"略懂"，制造军械"略懂"，就连给马儿接生，也是"略懂"……吴宇森导演曾经在采访中提到，这是他最满意的一句原创台词，因为在他看来，什么都略懂一点，生活会多彩一些。这两个字不但展示了孔明谦逊内敛的人设，更是展示出他与众不同的博学多才。

在我们这个时代，要在某个领域做到极为优秀，实际上是困难的，有一个理论说，你想要在一个行业取得成就，就要想方设法做到这个领域的前10%。这样来看的确是残酷的，因为那另外的90%就会被时间掩埋。

正因为这样，也有人提出一个理论，如果你想取得成就，也没有办法做到这个领域的前10%，这并不意味着希望的泯灭；或许你还可以涉猎另一个交叉领域，在这个领域里去着力。如果这两个领域你都能够做到前20%的话，你照样会有自己的成就。这样的成就，往往就是一个创新的开始。

是的，这样的例子在这些年比比皆是。我们来看近些年大火的书籍《半小时漫画中国史》，是一个名为陈磊的人所编著。这本书之所以受欢迎，就是因为他用了一种门槛较低的形式，来和大家讲述历史。很多学生会觉得历史无聊，学不好，很大程度是因为"打开方式"不对，课堂的枯燥，课本的深奥，以至于让自己完全丧失了自主学习的兴趣和动力，所以对历史这门学科敬而远之。陈磊的这套书，却可以用一种极为幽默的语言，结合人人都能看得进的漫画的形式，把中国的历史进行串讲，瞬间就受到众多青少年朋友的欢迎。

你要说陈磊的历史水平是不是最好的那一批？我想并不是，市面上可以找到很多更严谨、更专业的历史书籍，帮助你掌握历史知识。那你说他的漫画水平是不是最好的那一批？我想也不是，我们也能找到大量有趣的漫画，在闲暇之余可以给你带来欢乐。但是如果结合起来看，这是不是最好的关于讲述历史的漫画之一呢？我认为答案是肯定的。正因为他把自己涉猎的两个领域进行了结合，他不必在这两个分别的领域里做到最好，但一旦结合，就可以产生创新的力量，从而取得属于自己的成就。

我想，一个博学之人，志向也一定要是明确的，你要对未来有着极为清晰的规划。当你的知识越来越多，涉及的领域也越来越广时，内心是否有一个最为清晰的声音来告诉你，哪里才是你实现自己最大价值的领域？

是的，有明确目的地的人，从不会彷徨；一个志向明确的人，就不会迷茫。

接下来我们来看"切问而近思"。

这句话要求每一个追求学问的人，都要学会提问，要那种切切实实，充满好奇的提问。

或许有些同学会觉得奇怪，为什么提问也要有这么多要求，我们每天都在提问，一有不懂的、不会的就会问老师，问同学，这也能算作要求吗？

那或许，我们要对"好的提问"做一个诠释。所谓好的提问，应该是建立在思考的基础上的。不是一有疑惑就去提问，而是产生疑惑后，经过自己的思考，有了一些沉淀，从而产生的疑问，才是有质量的提问。

就比如时常会有中学生来问我关于辩论的问题，他们下周要打一场比赛，抽到一道辩题，就直接微信问我："唐老师，这道辩题我是这个持方，可以有哪些观点？"这个时候我会反问他："那你是怎么想的呢？把你到目前为止的思考讲一下。"当我得知他什么都没有想过，刚拿到辩题就来提问的时候，我只有一阵苦笑，回复道：你这不是提问，你这是典型的伸手党。你完全没有思考，只是期待别人给你答案，从而变成自己的答案，这个过程没有任何意义。

是的，当我们说困惑的时候一定要了解，内心有思考过的才叫困惑，有着这个过程所提出的问题，才会是切切实实的问题，才会是有价值的问题。

所谓的"近思"，指的是我们思考的过程也应该是由近及远的，你没有办法直接去想很遥远的话题，无论多么宏观庞大的问题，都可以先结合自己的经验和反思，在自己的实际生活中去尝试，去应用，去验证，才会慢慢有着积累，才会慢慢接近目标。

这就是复旦的校训，它借由《论语》教导着所有的学子应该更为广博地接触知识，更为明确地树立志向，更为切实地进行提问，更为实际地进行思考。这样的学生，就会离"仁"越来越近。

探寻《论语》的学习之门

叔孙武叔语大夫于朝曰：“子贡贤于仲尼。”

子服景伯以告子贡。

子贡曰：“譬之宫墙，赐之墙也及肩，窥见室家之好。夫子之墙数仞，不得其门而入，不见宗庙之美，百官之富。得其门者或寡矣。夫子之云，不亦宜乎！”

这段话出现在《论语》的最后部分，它和我们讲述了一段对话。正是这一段对话，让我有了在学校里，面对小学生讲述《论语》的动力。

我们先来看看这段话在说什么。

这里有个人，叫叔孙武叔，是鲁国的大夫。在朝堂开会的时候，他面对其他大夫说道：“子贡这个人，比起他的老师孔子更为贤能。”

子服景伯听到后就把这件事情告诉了子贡。

子贡听后说道：“就拿墙来做比喻吧，我的墙不高，只到肩膀，有人路过时，探探头就能看见里面的屋子有多好。而夫子的墙太高了，过路者如果不由门进入的话，是决然看不到里面的精美和丰富的。但能够找到门的人太少了。所以叔孙武叔说出这样的话，是很正常的。”

我们先来看子贡的应对方式——“夫子之云，不亦宜乎！”

这是个非常聪明的回应方式，当别人讲出那些你完全不认同，甚至有些冒犯的话的时候，与其怼回去，不如轻描淡写地说一句：“嗯，你这么想，也很正常。”这意味着，他和你压根不在一个层面，这样给予对方的打击，比起吵架和回怼，才是更有效的。

就好比有人看到我参加马拉松比赛拿回奖牌时经常吐槽我：你跑这么多干吗，伤身体，这奖牌有什么用，又不是金的……

有人看到我学一些他们看似无用的东西时会说：整天不务正业，学这个有什么用，又不能升职……

还有人看到我家里买了一些兵人玩偶时也会说：哟，这么大个人还玩玩具，多幼稚……

现在听到这样的话语，我是不会生气的，也不会回嘴，我只会微笑着说一句："哦，你这么想很正常……"

是的，你不是这个领域的，你没有接触过，自然不懂得里面的门道，对此，我非常理解你。不在一个频道就不要争执，充分理解他对于这个领域的空白。

接着，我们来讨论这句话中的一个重要问题。为什么有人会说，子贡要比孔子更为贤能呢？

那是因为子贡的确挺有能耐，无论是经商的才能，还是管理的才能，都极为强大，自然也取得了一些成就。这里的故事比较复杂，就暂且不表。这段话中更重要的是子贡听到有人夸他比老师贤能后的表述，我们从中可以收获哪些指引呢？

子贡把他和孔子都比喻成墙，自己的墙比较低，孔子的墙比较高。最大的区别就在于，低的墙更容易被别人看见里面，而高墙就务必要找到门才能进入，才能了解。所以叔孙武叔不了解孔子，在子贡看来是可以理解的，因为他根本没有机会去了解到孔子的贤能，没有找到门的人，自然就不会领略其中的风景，所以极为正常。

对于现在的学生而言，其实《论语》的墙也是过高的。我们在课堂中学习《论语》，很多同学都会感到枯燥的原因是，他们只被要求熟读、背诵、翻译，然后完成试题……是的，他们始终在墙外徘徊，所看到的都是冷冰冰的墙面，自然是没有办法领悟到《论语》的妙处的。

自从在学校开设《论语》讲坛后，我欣喜地发现，很多学生在他们的演讲中、文章中，甚至是期末考的作文中都出现了《论语》里的内容，通过《论语》讲坛中所讲述过的内容来佐证自己的观点。这是一个非常好的迹象，这也就意味着，学生们越来越觉得《论语》不是一本离我们很遥远的书，它给予我们的是观念上的改变，以至于可以让我们在现代的生活中受到启发。这是我最想给予大家的财富，也是我开设这门课，写这本书的出发点。

其实，我一直在做一件事，就是在我这里，尽可能地先把《论语》的"围墙"降低，让绝大多数学生，哪怕在小学阶段的学生都不会觉得这是一个太高的壁垒而望而却步。当《论语》的围墙变低，你经过时只要稍稍一踮脚，就能看到里面有着极为曼妙的风景，从而吸引着你更为深入地接触。

就像我在序言中说的，其实，任何学问都是如此，从接触开始，先得感兴趣，然后才继续深入。我始终相信一句话：知识不值钱，讲述知识的方式才值钱。希望这样子的《论语》讲述的方式，可以让更多的同学领会到这本经典的奥妙，从而真正的，发自内心的，去寻找继续接触它的途径和方法。我知道《论语》的经典和智慧还会有很多个面相，我所讲述的那个面相选择的是孩子们最能接受的，但着实不一定是最好的。我希望的是，在我这里听完，看完《论语》的人，可以继续这条《论语》的学习之路，这才是我的课最有价值的地方。

相处篇

真诚，是通往一切的道路

子曰："巧言令色，鲜矣仁。"

这句话表明了孔子的一个态度：孔子不喜欢矫揉造作的人，认为这样的人不自然、不真诚、不可信，很少会有仁德的。

这不由得让我从很多孩子小时候接受的语言训练开始说起。我们很多孩子从小接受的语言训练，对于有感情和生动的理解就是——要刻意地抑扬顿挫和改变语音语调，从而体现自己的情感。

在很多关于中小学生的采访中我们也能看出一些端倪。学生们用那些极为造作的语调和动作讲着极为官方和书面的语言，这样的话一听就不是出自这个年龄段的孩子之口，准备痕迹过浓，训练痕迹过重……一旦听到这样的话的时候，不自觉地就会和对方产生距离感，因为这样的语音、语调和动作，显示出来的称为"表演"，一旦有了"表演"的感觉，所有的内容是进不到对方心里的，那种难受和尴尬会天然地产生屏障，从而隔阂双方。

当然，我们不能怪这些孩子，他们不是天生就是用这副腔调和人说话的，不然你去观察一下日常生活中的场景，我想很少有人会这样。那一旦面对众人，一旦面对镜头，就会有这种表演的痕迹，毫无疑问，这是训练的结果。那些教导他们的老师，就是这么教他们的，并且让自己和学生都相信，这种方法是对的，是好的，那就极为遗憾。

所以，我除了讲述《论语》之外，还专门致力于青少年的思辨和表达，一个的原因就是，我看到了太多这样教导孩子进行表达的人，他们或许是一些机构，或许是所谓的专家，更多的是学校的老师，他们给孩子打下一个非常不好的认知胎记就是——刻意的改变语调就是有感情。殊不知长时间这样说话，会让你的表达显得很不真诚，很不可信。我必须得做些什么，才能着手改变这样的状况。

《论语今读》中说，外在的容色和语言都应该服从于内在的塑造，过分的外在雕琢和装饰不但无益，而且有害于这种塑造。

不可否认，在所有的外在呈现中，语言是最常用的一种形式。所以在我的演讲课中，会非常强调一件事：**每次说话前都要清晰地找准自己的动机是什么，你内心真正在意的、相信的是什么，只有从自己的内心出发，你说出来的话才是能被人感受到的，才是可信的。**

另外，这种"巧言令色"在社会中的某些场合的确也很常见，比如各种各样的饭局，酒桌上大人们说着场面话，内心所想的和表达出来的有明显背离。我想这样的场景，大家也一定司空见惯。

实话实说，这的确是种两难的选择，我不能说选哪个一定对，但是有一点可以肯定，就是可以从你的选择中，看出你是个在意什么的人。

我们倡导的核心价值是真诚——**没有什么道路可以通往真诚，真诚本身就是通往一切的道路。**

学会倾听，尝试理解

子曰："不患人之不己知，患不知人也。"

这句话的意思是：不怕别人不了解自己，而怕自己不了解他人。

有一句话我始终很认同：每个人都是他个人生命经验的总和，很多的"你不理解"，是因为TA有着和你完全不同的人生。

曾经的一档节目《中国梦想秀》中有一个故事，大意是：一对夫妻当年抛弃了自己的小女儿，小女儿被人领养后生活得很好。二十多年后这对夫妻要来认这个女儿，但那个女儿完全不愿意，并表示自己在最需要父母的时候他们狠心舍弃，对于现在的她来说，养父养母才是她真正的亲人。

但令人生气的是，当时这个节目的嘉宾周立波在台上硬逼女孩和父母相认，表示如果不认自己的亲生父母，那么她就是一个冷漠无情，不懂得人间温暖的人。

当你看到这个女孩在台上被几乎所有的人情感绑架的时候，在众人的侧目中咬着牙，仍然不愿意释怀，不愿意妥协，却始终被推着往前走，逼着和那对抛弃自己的父母拥抱的时候，那一场景，着实让人感到窒息……

我们常说：不知他人苦，不劝人大度。你完全不明白对方的人生中究竟经历了些什么，又凭什么用自己的价值判断去评价或改变对方。

所以我们倡导的是，多去了解一下他人的故事，而不是简单的，从自己的角度去判断。

生活中很多时候，我们总是自信地认为只要是亲眼看到的就是真的，既然是真的，就可以传播、定性和谴责。但我们看不到的地方有很多：我们看不到那辆打着双闪闯着红灯的出租车里，有着一位病重的、亟须抢救的老人，但就因看到他闯了红灯就谴责这位司机的道德；我们看不到的是在岗位上打着瞌睡的同事，在深夜曾为了突发的情况，不得不在医院和家之间来回奔波，但就因为只看到了她的瞌睡而吐槽她的态度；我们看不到的是那个在深夜大声哭泣的姑娘，究竟是经历了怎样的变故才会如此撕心裂肺，就因为她侵扰了你的休息而质疑她的素质……

不要急着站在冷漠的高点下判断，让我们看得再多一些，让接收的信息再全面一些。

那在日常生活中该怎么去了解他人呢？在这一节中，我想跟大家分享的是：我们要多倾听，去练习"听"的能力。

在生活中，我们都太喜欢"讲"了，从而往往忽略了"听"的感知。

在黄执中老师的说服课上，曾经有过这么一段阐释。他说，我们经常在生活的聊天情境中会碰到这么一类人，叫作"话题小偷"。

就好比我们在谈论一个话题，总有人喜欢插进来说："你说的这个我知道！我来跟你讲……"这类人喜欢"当老师"。

当有人在分享自己的所见所闻时，也会有人跳出来说："这里以前我也去过！当年我去的时候啊……""这事以前我也做过！那个时候啊……"这类人喜欢"当老人"。

更有甚者会直接打断你说："你说的这个都不算啥，我来和你说，我上次更夸张……"这类人喜欢"当老大"。

我们在生活中往往会碰到这样的人，但遇到这类人的时候对话总是不那么愉快，因为我们的话题被抢走了，那个抢话题的人在聊天中只关注"自己"，并不关心"他人"。

所以意识到这一点，我们更要去注意自己在平时的沟通交流中多倾听，多了解别人是怎么做的，怎么想的，从而更完整地去了解他这个人。你会发现，了解得越多，或许理解的也会更多。

藏不住的，才能证明你是谁

子曰："视其所以，观其所由，察其所安，人焉廋哉？人焉廋哉？"

这句话里"人焉廋哉"的意思是：这个人怎么能隐藏得了呢？所以在这句话中，孔子教你如果要去识别一个人，判断一个人，那就得看哪些东西，人们是藏不住的。

一、视其所以——看一个人用什么方法来做事

这一点比较好理解，就是要看一个人平时是怎么做事的。但老实说，仅仅看一个人平时如何做事还不够，还得看遇到突发情况时，他是怎么处理的？

就好比好多人都能处理好自己的学习和工作，但如果有一天，在一个时间段内突然来了一大波事，你会怎么安排，怎么处理，这更能看出你是个什么样的人。从我们同学的角度来看，大家都能过好作业不多时的日子，但这并不能看出你是一个会学习的人。而一旦有一天作业突然变多，又有好多其他事务纷扰的状况下，如果你还能妥善地处理好眼前的事，忙而不乱，井井有条，那才能证明你是一个挺会学习的人。

再好比大家在日常情况下大多是冷静的、体面的或者彬彬有礼的人，而当遇到突发情况时，你又会做出什么样的举动，这种举动会证明你是个什么样的人。就好比，两个人在餐厅吃饭，说话体面，穿着体面，这些都是可以包装的，但如果有一个服务生不小心把水打翻到你身上，你下意识的行为和举动，以及你之后的选择和决策，这些很难藏，也更能证明你是个怎样

的人。

所以有人会说，出去旅行最能看出一个人是什么样的。因为人都有隐藏性，当一个人完全放松好多天时，那些本性的东西就会暴露出来，那些暴露出来的东西就能看出你是个怎样的人，这些，真的藏不住。

二、观其所由——看一个人做事的动机是什么

看一个人的行为，不仅要看他做了什么，还要关心他为什么会这么做，这就是所谓的动机。

有很多人在学生时代，常常会不喜欢他们的老师，是因为老师时常会批评他们。然而长大后才明白，这些批评在那个时候俨然是一种关心，只是在那个当下，他们并没有意识到而已。所以，当一个老师批评你的时候，比起批评的行为，我们更要去关心他的动机。老师批评你是因为对你这个人有意见，不喜欢你？还是发自内心地为你感到着急，想让你变好？这个作为学生，我相信你们是能够很明显地感受出来的。

哪怕是看到有人做好事，比起那件"好事"，我们也要留心一下他的动机是什么。如果是纯然为他人着想的善，那就比那些求名求利的动机更值得赞赏和推崇。

《加勒比海盗》中有一段话是这么说的：你知道吗？即使是一个正确的决定，如果是源于错误的动机，那它也有可能变成一个错误的决定。

我想，是这样的。

三、察其所安——看一个人在怎样的情况下觉得舒服、自在

我记得之前有人问过复旦大学熊浩老师一个问题——人的一生需要随性，可是也觉得应该逼迫自己做一些让自己疲累的事情以获得未来更美好的生活。那么，该如何屏蔽外部世界的灯红酒绿的舒适生活所带来的诱惑呢？

我想，这应该也是很多同学的疑问，熊浩老师是这么回答的：

> 我们得承认，这世上有好多种快乐。一种是灯红酒绿，纸醉金迷，终日放浪形骸。一种是精进成长，目力沉着，求致神思远博。

对于一个真实而具体的现代人，上述两种"快乐"都是需要的，他们相互扶持，支撑起人生多姿多彩的生命况味。毕竟，灵与肉，没有必要绝对对立。

但是，如果你若只体会过上面第一种，你没有做错什么，我只是为"单调"而遗憾。以及更重要的是：没有"精进成长，目力沉着，神思远博"，大概你永远都无法克服所谓"外部世界灯红酒绿的舒适生活"带来的那种最鬼魅的诱惑，永远不能。

这是一个非常理想的答案，你大多数的休憩时间里会选择做些什么，这没有对错，但可以看出你是个什么类型的人。

所以，这是孔老夫子的一套看人的方法——看他如何处事、什么动机，以及闲暇时都会干些什么。这些，怎么可能藏得住呢？

我想，这也是我们在生活中可以观察对方，更重要的是可以警醒自己的参考。

有立场，才有价值

子曰："唯仁者能好人，能恶人。"

子曰："乡愿，德之贼也。"

这句话的意思是：只有具备仁德的人，才能够发自内心地喜欢一个人，也才能够发自内心地表达出对他人的不接受。

孔子向来是不喜欢"老好人"的，就是那些觉得什么都是好的，没有原则的人。我们在生活中应该也能碰到这样的人，遇到事后，谁也不得罪，这边说你好，那边说你对，自己完全没有立场和原则。

我们一定要了解一件事，就是完全不会出错的话当属"废话"，没有态度的话和没说是一样的。

打辩论赛的时候，我们的教练曾经说过，辩论的意义就在于你的观点可以给予一方明确的指引和方向，这样的观点当然有可能会出错的。就好比你说爱情重要还是"面包"重要？无论是站在哪一个持方，你所有的观点都只在做一件事，就是让那些愿意相信这个观点的人，更有底气的，更笃定地去做选择。这样的话有没有可能会错？当然可能会错，因为生活本身就是一个非常复杂的命题。

那什么样的话不会错？就是当你问爱情重要还是"面包"重要的时候，有人回答：这种事情要仁者见仁、智者见智，爱情固然重要，但是没有"面包"是不行的；反过来说，"面包"也很重要，但是缺少爱情也是不完整的，所以还是得看情况。这样的话自然不会出错，但是这样的话之所以我们称之为废话，就是因为它完全给不了任何指引。

所以，人是要有立场的，要有判断的，不然你这个人是没有任何价值的。**因为如果你同时相信每件事，就等于什么事情都不相信。**

《论语》里还有一句很有名的话："乡愿，德之贼也。"讲的也是这个道理。所谓"乡愿"之人，就是那些缺乏原则、标准模糊、混淆是非，秉持着那种谁都不得罪，从而和稀泥的"老好人"。孔子认为，这样的人是"德之贼也"，他们的存在会损害德行。

很多人会产生疑惑，为什么"老好人"的存在会损害德行？会不会有这么严重的后果？那让我们将目光放得长远一些，那些看着像好人，伪善媚俗的人一旦长期存在，社会的正义感就会下滑，对道德的损害就会变大。

就好比那些看到女孩子频频遭遇家暴时，还劝和不劝分的"老好人"，他们秉持的原则是两头都不得罪，我不用去摆明我的立场去支持任何一方，我只要一个相对和谐的结果就可以了。一旦你的立场如此模糊，你的态度如此摇摆，那么在这个事件中，弱势的一方就没有办法得到应有的保护。你看似在维护结果的和谐，实质上却是在助长那种邪气的滋生，这是极为败坏道德的行为。

所以在孔子看来，那些"乡愿"之人欺世盗名，看似好的行为背后，却有着损害道德的本质，这绝然不是一个好的方向。

理解了这一点，我们回到这句话中来谈，究竟如何来判断"好恶"？我们的立场应该是怎样的呢？孔夫子说要从仁德出发，或者说仁德是最好的标准。

为什么这么说？是因为很多人的判断往往会跟随着人的标签走，但有一件事情我们要清楚地知道——人是动态的，人会随着时间、境遇而产生很多的改变。但很多人不明白这件事儿，以至于一个人从大学毕业很久了，都还总能拿学校说事儿，就觉得这个人十几年前从名牌大学毕业，现在也一定是个不错的人；或者这个人十几年前不怎么样，现在也一定不怎么样。这种判断是片面至极的，它忽略了人的动态，从而拿最简单的标准去衡量。

仁者能够准确地感知到人，那是因为有仁德的标尺。唯仁者能好人，能恶人。**是告诉我们仁者是有态度的人，仁者也是心明眼亮的人，好的人喜欢，不好的人厌恶，一切的判断都以仁为标准，就不会主观，就不会茫然。**

开心时不许诺，愤怒时不答复，伤心时不决定

子曰："古者言之不出，耻躬之不逮也。"

这句话的字面意思是：古人不轻易将想法说出口，特别怕说到做不到，这是极大的耻辱。

这里有个特别浅显的道理：不要轻易许诺，说到就一定要做到。我相信这个道理大家都能够明白，但为什么一直会有人强调这个观念呢？那是因为虽然道理很简单，我们也都知道不该轻易许诺，但是有时却经不住情绪的力量。

在课上讲到这一部分的时候，我曾经做过一个现场的小调查。我问同学们，有谁曾经故意说到不做到过？现场没有任何一个人举手。我再问：那有谁有过这种说到没做到，或者被别人认为说到没做到的经历呢？结果现场一大半的同学举起了手。

事实的确就是这样的。我们细想一下，其实很少有人会故意食言，但为何总有这种说到做不到的事情发生呢？那就得看我们在什么时候最容易许诺，**人在兴奋的时候，往往最容易轻易许诺。**

在课上，我讲了我小时候的一个故事：在我三年级的时候，课上到一半，突然被通知下节课要组织出去看电影，你要知道，这种预期外的惊喜是最容易让人上头的了。在和同桌击掌相庆后，这种狂喜的情绪仍然在发酵，正在这时，同桌看到了我笔盒中的一张很稀有的动漫卡，表示很羡慕的时候，我想都没想，非常兴奋地表示要把这张卡赠送给他。但等到看完电影，回到家

后冷静下来，却懊悔我怎么会做出这么冲动的许诺？这么稀有的卡又怎么舍得送出去？最后，不得已只能编个谎话食了言。时至今日，这也是一件让我印象极为深刻且感到尴尬和自省的事。

类似这样的事生活中也很常见：饭局上聊开心了，拍着胸脯答应要帮忙，完全没有问清事情的具体情况就揽下来。聚会时兴奋上头了，立志要做成某件事，却忽略了种种难度和现实情况……

是的，说到做不到的确会让人感到羞耻。但更值得我们思考的是，道理都明白，我们到底要怎么避免这样的局面出现？

所以我给大家的建议是，**我们在说话的时候要尤其应注意自己的情绪——开心时不要许诺，愤怒时不要答复，伤心时不要决定。**

当情绪不稳定的时候，要按暂停键。不要觉得食言一次没有什么关系，不要放纵自己淡化对于食言的羞耻感。有时候一次两次是没有让你觉得损失什么，但次数多了后，就会造成一种非常不好的认知胎记，以至于在之后的人生道路上埋下隐患。你要知道，人生不是所有的事情都有机会重新来过，很多话说出口是没有办法收回来的，很多机会错过了也是没有办法回来的。我想，这也就是为什么孔夫子说，古人最介意"说到做不到"的原因。

越美好的东西，就越需要守护

子游曰：“事君数，斯辱矣；朋友数，斯疏矣。”

这里的"数"读作（shuò），"屡次"的意思，引申为烦琐。

整句话的意思是：服侍君王太过频繁，会招致侮辱；与朋友相交过于亲密，那就是疏远的开始。

前半句大家都能够理解，对于古代的君王制度，大家都基本了解。在这里也不多做诠释。但后半句很多人就不明白了，这是我们这节课要表述的重点——为什么和朋友不能太过亲密呢？朋友不应该是越亲密越好的吗？

在这里，我们要讲一个可能会超出大多数人的认知，并稍显冷酷的观念，那就是：即使是很好的朋友，也要把握好人与人之间的距离。当说到为什么朋友不能太过亲密的时候，我们要了解两件事：

首先，越亲密，人身上的"本我"就越明显，暴露的缺点就会越多，就越没有界限。

所谓的"本我"指的是最真实的，不加任何掩饰的自己。我们可以观察一下自己和好朋友之间的相处轨迹。或者想象一下我们刚到一个陌生环境中时的表现，是不是在刚开始接触的时候，我们还会隐藏一些自己的本性，学着更体面一些，更端庄一些，生怕别人会对我们有意见，有想法？

而当认识了一些人，和他们相处时间久了之后，关系变得越来越好、越来越熟络之后，这些隐藏着的东西就会逐渐冒出来，你会越来越像本来的自己，所以在相处的过程中会越来越"放肆"，越来越"不克制"。

但人与人之间很玄妙的一点在于，很多时候，我们关系的进度并不一样。

你觉得和他很熟了，所以展现出最真实的自己去与其交往；但那个他或许觉得自己还没有和你熟到这个分上，那这个时候，那个最真实的自己所表现出来的，但凡有他不能够接受的地方，那么关系的边界就会开始慢慢浮现。

其次，人与人之间越亲密，期待就会越高，期待一旦高了，容错率就会变低。当朋友之间关系变好了，也就意味着我对你的期待变高了。

有些话别人说一句没关系，但作为朋友的你怎么可以这么说？

有些局别人可以不来，但作为朋友的你怎么可以不来？

有些事别人做就没关系，但是作为朋友的你怎么可以这样？

你发现没有，当人的关系变得越来越亲密时，你会不自觉地对其升高期待，这样子的期待会让他在你这儿的容错率降低，这也就是为什么很多好朋友到后面会分崩离析的原因。

我记得我在自己的婚礼上，对着被邀请来的学生时代的朋友们有过这么一段致辞：今天到场的还有我学生时代的各位朋友，有小学的，有中学的，还有大学的，他们就坐在那儿，人并不多。我发现我们越长大，圈子就越复杂，进进出出的人越来越多，我们一直在面对接受和离开。但很高兴，这么些年来，你们都还在。谢谢你们在我人生中的各个阶段给予我的美好回忆，也很高兴你们能够留下来。进进出出的人这么多，我知道，留下来的才是最重要的……

是的，随着年龄的增长，经历了太多的认识与别离，我越来越知道，不管怎样的感情，都是需要去维护的。如果你还有那么些重要的人陪在身旁，不要去天真地设想：我们的感情这么好，一定可以经受住各种考验。却不知，越是美好的东西，就越需要安静的力量去守护。

所以在这句话中，虽然略显残酷，但子游是要告诉你，**哪怕是朋友，在相处的过程中也要注意分寸和距离，把握好相处的尺度，才是人与人之间可以长期建立关系的关键。**

淋过雨的人，会学会为别人打伞

子贡曰："我不欲人之加诸我也，吾亦欲无加诸人。"子曰："赐也，非尔所及也。"

子贡问曰："有一言而可以终身行之者乎？"子曰："其恕乎！己所不欲，勿施于人。"

在这句话里，子贡想表扬一下自己："我不希望别人强加于我的事，我也不会强加于人。"但孔子很直接地回复他："你做不到。"

这里引申到了孔子的一个中心思想：**己所不欲，勿施于人**。《论语》里还有句话——子贡问曰："有一言而可以终身行之者乎？"子曰："其恕乎！己所不欲，勿施于人。"

每每讲到孔子的观念，这是最先被提及的话之一。它的意思很好懂——自己不要做的事情，不要去强加给别人。这甚至是一个可以终身去奉行的道理。要做到这点确实有些难，但却是很好的可以始终提醒自己的话。

在讲到这句话时，我曾和同学们做了很多互动：生活中，你讨厌别人对你做什么？同学们给出了很多的答案：

我不喜欢别人冤枉我。

我不喜欢别人嘲笑我的缺点。

我不喜欢被乱开玩笑。

我不喜欢自己做事的时候被打扰。

我不喜欢自己的努力不被别人看见。

······

收到了好多这样的答案。我又问：为什么你会讨厌别人对你做这些？你有怎样的感受？同学们又纷纷给予了自己的回复：

别人冤枉我的时候，我会感到不被信任，这会让我很无助。

别人嘲笑我缺点的时候，会感到不被尊重，这会让我很挫败。

别人乱开我玩笑的时候，我会感到被冒犯，你们都以为这是玩笑却不考虑我的感受，这会让我觉得很孤立。

做事被打扰的时候，我会感到很烦躁，我需要有一定的个人空间。

当我的努力不被人看见的时候，尤其是那些我在意的人也看不见的时候，我会有种很强烈的失落感。

……

是的，明确自己的感受是第一步。因为只有明确了自己的感受，记住了自己的感受后，才会知道，类似于这样的事情也同样会带给别人这样的感受。

我们所谓推己及人，就是要知道，这样的感觉不好受，意味着如果别人遇到同样的事，也会和我们有类似的感觉。如果这些事带给你的感受是难过、尴尬、不安、厌恶的话，那就不要做那些让别人有同样感受的事。

淋过雨的人才知道雨水的冰冷，淋过雨的人，会学会为别人打伞。

更真实，更有尊严地活着

子曰："巧言令色足恭，左丘明耻之，丘亦耻之。匿怨而友其人，左丘明耻之，丘亦耻之。"

这里我们先来认识一个人——左丘明。左丘明是《左传》的作者，孔子对他相当认可。

这里说到，有两件事情左丘明和孔子都认为可耻。

一、巧言令色足恭

我们在前几节中讲到过"巧言令色"的意思，而"巧言令色足恭"是指一个人花言巧语，见人就眉开眼笑，过分谄媚，恭敬到极致，甚至有些低三下四的程度，是会让人感到不舒服的。

其实很难非常详尽地用语言来让大家感受到"巧言令色足恭"，但在日常生活中的确非常常见。在讲到这一节的时候，我在课上为了让同学们便于理解，播放了一段电影《私人订制》里的片段，大意是一群人有事要求领导时，在宴请领导吃饭的时候所表现出来的那种样子……

在这个视频当中，大家可以明显感受到"巧言令色足恭"表现出来的到底是什么样子的状态。**你也会深刻理解到，这种极为不自然的恭敬，会让人感到可耻的原因在于，过于谄媚就让人感受不到真诚，那种明显带有目的的恭敬和谄媚，让一个人在另一个人面前变得卑躬屈膝的样子，不是我们所认同和倡导的。**

二、匿怨而友其人

这里指明明厌恶某人，却把怨恨藏起来，故意对他好。这样也是会让人觉得可耻的。

但是关于这一点，我却能表示同情和理解。我们细想一下，人在什么时候才会这样做？明明心生怨恨，却不得不藏起来，故意友善对人。那说明在那个情境中，他实在没得选，有着不得已的苦衷。

尤其在职场中，这样的情况屡见不鲜。为了让同学们理解，我在课上播放了一个《少林足球》的片段，那个由吴孟达扮演的教练，是在怎样不得已的情况下，明知受辱却仍要卑躬屈膝地表示尊敬，背后的确有着不得已的苦衷。对此，我表示理解的原因是，那些人之所以这么做，或许都有着不得已下的伪装。

但是，看完这个一定会感到不舒服的原因是在于，你的内心在这么个场合一定会觉得这是不自然的，不坦然的，甚至是憋屈的。虽然苦衷可以理解，但我们务必要认识到，这绝然不是一件好事。

我们所做出的一切努力，都是要让自己更真实、更有尊严地活着。不用巧言令色足恭，不用匿怨而友其人。

时间、精力、智识，
都要花在有价值的人身上

子曰："中人之上，可以语上也；中人之下，不可以语上也。"

这句话从字面来解释，可以解释为：孔子认为，中等资质以上的，可以讲一些高级的东西；中等资质以下的，则不必。

在这里我们说到，生活中有两种人特别难改变，一种是"上智"，一种是"下愚"。"上智"的人是因为自己懂得的太多，极为清晰自己的理论体系，很难被动摇；但"下愚"的人则不同，他们听不进和听不懂你说的，有时候还会为了反驳而反驳。

我举一个身边的例子。有一次，我的一位朋友买错了电影票，现场拿票的时候才发现，他错把今天的票子买成了明天的场次。但他人已经到场了，明天也未必有时间，所以他仍然是拿着买错的电影票去和门口的检票员交涉。可惜的是，他毫无沟通的素养，始终采取的是那种大吵大闹的态度，一直用最强硬的态度在强调，电影院要以人为本，即使我买错了也应该放我进去。检票员则根据影院规定，把其拒之门外，然后就引起他又一轮的吵闹……

在吵得不可开交之时，我拦住他说：你或许可以换种方式说说，既然是自己看错时间，买错票，你要知道责任方首先在自己。那么按照说服的理论，你先不要强调"你应该"，得改说"我需要"——在这个场景下，检票员绝对不是你的"敌人"，你要把她当作"盟友"，一同帮助你解决问题——也就是能否今天这场就放你进去观影。

我本以为这一套理论无懈可击，按照我的实际经验，这样子的方法也的的确确是可以帮助解决问题。但没想到的是他根本听不进，完全不承认自己有错有问题，满脑子想的都是——他们是服务方，而我是观众，观众是"上帝"，你们必须满足我的需求……然后继续大吵大闹。

是的，你们会发现，碰到这样智识的人，你很难用好的理论来说服他，因为他根本听不进去，也听不明白。那或许可以采取更直接、更简单的处理方式。就好比最后工作人员采取的是："你再这样闹下去我们就要报警了。"看到对方把手机拿出来准备拨打110时，他才悻悻作罢。

所以我们在日常生活中要注意的是，不是所有人都值得你费尽心思去和他讲事理，当你发现你面前的这个人属于"中人以下"的话，那就收起那些事理，用最简单的方式去处理，或者，直接远离。

就好比，我可以在课堂上和大家阐释一些观点，试着来引导大家的思绪。但我几乎不会在类似微博评论区这种地方发表自己的观点，因为很遗憾的是，由于我们的网络现状，不管你承不承认，很多地方已然沦为"中人以下"的聚集地，网络背后的他们来这里只是发泄情绪的，来吵架的。不要上当，不要去讲理，远离即可。

我们的时间、精力、智识，都要花在有价值的人身上。

人，是动态的

互乡难与言，童子见，门人惑。子曰："与其进也，不与其退也，唯何甚？人洁己以进，与其洁也，不保其往也。"

这句话讲了一个小故事，说互乡有一个难以打交道的童子求见，孔子见了，学生们感到很奇怪，这么讨厌的人，你为何要见他？孔子说："我们赞同别人进步，却不认同他退步，何必呢？别人追求把自己变得更好，我们要支持，而不是死守他过去的表现。"

这里我要强调之前讲过的一个非常重要的观念就是：人，是动态的。

我们之所以说人是动态的，是因为在人生这个漫长的旅程中，有太多因素会使我们产生改变。

之前很好的人，现在不一定会很好。就好比我以前中学的一个班长，学习成绩很棒，为人也不错，当时可是班中楷模式的人物。可惜的是，20年后再见到她的时候，她却干起了传销的勾当，不断联系老同学，在我们以为只是叙旧的场合，她却用她传销的话术，一直怂恿身边的老同学发展下线，拉人下水。这是我们很多人都想象不到的，也很令人感到唏嘘的——这些年里，她的人生究竟经历了些什么？

同样，之前不那么好的，现在也不一定会糟。就好比我任教第二届的某个学生，当时成绩非常糟糕，样样功课不合格，十分令人头疼。但十来年过去了，再次见到他时，他却是一个有着一技之长的摄像师，很多我们在电视里看到过的片子都出自他的作品。我仍然记得在一个平常的午后，这小子领着他的女朋友，特地来到学校看望我，在班级门后憨憨地和我打着招呼的画面……这又有谁能想到，在这些年中，他究竟经历了什么，才有着如今这样的成就？

是的，我们都太喜欢给人贴标签，用固定思维去看人，因为大脑总爱偷懒，懒得重新判断。

就好比前阵子网络上热议的话题：学历鄙视链。学历高的鄙视学历低的，所谓好学校的鄙视其他学校的……

但我想说的是，学历这种东西固然重要，它可以证明你之前的学习能力，也可以给你当下的选择增加砝码。但在毕业若干年后，要真正了解清楚一个人，学历的参考作用就非常有限。你得非常明确的一件事是：时间是可以改变人的，而不是仅仅依靠学历的标签。

复旦大学的熊浩老师曾经在微博上谈到那些因为学历便鄙视别人的人，他说：

> 但凡有这等思维的人，说明两点：第一，名校的人你见得少啊，见得少你就觉得个个优异，人人放光。殊不知那其中懒的、蠢的、坏的、怂的、阴暗冷漠的、歇斯底里的、合作精神为零的、情商状况为负的……这些，你没见过啊；第二，你的世界真的小啊，你只见过可以用考试测量，用KPI刻画的优秀啊，而那种超脱成绩单之外，在天地之间极为豁达、极为潇洒、极为灵动、在专业领域孜孜不倦闪着金光的人，那些言谈相处少许便让你由衷感动、由衷钦佩但没有什么学历的人，你，没有见过啊。

电影《美国炸炮》里有一句台词是这样的："有时光明看来黑暗难测，有时乌鸦也能婉转高歌，有时冬天恍若春日，别以为自己无所不知。"是的，我们要学会用发展的眼光去看人，人在每个阶段都是不同的，如果他有心向好，那就不要纠结他的过去。

不同的人，要有不同的应对方式

朝，与下大夫言，侃侃如也；与上大夫言，訚訚如也。君在，
踧踖如也，与与如也。

这里说到孔子在遇到不同人时，所采取的各种应对方式。

一、与下大夫言，侃侃如也

这句话的字面意思是：与职位比自己低的人说话，轻松愉快，不端着，没有架子的样子。

对于我们学生而言，现在还谈不上什么"职位"的概念，那在我们现在的生活中，这句话给予的指引，或许我们可以理解成：和那些暂时不如我们的人说话，要尽可能的让气氛轻松一些，不要有架子。因为在对话的过程中，你得考虑到别人的感受，尤其是那些暂且不如你的人，更要有为其着想的心。

有一段广东卫视《你会怎么做》栏目的视频给我的印象很深刻。视频中卖菜的老奶奶带着小孙女去一家餐厅，小女孩恳求奶奶为自己买些吃的，但由于经济窘迫，她买不了孩子想要的食物，节目组想看看身边的人们看到这样的情境会怎么做。

大多数善良的人们采取的方法是，直接花钱帮小女孩买吃的，直接去施以善意，这自然也很好。但有位男士的做法却很不一样，他先是自然地询问了老奶奶箩筐里卖的是什么菜，在得知是茄子之后，说自己正好需要，要买一些。在老奶奶表示没有支付宝的情况下，这位男士主动提出给小女孩买吃的来抵偿这些菜的价格，虽然这些食物的价格远远高于菜品的价格。

当我看完这位男士的做法后，大为感动，感动的不只是他的善意，还包括他用一种最温柔的方式表达了善意，既帮助了别人，又保留了他人的尊严。他并不是真的需要这些菜，而是知道，只有拿下这些菜，才会使得奶奶在接受帮助的时候，内心不会太过纠结。这种既帮助了别人，还在帮助的同时，考虑到对方的自尊，这真的是非常了不起的做法。

这就是我们从这句话中学到的，它指引我们在面对那些暂时不如你的人的时候，不让他人尴尬，是最为他人着想的善良。

二、与上大夫言，闾闾如也

这句话的字面意思是说：与职位比自己高的人聊天时，要和和气气且恭恭敬敬。

同样的，对于我们学生而言，在生活中，或许可以理解成：碰到比自己厉害的人，要和气且谦恭地对待。

这里我们要谈到一个心态问题。我在之前几节课中也谈到过，对我而言，判断一个活动有没有价值的依据，很大程度在于，这其中有没有比自己更厉害的人存在。如果有，这个活动就有价值；如果有很多，那这个活动就充满价值。

我们在学习或者生活中，始终要保有一种心态，就是学习他人的心态。当你发现别人比自己强时，油然而生的情绪不应是不舒服，甚至是嫉妒或诋毁。正确的心态是：他的身上到底有哪些是值得我学习的地方？

我不知道有多少人看过一部名叫《中华小当家》的动画片，里面的主人公小当家，每每遇到很厉害的对手，哪怕是很重要的比赛，他也会流露出那种极为兴奋的表情，然后极为尊敬地去欣赏他人的作品。

又好比我们小时候看的《七龙珠》，里面的孙悟空最让我欣赏的品质在于，他永远有向上的可能，每次看到比自己强，甚至强得多的对手时，都会摆正心态去学习，然后尽可能地接近，从而超越。

是的，和强的人接触，有价值的地方就在于，在与他的互动中，你可以去了解，去摸索，从而更好地提升自己。这样子的过程，一定是和气且恭敬的，因为眼前的那个人所具备的能力或品质，正是你所向往的未来的自己。

三、君在，踧踖如也，与与如也

这句话的字面意思是：君主在的时候，局促且谦恭。

在我们的生活中已然没有了君主的概念，或许我们可以理解成，如果有重要的人在场，那需要你有一定的紧张感。

这里所谓的"紧张"不是说让你惶恐不安，而是你得保有一定的拘谨，但凡你觉得在场的某个人是重要的，那就意味着有些人、有些事你是在意的。这样的紧张感，可以让你更为谨慎。谨慎——就很少出错。

来自细节的暖意

……宾退，必复命曰："宾不顾矣。"

这里的省略号前是一些古代礼节，这里就不再赘述，只留最后一句可以参考的部分，叫"宾不顾矣"——这是一种很好的礼仪形态。

这句话的字面意思是：宾客离开，必须回来复命"客人不再回头看了"。而"宾不顾矣"的意思是：等客人彻底离开——不再回头看。

那么，做到这一点能给客人带来怎样的感受呢？我们来举两个很典型的例子。

在日本有家很有名的寿司店，店老板是一位耄耋之年的老人。这家店之所以会给大家留下深刻的印象是因为，每每等客人用餐完毕后，店老板一定会送顾客出门，真诚地鞠躬，对客人的光顾和肯定表示感谢，并目送客人离开。而令客人觉得惊讶的是，当他们走过一个路口再回头看时，那个店老板居然还在，仍旧笔端笔正地站在店门口，微笑着看着他们，直到他们过完路口，再也看不到了为止。

在国内，著名火锅企业海底捞的服务也是出了名的。有一次去他们家用餐，结束离开时，服务员送我们一行人上电梯，并在电梯门口微笑致意。电梯门缓缓关上后，过了几秒，却由于不知名的原因再次打开，令人惊讶的是，那个服务员仍然站在门口，依旧微笑着面对着你。当询问后才得知，他们在送客时，必须得看到电梯的数字键开始跳动才会离开，因为只有等电梯数字跳动了后，才意味着顾客真正地离开了他们店，告别致意一定要等到这个时候才算完毕。

我们可以试想一下，如果你是顾客，当遇到这样的对待时，你会有着怎样的感受呢？

这不免让我想到了小时候家里人对我的教育。有一次家里来客人，送他出门时，说完"再见"，我就把门砰地关上了。家里人立马批评了我，他们说送客人离开时，即使不送下楼，也不能等客人一走就直接关门，这样很不礼貌。而是要等到客人走下楼梯拐角，再也看不到时再轻轻关门，并且不要发出声响，这样能体现对客人的尊敬。

是的，在当下的社会，理解、耐心、诚意，这些实质上都是稀缺的，所以每每当你受到像文中描述的寿司店或者海底捞这样的服务待遇时，你都会感动不已。你也就能理解，为何那家寿司店在日本会如此有名，为何海底捞的服务会如此被人们推崇。**同样的，如果你也能在生活中给予他人这些细节，就能让别人也感受到温暖，我希望这种暖意的传递，能在我们身边越来越多地蔓延。**

好的品质，也得有分寸地拿捏

子曰："恭而无礼则劳，慎而无礼则葸，勇而无礼则乱，直而无礼则绞。"

这句话里提到的"恭、慎、勇、直"都是一些世俗意义上好的品质，但在孔老夫子看来，即使是好的品质，也要注意分寸，需要"礼"的加持。

一、恭而无礼则劳

与人相处不能过分恭敬，不然就会让人感到烦扰不安。

我们常说，人与人之间是应该有"边界感"的，只是不同的关系，边界感会不一样而已。但无论怎样，我们与人的交往，是要在既有的边界感以内的。

就好比我们想象一下这个场景：有人请你吃饭，在饭桌上为了表示对你的恭敬，他不停地为你倒酒，不停地为你夹菜，用尽心力地表示出他对你的恭敬。在这个饭桌上的你，会不会因此感到不那么舒服？

又好比一个刚刚认识的朋友，因为仰慕你，敬佩你成绩好，不停地给你发信息向你问候，然后和你套近乎，你又会不会感到不自在？

不可否认，很多时候，这些人其实都没有恶意，他们都只是想要表示出自己的恭敬，**但如果这样的"恭敬"越过了人与人之间的边界感，那就会让人觉得很困扰。**

二、慎而无礼则葸

这句话是说：谨慎过了头就是懦弱。

我们常说谨慎是一个好词，从小也有人教育我们，遇事小心谨慎一点，就可以帮我们规避很多错误。但如果太过谨慎，就会显得胆怯，从而会错过很多机会，也会让你显得没有立场。

就好比，我们回答问题时需要谨慎，要想好了再回答，这是对的。但如果你每每都要想到"无懈可击"再回答的话，那就会错过很多机会，因为机会不会等到你有万全准备时。

就像前不久举行的"彭一少年说"演讲比赛，海选出来40名同学参加复赛。但在复赛的培训前，有好多同学找到我，说要选择退出。他们给我的理由大多都是觉得这个比赛的准备周期和参赛水准都比他们想象得要长，要高，都觉得自己还没有准备好接受这个挑战，表示自己还不够好，怕在台上丢脸，怕会经历失败，所以不敢试。但我想说的是，最终参加决赛的十位同学，也没有哪个在比赛前就已经全然准备好了的，他们都是在过程中不断磨炼，在磨炼中不断成长的。**有些事，你要先开始做，有些贵人会在路上遇见，有些能力会在路上精进。不要过分谨慎，不然就会导致畏缩不前，从而错过本应属于你的机会。**

三、勇而无礼则乱

勇敢也需要有边界，不然就会犯上作乱。

我们说勇敢是好的品质，也是我们从小就追求的，被教育着要做一个勇敢的人。但是勇敢是最需要其他品质来扶持的，比如礼、义、法……不然一腔蛮勇着实可怕。

比如我们讲到最熟悉的《水浒传》里的故事，初看时觉得里面各个所谓英雄人物都极为勇敢，如武松打虎、鲁智深拳打镇关西……

但等长大后再回过头看，却会发现，这样子的"勇敢"绝不是现代社会所提倡的。

我们先来看"武松打虎"，很多学生对于这个故事很熟悉，因为它的原文已被选入新版的语文教材。不知道同学们在读完之后有没有过这样的思考？我们固然承认，上山打虎这件事是勇敢的，但仔细想想，在店小二已经提醒你这酒后劲足，不要多喝的情况下，你不听劝阻连喝十八碗。等喝醉了酒，店家说山上有老虎，劝你不要过冈的情况下，是不是只有不听劝阻，执意过冈，才能称得上是勇敢呢？

你会发现，人如果尚存一丝理智，就不会让自己陷于这样的危险境地。我们也从故事中看到，武松打死老虎的过程其实并不轻松，成功和失败也仅一线之隔。我们只知道他成功后被称为打虎英雄，那如果失败了呢？是否也会像之前那几个死于老虎之口的人一样，消逝在无名之中……

"鲁智深拳打镇关西"的故事也是一样，我们都说鲁提辖勇敢，敢于为他人出头，是个行侠仗义之人。但仔细想想，当金翠莲向他告状后，他完全没有想过去还原事情的全貌究竟是怎样的，就直接相信了金翠莲的一面之词。我们也知道，凡是冲突后的告状，人之本性就是会保护自己，把大部分的错都归咎于他人。当然我并不是说镇关西就是没错，而是说按照现代思维作为旁观者，甚至是插手者，乃至是审判者，你都是有义务去还原事情的原貌的，不然只听一面之词的审判是不公平的。

接着，鲁智深用最简单粗暴的方式，直接找了镇关西的麻烦，在对方一再退让的情况下，三拳打死了对方。我们细细想来，这样的"勇敢"真的是我们提倡的吗？即使镇关西再有错，在他并没有对其施加恶意，并频频退让的基础上，没有调查的你又有什么权利去打死对方呢？

在学校里也是一样，我经常可以看到几个男生在课间比谁勇敢，他们采取的方式是跳楼梯，谁跳的格数多，谁就是最"勇敢"的人。然后一个接一个尝试，一个接一个挑战危险的边界，却只为了那一句"算你厉害""算你勇敢"……

我想，这完全领会错了勇敢的意思。

所以我们说，勇敢如果超出了边界，就会"作乱"。这是为了告诉你，所有的勇敢，都要有其他品质作为扶持，越勇敢的人，就越应该知道什么时候需要勇敢，用怎样的方式去勇敢。

四、直而无礼则绞

直率是优点，但过分直率就会显得刻薄，会给人带来伤害。

生活中我们常常能听到别人说：我说话直，你别介意……只要听到这么一句开场白，那之后说的，就大多是一些伤害别人的话。

我想说的是，那些所谓的"说话直"其实不能称之为优点，"说话直"说明你懒得动脑思考，你只会用最简单的方式，最"野生"的方法去处理问题，然后让别人来承担可能会有的情绪和后果。

我们倡导的是，在与人相处的过程中，要把他人放在心上，你就会发现，"直"是目的，而并非手段。

这一整句话能给我们带来的启发其实很多。很多情况下，我们并不能仅用"黑白"观念来判断好还是不好，即使是那些常人都觉得好的事物，也都需要有分寸地拿捏，一旦过头了，一旦没有约束，那就会变形和走样。

珍惜那些在逆境中还能留着的人

子曰："岁寒，然后知松柏之后凋也。"

这句话的字面意思很好理解：天气冷了，才知道只有松柏是不会凋零的。

如果在人际关系的范畴下看这句话，则多少会显得有些残酷。**人什么时候能够看出本性？在你顺境的时候或许是看不出的，因为顺境的时候人人都会顺着你，宠着你；只有在你逆境的时候，才能看出谁是真正对你好的人。**

我不知道有多少人看到过著名演员黄渤在某个采访中说的话。

主持人问他："你之前遭受过冷遇吗？"

黄渤说道："当然会有，以前唱歌的时候天天都是冷遇，结不出账来，各种受骗上当。之前剧组里做小演员的时候，没人搭理你，回去也没车送你，有车也是送饭的车。你放到现在怎么可能呢？你人还没到，车早就等好了。"

他又说道："以前你能碰到各式各样的人，各种小心机。现在身边全是好人，身边每一张都是洋溢着的笑脸……"

人们对于这段话的评价都是，当你强大的时候，整个世界都会对你和颜悦色，但你越弱的时候，欺负你的人就越多，你也最容易受委屈。

那在人际相处上，对于我们的指引或许也可以是，当你顺境的时候，你身边所有对你好的人，都不一定是真的对你好。你的财富，你的地位，你的资源，都会是左右他态度的因素。

但当你逆境的时候，那些财富、资源、地位统统都不在的时候，如果还有人在身边真诚地对待你，那这样的人，才是最值得珍惜的。

　　我也分享一个我自己小时候的故事。印象中，小时候的我，在过年的时从来都不缺压岁钱，原因是我爸在工作中有着一些小小的资源，那些求着我爸做生意的人会在过年的时候络绎不绝地上门，每个人都对我很好，也都会给我压岁钱。在小时候的我看来，这的确都是一群很不错的叔叔。

　　若干年后，当我爸调离那个岗位后，来家的人就急剧减少了。有一些人随着时间的推移，渐渐地我就不记得了，但有那么一两张面孔却始终熟悉，并且一直延续到了现在。我知道的是，但凡在那个时候，已经没有了利益的捆绑，却还能来维系感情的人，那才是我爸生命中最重要的人。这样的人，才能一直留在你的生活中。

　　是的，当你失势的时候，逆境的时候，还能留着的，才是真朋友。

真诚之心，可结交天下人

　　司马牛忧曰："人皆有兄弟，我独亡。"子夏曰："商闻之矣：死生有命，富贵在天。君子敬而无失，与人恭而有礼。四海之内，皆兄弟也——君子何患无兄弟也？"

　　在讲这句话前，我们先来了解一下司马牛。之所以司马牛会说出"人皆有兄弟，我独亡"，意思就是"别人都有兄弟，就我没有"，是因为他在之前曾不承认桓魋是他的哥哥。一个不认自己哥哥的人，与当时儒家所一贯倡导的"孝悌"观念是违背的。但由于考虑他的哥哥桓魋是因为犯上作乱，所以司马牛才不认他的，所以孔子并没有责备他什么，反而劝导他不要忧愁，不要恐惧，只要问心无愧，那就是"仁"的体现。

　　在这句话里，子夏也在宽慰他，说只要自己的言行符合于"礼"，那么就会赢得天下人的赞赏，就不必发愁没有兄弟了，也就是所谓——四海之内皆兄弟也。

　　那么子夏究竟是怎么说的呢？我们又可以从中去了解到哪些指引呢？我们逐一来看。

一、死生有命，富贵在天

　　这句话的原意大家都理解，也是一句一直被人挂在嘴上的老话，曾经的著名球星贝克汉姆还把这8个字，以文身的形式纹在了腰间。那这句话是要表达一个什么含义呢？

　　子夏引用这句话的意思是：有些事情我们不能左右，心放宽一些。也就是说，有些不能改变的事情，我们要学会接受。

在我们的生活中，有太多的事情是我们不能左右的，当命运就这样闷头而下的时候，我们没有办法抗拒，那只有从心态上去尝试接受。

在原文中，司马牛的哥哥犯上，这件事情已成事实，我们不能改变，哪怕你再不能接受，事实也不会扭转。对于司马牛而言，这件事情就像是砸到他头上的命运一样，在当下使他遭受很大的折磨。

有一部漫画我很喜欢，是《灌篮高手》的作者井上雄彦的另一部作品，叫《REAL》，并不是很有名，但极有水准。它讲的是几个曾经风光无限的少年，因为某个意外，不幸成为残疾人，从一开始的悲观落寞，逐渐开始走出阴霾，并且最终找到自己人生轨迹，梦想参加残奥篮球的故事。

这个故事之所以是个好故事，就是它极为真实。在那些个主人公遭遇到这种灭顶之灾的时候，作者毫不保留地描写了他们的悲戚和彷徨，那些少年梦的破碎，那些被命运践踏的尊严，都血淋淋展现出来。正因为遭遇到的苦难如此真实，那些少年们如何一点一点地从中走出的过程就显得尤为珍贵，也正是这部作品最为打动人的地方。它并没有其他运动漫画那般热血，却有着与现实命运抗衡的精神力量。

所以我们要了解，很多事情发生了就是发生了，我们没有办法去改变，学会接受，然后学会重启，是一门很重要的功课。

二、敬而无失，与人恭而有礼。四海之内，皆兄弟也

那重启后应该怎么做呢？子夏给出的建议是：与人谨慎不出错，讲究周到礼数，你肯定能交到朋友。

子夏的意思是，你不用担心没有兄弟，你只是失去了一个犯上的哥哥，但你只要真诚且热情待人，打开自己让别人看到你，那么天底下会有好多人愿意成为你的兄弟。

这句给司马牛的建议真的是很有价值。不要把所谓"兄弟"的概念，仅仅停留在血缘。血缘的兄弟，你没有办法选，从出生开始就已经注定了。但与你意气相投的朋友天底下到处都是，只要你做好自己，以礼待人，这些人自然就会被你吸引过来。

的确是这样的。我们回到现在的时代，很多人会觉得社会是冷漠的，每

天熙熙攘攘这么多人，都和自己没什么关系，然后就把自己封闭起来，不怎么与外界接触，成为城市中的孤独者。

但我们或许可以反过来想一想，是不是就是因为自己一直把自己封闭起来，然后以"社恐"为理由，不与他人接触，不与他人交流，才会显得自己与环境格格不入呢？

这让我想起了一个我很喜欢的 UP 主——阿福 Thomas。这是一位来自德国的友人，在上海结婚、生活，经常用镜头来记录他在中国的所见所闻，所思所想。在他的视频中，有很多内容都是在街头认识一些新朋友，从而去感知生活的美好。你会发现，在一开始与陌生人接触的时候，双方都会有些拘谨，但阿福从一次次的磨炼中变得越来越放得开，他的真诚，他的热情，他的善意，会在第一时间向对方释放，那原本陌生的戒备也会随之消散，从而认识了一个又一个的新朋友。在画面中，你可以看到所有人发自内心的笑容，我想，这就是人与人之间最美好的境界。

阿福为什么会这么受欢迎，我想就是因为他的真诚，他的热情。具备这些品质的人，到哪里都会受到欢迎，到哪里都会有同样真诚与热心的朋友。

这是子夏对司马牛的回复，我想，也是对我们的指引——**不要担心自己没有朋友，你若盛开，蝴蝶自来。**

用自己的眼睛和内心去认识他人

　　子张问明，子曰："浸润之谮，肤受之愬，不行焉，可谓明也已矣。浸润之谮，肤受之愬，不行焉，可谓远也已矣。"

　　子张问什么叫明智，孔子给出的回复，放到任何年代都有其借鉴意义。他先是用一种极为形象的比喻来告诉你，谗言和诬告到底有多可怕。

　　所谓"浸润之谮"，指的是像水一样渗透在你身边的谗言；所谓"肤受之愬"，指的是贴近肌肤，让人有切肤感受的诬告。这句话告诉你的是，生活中的谗言到处都是，且力度之大，是很难让人承受的。

　　我们来看那些古时候被谋害的忠臣，有太多太多都是倒在了这种谗言和诬告下。无论是南宋的岳飞，明朝的袁崇焕，还是春秋的伍子胥……这样的例子在古代历史中太多太多。所以，你会理解为何诸葛亮会在《前出师表》里写道：亲贤臣，远小人，此先汉所以兴隆也；亲小人，远贤臣，此后汉所以倾颓也。先帝在时，每与臣论此事，未尝不叹息痛恨于桓、灵也。侍中、尚书、长史、参军，此悉贞良死节之臣，愿陛下亲之信之，则汉室之隆，可计日而待也。这明明白白地讲述了谗言对于一个国家的危害。

　　之前在讲述到这里的时候，也有同学信誓旦旦地对我说：听信谗言的都是那些耳根子软的人，像我这种有主见的人，谗言对我不起什么作用！

　　我想这位同学固然是有自信的，但是说实在的，却多少有些低估了人性的弱点。你之所以会觉得谗言对你无效，那或许是那个说的人，你对他无感罢了，如果是和你亲近的人，在你身边常说一些话，即使你是一个再有主见的人，又能有多少把握不被其影响呢？这也就是我们所谓"耳旁风"的可怕。

我们可以试想一下这么一个场景，那些和你亲近的人，或许是你的父母，或许是你的朋友，出于各种原因，他们在你的面前总是说另一个人的坏话，去数落他的不是。不管这话是真的还是假的，你在下次遇到他时，也很难不对这个人心存芥蒂。是的，这些话会像水一样，自然地渗透进你的大脑，从而影响你对他的第一印象。

这样的情况会导致的一个很不好的效应就是，一旦有这层印象在，你对他的容错率就会极具降低。同样一个错误，别人犯一次或许没关系，而他犯一次，你就会想：嗯，我的朋友说得没错，他果然就是这么一个人……从而不知不觉地打下一个你自己都会觉得是没受他人影响，是自主判断的标签。但对他而言，这着实是不公平的，谗言带给他的影响，在无形中就会给他带来伤害。这种谗言的力量，你能体会到吗？

所以孔子说："不行焉，可谓明也已矣；不行焉，可谓远也已矣。"他的意思是：如果这种谣言和诽谤，对你行不通的话，那你就算得上是明智的，有远见的。

有一句话我始终认同：永远不要从别人的嘴巴里去认识一个人，你要自己去接触，自己去了解。

我们说，每一个人在人际关系中都会有一个这样的"分布"：每十个认识你的人里，有两个喜欢你，有两个讨厌你，还有六个则对你无感。这六个对你无感的人，又很容易通过外界给他的影响，从而改变对你的态度。所以你会发现，那些在生活中突然对你产生好感的人，以及那些突然对你有成见的人，或多或少的，都会来自这样的原因。

如果你能用自己的眼睛和内心去判断他人，而不是别人的话，那你，就是一个有智慧的人。

诉讼，并非是解决冲突的唯一渠道

子曰："听讼，吾犹人也，必也使无讼乎！"

这句话的意思是，孔子说：审理诉讼案件，我和别人一样，我的目标是没人打官司！

这里谈到了孔子的一大美好愿景，就是"天下息讼"——天底下没有人需要打官司。我们之所以称之为是愿景，因为要做到这一点，极为困难。有人的地方就会有冲突，人际交往的过程中，产生冲突基本上可以算作是一种常态。遇到冲突之后，如果没有办法解决，诉讼就是一个很好的途径，是帮助双方合理公平解决问题的途径。

所以，如果你问我，诉讼渠道要不要有？那我的答案是：一定要有！

那很多同学就会不理解了，这样一来，不就是和孔子的愿景相违背了吗？

这里我要和大家说明的是，我指的诉讼渠道一定要有的原因是，诉讼是最后可以保障每个人权益的途径，这个途径决然不能关闭。但在人际产生冲突之后，诉讼也绝不会是我们的第一选择，如果要说"必也使无讼乎"，或许我们可以理解成，我们希望大多数人在日常生活的人际冲突中，都能自行妥善解决，而不必非要走到诉讼的程序。

这也就是为什么我在学校里会和老师们和同学们开设"沟通和表达"的课程。在我看来，即使要走诉讼，在此之前自己也可以做很多事，同样可以解决问题。比如沟通、谈判、说服的观念和技巧，比起诉讼的复杂，都是成本更低的方式，我们要学会去使用。

之所以会说这一点，是因为此前在上沟通课的时候，遇到一些学生，乃至是成人，他们遇到问题的第一反应都显得有些简单粗暴。比如一遇到邻里冲突就会想到报警，一遇到人际纠纷，就会想到打官司，并且认为这就是对自己最有利的方式。

我不能说他们是错的，这也是诉讼渠道留着的意义。但我们试想一下，如果你抱有这种观念，一有冲突你就会寻求他人的介入，然后往里大量投入时间、精力，乃至是财力，别的不说，你太累了，不是吗？

那遇到人际冲突的时候，我们到底该如何解决？我这边举一个比较常见的案例，就是你邻居的装修声，或者是孩子的练琴声不断打扰着你，使你不堪其扰的时候，我们该怎么办？以下的几种方式，或许你可以尝试理解，并运用起来。

一、沟　通

沟通的目的是避免冲撞，协调转向。在沟通情境中，决定权是会流动的。

或许你可以找到你的邻居，和他这么说："您好，我是您隔壁的邻居，平时我上班真的挺累的，只有周末才能好好休息。大家都是邻居，您帮我个忙，周末的时间，我们能否让师傅们和我一样休息休息？休息得当了，效率也可以更高嘛。正好我也了解了下政策，双休日的时候我们尽量就不要装修了，您看成吗？"

这里我们运用的一种观念叫"冲突外化"，不要在一开始就把对方对立化，要试想着，对方也是一个可以帮助你解决问题的人，把"问题——我需要好的休息"推出去，把"人——你应该也是个能够体谅他人的人"拉过来，让他和你站在一起，从而帮你解决问题。所谓冷冰冰的政策只是后手，让他在理亏之前，先能有着"可以帮到你，顺你一个人情"的想法，问题就可以更好地解决。

二、说　服

说服指的是无权方改变有权方。你要知道，有些时候，要不要做出让步的决定权在对方。

如果说装修是有明文规定，但是碰到邻居小孩子练琴声打搅了你，你或许也拿不出类似的条款去说理，那这个时候我们就可以切换到"说服"的模式。

"您好，我刚一直听您的孩子在练琴，挺好的。我家孩子之前也练琴，一开始放早上练，邻居们也有意见，我现在也挺能理解他们的，的的确确影响休息。那时候我就稍微调整了一下，发现，早上把其他事务都做完，让孩子再放松一下，下午或者晚上再练琴的效果要好得多，邻居们也没意见，您觉得呢？"

我们要理解到在说服情境中，最大的关键点就在于——没有人喜欢被说服，被你说服的那一刻就意味着他被打败了。所以你停留在"你的行为会影响他人，要改"的时候，就会立马触碰到对方的防御机制，从而产生对抗，他同样也能掰扯出很多不改的理由。说服的本质在于，你要引导他"自我说服"，让他觉得这样做对我自己也是有帮助和好处的，我不是被你说服的，我只不过是被你一点，我自己想通了……那这样，问题就会好解决很多。

三、谈 判

在谈判情境中，决定权在双方，那就意味着，问题得双方合作才能解决，而谈判，实则上也是一种资源的交换。

如果要将之前那个例子切换到谈判情境的话，或许可以这么说："您好，我刚听您家孩子一直在练琴，我对这件事本身没什么意见，但是和您商量一下，我家孩子还小，对声音特别敏感，尤其是这个时间段，稍有动静就哭闹不停。当然，我也知道您家孩子练琴也非常重要。这样，我正好认识一家不远的琴房，那里我也认识专业的陪练，要不帮您介绍一下？有针对性的练习或许更有效，正好我的问题也能解决，您看呢？"

是的，如果你有相应的资源可以提供，你就可以提出让对方改变的诉求；你的手上筹码足够多，对方也足够在意的话，在这个局势下就更占优势。而且谈判的另一个好处就在于，你们可以以这次"冲突"为契机，从而形成另一种良性的关系，可持续地进行资源整合。

以上就是我说的，比起诉讼来，更容易自己先去解决问题的几大方式。

这些沟通、说服、谈判的观念和技巧，其实并不是一下子就能学会并且运用得当的，但是你得有，你也得去试，因为不管是哪一种方式，都比诉讼的成本低。学会能够自己解决问题的人，生活的悦纳指数也高很多。

那很多人说如果以上3种方式都不行怎么办？那么以下这种就会是你最后的选择。

四、辩　论

辩论的权利在他方，它的本质是，双方都无权决定胜负，结果是由第三方裁决的。

如果沟通、说服、谈判都不行，那就得求助，或者走诉讼。我们所谓的报警和打官司都在这个领域。

生活中很多人会在一开始的时候就进入辩论模式，把对方当作敌人，想用自己的观点驳倒对方。但如果你参与过辩论的活动就会发现，每个人都有自己捍卫的立场，在这样的立场下，即使发现自己的道理没有你充分，他也会极力捍卫。甚至你的观点越有理，他就会越生气。不要奢望两个人面对面，只要你有理就能辩倒对方，从而让他顺从于你，这很难办得到。所以在生活中切记：如果你不想浪费时间、精力和情绪，那就——无"裁判"，不辩论！这样的裁判越有公信力就越好用，小到领导、大到警方，自然也可以是法庭，他们在听完你们的陈述后，自然会给出公正的裁决。

是的，我们始终倡议，遇到问题，不要很"野生"地去处理冲突，很多本身很小的冲突，会因为解决方式的不同，有些会消失，有些则会升级，更有甚者会发展到不可收拾的地步。很多人都会把官方处理当作冲突发生后唯一的处理途径，殊不知自己在这之前可以做很多事情，同样也可以解决自己的问题，而且是更低成本的解决。

我希望借由孔子的这句话所表达的"天下无讼"的愿景，讲述一些在冲突中可以与人交流的方法。如果我们身边的大多数人都能很好地处理问题，纠纷自然也会少很多。

人，永远是最重要的

厩焚，子退朝，曰："伤人乎？"不问马。

这里讲到的一个故事是：马棚失火被烧了，孔子退朝归来，问，有人受伤了吗？却不问马的情况怎样。

这里我们要讲述一个很重要的观念，就是：人，永远是最重要的。

我记得在国外发生过一件这样的事，家中失火后，东西全被烧尽了，但好在发现得早，家里的几口人都逃了出来，没有受伤。房屋还在熊熊大火中燃烧，而那一家六口人在正烧着的屋子面前，满脸笑容地留下了一张全家福，这张照片在网络上给人留下了很深刻的印象。

无独有偶，国内也有过一件类似的新闻。在辽宁大连，一场大火将姜女士的家烧成了一片废墟，站在满是疮痍的家中，姜女士一家拍下了一张剪刀手的全家福。照片是她侄子拍摄的，他说火灾后一家人开始收拾残局，一开始还闷闷不乐的，但一想到"人都在，家就在"，就有了重建新家的信心，还决定在新家装修好之后，在同一角度再拍一张照片，纪念这个时刻。

这两件事中，这些家里被烧的人之所以能保持这种乐观的心态，很重要的一点就在于，他们都认为——人，才是最重要的。只要家人还在，所有物质上的损失都没关系，都是可以后天弥补得回来的。

我以前上历史课的时候，听到过老师讲起某国的飞行员，他们每个人都是国家重点培养的军事人才，在执行任务的时候，他们被教导的原则就是：任何东西，都没有你能活着重要，该弃机的时候弃机，该求生的时候求生。

是的，在我们的生活中，一旦你觉得人是最重要的，你就会把人放在第

一位，很多事情的侧重点就会不一样，很多选择也就会不一样。

记得小的时候，借隔壁邻居哥哥的自行车骑。那个时候的自行车还是很稀奇的，尤其还是一辆被改装过的山地车，看上去就是价格不菲的样子。当时技巧还不娴熟的我，由于座垫过高，车把太重，一下把控不好，没骑多远就摔了下来。摔下的那一刹那就很担心，我担心的是这车这么贵，摔坏了我可赔不起，被爸妈知道又要挨骂了……只见邻居哥哥立马跑上来，完全不顾旁边摔着的车，直接冲到我身边扶起我，不停地问我怎么样，然后一脸关心地检查伤势。那时候的温暖，直至今日还能回忆得起。

把人放在首位，自然就能感受到不一样的格局和暖意。小到个人，大到国家，都是如此。讲到这里，我特别想和大家分享一段在马伯庸的小说《长安十二时辰》中的一段话，当讲起为何要救长安城的时候，主人公是这么说的：

> "汝能啊，你曾在谷雨前后登上过大雁塔顶吗？"
>
> 姚汝能一怔，不明白他为何突然说起这个。
>
> "那里有一个看塔的小沙弥，你给他半吊钱，就能偷偷攀到塔顶，看尽长安的牡丹。小沙弥攒下的钱从不乱用，总是偷偷地买来河鱼去喂慈恩寺边的小猫。"张小敬慢慢说着，嘴角露出一丝笑意。
>
> 姚汝能正要开口发问，张小敬又道："升道坊里有一个专做毕罗饼的回鹘老头，他选的芝麻粒很大，所以饼刚出炉时味道极香。我从前当差，都会一早赶过去守在坊门，一开门就买几个。"他啧了啧嘴，似乎还在回味。"还有普济寺的雕胡饭，初十五才能吃到，和尚们偷偷加了荤油，口感可真不错。"
>
> "张都尉，你这是……"
>
> "东市的阿罗约是个驯骆驼的好手，他的毕生梦想是在安邑坊置个产业，娶妻生子，彻底扎根在长安。长兴坊里住着一个姓薛的太常乐工，庐陵人，每到晴天无云的半夜，必去天津桥上吹笛子，只为用月光洗涤

笛声，我替他遮过好几次犯夜禁的事。还有一个住在崇仁坊的舞姬，叫李十二，雄心勃勃想比肩当年公孙大娘。她练舞跳得脚跟磨烂，不得不用红绸裹住。哦，对了，盂兰盆节放河灯时，满河皆是烛光。如果你沿着龙首渠走，会看到一个瞎眼阿婆沿渠叫卖折好的纸船，说是为她孙女攒副铜簪，可我知道，她的孙女早就病死了。"

说着这些全无联系的人和事，张小敬语气悠长，独眼闪亮："我在长安城当了九年不良帅，每天打交道的，都是这样的百姓，每天听到看到的，都是这样的生活。对达官贵人们来说，这些人根本微不足道，这些事更是习以为常，但对我来说，这才是鲜活的、没有被怪物所吞噬的长安城。在他们身边，我才会感觉自己活着。"他说到这里，语调稍微降低了些："倘若让突厥人得逞，最先失去性命的，就是这样的人。为了这些微不足道的人过着习以为常的生活，我会尽己所能。我想要保护的，是这样的长安——我这么说，你能明白吗？"

细品这么一段文字，我想，一个愿意把"人"放在首位的人，一个愿意把"人"放在首位的社会和国家，历朝历代，都是为人所向往的，不是吗？

看得清方向的人，便不会困惑

子张问崇德辨惑。子曰："主忠信，徙义，崇德也。爱之欲其生，恶之欲其死。既欲其生，又欲其死，是惑也。"

这句话里讲到的是子张的困惑。子张问孔子，如何尊崇德行，分辨人生中令人疑惑的问题？

孔夫子说，首先要做到的就是忠和信，这是做事的原则。而忠信，实际上也是德行的重要体现。无论对他人，还是对自己；无论对国家，还是对家庭；无论对公事，还是对私事，都要尽心尽力。在过程中要信实，不自欺，不骗人，这是德行的根本。

但仅仅是推崇忠信是不够的，更重要的是要懂得"徙义"。所谓的"徙义"，指的就是人不能僵化，不能完全照本宣科地、僵化地崇尚德行，而要按照实际情况，尊重它的变化。

为什么在"忠信"之后要讲究"徙义"，是因为这个世界是复杂的，我们遇到的问题也是复杂的。面对复杂的世界，思维如果是线性的，固化的，就会出现问题。

比如你有一个从小玩到大的朋友，你们的关系很好，你也曾经允诺他，在他有需要的时候会竭尽所能地帮助他。直到有一天，他来找你帮忙，而所帮的这个忙，超出了法律允许的范围，请问这个时候，你要不要讲究"忠信"？

这个例子很真实，来源于真实的新闻案例。很多人会选择帮助朋友的理由就是，我要忠于我的朋友；我曾经答应过他，也得遵守承诺。看上去符合"忠信"，但实际上却是把自己拉入深渊。

又好比在家里，外婆听说你喜欢吃蛋糕，兴致勃勃地在网上买了许多食材，向别人讨教做蛋糕的方法，在你到外婆家的那一天，兴奋地把自制的蛋糕拿出来让你尝尝。由于是第一次制作，很多配料的份额都放得不准，烘烤的时间也太长，这蛋糕既不好看又不好吃。当你看到外婆开开心心等待你的评价的时候，你要不要诚实地告诉外婆：这蛋糕做得不好吃呢？

你不会这么做，那是因为在你看来，蛋糕好不好吃一点都不重要，外婆的心意最重要，你能看到外婆因你开心而开心的这份心意最重要。

生活中也同样如此。你的好朋友兴冲冲地跑到你的面前，热情地向你展示她新买的裙子，告诉你这是她昨天逛街买的，并一眼就看中了它，询问你是否合适。

你用你挑剔的审美向她望去，不幸的是，你发现衣服的颜色和她的肤色略显不配；腰身的裁剪又似乎略微大了一些，显得有些松垮；更要命的是裙子上的图案略显浮夸，以朋友的年龄和工作，这样的裙子适合的场合又太少……

我知道你是一个始终信奉真实的女孩，你从小接受过的教育从来都是不能说假话。但在那时候，你看着朋友兴奋的神情，你又怎么忍心用这样的"真实"去浇灭她现有的热情。

你只能收起你的"真"，微笑地表示，还不错，只要你喜欢就好。并且在下一次买衣服的时候答应陪伴前往，给出最好的意见。

朋友高兴地接受了你的答复，看着她始终愉悦的表情，你会发现有些时候"真实"并没有那么重要，比起朋友的心情，它可以略做牺牲。

是的，"主忠信，徙义，崇德也"。它是要告诉你，**人在这个世界里，既要有立场，也要有灵活性，因时而变，因地制宜——一切以向善为原则。**

接着我们来看辩惑——爱之欲其生，恶之欲其死。既欲其生，又欲其死，是惑也。

这句话很真实，他说道：人们痛苦的原因，是爱一个人时爱到极致，恨一个人时又恨之入骨。

这样的案例在很多社会新闻中经常可以看见，因为感情的问题，最终导致不同程度悲剧收场的，实在让人感到遗憾。

但为何会有这种事情发生呢？放在现代社会，这恐怕来源于人们一直以来的观念偏差——我们太习惯于以自己的情感为中心，生活中的一切都取决于你喜不喜欢，说实话，这的确很危险。

我一直倡导在大学阶段是有必要开所谓"恋爱课"的，甚至在中学阶段，也应该有不同程度的引导。这种引导并不是说要教人谈恋爱，更重要的是要在这个年龄段，给予合适的、恰当的感情观念引导。

就像我经常和那些中学生说，不要觉得不好意思，**你喜欢一个人，是因为那个人TA很好，这说明你有着自己独特的眼光，这没什么不对的，对方越优秀，就证明你的眼光越好。但有一件事你必须清楚，如果你要让那个优秀的TA也喜欢你，你要做的不是拼命追求，因为对方并不会因为你有多喜欢TA，从而去喜欢你。TA喜欢一个人的理由应该也是和你一样，会喜欢那个TA也觉得好的人。那，你要做的，怎么可能是拼命去讨好和追求，着力点难道不是得让自己变得更好，不是吗？**

我曾经在一个班级上了一篇名叫《海的女儿》的课文，它来自安徒生的著名童话。当把这个故事讲完的时候，班级同学有好多人表示，为什么小美人鱼最后不杀了王子，这么一个负心汉有什么好怜惜的，最终苦了自己太过可惜……

是的，我相信很多人在看完这个故事的时候都会有这样的情绪，我们会不自觉地把王子当作一个反面角色来看，从而感觉小美人鱼有多可怜。

但我却有着不一样的想法，我始终不觉得小美人鱼的做法是值得倡导的。原因是，**人哪，一定得先爱自己，先爱自己的人才能够爱别人。**在这个故事中你要了解，王子很美好，能遇上和爱上都是一件幸运的事。但，这并不意味着王子就一定会爱上你，与其渴求，不如吸引。这时候孩子问：如果怎样都不行呢？王子就是不爱自己呢？

我当时和孩子们是这样说的：**在你们的人生历程上，有一件事情必须趁**

早参透，那就是你要允许你爱的人不爱你，即使你已经爱得死去活来……这极为重要，参透这一点，在未来的人生里或许就会少很多的烦恼和痛苦。我理解小美人鱼最后的选择。真正的选择总会带来代价，在选择的时候就要做好准备。对于我们而言，这个故事或许可以告诉我们，输不起的代价，就不要选。

想清楚这一点，就能看得清楚方向和着力点。找得到着力点的人，便不再困惑。

尊重他人的人生轨迹

子贡问友，子曰："忠告而善道之，不可则止，毋自辱焉。"

这句话里，子贡要问的是与朋友的相处之道，孔子说：朋友有问题，忠告引导他，如果还不行就停，不然会自讨没趣，自取其辱。

在这句话里，我们谈到的是和朋友间的相处模式。首先有一件事情要先了解：**即使是很好的朋友，每个人也都是独立的个体，其成长环境、学识性格都不一样，对于事情的判断也就不一样，很多时候，要学会尊重别人的选择**。

那如果这个朋友真的要犯错了，我们该怎么办？比如说生气上头了，要去找人吵架；再比如说考试前放纵自己，就是不复习。

在你看来，这样的做法完全是错误的，而且以你的经验判断，如果不管他的话，一定会有不好的结果发生的。

孔夫子的建议是：能劝则劝，能引导就引导。但如果真的劝不住那就让他接受一次教训。

很多事情，只有真正经历了才能懂得。你不要去插手别人的游戏过程，这才是好的游戏体验。未知的人生体验，被中断会让人不甘心，只有自己认识到才深刻。比如我们去到一个城市旅游，一个还挺有名的景点你始终想去，但是所有去过的人都劝你不要去，那里就是坑外地游客的，去了一定会后悔。在点评网上也一串的差评信息。这个时候，你会选择不去吗？按我的经验来看，如果你不去，你就始终会惦记，毕竟那是一件未知的事情，或许在回程的飞机上就会后悔没有抽时间过去一次。只有等自己真正去过，发现被坑后，才会真正死心，从而吸取教训。

人总是会做傻事的，人也是这么成长起来的。一个完整的人生，是一次次地帮他规避这些傻事，每次都帮他做人生的剧透？还是让这些傻事成为他生命中的重要一课，让他自己去领悟呢？

我记得以前一个公司的老总在招聘司机的时候，就专门会去找那些出过严重车祸的人。因为在他看来，只有出过严重车祸的人，才真正知道道路安全的意义，痛过的人，才知道应该如何重启自己的人生。

是的，人总得经历了些什么，才会懂得些什么……

> 刘若英在《我敢在你的怀里孤独》中说：很多事终究是"回不去了"的，然而我却感恩自己保留了记忆，那份欢乐、勇敢、遗憾……我从不对过去"告别"，我只是背负着它向前走，也因为如此，我才知道我比以前更有"气力"，才发现我们比想象中更坚强。

我喜欢QQ空间里的一个叫作"那年今日"的功能，这个功能可以在当天看到之前六年里自己在同一天里发表的动态有哪些。我每天定下来总会翻一翻往年的今天发生了些什么，我都说了些什么，有着怎样的情绪和状态。

有意思的是，在翻阅的过程中，很多时候都会不好意思地挠头唏嘘：当初的我，怎么会是这样子的……

这让我想起几年前我听过的一个令我印象深刻的理论，并且时常拿来做自己生活的标尺。它说，怎样判断自己目前还仍然处在向上的程度，是有一个指数的，叫"傻瓜指数"。它是说，以现在的你的认知和判断，会觉得多少时间之前的自己是个傻瓜呢？有些人说十年，有些人说三年，有些人说一年……当然也有从来都不觉得自己是个傻瓜的人。

他们说，这个指数，越小越好。越小就越能从某种程度上说明，你在不断地成长。

所以，我不希望有人始终告诉我这件事不能做、这个地方不必去、这个人不要见……我们的人生究竟需不需要这些旁人的指引，让我在现有认知下从眼前的决策中抽离。

我不知道自己的未来会成为什么样子，但我能肯定地知道，现在所正经历的一切都会是形成未知未来的种种因素。面对这种不确定性，不正是人生中最有趣的一部分吗？

所以我们说，朋友有问题，在不能劝导他的时候，就任他去的一个更重要的原因在于，你得尊重他的人生走向，你也要有理由相信，这些会给他带来帮助。

但有同学问，那朋友如果犯了严重错误，我该怎么办？

这里唐老师要说的是，对于"严重错误"我们要分类看。如果这个错误是危及自己或他人安全的，那一定要及时寻求各种渠道的帮助。

如果是犯原则性的错误，比如偷盗……这样的事情已经超出你的接纳底线的话，那这恰好也是一个机会，让你看清楚，你们不是一路人的机会。

如果遇到这类事，你得知道，你终于发现你朋友的另一面了，能劝导的时候就劝导，在劝导不了时，你要改变的就不是他的认知和准则，而是得先问问自己，这新发现的另一面，你是否真的能接受。

有一句话或许略显残忍，那就是我们不要总把朋友想成是一辈子的事儿，你们的人生中，所有的朋友都是始终陪伴的吗？我们的人生中，大多数的朋友只是来陪你一阵子的。你们在最好的契机遇见，然后熟悉，然后深交，也总会有一个当口逐渐远离。

放下一些执念，让你们的缘分自然进行下去，能留下来的就是最好的，也是最重要的。不要过多地去施加额外的压力，让两条不同的人生轨迹自然行进，相交并行时彼此珍惜，远离时彼此珍重。

怎样才能交得更好的朋友？

曾子曰："君子以文会友，以友辅仁。"

这句话讲到的是曾子对于朋友的理解，他首先说：君子以文会友。意思就是，君子以学问结交朋友。

我们要了解的是，朋友虽然不问出处，但是，你的朋友是从哪儿来的，却很重要。现代人对于"朋友"的概念，在我看来似乎太过宽泛，不管在哪儿认识的，都可以称之为"朋友"。但是，如果我们细致一点来进行划分的话，你就会发现，这种所谓的"朋友"，大多是在特定场景下和你产生交集的。比如一起喝酒的称之为"酒友"，一起打牌的称之为"牌友"，一起打游戏的可以称之为"队友"……我们在生活中把这些统称为"朋友"，却疏忽了他们的局限性。"酒友"就只有在喝酒的时候才能想到，"牌友"就只有在打牌的时候才会邀约，"队友"也只是在游戏过程中才显得走心……

如果你的"朋友"是从这些场景中得来的话，那你很少会在其他场合和他们产生联结和交集。因为这些所谓的"朋友"有一个共同的特点就是，他需要一个特定的气氛去维系你们的关系，或许是酒，或许是牌，又或许是游戏。这些东西统统不走心，就只停留在事情本身上。

那为何曾子会说，要"以文会友"？**那是因为通过学问而交得的朋友，不只是停留在事情的表面，更重要的是，通过学问的交流，可以看出人的内在，从而去判断他的品性和你匹不匹配，这些都是经过时间沉淀的，是最真实的参考。**

我来举几个例子。比如说两个人都喜欢《三国演义》，那我们就有很多话题可以聊，你喜欢曹操，我喜欢刘备；你觉得孙坚英雄气概，我觉得孙坚有着明显的性格缺陷不成气候；你觉得刘禅软弱无能，我觉得这是他迫于无奈下最聪明的表现……你看，同一个作品，有很多种话题，每一个话题都能聊出你的观念，越深聊，越走心，就越能判断我们是不是志同道合的朋友。

又好比读古诗，你说你喜欢李白"天生我材必有用，千金散尽还复来"的浪漫与豪爽，佩服他"天子呼来不上船，自称臣是酒中仙"的洒脱与不羁；他说他欣赏杜甫"会当凌绝顶，一览众山小"的豪迈壮阔，理解"白头搔更短，浑欲不胜簪"的沉郁落寞……你看，我们也能从同一个话题当中，了解到他人不同的性格与倾向，越深聊，就越能看出他是个什么样的人。

是的，"君子以文会友"是要告诉你，只停留在表面的朋友一冲即散，我们可以把他称为"玩伴儿"，而越往内在走的朋友越有价值。"玩伴儿"可以有很多，真正的"朋友"，稀少且珍贵。

那这样的朋友有什么好处呢？曾子说："以友辅仁。"意思是，好的朋友可以相互促进、鼓励，捕捉亮点，改正缺点，让双方一起变得更好。

我们可以想一想，在我们的学习生活中，你学到了一样东西，有了新的感悟，第一个想到要分享的会是谁呢？

又好比在学习的时候，我们遇到了困惑想找人帮助，第一个想到的又会是谁呢？

我想，这个时候，你脑海中所能浮现出的那个人，会是你内心深处最重要的朋友。因为你觉得他会时刻和你处于同一个频道，懂得你的分享；也能在同一个领域给予你最好的指引。那这个人，就是那个能够帮助你一同成长的人。这样的人，不会太多，如果遇到，要好好珍惜。

所以讲到这里，你就能理解，那所谓"有朋自远方来，不亦乐乎"究竟是怎样的意味？**当生命中最志同道合的朋友在一起时，那种开心，并非表面的欢愉，更是灵魂的共鸣。**

不缺位，不越位，方能稳定发展

子曰："不在其位，不谋其政。"曾子曰："君子思不出其位。"

这句话的意思是，孔子说：不在他的位置，就不要去插手他的事情。曾子说：思考问题不能超出自己的权限。

在这句话中，孔子要强调的是，做官要安分守己，做好本职工作，你是什么职位就要做什么职位的事，既不要越位，也不要越权。每个有职位的人，只考虑自己职权范围内的事情。

在那时的中国，政治的治理原则更为注重职权的划分，强调官权。在这种制度的设定下，孔子认为，只有每一个官员都做好自己的本职工作，才能保证正常的制度运转。所以，要鼓励官员尽职尽责，不能越权处事，更不能尸位素餐。

那放到现在，对于我们学生来说，我们并没有句中所说的官职，也不存在于这种政治制度，那这句话可以有哪些指引呢？

在生活中，我们要了解到的是，什么身份说什么话，有些话不是不能说，而是该不该你来说。

我举一个很日常的例子。比如你的妈妈在单位做错事，被老板批评，受委屈了，回到家闷闷不乐发牢骚，显得很不愉快。这个时候外婆去劝她说："这件事我都了解了，你呀，以后工作要上点心，不能再犯这种错误了。被老板说了就说吧，就当买个教训，别小孩子气了，度量大一点……"由于说这话的是外婆，所以妈妈或许是能够听得进去的。

这个时候，你做完作业从房间里出来，拍着妈妈的肩膀说："你呀，做人要大度一点，不能小孩子气……"你猜，你妈妈会有怎样的反应？你又会有怎样的下场？

是的，很多时候，别人能不能接受你的话，不只是出自你话语本身的内容，还有一个面向要做重要参考，那就是，你是以什么身份来说的。

在工作情境中也是一样。如果我发现学校的车棚坏了，虽然我有着很好的渠道可以修理，也保证靠谱，也并不能直接插手处理这件事。因为学校的车棚归总务处管理，你发现后最好的方式，就是去联系总务处的老师，在他的职权下去做出决策。

很多人不理解的是，为什么要分得这么清楚，我有能力去参与为何也不能去做呢？那我们就得把角度拉高一点，来看看整个社会的运转。小到一个单位，大到一个社会、一个国家，就好比一台运转的机器，一台机器之所以能有效地运转起来，不出问题，就是因为其中的每个环节都各司其职，且紧密联系。每个领域负责好自己的工作范畴，就会显得快速、专业且精准。如果放任插手的话，就会引起内部调节的混乱，不利于整体的运转。

那谈到"君子思不出其位"时，我们要聊一件很重要的事，为什么说思考问题不要超出自己的权限呢？因为你的思考会局限于你的眼界，而你的眼界会局限于你自己身处的位置。

我们之前打过一个辩题："老板是傻子，要不要告诉他？"其中反方说过一个很有力的观点就在于，当你的身份只是员工的时候，你又有多少底气去证明老板是个傻子？很有可能你所判定的"傻子"，只是你所认为的"傻"。那是因为有太多太多的事情，在你的位置，你根本看不到啊。

就好比你发现公司承接了一个很糟糕的项目，在你看来，这个项目完全没有可取之处，投入和产出完全不成正比，且发展前景也不大，但是老板还是做主拿了下来。这个时候，如果你只是站在自己员工的角度来看，那么"老板是个傻子，连这种项目都接"的想法就会滋长出来。但是，你不知道的或许是，这个项目的背后有着很多利益的裹挟和无奈，只有站在老板的位置上才会有所顾及。衡量一个项目的标准对于员工来说或许只是结果，但是对于一个公司的管理者而言，就会有更多的方面去左右他的选择。这些面相，作为员工的你，是怎么都看不到的。

　　"不在其位，不谋其政""君子思不出其位"就是要告诉你，每个人的身份不一样，权限就不一样；身份不一样，角度也会不一样；身份不一样，所承担的责任更不一样。所以，对于我们这个社会而言，不缺位，也不越位，或许就是最好的维持稳定发展的方式。

"言"与"勇",需要"德"与"仁"的推动

> 子曰:"有德者必有言,有言者不必有德。仁者必有勇,勇者不必有仁。"

这句话里讲到有德和有言、有仁和有勇的辩证关系,我们依次来看。

一、有德者必有言

这句话的意思是:当一个人德行、内在修为很高时,他一定能说出有价值的话。

当我们在谈论一个人的德行的时候,一定得知道,德行不会是凭空得来的,一个有德行的人一定是经过时间淬炼的,也一定是信奉什么的,当他的内心富足到一定境界后,有些东西就能够流露出来,不必刻意。

曾经在人生低谷的时候被人建议,可以去到寺庙里,和那些得道高僧聊聊天,或许可以清醒很多。我欣然应允,并有幸被引荐到一位高僧的讲堂中做过几次交流。在整个聊天的过程中你会发现,那些生活中的琐碎和纷杂,在他看来,都可以用最云淡风轻的方式去看待,去解决,并且可以耐心地开导着你,让你顺着他的方向逐渐明朗,这真的是一个极为通透的过程。

在日常中,我也经常愿意去往一些大学,或者找到一些视频平台,去听听看那些有名望的大学老师是怎么看待问题的,又是怎么解决问题的。在这个过程中你也会发现,有道德的人,讲出来的话必定是符合道德的;有智慧的人,讲出来的话也是符合智慧本身的,这些话是能给大众好的教育的,是一种能够被彰显的善言。

所以,如果可以选择,在生活中,要多和这种有德行、有智慧的人交流。

二、有言者不必有德

这句话的意思是：能说漂亮话的不一定有德行。

在这句话里我们要明白的是，话语虽然是德行的一种表现形式，但并不可以仅仅以此作为判定标准，因为，话语是可以包装的，是极具迷惑性的。

想当初在读北宋历史的时候，那个臭名昭著的奸臣蔡京，就是一个最会说漂亮话的人。当宋徽宗不惜花重金买了很多奇珍异石作为收藏的时候，蔡京用他的漂亮话起到了推波助澜的作用。当得知一块石头要花费很多银子的时候，一开始宋徽宗还是犹豫的，觉得花国家的钱买这么贵的东西，心里多少有些过意不去。这时候蔡京发话了，说买这些奇珍异石也是能够体现宋朝国运的，也是能够体现陛下身份的，不必过多在意价格。正因为蔡京的进言，宋徽宗才一发不可收拾，最终落得亡国的命运。

所以我们说，漂亮话谁都会说，这并不意味着这是一个有德行、有智慧的人。如果说有德者必有言的动机是善的话，那么有言者不必有德的动机，或许就有待商榷，也是我们判断此为何人的依据。

三、仁者必有勇

这句话的意思是：一个有仁爱之心的人，必然有大的勇气。

儒家讲的是三达德——智、仁、勇。智是智慧，仁是仁德，勇是勇气。而仁是其中的根本。有仁德的人，就必定有智，有勇。用我们现在的话来说，就是"仁者无敌"。

这样的例子在我们的现实生活中太常见了。比如近两年的疫情，无论是武汉，还是上海，当大规模暴发疫情的时候，一定会有人挺身而出，不顾自己的安危投身到抗疫一线中去。究其原因，当看到这么多人需要帮助，看到整个社会都处于危难之时，这种"仁"的内核就会迸发出"勇"的力量，推动着他们勇往直前。

在我们熟知的武侠小说当中，也有这样的诠释。金庸笔下的郭靖，作为很多人心目中的大侠形象，最为人所欣赏的就是他的侠义之气——看到不对的事情，心中有仁义的人就会站出来，所谓"侠之大者，为国为民"，正体现出那种因仁而勇的品质。

四、勇者不必有仁

这句话指的是：勇敢的人不一定有仁义。

我经常在课中说到这一点：勇敢这个品质从小都被我们所推崇，所教导，说要学做一个勇敢的人。但在这个过程中，一定要有所定义，什么才是真正的勇敢？就好比之前所提到过的"勇而无礼则乱"，就意味着，勇敢也需要礼法来约束，不然就会跑偏，一旦"勇敢"的方向跑偏了，就会导致严重的后果。

还是拿《水浒传》里的故事做例子，很多孩子都先入为主地认为梁山好汉个个都是勇敢的英雄。但如果你真的读过原著就会发现，很多人做的事，虽说"勇敢"，但绝谈不上英雄。

就比如武松血溅鸳鸯楼这一回，武松因为被人陷害，所以要找蒋门神和张都监报仇。我能理解在那个年代的奋起反抗和有仇必报，但当他杀红了眼的时候，居然连旁边两个无辜的服务员都不放过，就着实让人胆寒。

又好比那个黑旋风李逵，在他为了逼朱仝上山，从而杀害了朱仝身边仅有5岁的小衙内那一回中，让我真正见识到了，有些人为了达到自己的目的可以有多残忍。

你说这两个人勇不勇敢？很多人会说他们勇敢的原因是他们的确敢作敢为。但这样的勇敢毫无礼法约束，毫无仁义扶持，所以那些无辜人的生命就成了他们行动的牺牲品。不管在哪个历史背景下，滥杀无辜的人都绝不能称得上是英雄，不是吗？

在这一句话中，孔子讲述的是言论与道德、勇敢与仁德之间的关系，这是孔子的哲学观。他倡导人应该更看重内在，从而由内在再转向外在。"言"和"勇"是外在的体现，需要"德"和"仁"于内在的推动。

如何面对校园霸凌？

　　或曰："以德报怨，何如？"子曰："何以报德？以直报怨，以德报德。"

　　这句话中的"以德报怨"我们经常可以在生活中听到，很多人把其当作是一个好的品质，从而去展示一个人博大的胸襟。

　　虽然这四个字是出自《论语》，但却很少有人去了解整句话的含义。曾经有人问孔子："用恩德来回报怨恨，怎么样？"孔子回复："那你又以什么来回报恩德呢？应该用正直来回报怨恨，用恩德回报恩德。"

　　是的，孔子从来不认同"以德报怨"，在他看来这不公平，当遭受到怨恨的时候，"以直报怨"是更合理的方式。

　　这里的"直"，在众多的注疏中都把它理解成直接的、正直的、光明磊落的。**这边我想和各位同学聊的是，当我们在生活中碰到各种怨恨的时候，要有敢于说"不"的勇气，敢于摆出"我不接受"的态度。**

　　就好比现在校园暴力屡见不鲜，很多人在想，为什么会有这么多的事例，我们的学生到底出了什么问题？如果我们把这些校园暴力用行为心理学来分析的话，就会发现，很多暴力演变到最后变得这么夸张，这么肆无忌惮，很大程度上都是被纵容的。直接纵容他们的不是别人，正是那个受害者本身。一次辱骂你受着，一次推搡你受着，直至最后被人打了还受着……最终导致那个恶劣结果的产生。

　　这里我要很严肃地和大家阐明一个观点，就是如果你在学校里遭受这样的怨恨，甚至是攻击，我的建议是"零容忍"。我知道很多同学会在一开始的时候想，这可能只是一个玩笑，没必要当真，也没有必要着手解决。但是你要知道，大多数的霸凌事件在一开始的时候，就是一个个所谓的"玩笑"堆砌起来的，每一个行为的递进，到了一定程度，就会变成难以收拾的局面。所以当你判定这是一种你不能接受的"玩笑"的时候，就要立刻提出你的不满和反抗，不要想着"以德报怨"，用直接的态度回应他们，这样子的行为，你是不接受的。切记不要成为沉默者，被怨恨、被欺负的对象，更不要让火苗变成火灾。

是的，"玩笑"会升级，"恶意"会蔓延，每一次你退让的底线都是下一次欺凌的阵沿，事态就是会发展到谁也控制不了的局面，你需要的是直接站出来，在火苗阶段就掐灭它，相信你自己，也相信你身边值得相信的人。

面对怨恨，敢于说"不"，敢于面对，是每一个人都要修炼的能力。

之后我们来谈"以德报德"。

为什么只有恩德才能回报恩德？我们要理解一件事，就是什么叫作真正的"对你好"？如果一个人用恩德的态度对待所有人，他用恩德来回报对他不好的人，也用恩德来回报对他好的人，那后者所受的那份恩德，还有没有它的价值呢？

你会发现，当一个人对所有人都好的时候，这样的"好"似乎没有多大的价值。什么叫作真正的"对你好"，就在于他对别人不这样，就唯独对我这样，有区别对待的"好"才叫作好，才是真正有价值的"好"。

比如我们都能感受到爸妈对我们的好，那是因为爸爸妈妈只对你这样，对其他人就未必像对你这般用心，你才能体会到这种好，因为这种好，就独属你一份。

如果恩德没有区别，那就没有价值。

我打一个同学们都能听得懂的比方。班级里的班干部之所以有价值，就是因为差异性和筛选性。你试想一下，如果一个班级40个人，有35个都是班干部的话，那这样几乎没有差异的推选，就失去了它的价值，选上的人不开心——别人都有的有什么好开心的？没选上的也不开心——别人都有我没有，凭什么？

所以，关于"恩德"一定要有差异性，一定要区别对待。在孔子看来，我们的"恩德"很有价值，正因为如此有价值，所以要把它用在有价值的人的身上。**记住那些对你好的人，记住那些有恩于你的人，把你的好，把你的恩德，回报在这些人身上，才更值得，不是吗?**

懂得识人，懂得识局

> 子曰："可与其言而不与之言，失人；不可与言而与之言，失言。知者不失人，亦不失言。"

这句话的意思是，该告知他人一些事情，指出他问题的时候，你不说，那么你就会错失这个人；不该说的时候你还要说，那就会说错话。一个智慧的人，不会错失人，也不会说错话。

在孔子看来，看一个人有没有学问，除了德行之外，一个很重要的面相在于，得看他会不会说话。当然，这里指的"会说话"并不是说言辞有多么好，前几讲当中也很多次讲到过，孔夫子从来不推崇"巧言"。这里指的"会说话"，是要看你能否判断什么时候该说，什么时候不该说；说话是否得体，是不是懂得分寸。

这也就告诉我们一个很重要的观念：什么时候要说话，说怎样的话，不是凭嘴，而是凭思考，也就是你当下的判断力。在你面前的是一个怎样的人？这是一件怎样的事？你要有自己的判断，这到底该不该说？

如果可以说，却不和他说的话，就很有可能会失去一个人。

这在老师这个职业上就体现得再明显不过了。我们在日常的教学中经常可以看到学生犯错，甚至有些时候看到家长身上也存在诸多问题，从而导致孩子的问题。

前阵子我曾经在朋友圈吐槽过一个现象，说我很不喜欢在小学阶段就听到父母那种所谓"我们家孩子就这样了，他不是读书这块料⋯⋯"的论调。因为在我看来，在孩子求学的过程中你什么都不做，什么都放任，不干涉，不引导，任由孩子和偷懒、贪图享乐等人之本性做斗争，然后一次次地败下阵来……然后看到反馈和结果就深深感叹——"他就这样了……"

我看到这样的论调会很生气，也会直接找家长来聊的原因在于，在我看来，这得有多懒才能甩出这样的锅。孩子并没有主动变成这样，是家长一个个选择让其变成这样，一天天的"就这样吧"所积累起来的阻力比你想象中要大得多。

作为家长，你可以遗憾，但是得先遗憾自己每天的偷懒，而不是遗憾你以为的孩子糟糕的资质。这是你的选择，而选择总得付出代价。

当我发出这样的论调的时候，身边也有很多人劝我说：家长都放弃了，你为什么还要这么坚持？多说多错多矛盾。甚至还有人直接攻击我：放下你那种助人情结，尊重别人的生活选择。

但我很不能理解的就是，老师这个职业，如果放下"助人情结"，那么将是多么大的悲哀……家长可以因为看到糟糕的结果而放弃，孩子可以因为没有正反馈而放弃，这个时候，如果老师也跟着放弃的话，那就早早地把孩子放入命运的河流，这多少有些不负责任。

有些话该说的你得说，家长不明白的观念可以灌输，孩子迷失了的方向可以引导。他们一定是做错了些什么，要不然不会像现在这副样子；他们也一定得做对些什么，要不然怎么改变现在这副样子……而你，就是能够帮他们改变的人，不是吗？

不要轻易地错失每一个孩子，是老师的使命。

另一种情况是，如果这个场合不适合说，你非要说，那就很有可能会说错话。

话语能起到作用，一方面是内容，另一方面是场合，两者都能顾虑到，才能体现话语的作用。

在生活中有一个词大家经常用，叫"敏感"。当有一句话说出去，对方有着很大的反应时，很多人会认为：哇，这个人，也太敏感了吧。

但这实际上真的不讲道理。每个人都有自己在意的地方，这是很有差异的一件事。你在意身材，但我毫不在意，所以当有人吐槽我身材的时候，我会一笑而过，对你而言可能就是一种攻击。我在意身高，但你不在意，所以当有人吐槽身高的时候，我会感到被冒犯，但你毫无感觉……

是的，每个人都会有那些不想让人踏进来的领域，一旦触碰，就会感到被冒犯。对于这一点我们要保持充分理解，理解他人的同时，就是在理解自己。

所以，当有一些话题别人感到被冒犯的时候，你要想的并不是——"你这个人怎么这么敏感？"而是要意识到，这个话题是这个人的禁区，我不能去冒犯触碰。这是交往过程中，最应该有的礼貌。

意识到这一点，我们就应该要知道，当我们面对人的时候，所说的话并不是统一标尺的。每个人都有着不同的成长轨迹，就意味着每个人的接纳程度都不一样。你得去做观察，去把控好说话时的度，当意识到话语会给人带来不适的时候，就要调整和停止，这样，你才会是一个会说话的聪明人。

孔夫子最后说："知者不失人，亦不失言。"的确就是这样。一个智慧的人要有一颗仁心，一个好的教导者不会轻易错失一个有机会的人。同样，一个有智慧的人也是一个懂得识人和识局的人，管住自己嘴的，永远是那颗明亮的心。

言语的局限与边界

子曰：*"君子不以言举人，不以人废言。"*

最近在讲的几句话，都和"言语"有关，讲的是如何判断言语和其他品质之间的关系，以及我们应该如何看待"言语"的作用。

这句话的意思是：君子不会因为一个人说话好听就提拔他，也不会因为不喜欢一个人，而不听他的话。

我们分开来看这两句话，首先是"君子不以言举人"。

上几节课说到"有言者不必有德"，也是在阐明这个道理，说话说得好听的人不一定品德高尚，也并不一定能把事做好。我们在前面谈到北宋奸臣蔡京的例子，他用花言巧语蒙蔽宋徽宗的心智，每一句话都极为"好听"，致使皇帝会处处信任他，但这一切都只是为了一己私利，最终却落得亡国的命运。

在《三国演义》中，我们熟知的"挥泪斩马谡"的故事，也是一样。马谡是一个非常能言善道的人，素有才名，很能得到诸葛亮的赏识。刘备在临终前曾叮嘱过诸葛亮，说马谡"言过其实，不可大用"。但诸葛亮仍然在北伐期间，在一场极为重要的战役中，相信了马谡信誓旦旦的话语，派他做先锋，不料马谡的才能仅仅只是"纸上谈兵"，到了战场却不懂得因地制宜，并且刚愎自用不听劝阻，最终落得失败的结局。

这样的例子还有很多。在历史上多少事情是因为相信说话好听的人而失败，所以在孔子看来，一个人的言语不足以成为推举他的理由。

那不听言语，应该怎么判断呢？

这里我的建议是：与其听他说什么，不如再观察下他是怎么做的。看他是不是言行一致。在这里就要提及孔子的另一句话，子曰："君子欲讷于言而敏于行。"这是一句我们时至今日仍奉为圭臬的话，它告诉我们一个很简单的道理——少说话，多做事。早在春秋时期，这个理念就已经成了智者行事的重要参考之一。在这个时代，也时时刻刻提醒着我们行动的重要性，所有的"说"，最终都要体现在"做"上，才有价值。

我们必须懂得一个观念：说好话不需要成本，而行动需要。

记得有一部名叫《后会无期》的电影，里面有一句台词被封为金句：听过好多道理，却仍然过不好这一生……很多人把它用在自己始终无奈的人生上。

但当我们仔细琢磨一下这句话，就会发现，如果仅仅是听道理的话，你当然过不好这一生，因为，你听了之后，根本就没有去行动啊！

比如我们在生活中经常有这样的体验，看到很多人下定了决心：成绩太糟了，我明天开始一定要好好学习。最近又胖了，我一定要好好减肥……

然而过了几天，就会发现这些人还是维持着原有的模式，并没有太多的改变。我们把它称为"三分钟热度"。那为何时常会有这种情况发生呢？就是因为说话是不需要成本的，当你说出你要好好学习，好好减肥的时候，那种下定决心给自己的内心带来的宽慰感，实际上已经在某种程度帮助当下的你缓解了焦虑了，而当你真的要去实施的时候，你会明确地发现，所有的行动都会有其相应的成本，你要牺牲时间、牺牲精力、调整作息、安抚心情……当你离目标越远，决心越大的时候，这样的成本就会越高，而往往在行动阶段，人们是不愿意一下子付出这么多的，这也就是为什么在做好决定之后，仍然会放弃的原因。

是的，说出一句漂亮话并不难，在这个时代，很多道理大家其实都明白。但要跟着去行动，却不容易，因为这需要实打实地付出和坚守。所以，言语并不是判断一个人的标准，或许，行动才是。

接着我们来看后半句"不以人废言"。君子也不会因为不喜欢一个人，而不听他的话。比起前半句，这更是一个很强大的能力，它要求你抛开成见去接纳一个人的话。

不可否认，在生活中我们都活在一定程度的成见下，这着实难以避免。你喜欢一个人，他所说的话你就会听，他所做的事你都能看得见，话越听越顺耳，事越做越顺心。即使犯错了，也会有足够高的容错率。这统统是因为眼前的这个人，你是喜欢的。

但相反，当我们看到一个不顺眼的人，他所说的话我们就很难听得进去，做的事也往往会刻意忽略，做错了，容错率也会相对较低。没错，这也仅仅是因为，这个人，我们不喜欢。

是的，几乎我们每个人都会有这样子的倾向，这是人之本性，难以避免。

但在孔子看来，君子就应该是一个开言纳谏的人，即使在你面前的这个人你不喜欢，印象不好，也不能作为全盘否定他言论的理由，如果这是有价值的言论，那是应该要听取和采纳的。

很多同学或许会有疑问，说那如果这个言论我不认同呢？我应该采取怎样的态度？

我们这里要回顾一下孔子所说的"六十而耳顺"。所谓"耳顺之德"指的就是，当你听到一句话后，即使你再不认同，也不要急着否定，让资讯先进来，在耳中得以停留与酝酿。或许你会发现，这个你不怎么喜欢的人，说出的这句不怎么中听的话，或许也有他在某种局势下的立场或不得已，或许也有他的原则与苦衷。这句话在你的立场上或许不成立，但在他的生命历程中，大概就有存在的理由和空间。"耳顺之德"就是要让你成为能够听得进任何话语的人，因为你的重点并不是在人的身上，而是应该放在他所阐述的那个观点，那件事身上。

我之所以说，要做到"不以人废言"是困难的，就是因为这是反人性的认知。当我们面对我们不喜欢的人时，对他的言论采取怎样的态度，也能看出我们对于自己的态度。**如果你可以站在更高的境界去看待的话，你会发现，即使是你不喜欢的人，他所说的话，对的能提供帮助，错的能磨炼心智。这一切，都可以帮你提高认知。**

找对人，就是找对方向

子贡问为仁，子曰："工欲善其事，必先利其器。居是邦也，事其大夫之贤者，友其士之仁者。"

这句话是子贡在问仁德，也就是达到"仁"的方法。孔夫子说的是：工匠要做好工作，就必须要磨快他的工具。在一个国家，要侍奉大夫中的贤能之人，与士人中的仁者成为朋友。

这是一段有着明确指引的对话，我们一句一句来看。

首先是一句耳熟能详的话——"工欲善其事，必先利其器。"它告诉你，要做好一件事，你的装备工具非常重要。

举几个例子：

你们是否看到过3000元一把的菜刀？当看到这个价格的时候是不是都会觉得匪夷所思，为什么一把菜刀值这么多钱？真正懂行的厨师就说，30元的菜刀、300元的菜刀和3000元的菜刀，如果对一个毫无切菜经验的人来说，是没有什么区别的。但是对一个高级厨师而言，就完全能体会出它们的不同，那刀把与手部的贴合，那刀刃的材质与角度，以及不同的刀所匹配不同的材料的最好效果的搭配，都能让一个好厨师如鱼得水。

再比如在跑步领域，近些年出现的碳板跑鞋，有些品牌的高端跑鞋已经卖到两千多元一双。如果你不跑步你也不会了解一双鞋卖这么贵是什么道理。而当你已然有了一定水平的时候，从普通跑鞋进阶到碳板跑鞋，你就会发现，当鞋上脚的那一刹那，跑步的姿态和动力就完全不同，在无需你多费力的情况下，都把你的成绩往前推进不少。

这就是好装备的作用。我相信在任何领域精进的人们都会了解到，当能力到达一定的程度后，工具和装备就会有很大的作用。

但是也经常会有人误解这句话，觉得装备很重要，那就不惜重金先搞定最好的装备。完了之后才发现，3000元的菜刀和300元的也没啥区别；2000元的跑鞋稍微跑一会儿就会腿疼……然后觉得这些高端的装备都是骗人的，因为对自己毫无用处。

我想，你是搞错了这句话的逻辑顺序，你得先动手做，做到一定程度之后，想要更进一步时，才要"利"其器。最重要的不是先想着"善其事"，而是"做其事"，只有做了，才有进一步"善"的可能和动力。

前半句就只是孔子的隐喻，那么在他看来，要达到仁德的真正"工具"是什么呢？

那就是："居是邦也，事其大夫之贤者，友其士之仁者。"

在一个国家中，首先要"事其大夫之贤者"，也就是要追随贤能的大夫，要找到好的人，为他们工作。

这个观点很重要。古时候一个再好的将领，都得要跟对一个好的主公，不然不但发挥不了自己的才能，还有可能引来其他祸端。比如跟着袁绍的田丰，又比如跟着吕布的陈宫，都是有着没有找对主公的遗憾。

对于我们现代人而言，跟对人也显得尤为重要。上学的时候能跟对一个好的老师，工作后能跟对一个好的领导或者好的老板，都能让你的学习和工作有着不一样的长进和启发。

那么所谓"跟对人"的标准又是什么呢？

我觉得最重要的是价值观的统一。你们可以有不同的方法，不同的喜好，但是理念要保持一致，大方向要保持统一。比如在一个公司里，员工觉得产品要以用户为本，而老板却认为产品要以利益为本。那么这就是两个截然不同的方向，价值观的偏差导致你们是怎么都融合不到一起去的。再比如在学校里的某位老师，他觉得传统文化是重要的，而文化的根基是教育的根本，但你的领导却完全不在意，导致这位老师没有空间去实施自己的理想和抱负，那么这里也不是他应该待的地方。

然后讲到"友其士之仁者"，意思是说要找到能干、有德行的人成为朋友。

对于朋友的概念，很多在中小学的同学，多多少少都有些偏差。当我们被安排到一个学校、一个班级里上课时，身边的同学是命运安排的，我们没得选。但在这么多同学中，我要选择谁成为我的朋友，这个，你是可以有选择权的。

什么样的人是朋友？不是一起玩耍，一起逗乐，一起追逐打闹的叫朋友，这些充其量只是"玩伴儿"。朋友是当你遇到一些麻烦的时候，当你遇到一些困扰的时候，他能够站在你身边，给予你陪伴和帮助的人，才叫作朋友。

朋友有一个最大的标准在于，不管你遇到什么事，他都会尽可能地把你"往上拉扯"，这样的人，值得珍惜。

就好比身边那些不断怂恿你陪他们去酒吧玩耍的人，你仔细想想他们的出发点，是为了你还是自己？我想更多的他们是为了自己的热闹和愉悦，他们想的，更多的是自己。

而当得知你要出去喝酒时，有人和你叮咛：你最近身体不好，一定要少喝点。这样的人想到的就只有你，他希望你健康，希望你更好，这样的人，才是朋友。

所以在孔子看来，当身边士人很多的时候，你要去选择那些有能力的人，他们会在各方面帮助你，拉扯你，使你成为更好的自己。更要去选择有德行的人，他们能够让你看清，做事乃至是人生的方向。希望你能够找到这样的朋友。

在一个国家，如果要做好一件事，什么能够帮助到你？那就是跟对能够带领你的人，找对能够把你往上拉扯的人。那就是跟对价值，找对方向。这对于成大事之人，何尝不是一种"利器"呢？

好的管理，要使人安定

人不患寡而患不均，不患贫而患不安。

这句话出自《论语·季氏》里的一段对话，由于这段对话很长，也都是在讲实事政局，所以就不全部进行讲解，只撷取这一句我们最熟悉的进行剖析。

这里提到两个观点，我们依次来看。

首先是"人不患寡而患不均"，指的是人不担心拿得少，但会担心不公平。

当然，我们这里不去讨论那种多劳多得、按劳分配的情况，在这种情况下，多付出的多收获无可厚非，我们讨论的是那种在相同情况下的比较。

在这种情况下，这是一种非常普遍的心态。就好比单位加工资，你加了500元，原本很开心，但听说和你平级的同事小张拿了800元，就马上会有不愉快的情绪产生。你问一下自己，这个不愉快是来自工资加得太少了吗？那如果你加800，却得知人家小张拿了1200，这样的不愉快会不会消失？答案显然是不会的。那你就能明白，这种不愉快不在于加工资的多少，而是在于在你看来，你的获得和旁人不一样，虽然都是加工资，但是老板并没有公平对待。

又好比前几年某品牌的车，前一批人购买的价格是30万，这是一个他们能够接受的价格，并且付款，提车，完成了所有的流程。但是没过几个月，这辆车价格就跳水了好几万，那么前一批买车的客户就不买账了，他们纷纷要求公司给一个说法。可明明之前那个价格也是你能接受的，并已经履行合约，那为什么现在又要来讨说法呢？就是因为现在的这个价格让他们觉得不公平，是自己吃亏了。

是的，这种差异就来自与他人的比较。在相同的条件下，一样东西，你有，我也有，那很好；你没有，我也没有，这也没关系；但如果你有，我没有，那就会造成内心的冲突。

就如同上海疫情封控期间，居民们都被封在家中，足不出户，等着居委会物资的投放。实际上居民们也没有过多指望这些物资能够帮助自己解决什么实际问题，我们该团购的还是团购，该抢菜的仍然抢菜。但为何之后有些小区会迸发出这么激烈的情绪，那就是因为有些居委会发放的物资极为充足，两天一发的频率加上品种的齐全，让其他街镇的居民们产生了不满——"凭什么他们有，我们没有？"带着这样的情绪，就很容易引起冲突。

所以对于我们一般人而言，这句话能够给我们什么指引呢？**就是在我们日常的管理中，无论是家庭的管理——比如家中的几个孩子，还是单位的管理——公司的几百号员工，我们都得明白"人不患寡而患不均"的道理，想问题的时候，一定要考虑周全。**

我们再来看"不患贫而患不安"，指的是不担忧人民贫穷，只担忧国家不安定。

为什么我们始终要强调一个国家的"安定"呢？那是因为"安定"是一个国家可以给予他们人民的最好的礼物。

我们说到人的"需求金字塔"时可以发现，人最底层的需求是温饱和安全感。在一个国境内，我能否吃饱穿暖，能否有着足够的安全感，是我在这赖以生存的首要条件。

每每当我们看到世界其他国家身处动乱，人民流离失所，看到街头的孩子彷徨的身影、无助的眼神的时候，我们都会感到一种极为无力的苍凉感。正因为有了这样的比较，我们也很清楚地了解到，我们国家给予我们最好的礼物，就是那种极为稳定的安全感。这样的安全感无须你做多少努力，正是一个国家长期以来的建设和发展所积淀下来的底气与实力，能让你安心生活，能让你坦然工作。

　　所以在这段话后，孔夫子也如是说："盖均无贫，和无寡，安无倾。夫如是，故远人不服，则修文德以来之。既来之，则安之。"意思就是分配公平，就没有贫穷；上下和睦也不必担心人少；社会安定了，国家就没有倾覆的危险。照这样去做，远方的人如果不归服，就修文化道德使他归顺；他们既然来了，就要使他们也安定下来。**这就意味着一个管理者，小到一个家庭，大到一个国家，都要有"人不患寡而患不均，不患贫而患不安"的观念，这样才能使人信服，才能让人安定。**

结益友，远损友

子曰："益者三友，损者三友。友直、友谅、友多闻，益矣。友便辟、友善柔、友便佞，损矣。"

这句话中，孔子做了一个关于朋友的定义，他觉得有益的朋友有3种，有害的朋友也有3种。

那之前的课中也说到，我们每个人都要先厘清关于"朋友"的概念，很多人容易把"朋友"和"玩伴"搞混。真正好的朋友在我看来，有一个共同点就是，他可以在交往中不断地将你向上拉扯。这样的朋友，你是可以选择的。

如何选择呢？这里孔夫子就给了你他的指引。

"益者三友"指的是"友直、友谅、友多闻"。也就是说有益处的朋友，是正直的，是诚信的，是见多识广、知识丰富的。

正直的朋友是你人生中的标杆。他有着自己的行为原则，这样的原则是以"正直"作为标准的话，那就会是你人生中的明灯，他会告诉你什么是可以做的，什么是不可以做的。

比如在我小的时候，有一次班级里的同学带了一个很受欢迎的游戏机来学校，同学们都很眼馋。有一节体育课，我和几个小伙伴因为身体原因留在教室，看到那个同学的游戏机就放在桌兜里，有人就提议，我们直接拿来玩玩，反正他也不知道。这时，有一个男生就表示不行，即使对方不知道，也不能私自去拿别人的东西，想要拿就一定要经过别人的同意。这个是他的原则。当我看到好几个男生仍然我行我素的时候，只有他一个人默默坐在角落，明明很感兴趣却也不去看，不去碰，只是闷头做自己的事。我想，这样的人，是值得交往的。

诚信的朋友是你的依靠。为人诚信的人，内心想的不只是自己，还装着他人，一个有诚信的人就是最为靠谱的人。

同样是在班级里发生的事。记得是小学三年级的时候，有一天放学和一位男生一起回家，已经走了很远了，突然见他停下脚步，然后"哎呀"一声。我赶紧问他怎么了，他说今天轮到他值日生，但是他忘了。眼瞅着已经走了很远的路了，我就提议要不今天先回家，明天再做吧。他低头想了想，表示仍然不行，如果明天再做，会影响其他人的，况且答应了今天的值日，今天就一定要完成。说着他就飞一般地跑回学校了。这件事我到现在还记得，在我看来，一个心里不只有自己，还想着他人的人，一定就是一个值得交往的人。

多闻的朋友则会是你的导向。当你在生活中遇到问题时，当你需要找人倾诉时，你找到他，他能够凭借着自己的阅历和学识去开解你，去引导你，去一针见血地指出问题所在。这样的人自然是值得交往的，你在他身上可以学到很多，在你们的交往中，他可以带你看到不一样的角度，分析出不一样的结果。

以上3种朋友在孔子看来，就是值得去交往的。但很多同学听到这里会说：这样的朋友哪会这么好找的呢？遇到一个正直、诚信、博学之人，还能和自己产生心灵契合的朋友，真的是需要缘分的。

没错，朋友的遇见的确是需要缘分的，但是当这个人出现的时候，能不能准确洞悉，却是我们自己可以掌握的。当你尚且不能找到"益友"的时候，或许规避一下身边的"损友"，也是极为重要的。

那么，"损者三友"指的是"友便辟、友善柔、友便佞"。意思是有害处的朋友，是谄媚的，口是心非，巧言令色，维持表面和气的人。

这在我们的日常生活中太过常见了。你们有没有发现，现在有很多人，做事明明很离谱，却不自知。比如喜欢半夜发消息给你的老板，又比如一上台就滔滔不绝，但是毫无重点，车轱辘话来回转的领导。

你会发现，明明是一个人人皆知的弊病，别人都知道这是不对的，这是不好的，为什么他却会不知道呢？尤其是身居高位的人更是这样。我对这类人群做过很长时间的观察，发现，这就是"友便辟、友善柔、友便佞"的力量。

当某位领导在台上不知所云后，底下的人可以闭着眼睛说："您说的可真棒！听了您讲的话后，我们受益匪浅！"……

当半夜收到工作消息后，群里一连串跟着的都是"老师辛苦了，这么晚还在工作！您为了我们真是煞费苦心啊"……

唉，很多明明不合理，却又被始终贯之的行为，大多都是被底下的谄媚和花言巧语供起来的。底下的人碍于身份，碍于仕途，没有人敢说你不好，所以他就以为这些都是对的……这是多么天大的误会啊！

是的，那些奉承，那些谄媚，会让你对自己的判断产生偏差，时间越长，偏差就越大。遗憾的是，一旦这样的关系发生变化，这些你这么多年自以为的"正确"就会化为泡影，不用怀疑，这就是损友的代价。

注意说话时的三种过失

子曰："侍于君子有三愆：言未及之而言谓之躁，言及之而不言谓之隐，未见颜色而言谓之瞽。"

这句话的意思是说我们说话时要注意三种过失：不到该说的时候就说叫作急躁，到了该说的时候不说叫作隐瞒，没有看到脸色就说，那就是眼瞎。我们一句句来看。

一、言未及之而言谓之躁

过失一：在不该说的时候就说，这叫急躁。这意味着我们在说话的时候，要更为谨慎。

那怎么来判断什么时候是"不该说的时候"呢？

生活中的很多场合，说话都是有顺序的，在还没有轮到你的时候，不要冒失。就比如很多人喜欢在别人讲话的时候插嘴，等不及别人讲完就要发表自己的观点。又比如在大家轮流发言的时候，你硬要插到前面去。

这样做会有两个很显性的弊端。

首先这会造成别人的反感，因为在我们既有观念中，插话是一种冒犯，这个行为是不礼貌的。造成别人反感后的发言，是得不偿失的。

其次这会拉高别人对你的期待，在还没有轮到你说话的时候你急着要说，很多人就会想听听看，你到底要发表怎样与众不同的想法。被人抱有高期待的发言，是危险的。

另外一个"不该说的时候"就是，当你还没有完全搞明白的时候，不要急着说。

这在课堂中很常见，当一个学生听到老师或者同学提出一个和自己原有认知不一样的东西时，就会马上提出质疑。

在我的课堂上也曾出现过这样的场景。当讲到一个知识点的时候，一个男生马上跳起来说："老师，你讲得不对，不是这样的！"当然，这样质疑的精神是值得鼓励的，但是我更想分享的一点是，当发现有东西和自己原本想的不一样的时候，比起质疑，我更建议你先求证，看看到底是老师讲错了，还是你原本以为的就是错的。有了"且慢"的观念，才会让有着质疑精神的你，在之后变得更为稳重，显得不那么急躁。

二、言及之而不言谓之隐

过失二：该说的时候不说，叫隐瞒。这意味着我们在说话的时候，要更为坦诚。

那怎么来判断什么是"该说的时候"呢？

对于我而言，当身边的朋友或学生出现了问题，你明明已经发现了，并有希望去纠正，去改善，这个时候，一定要说。

比如网课期间，我看到几个学生的作文都是网上抄袭的，要不要说？当说了之后，上交上来的文章仍然是敷衍了事，要不要再说？很多人劝我，在这种特殊时候，就不必说了，由他去吧。但作为老师的身份，但凡我任由他去，那就等同于放弃，他可以有权不改，但发现问题的我，应该要说。

再比如学校里看到一些学生做出危险的动作，虽然还没有造成严重的后果，你看到后要不要说？他们不是你自己班的，你选择视而不见也没有问题，但如果你把眼光放在学生身上，出于他们的安全考虑，那么看见了，就一定要说。

我很能理解为什么现在很多人会选择明明看见了也不说，因为不说就意味着维持现状，就意味着不用改变，也就意味着不用付出成本。而一旦说了，就意味着要去参与，要着手改变，要承担责任……所以很多人会有这样的顾虑：说了会不会影响我们的关系？说了会不会得花更多时间去处理？但是这样的顾虑其实考虑的都只有自己，但凡你考虑的是他人的话，你就会觉得，我宁愿付出那些潜在的代价，也要去说的理由在于，我不希望你有过错，我希望你可以更好……

三、未见颜色而言谓之瞽

过失三：没看到别人脸色就说，那就是眼瞎。这意味着我们在说话的时候，要适当判断，要更为得体。

"见颜色"在生活中往往是最难的。很多时候，一句话该说，或者不该说，亦或者以何种方式说，都得参考你面前那个人的脸色。会参考脸色的人，说的话不一定对，但往往就是最为得体的人。

历史上这样会察言观色的人非常多。唐朝早年，唐高宗想立武媚娘当皇后的时候，顾命大臣褚遂良就极力反对，觉得这有违伦理，多次谏言，都不被采纳。而高宗的脸色却是一次比一次难看。当有一次高宗再问李世勣时，李世勣已然发现，已经没有人可以阻止高宗做出这样的决定，询问大臣也只是走个过场。但他又不能违背自己内心的伦理秩序，就说了一句非常有名的话："此陛下家事，何必更问外人！"从而让高宗坚定了决心，李世勣也保全了自己。

我们站在历史的上帝视角，并不能说李世勣这样做在当下完全是对的，但在那个局势中，或许是最稳妥的做法。

在生活中的我们也经常会遇到这种场景，当朋友买了一件并不划算的东西时，你刚说两句就发现他脸色不对，这个时候还要不要继续；当你向他人提出要求时，发现他面露难色，或欲说还休的时候，还要不要勉强……这些，都是可以观察得到的。

所以在儒家的教导里，告诉我们无论是说话还是行事，在坦诚的基础上，要谨慎，要有适当的判断，注意当下的得体，以及自我修养的体现。

"恭宽信敏惠"的指引

> 子张问仁于孔子，孔子曰："能行五者于天下为仁矣。""请问之。"曰："恭、宽、信、敏、惠。恭则不侮，宽则得众，信则人任焉，敏则有功，惠则足以使人。"

这句话讲到，子张问孔子如何达到"仁"的境界，孔子给出了5个字：恭宽信敏惠。

其实孔夫子经常用这种集中描述的方式给予他人意见和指引，比如"仁义礼智信""温良恭俭让"都是很有名的五字真言。这里说的"恭宽信敏惠"则是根据提问者子张的特点而来的。

前面我们有提到，孔夫子是一个极为倡导因材施教的老师，每一个学生都有不同的优缺点，即使他们问同样的问题，孔子给出的指引也是不一样的。子张的缺点则是不够宽厚，性格稍显急躁，当这样的他提出如何达到"仁"时，"恭宽信敏惠"就是最好的答案。

恭则不侮：恭敬地对待他人，就没人侮辱你。

恭是表现出来的对待他人的态度，很多时候是与内心的敬相辅相成的。只有内心足够诚敬，才能显示出恭的样子。**对于我们来说，这句话教会我们的是为人处世的一个观念：在对待他人时，要有基本的尊重。无论对方的地位如何，身份如何，能力如何，都要平等地去对待。**恭敬的最大好处就在于，当你用这样的态度去对待别人时，很大概率对方也会有同样的态度对待你。我们可以设想一下，身边那些很有礼貌、很有涵养的人，对你说话做事都极为得体，面对这些人的时候，你也自然会用这样的态度去对他。是的，这样的人是很难遭到反感，乃至是侮辱的。

　　宽则得众：容得下他人犯错，愿意跟你做事的人就会多。

　　这里要告诉我们的是：如果你有管理权，在你这，得有容错率的存在。一个没有容错率的管理者是很让人感到害怕的，渐渐的，别人就会远离他。

　　隋朝的隋炀帝就是一个很典型的例子。在开凿运河的时候，他对底下的人极为严苛，稍有不慎就会导致灭顶之灾。比如有一段运河在开凿的时候一定要下挖到某个深度，定下一个指标后，在检查的时候就会拿那种长腿的测量器进行测量，一旦卡住，就说明深度不够。一旦发现深度没有符合既定的要求，负责这一个段落的人就会被杀。时间一长，老百姓人人自危，帮你做事太危险了，太没有保障了，才会逐渐有之后的起义发生。你看，一旦在你这里没有容错率，自然就会失去人心。

　　我们现在很多领导和管理者都会以自己的标准去定期待，期待一高，问题就会变多。你得知道，之所以你可以成为管理者，大概率你的观念和能力都会比常人要强，而如果你用你的标准去衡量底下的人，这是不公平的。如果你不容人犯错，那么就不会有人去做事，更不会有人敢挑战。

　　就好比现在有些老师，他们鼓励孩子要举手发言，上台说话，出发点自然是好的，但是一旦有学生回答错误，或者说得糟糕，你就要严厉批评，甚至加以惩罚，那么导致的结果就是，以后再也不会有人愿意走上台来。

　　所以，放低你的期待，宽容地对待他人，要允许别人犯错，是一个管理者、教导者应该有的理念。

　　信则人任焉：你得讲信用，别人才会重用你。

　　讲信用的道理人人都懂。在这个章节里，我要告诉你的是，如何讲信用才更有效。

　　我们一般人习惯的是"被动信用"。就是一切的因素等别人给你设定好了，你按要求完成。

　　比如接手一个项目，老板对你说：这东西下周必须交。然后你赶在下周前按时完成。

再比如你借了朋友钱，朋友对你说：这钱下个月要还。然后你在下个月如期还清。

当然，这些都是讲信用的体现，但这些都属于"被动信用"。

我们建议，如果可以选的话，要选择"主动信用"，效果会更好。

接手一个项目，不用等老板和你说时间，你自己了解后说：这个项目我会在下周三下班之前做好给您。然后果然在那个时间点，完成了自己允诺的事。

再比如借了钱，也不用等朋友开口，自己先说这笔钱我会在下个月1号打到你的卡里。然后过一段时间自己主动提及一下此事让朋友安心，一到下个月1号就立马还钱并告知朋友。

你仔细感受一下，"主动信用"给他人带来的感觉是不是不太一样？**它可以帮助你主动建立靠谱的原则，无须提醒，自己履行**。试问这样的人，又有谁不愿意共事呢？

敏则有功：机敏的人，就能成就事业。

机敏是一个很宽泛的形容词，对于现代的我们而言，什么样的人才能称之为机敏的人，而机敏又能给我们的事业带来什么帮助呢？

或许有一个非常重要的定义在于，**所谓的机敏，就是凡事不只是想到一个定点，而是在目标不变的情况下，可以根据局势有着不同的路径**。

在黄执中的课上曾经讲过这么一个例子。他说如果现在我要在家里挂一幅画，需要一把锤子钉钉子，但你满屋子都找不到锤子，该怎么办？很多人给出的答案是去借、去买，甚至是自己做一把……如果你是这样想的话，那就意味着你的思维很局限，因为你满脑子想到的就只是"锤子"。

如果你可以想到，找到锤子并不是你的目的，你的目的是要把钉子钉在墙上的话，在你的脑中就不只有"锤子"了，你会发现一切可以钉钉子的物件，可以是扳手，可以是石头，可以是任何坚硬的物体。

如果你再想深一层，其实钉钉子也不是你的目的，你的目的是要把这画固定在墙上。带着这个目的，或许在你的眼中，还会出现绳子、胶带、钩子等物品。

如果还可以进一步，其实挂画也并非是你的目的，你的目的只是想让这面墙不那么单调的话，那么拼图、日历、墙贴……都能变成你的选择。

是的，解决问题从来都不是一个线性思维，不是只有一个固定答案等你去操作。如果你可以成为一个找得准目标，并且可以灵活调用思维的人，那么你就是一个机敏的、可以对你抱有期待的、甚至可以有望成就事业的人。

惠则足以使人：给人恩惠，为人厚道，这样就足以使唤人了。

这里对于"惠"的诠释，我们不要只停留在物质的恩惠，觉得只要给人好处，就能使唤人。这不能说错，但绝不是我们的主要倡导。

我们要理解的是，为什么要强调"使人"的重要？那是因为只有能够"使人"的人，才更能管理好团队。团队管理中的"恩惠"，更多的是一种胜利果实的分享，是一种成功乐趣的享受。

我记得曾经在我班级里举办过一次课本剧大赛，最终胜利团队的队长在获奖后说的一番话，我到现在还记得，并且对之后的学生津津乐道。当其他队员在谈自己的获奖感言时，都在说我自己在其中做了些什么时，这个队长最后说的却是：这是大家一起努力的成果。在这个过程中，这个男生负责撰写剧本，这个故事之所以这么精彩，完全出自他的成果；这个女生负责道具制作，我们所有人的道具，都是她负责设计完成的，这真的是帮了我们一个大忙；还有这位男生，你别看他戏份少，每次排练的时候，都是他带动的气氛，以至于每一次的排练我们都过得很愉快……这位队长就这样把每一个人的功劳都说了一遍，唯独没有讲自己的。当所有人都在谈"我……我……我……"的时候，她提到的都是"他……他……他……"

之后班级里的每一次活动，这个队长几乎都能一呼百应，同学们都愿意跟着她活动。我想，这就是团队中"恩惠"的力量，这也是所谓"惠则足以使人"的真正含义。

"恭宽信敏惠"，这五个字是孔子针对子张的性格特点所提出的达到"仁"的指引。对于现代的我们而言，也都能从这五个字里提炼出符合自己生活情境的观念。这也就是我在序中说的那样，《论语》里的话看似简单、平淡，都在讲一个个的道理，但是如果你把这样的道理，糅合自己的生活，自己的阅历，就显得极有味道。你会发现，几千年前就有这样了不起的观念在引领着那些读书人，它教你如何做事，也教你如何处世，并历经时间的洗礼，让现代的我们，都能感受到这经典的魅力。

孝悌是仁道的根本

> 有子曰："其为人也孝弟，而好犯上者，鲜矣；不好犯上，而好作乱者，未之有也。君子务本，本立而道生，孝弟也者，其为仁之本也。"

接下去几章，我们会讲到在家庭中的相处。家庭是一个人最为根本的存在，几乎所有人从出生开始，就有了家的概念，我们在家庭中成长，也在这样的成长中慢慢磨合。是的，哪怕是家庭成员之间的关系，也是需要维护和经营的，甚至越亲密的关系就越要懂得处理和维护。无论是父母，还是子女，都在交往的过程中，渐渐学会怎么成为好子女，又怎么成为好父母。

先来看这句话。本意是——有子说："那种孝顺父母，敬爱兄长，却喜好犯上的人，是很少见的；不好犯上而喜好作乱的人，是不曾有的。君子行事致力于根本，确立了根本之后，道也就产生了，孝悌就是仁道的根本吧。"

这里有个词叫"君子务本"，也就是告诉你做人要抓住根本，悟道就是要把根扎实。我们所追求的"仁道"的根本，在孔子看来，就是孝敬父母，敬爱兄弟。

我们都知道，在孔子的学说中，"仁"是核心的思想与追求，我们倡导"仁者爱人"。这样的思想要如何落实到自己的生活中去，那么首先就要从自己的家庭着手，从如何对待自己的家庭成员着手。

所以在有子（孔子的学生）看来，一个人如果懂得在家孝敬父母，善待兄弟姐妹的话，那么在社会里，他就不会犯上作乱。那放到现在的情境中，或许就是更为懂得如何尊重上级，优待朋友和同事，从而促进人际关系的和谐。

是的，中国自古以来讲究孝道。我们说，不爱父母，而爱他人者，谓之悖德。意思就是你去看看你身边的人，如果这个人对他的父母都不好的话，反而对其他人很好，那这样的"好"是站不住脚的，一定是有目的的，因为这是极为不合理的存在。

如何去做一个孝顺的人呢？在我的课堂里，我们不讲那些极为古典的孝道，要求我们刻板地去做一些事体现自己的孝心，这不是我们这个时代所倡导的。我们所讲究的"孝悌"，或许可以从家庭关系的根本上去着手改善。如何维系一个家庭的良好关系，在我看来，学会沟通极为重要。从这一节课开始，我们也会着手和大家讲述一系列的与家人沟通的观念和技巧，一个从小家庭沟通良好的人，一定是一个对父母有孝心，对兄妹有爱心，情绪稳定的幸福之人。

是的，多与家人沟通，善与家人相处，希望我们爱对方都不只是因为血缘。家庭的根一旦立住了，人生就一定有更为豁达的可能。

尽力担负起自己的人生

孟武伯问孝。子曰：“父母唯其疾之忧。”

孟武伯问孔子孝道，孔子对他说：孝道就是，“父母只为你的疾病担忧”。

为何要对孟武伯说这些话，那是因为在那个时局下，孟武伯很有可能会发起政变，孔子是借由这句话在告诫他得谨慎地处事。

这句话历来有很多种解释，在我看来，唯有这种解释最能体现孔子对于孝道的诠释。对于我们现在的人而言，这句话能给出的指引是：孩子成年后，除了生病无可避免之外，其他事就不要再让父母担忧了。

是的，中国的父母亲真的是太过操心了，小时候要操心孩子的吃喝拉撒，大一些要操心孩子的学习，再大一些要操心孩子的择校，上了大学后要操心孩子的就业，工作了之后还要操心孩子的感情……他们会义无反顾地操心到他们无力操心那一天，实在是太累了。

作为子女而言，我们要做的，就是尽早地担负起自己的人生。我曾经在课堂上问过同学们，你们觉得一个孩子的长大，有没有什么标准？是不是像一般人所认为的，只要我到了法定的成人年龄，就意味着我长大了？你会发现显然不是。我们去观察下身边的人，很多人即使已经步入中年了，却仍然没有长大；很多人虽然很小，却俨然是一副大人的模样。是什么让你有这样的感觉呢？

或许，就是对自我的担当，以及对他人的体谅。

当一个人决定要对自己的人生负起责任的时候，当他知道他不能什么事都得依靠父母，甚至刻意不让父母为他担心的时候，那或许就是他开始长大

的时刻。

所以你就能理解，那些让我们感动的故事里，那些漂泊在外的子女，每每打电话回家时，都不曾说自己在外过得有多辛苦，甚至编造一个善意的谎言，让父母安心自己在外的生活。这种报喜不报忧中藏着的，是对父母最大的体谅和深爱。

关于如何和父母沟通我们的生活和问题，或许我有一个故事可以给大家一些指引和参考。

我有一个正在读研究生的朋友，家在外地，只身一人来上海念书，由于所有的生活费用她都要独自解决，所以半工半读的她过得着实也不轻松。记得有一次在外活动的时候，她接到家里的电话，电话里她和她妈妈说道："我这里的生活还不错，读书有些累，但是还算习惯；老师、同学都对我挺好的，就是功课方面我的导师略微严厉了一些，但严师才能出高徒嘛；说到食堂的饭菜，那我得和你吐吐槽，这个真的不好吃，我想你做的家常菜了，尤其是那个红烧肉，哪儿都吃不到这种味道，我下个月回家可得给我准备好略，我想这一口想了很久了呢……"

就这样，她和她妈妈聊了很久，在整个聊天的过程中，她表露出的高兴和期待，让我这个旁观者都能感同身受。我特别能想象电话那一头的母亲在听完这通电话后的心情，一定是高兴的，因为她什么都不用多想，女儿把她的生活一一作了交待，有好的，有不那么好的。好的是让母亲高兴的，不那么好的，也是能想办法让母亲消除担心，并以为这是女儿对家的依赖和爱的代价。

这是一通在我看来"教科书"一般的电话，她所有的情绪里，体现的都是对父母的爱与体谅，并用一种最为自然且真实的方式，让不在自己身边的他们，安心且快乐。

如何愉快地和老人聊天？

> 子游问孝。子曰："今之孝者，是谓能养。至于犬马，皆能有养；不敬，何以别乎？"

在这几个章节里，很多人都在问孔子如何才能做到"孝"，孔子也针对他们不同的情况给出了不同的指引。

在这一节里，当身为学生的子游问"孝道"的时候，孔子的回应是特别直接和明白的：今日所谓的孝，就是能供养。你养马养狗也是这样的；如果你不尊敬他们的话，和养马养狗又有什么区别呢？

这句话对于现在的人来说，是很有启发的。很多人觉得所谓尽孝，就是给予物质方面的丰富，这样就够了。不知道各位有没有在身边看到过这样的子女，他们常年在外奔波，好些年都不见人，留着老父亲、老母亲一个人在家过活。当父母有些什么事的时候，他们也匆匆赶回，扔下一笔钱又立马走了。当有人指责他们的时候，他们也满腹委屈地表示，我每个月都往家里寄钱，老爷子、老太太不愁吃不愁穿，这难道不是尽孝吗？

很抱歉，这真的不算。

我曾经看到过这么一个故事。一个独居的老爷爷谎称自己快要死了，让邻居打电话给他的5个子女，让他们回来见最后一面。子女们听到消息后匆匆赶回。当所有人都到齐的时候，老爷子在众人诧异的目光下，从冰箱里拿出一个蛋糕放在桌上，向子女们说道："今天是你们已故妈妈的生日，我一个人给她过太冷清了，把你们都叫回来，给妈妈一起过个生日，也陪我说说话，我已经好长时间没有见过你们了。"孩子们听到后面面相觑，纷纷表示为何不说实话，而要以这种方式让他们回来？老爷子无奈地表示："我只想一家人一个都不少地聚在一起，我想来想去，只有用这种方式才能让你们都回来……"说到这里，5个子女互相埋怨了起来，哥哥怪妹妹为何不多来看看父亲，姐姐怪弟弟也不知道关心下爸爸……他们都表示，每个月都给父亲送来很多吃的，穿的，用的，以为这样就足够了。老父亲拉开帘子，里面都是子女们送来的食品和礼物，他都来不及拆开，全都堆积在这里……老父亲无奈地说道："我什么都不缺，缺的就只有和你们在一起的时间，你们，都太忙了……"这时，5个子女才纷纷低下头，然后好好地围坐在一起，陪着父亲度过了整整一晚。在老父亲看来，这是他这些年，最快乐的一晚。

周杰伦有一首歌叫《外婆》，里面的歌词唱道："大人们以为出门之前，桌上放六百块就算是孝敬，一天到晚拼了命赚钱，而少了关怀又有什么意义？外婆她的期待，慢慢变成无奈，大人们始终不明白，她要的是陪伴，而不是六百块，比你给的还要简单……"

是的，所谓的孝心，不只是物质方面的满足，更重要的是那一刻懂得陪伴，充满敬意的心。不要总拿物质去代替自己的孝心，如果仅仅是这样，在孔子看来，这和养动物没有什么区别，管好吃、管好喝，其他都不用上心的话，这根本就不算是尽孝。

接下去我们来了解一下，为何在子游问孝的时候，要对他说这句话呢？

这是由于在这个时候，孔子已经年老了，他的很多学生已经不愿和他多说朝中的事了，孔子多少有些不悦，所以才会有所谓"不敬，何以别乎"的感叹。

那么问题来了，道理我们都已然知晓，那在日常生活中，我们又该如何去体现自己对老人的尊敬之心呢？到底应该怎么去做呢？

这里我用我自己的方法来和大家做分享。

我向来都是一个很受老人家欢迎的人，每每和老人聊天、说话的时候，我都可以让他们很愉快。当和老人聊天的时候，"听"和"回应"就显得尤为重要。

首先，你要先学会做一个很好的聆听者，越是和年迈的人说话，就越要认真聆听。那些年迈的老人之所以每次和人聊天都会有很多话说，就是因为他们平时没有多少这样的机会。当你能够听他说话的时候，他对你的期待实际上是很高的。所以一旦你表现出敷衍和不耐烦，那种落差是会让人难受的。而认真聆听，就不会让对方期待落空。

其次，要懂得给出"回应"。这样的"回应"并不要求你完全明白对方的话题，其实你完全可以不必懂对方究竟在说些什么，你只需要在认真听的基础上，给出你的情绪，比如：

惊讶——"咦，怎么会这样呢？"

好奇——"哇，这您得和我好好说说。"

赞赏——"这也太棒了吧！"

生气——"他怎么能这样呢？！那之后呢？"

……

是的，只要你在聊天的过程中给足这样的情绪，对方就会觉得自己是被看见的，是被尊敬的，是被需要的，就自然愿意继续和你讲下去。

很多人或许会觉得这种只是聊天的技巧，而在我看来，这是懂得要对老人心存敬意后，应该要知道的方法与渠道。所谓的孝心，并不是要让自己心安，而是要真真切切地让对方感到爱与温暖。

如何对家人保持好的脸色？

子夏问孝。子曰："色难！有事，弟子服其劳；有酒食，先生馔，曾是以为孝乎？"

这句话中，子夏问孔子如何尽孝，孔子的答复为："有事，弟子服其劳；有酒食，先生馔，曾是以为孝乎？"意思是："遇到事情，你们小辈去做；再拿点好吃好喝的来给长辈享用，这就是尽孝了吗？"

他的意思与之前和子路说的相近，所谓的孝道不能仅停留在表面上，那些外在的、物质的事物，并不是尽孝的体现。

之前和子路说的尽孝之道是要对父母有着发自内心的敬爱，而在这句话中，孔夫子提出了一个更高的要求，就是"色难"。意思就是，侍奉父母，要长期保持好的脸色，是一件很困难的事。

为什么说长期保持好的脸色是一件难事呢？那我们不妨想想在我们现实的生活中是不是常常有着这样的感觉：

我们都会把最好的一面留给外人。和同事相处的时候，面对客户的时候，哪怕是对待陌生人的时候，我们都会极为体面地保有相处的礼仪。但和家人在一起的时候却不是这样，我们难免争吵，甚至一件小事都会抱有极大的情绪，为什么会这样呢？

这里有一个理论，来自心理学家弗洛伊德，他把自我的构架分为3个部分。

第一个部分叫作"超我"，就是理想的自己，那种促使自己变成更好自我的理想性力量。我们在生活之中经常会发现自己是自己的观察者，遇到事情的时候会问自己：为什么工作不再投入一些呢？为什么生活不再努力一些呢？为什么做事的时候不能再细致一些呢？这种督促我们、鼓励我们、希望我们变得更好的力量，我们把它叫作"超我"。它就好像天使一样，始终拽着我们，向理想层去做进一步的跃升。

另外一个力量，叫"本我"。它象征欲望，特别是那种"堕落"的欲望。比如冬天起床时的拖沓，比如独自在家上网课时的涣散和逃避，那种让你向安逸的欲望去屈服的力量，叫"本我"。

"超我"象征理想，"本我"象征欲望，一个让我们向上跃迁，另外一个则把我们向下拉扯。这两股力量最终合力到了一个中间，形成一个在自然状态中得以妥帖表达，正常示人的那个自己，叫"自我"。

"超我、本我、自我"这就是关于"我"这个复杂概念的内在结构分类。

回到原本这个问题：为什么我们对待他人可以如此得好，但往往对待家人的时候却没有那么耐心，很难控制自己的情绪？

弗洛伊德的这个概念会帮助我们来理解。当我们在家庭这种熟悉的、安全的、有确定性的环境中，会非常放松。处在这种状态的时候，我们的潜意识就会推动自己表现出最真实的状况。而当你在一个相对陌生的环境中，你就会在乎别人对你的评价和印象，所以你就想把自己变得更好一些，那种"超我"的力量就会发生。

所以你会理解，你没有办法在家里，在亲人的面前表现得那么耐心，没有那么的体面，没有那种在职场中的那种待人接物的方式，就是因为我们会放松，我们变成了自己最真实的、不需要控制和防卫、不需要包装与粉饰的自己。因为你知道，即使你是这样的你，你的父母，你的家庭，都不会不要你，都不会不爱你，你，绝对安全。

当我们了解了这么一个观念之后，我们就要知道，之所以对着父母很难长期保持好的脸色，就是因为在家里的你"本我"的力量始终在发酵。但如果你懂得了这个理论，你就应该意识到，当"本我"的力量席卷而来的时候，你得调整，你得修正，不然这种彻底的放松会让你丢失与家人相处时的那种分寸感。我会期待，真正懂得"色难"的人，会将"超我"和"本我"的力量调整到一个更为合理的程度，从而成为一个更好的自己。

另外，从社会层面上来说，我们很多人都逐渐失去了对待老人时的那种耐心，这是一件非常遗憾的事情。常常可以看到社会新闻中，那种各地的养护院里护工粗暴对待老人的案例，以及居家保姆也会对老人施暴的新闻。在类似的采访中，我们得知那些粗暴对待老人的护工或保姆也会发出这样的抱怨：照顾失去言语能力的老人，照顾有暴力倾向的老人，照顾无法控制大小便、没有自主能力的老人，是一件太过辛苦的事情，每一天这样的情绪都会消耗他们的耐心。

我自然是没有原谅他们的意思，在我看来你做这一份工作，就要对得起自己的这一份最起码的良知。但从这里也可以看出一个问题，我们把这样的老人交由他人管理，是不是意味着，如果这样的老人在我们自己亲人身边，我们又有多少信心，每天都能把他照顾得很好呢？即使能够照顾好，又有多少人可以长期和颜悦色，不带任何怨气地对待呢？

我想，这也就是孔夫子说"色难"的根本原因。

是的，不管什么年代，人好像都不太能接受衰退的事物。同样是没有言语能力、不能自己大小便、没有自主能力，如果照顾的对象是个婴儿的话，我想绝大多数人都可以用最好的态度去照顾。那是因为在陪伴的过程中，你看到的是不断变好的希望。同样的情况放在老人身上，心态就会完全不同，因为你面对的，是必然会不断衰退的失望……

所以，对待父母，始终保持和颜悦色的态度，这就是一件很难的事情。父母安好时，"本我"的力量需要你去控制；父母需要照顾时，你还得对抗这种由衰退所带来的消磨。

但是，正因为很难，所以更要时刻提醒自己注意；也正因为很难，所以才会有很大的价值。

父母犯错的时候，我们如何劝导？

子曰："事父母几谏，见志不从，又敬不违，劳而不怨。"

当我们这几句话都在谈尽孝的时候，很多同学就会问了：那么父母犯错了怎么办呢？放在以前要求子女一定要顺从，那对于现在的我们又有怎样的指引呢？

这个问题问得非常好。的确，在中国的古典时期，人们对于"孝顺"极为看重，以至于的确会有那种即使父母错了，也不能忤逆的情况。那么对于现代社会的我们，思想已经相对开放，人与人之间也相对平等，那么我们应该如何来处理"父母错了的情况"呢？

孔子的这句话中首先说道"事父母几谏"，意思是，如果父母有不对的地方，要先委婉地劝说他们。虽然只有短短几个字，但真的要做到却很困难，这需要刻意地学习和练习。

在这里，我可以分享几个和父母沟通的观念和方法：

首先，要劝父母去做或者不去做一件事的前提，是你自己也要在意这件事，要不然这样的劝解没有用。

就好比父母经常把钱浪费在保健品上，耳根子软，经不起他人的推销和介绍，以至于家里堆满了保健品。不仅浪费钱，而且还会对他们的健康产生隐患。这个时候如果你要劝他们，那么你自己首先就应该是一个在意健康的人。如果你从来不在意健康，整天熬夜、抽烟、喝酒，自己的生活一团糟，然后看到父母买保健品还去说："别买这些，没用的！"你觉得他们会听你的吗？在他们看来，一个完全不在意健康的你所提出的意见毫无说服力。这就等同于班级里一个成绩差的同学去劝一个成绩好的同学，不要每天熬夜这么用功，会伤身体。虽然出发点是好的，但是你觉得成绩好的同学会听得进他说的吗？自然是不会的。

所以如果你要劝爸妈少买保健品，那你自己首先就应该让他们感觉到你是一个在意健康的人，这个时候你说："爸妈，不要买这个了，据我所知没什么用处的。如果你们真的要买，可以找我推荐，我对这个还比较了解……"这个时候，爸妈才有可能会听进你的劝解。如果你暂时还不是一个在意健康的人，那或许可以找一个在意健康的人去聊，而不要自己硬着头皮上，作用会非常小。

另外，在要说服父母的时候，一定要知道一个重要的观念：没有人喜欢被改变。这是"说服"这门学科最重要的概念。是的，"说服"是一门学科，它有着非常科学的理论去佐证人在各种情境下被影响的过程。其中最重要的一点就是：没有人喜欢被改变，所有的说服，都是自我说服。

在黄执中的说服课上曾经有过这么一个实验。当他劝一个常年抽烟的人戒烟的时候，他一开始是这么说的。

"先生你好，请问你抽烟几年了？"

"十年。"

"十年这么久？！那请问你有想过戒烟吗？"

"有想过一阵子，但是没成功。"

"为什么会没成功呢？难道你不想更健康吗？"

"健康是重要，但是现在只要不抽烟，我的精神状况就会不好，也集中不起精神来。"

"这个只是暂时的啦，你尝试用其他方式代替呢？吃零食？运动？"

"没有这么多时间运动的，我也不喜欢吃零食。"

"那你得为自己的家人考虑一下呀，吸二手烟也不好的。"

"这个没关系的，我抽烟都会去厨房，去阳台。"

这个时候黄执中停了下来，说道："你们发现没有，只要我一直问下去，他就会一直找出抽烟的借口，这种借口是没完没了的，而且要找也是一定能找得到的。人就是有这种奇怪的反驳欲，因为没有人喜欢被改变。一旦我被改变了，就意味着我'输'了。"

在之后的那组测试中，对话是这么进行的。

黄执中问："你抽烟很久了，有没有那么一刻，只要一刻也好，想过要去戒烟呢？"

"有的。"被测试的人回答道。

"那如果，想戒烟的程度分为1到10分的话，你觉得你想戒烟的决心有几分？"

那人想了一想说道："大概3分吧。"

黄执中一脸惊讶地说："哇，3分？这么高？！我还以为你抽了这么久的烟，大概只会有1、2分，甚至是0分呢。"

那人说："毕竟还是会影响健康嘛。"

"健康这种东西，本来就是'货币'吗，大家都拿它换东西的，抽烟也就是拿健康换愉悦喽，又有什么不可以？"

"但是现在年纪大了，也的确不能太造了。"

"其实没关系的，你看看那些抽烟的名人，也都长命百岁活得挺好的，不是吗？"

"那毕竟是个例吧，更何况现在家里又有刚出生的小孩子，总抽烟也对孩子不好的。"

"你可以去厨房和阳台抽嘛。"

"一直去那里也挺麻烦的，有时候不注意还会飘烟进来，又会被家里人骂。"

这个时候黄执中停住了，说："你们发现没有，只要你这么问，他满脑子想的就全都是'我不抽烟'的理由，复习的也都是抽烟的坏处，比起刚刚那一组，不用我多劝，他自己就会劝导自己抽烟是不好的。"

没错，这个测试很直接地告诉我们，人是不喜欢被改变的，人有着强烈的反驳欲。一个懂得说服的人，会利用这样的反驳欲，去让他自己说服自己，从而达到自己的目的。关于说服的方法还有很多，这里只和大家略讲一二，希望能给各位带来一些启发。

那这句话的后半句是"见志不从，又敬不违，劳而不怨"，意思是：如果父母不愿听从，还是要对他们恭敬，不要违抗，替他们操劳，不要怨恨。

很多同学表示无奈的地方就在于，我看到父母做错了，我也说了，他们就是不听，我该怎么办？

那我想和你说的是，改变一个人本来就不是一朝一夕的事情。父母也不是一天两天才成这样的，他们有着自己的思维惯性，有着自己的做事习惯，你发现暂且改变不了，这极为正常。

那首先要判定一下，是不是我的问题？如果方法错了，那么不要着急，先去学习一下沟通、谈判、说服的方法，用更有效的方式去劝导父母。很多人会觉得和父母交流不需要学习，这是不对的，我们很多人都习惯用那种从未经受过训练的、"野生"的方式去与人相处，如果是这样的话，那么结果就只能凭运气。如果你懂得如何更科学，如何更有效，那么就能获得更多问题的掌控权。

如果仍然不行的话，我能给你的建议是：不要硬来，也不要影响到自己，先维持好这样的关系，把子女该做好的事情先做好。至于之后能不能改变，我们或许还可以等待更好的时机，给自己多一点时间，也给父母多一点时间。

让父母安心，是远游的根本

子曰："父母在，不远游，游必有方。"

"父母在，不远游"这句话我们经常听到，意思就是，父母还健在的时候，作为子女，不要跑到很远的地方去。人们把这 6 个字挂在嘴边的时候，常常是在强调陪伴的重要性。

曾经网上有人做过这么一件事，他把我们的生命以方格来量化，一个小格子代表一个月，白色的格子代表已经流逝的时间，红色的格子代表剩余的时间，这样的话就能直观地感受到生命的存在。在表格上有这么几个数据：一个是自己已经流逝了的时间，如果以城市的平均寿命作为标准的话，表格上有颜色的格子连一半都不到了；还有一个数据，是父母还剩余的时间，你会发现，表格上有颜色的格子急剧减少；最后一个数据，是自己能够陪伴父母的时间，做表格的那个人是个在外漂泊的人，他每年大概会回去一到两个月，如果按照这个频率来计算的话，表格上有颜色的格子，屈指可数……

当看到这个表格的统计后，很多人都发出了感叹，我们始终认为时间对于还算年轻的自己来说，仍足够富裕，但时间一旦能够被量化，就会发现，那些我们在意的人，那些我们在意的事，所留给我们的时间，真的太少了。尤其是那些出门在外求学，或是打拼的人更是这样，他们之所以会被触动，是感同身受地发现，原来，自己可以和父母在一起的时间，在整个生命历程中，已经如此稀少，这是一件多么令人难过的事。

我不知道有没有人看过一个视频剪辑，是那些在外读书的同学，突然间回到老家给父母惊喜的记录。在视频中，那些学生特意瞒着家里自己要回去的消息，然后用手机记录自己回家的那一刹那，家人的反应。如果你看过那个视频，就会发现，所有的爸爸妈妈在看到自己儿女回来的那一刹那，都是先懵一下，然后展现出那种手舞足蹈的、像一个孩子般的快乐，甚至还有些在极度喜悦中，忍不住地哭了起来，去释放这段时间以来的想念……

是的，我们都不曾想象到，当自己在外追求梦想的时候，家中的父母是多么渴望陪伴，以至于当你回家的那一刻，他们如此幸福，且珍惜。

所以这就是为什么我始终表示，如果在条件差不多的情况下，我们尽量还是选择本市的学校和工作的原因。

当然，很多人在说到"父母在，不远游"的时候，会说孔子在说这6个字之后，还有补充，叫"游必有方"。钱穆先生的《论语新解》里说：方，为所义。方位定，才知方向。也可以解释成"方法"。意思是，如果要出去，就一定要告知所去的地方，也一定要妥善安排好照顾父母的方法。

很多人认为，加上"游必有方"4个字，似乎更符合现代社会这种崇尚理想和自由的理念。如果只是"父母在，不远游"的话，或许很多人会有那种不能完善自己生命的遗憾。我想，我是认同这种观念的。

那是因为关于出远门的观念，古代和现代有着本质的区别。

我们在学古诗的时候就会发现，有一种诗的类别叫作"送别诗"，很多学生在一开始接触这类诗的时候都不理解，觉得古人太矫情，不就是出个远门嘛，还要写首诗来告别，其中的内容还如此深情，似乎再也见不到似的。但如果你能理解那个时候的特征，无论是交通还是通信，无论是政局还是民生，你就能体会那种"劝君更尽一杯酒，西出阳关无故人"的感怀，也能感受那种"孤帆远影碧空尽，唯见长江天际流"的留恋，更能体会那种"马上相逢无纸笔，凭君传语报平安"的无奈……是的，古代人的告别之所以会有如此丰富的情感，那是因为，走了之后，就真的不知道下一次见面会是什么时候，又是否真的还有机会再遇见了。所以你也就可以理解，在孔子那个时候，所谓"父母在，不远游"的背后，有着多少父母对于孩子的留恋与怀念。

现代人的告别则不会体会到古人那个时候的情感。时局如此稳定，现代通信又如此发达，即使你是出国，在你登上飞机的几个小时后，人们照样能通过手机通信时时联系，甚至在现代这个科技高速发展的时代，我们还可以通过网络视频，让双方都有着那个身处远方的人，其实并没有离我们太远的感觉。

所以现代人在提到"父母在，不远游"的时候，其实更重要的是后面4个字"游必有方"。也就是意味着你可以出远门，但是一定要和父母交代好自己的去处和安排，目的是不让父母担心——这是我们现代人更应该有的理念。

不可否认，即使在这个科技如此发达的时代，只要儿女不在身边，父母们就一定会担心，他们会时刻想着你在外过得好不好，你的工作和学习还顺不顺利，你吃的、穿的、住的怎么样……这些都是极为正常的情绪。

而儿女们要做的"游必有方"，说到底就是不要让父母为自己担心，告知他们你的近况，从而解除他们的顾虑。

我不止一次，看到过别人和自己的父母打电话时那种不耐烦的态度，那种一接到父母电话就想着赶紧敷衍完毕，赶紧挂掉的心态，在很多年轻人身上屡见不鲜。我或许可以理解你不想被打扰，不想被监管的那种渴望自由的内心，但是你也得明确地了解一件事，你越敷衍你的父母，越不愿意透露自己，身处远方的父母就越担心，而越担心就越要想方设法来了解你的生活。如果你懂得"游必有方"的观念，那么，你就不只是要交代和分享你的生活境况，这是你的"方向和目的"，你更要通过这种沟通让父母少为你操心，这是远在他乡的你，唯一能做的、照顾父母的"方法"。不要逃避，也不应逃避。

我知道，外面的世界丰富精彩，有时候拦不住你想要出去看看的心。但是，让父母感到安心，理应是所有人远游的基础与根本。

留住父母的时间

子曰："父母之年，不可不知也。一则以喜，一则以惧。"

这句话的意思是，父母的年纪，不可以不知道。既是高兴，又是害怕。

父母是会永远记得孩子的生日和年龄的，这个日子从他出生那一刻就刻在心里了。这个道理，如果没有做过父母的人，是不太能够感同身受的。记得去年6月底我的孩子出生后，我就始终记录着他的成长，以至于之后随便有谁问我，你的孩子多大了的时候，我都会给他一个非常准确的数字，今天是319天了。我从来都不是一个对日子这么敏感的人，这一切就在孩子出生的那一刻开始改变。

然而很多孩子都能体会，每每当自己生日快到的时候，最先开始上心的都是父母，他们会提前很久给你准备礼物，准备惊喜，这个日子对于他们而言，就是极为重要。

随着时间的推移，又有多少孩子始终记得父母的生日呢？又有多少孩子会在这一天给予父母同样的关爱呢？相比起前者，或许这个数量会少得多。好些年前，有人在一所学校里做过这么一份问卷调查，调查中让你先写出你最好朋友的名字，再写出你最喜欢的明星的名字，之后的两个空格让你填写他俩的生日。在这一块的调查中，学生们的填写率和正确率都超过90%。之后的两个空格是填写父母的出生年月，遗憾的是，比起前两个问题，这个空格里填写率和正确率都有明显下降。是的，我们熟记朋友的生日，甚至熟记偶像的生日，偏偏忽略的是父母的生日……

随着我们越长越大，对于父母年龄的感知就越来越少，很多人会感慨到，突然有一天，不知道为何，就发现父母的头上满是白发，父母的脸上都是皱纹，父母连上下楼梯都变得费劲……我们都是突然间感觉到父母的衰老。但衰老又怎会是突然的？只是这个衰老的过程，你始终没有太过上心罢了……

所以，孔夫子说，父母的年纪，我们不可以不知道。那是为了告诉我们，你得敏锐地感知到父母的年龄，你得有感知地陪伴父母，珍惜和他们在一起的每一段时光。

"一则以喜"指的是要为父母的长寿而高兴。父母的时光和我们不一样，当我们的人生还处于蓬勃的向上期，还在期盼无尽希望的时候，父母的人生或多或少的，都在向下递减。**而每每安稳地度过一年，无灾无难地度过一年，的确就是一件值得高兴的事。所以，我始终倡导给老年人过生日要热热闹闹，每过一年都得心怀感恩，感谢上一年的安稳，从而期盼下一年的美好。**

"一则以惧"指的是，要为他们的日趋年迈而担忧害怕。**随着父母的年龄越来越大，作为子女，得时刻提醒自己，不管你愿不愿意，和父母在一起的时间，已然越来越少了。**

我们始终有一个错觉，就是时间这东西，有的是，有些事不急着现在做，有些话不急着现在讲，只要有这份心，就总是会说的，总是会做的。但是，又有多少遗憾，就是因为那些"本以为还有时间"的错觉，却被现实无情地碾碎……

去年年初的《你好，李焕英》为何可以取得这么高的票房？为何这么多人都被这个故事感动？就是因为它抓住了我们心里最为脆弱的地方，导演贾玲也总以为自己可以有很多时间陪伴母亲，但由于一场意外，她永远失去了母亲。成名后，在她最有能力报答母亲的时候，母亲却不在了……贾玲想用电影纪念，这种"子欲养而亲不待"的痛，希望每个人都不要承受。

这一节的最后，我想说说我的爷爷。我从小是爷爷带大的，小时候他极为宠我，在我的印象里，只要我想吃什么，我想玩什么，爷爷就都会满足我。中学时，我每天都会去爷爷家吃饭，我记得他最"拿手"的就是做炸猪排，其实也并非有多好吃，甚至从旁人看来，爷爷炸的猪排很硬，硬得跟柴板一样，要牙口非常好才能咬得下来。但就是在他第一次做猪排后问我："怎么样，还可以吧？"那时已经中学的我很懂事地说了句："还行，挺不错的。"就是这句

"挺不错的"，让爷爷记住了这种做法，每隔几天都会做一次，而我每一次也都会坚守自己原本"不错"的评价，乖乖地把它啃完。时间久了，也确实能尝出这种硬度的炸猪排的别样滋味。除了炸猪排外，每隔几天爷爷也都会给一些零花钱，并嘱咐我不要告诉爸妈。所以在那段时间，我的日子过得极为滋润。

再大一些，就搬离了爷爷的住处，再加上一些大家庭的因素，去爷爷家就势必会碰到并不想见到的人，所以，和他见面的次数就越来越少了。

记得其中有一次，偶尔经过那里，半路偶遇爷爷从对面走来，手上拿着一个看上去很沉重的家具，当时已经读大学的我想都没想就把它从爷爷手上接了过来，然后一路陪着他回家。原本这段记忆并不会停留太久，因为这在我看来是一件再为正常不过的事，但是之后听说爷爷逢人便说这件事，说他的孙子看不得他辛苦，帮他搬东西，还送回家……不厌其烦地见一个说一个，仿佛我做了一件多么伟大的事一样……

再之后，就又是好多年的空白……我总想着，路这么远，那里还有不喜欢的人在，能不去就不去了，以后总有机会的，等我再长大一些，再有能力一些，再去看爷爷，甚至可以更好地报答他，我也再想吃一次那柴板一样的炸猪排，我想这一口，真的已经很久了……人就是这么奇怪，当有了"总还有时间的"这个念头之后，自己一切的行为都有了合理化的理由，就任由时间的流逝，就被动等着那个理想化的安排……

我永远记得那个下午，在单位工作到一半的时候，被一个电话告知爷爷所在的医院，让我用最快的速度赶过去……我已经忘了那一路我具体都在想些什么，只是一个又一个小时候和爷爷在一起的画面在脑中不停地闪回。直到在医院的病房外，就只剩下那悔恨不已的泣不成声……

爷爷在临终前还在和别人说着那一天我帮他搬家具的事，似乎在他的脑海中，就只剩下这一个画面，这个最近一次，能够和我在一起的画面……我也总想着哪一天当我回去推开他那扇门，一切都是那么熟悉，再一次地和他说："爷爷，我想吃那邦邦硬的炸猪排了……"

可我，永远都不会有这一天了……

故事中，并非只有"我"

子曰："孝哉闵子骞！人不间于其父母昆弟之言。"

这句话当中，孔子提到了一个人——闵子骞，说闵子骞这个人真是孝顺啊，人们对于他父母兄弟所称赞他的话，没有异议。意思也就是说，人们对于他是个孝子的评价，不存在任何怀疑。

那么，闵子骞到底做了什么事，让大家对其有如此好的印象呢？这就得说到关于他的一个很有名的故事，叫"鞭打芦花"。

闵子骞的母亲在他10岁的时候就去世了，他的父亲就另娶了一个女子作为他的继母，这个继母还带来自己的两个孩子，成为他的弟弟。和很多继母一样，闵子骞的这个继母对待这三个孩子是有区别的，事事都会偏心自己的两个儿子。有一年冬天，她为自己的两个儿子做了御寒的棉衣，穿在身上很是暖和。闵子骞拿到的却是一件芦花做的衣服。芦花和棉花不同，填充在衣物里，看上去会很蓬松，但实际上远不及棉花有御寒的功用。闵子骞在这个寒冬季节，穿上这么一件芦花衣，常常被冻得浑身发抖。

恰逢有一天，闵子骞和父亲一同外出办事，在他驾车的过程中，由于身上的芦花衣御不了寒，被冻得实在受不了的他频频握不住马的缰绳和鞭子，父亲看到后就很生气，以为儿子很不用心，夺过鞭子就往他身上抽去。就是这一抽，把闵子骞单薄的衣服抽烂了，里面的芦花散了开来。父亲这才得知，儿子在这么冷的天居然穿着如此单薄的衣服，极为心疼。回到家后，就直接质问那个母亲，为何要对闵子骞如此不公，一气之下想要休了她。这个时候，闵子骞却跪在父亲面前，为眼前这个对自己并不好的母亲求情，说道："母在一子寒，母去三子单。"意思是：母亲在这个家，要冷也就冷我一个人；母亲如果离开这个家，那我和我的两个弟弟就都得挨冻了。父亲听到闵子骞这样说，极为感动，就放下了休妻的念头。那个继母自从这件事后，也更为公平地对待三个孩子。

当孔子听说闵子骞的这件事后，对其大加赞赏，在孔子看来，这可是至孝的典范。在旁人看来，闵子骞的孝顺不需要质疑，这就是一个实打实的孝子。

有些同学在看到这个故事的时候会有不理解的声音：继母都对自己这样了，为何还要帮她说话？

这恰巧就是闵子骞身上最了不起的品质，他的看事角度并不只是停留在"我"的层面，他能站在他人的角度去看待事情。

之所以说这是了不起的，是因为很多人看待事物，都是只看"我"。生活中，只要对我有利的就都是好的，对我不利的都是坏的。故事里，跟着主角走，只要和主角一边的就都是好人，主角的对手，就都是坏人……

这是一种非常常见的思维，因为这样会让我们的思考变得更为简单，我们不需要去想太多，就能很轻易地区分"好"与"不好"。但如果仅仅是这样的话，我们就很容易忽略生活中，或者是故事中，其他人的处境和感受。

比如我们讲到《灰姑娘》故事的时候，我相信绝大多数人都会同情故事中辛德瑞拉的处境，所以当我们看到她被后妈和姐姐欺负的时候，是生气的；看到仙女出现，并给她穿上礼服，安排南瓜车的时候，是高兴的；看到她终于见到王子的时候，是欣慰的；看到因为零点的钟声敲响，不得不走的时候，是遗憾的；看到王子拿着水晶鞋来找她，却被后妈和姐姐阻止的时候，是紧张的；看到最后她终于穿上了王子的水晶鞋，并能获得幸福的时候，是由衷地为她感到幸福的。

你看，你之所以会如此投入，就是因为在整个故事的过程中，你把辛德瑞拉当成了"我"，所以一切的情绪都跟着"我"在走，仙女是好人，是帮助我的；王子也是好人，因为是"我"喜欢的；而后妈和姐姐们是坏人，因为她们对"我"不好。

但如果我们带着典故中闵子骞的思维再去看一下这个故事，你或许就能了解到另外一件事：为什么后妈会排挤灰姑娘？为什么会对她如此不好呢？除了你们原本认为的"坏"与"恶"之外，还有没有其他的理由去成立她的行为逻辑呢？

我想其中一定有一点，就是这个后妈之所以会排挤灰姑娘，很大的一个原因，甚至唯一的一个原因，就是因为她觉得灰姑娘的存在，会影响到她自己两个女儿的幸福。与其说她讨厌灰姑娘，不如说，这个讨厌，可能是基于她对自己女儿的爱。

一旦你能这样想，虽然仍然不会认同她的所作所为，但是或许你可以明白她这么做的理由。后妈也是一个活生生的"人"，并不是一个天生就只会迫害主角的NPC。

闵子骞可以理解到的是，继母对自己不好的一个原因在于，她想把最好的留给自己的儿子。虽然对于自己，这是一件坏事，这是一个坏人，但对于她的另两个儿子而言，这就是一件好事，这是一个爱他们的妈妈。对于"我"而言，她并非是好的，而对于当时这个家而言，她的存在，是重要的。

闵子骞的孝，之所以说是至孝，就是因为在他的思维中，不只有"我"，还有更为多元的存在。

家庭关系是双方的使命

　　齐景公问政于孔子。孔子对曰："君君、臣臣、父父、子子。"公曰："善哉！信如君不君、臣不臣、父不父，子不子，虽有粟，吾得而食诸？"

　　这句话有点长，我们先来看一看它的意思。齐景公向孔子询问为政之道。孔子回答说："国君要像国君的样子，臣子要像臣子的样子，父亲要像父亲的样子，儿子要像儿子的样子。"齐景公说："真好！如果国君不像国君，臣子不像臣子，父亲不像父亲，儿子不像儿子，即使有粮食的话，又怎么能吃得到呢？"

　　这里的"君君、臣臣、父父、子子"，叠词中的第一个为名词，第二个为动词，意思就是什么身份就要像什么身份的样子。也就是告诉你，每个人都要负责好自己的身份，各安其位，这对维护社会秩序来说是极为重要的。之后齐景公也说到，如果这样的秩序发生破坏的话，那么就会混乱，这样的混乱会使得人们感到忧患，不断争斗，有再多粮食又能怎样呢？

　　在这句话中，我不打算和大家说"君君臣臣"的部分，因为在我们这个时代，已然没有了"君臣"的概念。而"父父子子"却是我们每个人都有着的关系，每个人都是"子女"，每个人也都有可能成为"父母"，那"父父子子"的观念可以给我们现代的人哪些指引呢？

　　在我们很多人的观念里，所谓的孝顺就是要无条件地孝敬父母，样样顺从，时时听话。那我们遵从的"孝"是不是应该就是这个样子的呢？

　　这里我想借鉴一个重要的理论，这个理论来自美国的两位冲突管理专家——托马斯和卡尔曼。他们有个冲突解决量表把我们对应的人际关系和冲突情境的策略分成了五种类型。一是竞争型——想尽方法让自己赢。二是合作型——双方都能获取收益，双赢。三是回避型——逃避当下的这件事情，鸵鸟政策。四是妥协型——以退一步来达成一致。五退让型——只要你满意，我自己可以做牺牲和容忍。

"孝"往往就是在处理垄断性人际关系中一种退让型的策略。父母是没有办法选择的，这样的亲子关系从出生开始就是固定的，是永恒不变的，身处在这个关系中的人，是被垄断的。在这样子的冲突解决模型中，我们把其称之为"垄断型人际关系"。那在这一层人际关系中，我们作为子女，如何去对待自己的父母呢？很多人看来就是要去孝敬——更多的宽容，更多的支持，更多的体谅和认同。因为垄断型的人际关系中，处于弱势的那一方，就会去退让。这样的退让，在家庭情境中，就称之为"孝"。

这样的事例你应该也看到过很多，尤其是那些不断压榨子女的父母，小时候不让子女读书，要她快点赚钱养家，等他们长大后又时不时地跑到大城市里来问子女要钱……最后他们往往能得逞的一个重要原因就是，在这种关系下，子女受到传统概念的影响，往往会选择退让，去屈服于这种关系。

但是，在中国的文化中，我们不能仅仅看到"孝"，而是要看到那种对等性关系的存在。中国长期以来所倡导的这种价值观不是平等价值，而是对等价值。就好比我们在讲"子孝"的时候，一定也会讲到"父慈"。所以"孝"应该不是单维度的对子女的要求，真正意义上的"孝"应该是双维度的，对多方的期待。在子女与父母的人际关系中，我们期待孩子要孝顺，我们也应该期待父母仁慈。这种支持、体谅和互相之间的扶持，应该是属于彼此的，它从来不是子女单方的义务，而是彼此双方的使命。

只有在这个维度上定义"孝"，理解"孝"，才会对于现代的我们有所指引，也会让更多的家庭关系变得更好。

所以我们说"父父、子子"，意思就是父亲要像父亲的样子，作为父母，作为长辈，你应该有你自己的表率，有你自己的义务，有你自己的职责，有你自己的使命。如此，子女才会更好的、更妥帖的、更不必退让地去尽好自己的孝道。我们自然是希望天底下所有的子女都会对自己的父母更为孝顺。但与其一样重要的是，我们同样希望天底下的父母，更为慈善，更为善解人意，更为懂得尊重……懂得这一层，就会对现今的家庭关系，有着极为积极的意义。

怎样才能给予孩子真正的爱?

子曰:"爱之,能勿劳乎? 忠焉,能无诲乎?"

这句话的意思是,孔子说:"爱他,怎能不以勤劳相劝勉呢? 忠于他,难道不应该好好教诲他吗?"

我们以熟悉的视角来看待这句话,如果把它放在家庭的情境中,它能给予我们怎样的指引呢?

首先我们要理解一下,到底怎样才算真正地爱一个人? 很多父母长辈的理解在于,我爱我的孩子,所以我会想方设法保护他,不让他受到任何的伤害。

我们有没有经历过,或者看到过这样的场景:

一个孩子不小心撞到了桌脚,跌了一跤,趴在地上号啕大哭。家里的长辈们忙不迭地把他扶起来,用尽好言好语去哄这个孩子,发现仍然没有什么作用后,会问是谁让你摔跤的? 当孩子指向这张桌子的时候,长辈们会装作很生气的样子,用手不停地拍打着桌脚:"都是你不好,都是你不好,让我们家的宝贝摔跤,打你,看你以后还敢不敢?"

没错,孩子被哄高兴了,但是那个桌子在那边没有任何移动,却遭受到这样的责备,又是不是有些冤枉呢? 再或者,如果孩子下次撞到的不是桌脚,而是其他一个活生生的人的时候,我们又有怎样的托词帮他继续撇开责任呢?

孩子摔一跤再正常不过,可惜的是,长辈们总舍不得让孩子经历他人生中可能的第一次的挫败,让他自己面对和处理,而把问题转向其他的地方,让这一次的"挫败"失去了一切的价值，实在太过遗憾……

长辈们总是宠爱地帮我们找到各种失败借口，即使可笑，即使荒唐。他们觉得这是无微不至的照顾，让我们从小觉得所有经历过的挫败你们都会帮着弥补，而这，统统不是我们的错误。

我们的人生中曾否有过这样的遗憾：

年少的时候我们听老师的话，回家学着做个饭。这可是一件新鲜事，每个同学都跃跃欲试。

而当我们兴冲冲地回到家里，把要求讲给爷爷奶奶听的时候，他们却一口回绝："你还太小了，烧饭起油锅太危险，老师怎么让你们做这么危险的事情啊！你还是小孩子呢，乖，你不要动手，爷爷做给你吃。"

就这样我们被剥夺了一次本应属于我们的尝试机会。

长大一些后，有没有过一个寒暑假可以独自离家，和小伙伴们一起去参营的机会？这可是难得的可以独立生活一段时间的契机。

可当你兴奋地把这个通知给父母签字的时候，得到的却又是："你还太小了，从来没有一个人出去过，这次就别去了，我们不放心。"

于是你又再一次被剥夺了成长的机会。

我们知道这些事情自己从来都没有经历过，去做可能会失败，可能会跌倒，所以家长们索性不让我们参与和接触，仿佛这样就能规避掉所有的烦恼……

可惜的是，成长中所能够获取的面对"失败"的经验，就这样一次次地被补救，一次次地被剥夺，让我们始终生活在量身定做的名为"安全"的象牙塔中，规避着所有成长路上的苦痛。

我们在读书的时候最怕考试，有很多人害怕的原因或许是碰到了这样的情境：

在各种考试前，家长们都会给予孩子无限的期待，然后指定一个在自己认知范围内的目标，或更有甚者去拿他人的成绩做参考标准。你没有任何借口，你必须要全力达到。

我们战战兢兢地复习，战战兢兢地考试，生怕有哪一门的成绩只要达不到父母的标准就会遭受他们的责骂和惩罚。

而当成绩出来的时候，但凡考得不好，他们在不问你实际原因的情况下，表露出的失望和愤怒，让你感到无比窒息。你没有办法辩解这次的题目难倒了一大片的同学；你也没有办法辩解，以自己现有的能力，根本没有办法达到他们这么高的要求。

父母们用他们的态度和情绪告诉你：只许胜，不许败！

如今，我们看到了多少人间悲剧是因为这6个字——"只许胜，不许败"，而人生在世，如果不被失败磨炼成钢筋铁骨的话，每一次的试炼，就宛如没有防御的冲锋一般，显露出一种难以言喻的悲壮。

所以，所谓"爱之，能勿劳乎"就是告诉你，如果真的爱一个人，不要太过于去保护他，而应该放手让他们去尝试，去磨炼，去经历失败，去吸取经验。作为父母长辈而言，在孩子的人生道路上，要做的不只是保护，更多的还有引导，引导他学会独立成长。

而当孩子做错了的时候，我们又将采取怎样的态度呢？这里我们来谈另一个话题，就是怎样才是真正地为了一个人好？

我们可以看到很多社会新闻中，当孩子做错事后，父母的态度是不断地帮其找借口，找理由，声称"他还是个孩子呀"来试图帮他圆场，替他解释。

比如曾经在贵阳发生过这么一件事。一个10岁的男童把一个灭火器从高空扔下，砸中一名中年女性，导致其不幸死亡。经过调查，这个被扔下的灭火器并不是第一个，而是当天扔下的第二个，也就是说，这个孩子是故意把灭火器一个又一个地从高空扔下。

当警方找到孩子家长的时候，家长不断地在辩解，从一开始的"我家孩子不会做这样的事"，直到看到监控后不得不认清现实，从而表示"小孩子都会犯错，改了就好了"……这不免让人感到愤恨和无奈。你把"他还是个孩子"这样的借口挂在嘴边，你就不会真正的、发自内心的，去纠正他的行为，去承担他的后果。就是这样的偏袒和纵容，才使得自家的孩子变得越来越没有是非观，越来越觉得年龄就是各种错误的挡箭牌，以至于最终那个可预见的悲剧的发生。

多伦多大学的心理教授，五大人格研究专家——乔丹·彼德森说过：贯穿孩子一生最重要的法则，就是让他为自己的行为负责。

这样的引导，从一开始犯错时就要加以干预，及时纠错，积极教诲。这就是我们所说的——"忠焉，能无诲乎?"在家庭情景中，这句话或许就是家长最好的指引，那些犯错后的教诲，会让孩子尽早明白，到底什么是对的，什么是错的。这，才是最忠于孩子成长的关爱。

为人篇

看重内在的价值

子夏曰："贤贤易色；事父母能竭其力；事君能致其身；与朋友交言而有信。虽曰未学，吾必谓之学矣。"

这句话中有一个重要的观念要提及：贤贤易色。第一个"贤"是动词，第二个"贤"是名词，意思就是当我们看到一个人有修养，有学问，就会有着肃然起敬的态度。实际上也就是在教导我们，要看重内在实际的德行，不要过于看重外在表面的东西。

当我们在说"看重"的时候，往往也在审视一个人的内心。

曾经有一个朋友在他自己的视频号中发布了这么一个视频，视频中她坐在钢琴前，流畅且优雅地弹奏完了一首曲子。但本以为是记录生活的视频底下却出现了一些非常不和谐的声音。有人质疑说："你钢琴上这么显眼地摆着一部上周刚发布的IPHONE新款手机，显摆的意味也太明显了吧。"那位朋友无奈地表示："那是因为你的眼里就只有这一部价值一万元的手机，却看不见我弹的这架钢琴价值一百万，更看不见钢琴上这一双能够弹出所有喜欢曲子的手，无价……"

是的，现在这个时代在高速发展，各种各样的诱惑和欲望都在不断滋长，当我们被外在所迷惑时，往往就只能看到那些表面的事物：这是好看的，这是贵重的，这是限量的……这些外在的东西都有一个特点，那就是它不费时，你可以用最直接的方式得到它。**而那些内在的东西却不同，它往往不那么显而易见，但是却要历经时间淬炼，才能透显出它的价值，比如：涵养、学识、能力……**

这就是"贤贤易色"的基本含义，当子夏提出这个理论的时候，提到三个场景："事父母能竭其力；事君能致其身；与朋友交言而有信。"意思就是：侍奉父母要竭尽全力；服侍君主，要全身心地奉献；和朋友交往，要恪守信用。

这些，统统都不是外在的事物可以替代的，无论是对父母、对君主，还是对朋友，比起外在的行为，子夏认为，更重要的，要论你的心迹。只有心向往之，为君子作为，"虽曰未学，吾必谓之学矣。"——尽管说自己没有学习过，我也一定会说这是个有学问的人。

作为我们学生而言，"贤贤易色"的确可以给我们带来很好的人生指引。当我们习惯性地被外在所迷惑的时候，我们得看看，自己的生活中，究竟什么才是值得我们真的用心去追随的。

我记得我曾经在学校里放过这么一集动画片，取材于日本的著名动画《樱桃小丸子》，这部动画在第二季后就请了专门的剧本团队进行编写，其中的好多故事其实都能看到中国传统文化的影子。这一集名叫《什么是真正的酷？》。故事中，小丸子的3个男同学：滨智、猪太郎和关口对自己的形象不是很满意，他们想要改变自己。小丸子给他们出主意：你们可以模仿班级中受欢迎的男生是什么样的。于是他们学习了花轮的优雅风，也学习了大野和杉山的运动风，但由于根本没有内在的沉淀，总是弄巧成拙，搞出很多笑话。最终他们心灰意冷地放弃了，当他们3个垂头丧气地走在回家路上的时候，恰巧看到一个老奶奶提着很重的东西在找路，他们想都没想都走上前去，接过老奶奶手中的重物，耐心地指着她要找的地方，并表示可以带她一起去……小丸子和小玉在后面看到了一切，不由地发出感叹：这不就很酷吗？真正的酷并不是外在的显现，而是来自内在的良善与温柔，滨智、猪太郎和关口同学，真的很酷！

我相信看过这一集的同学们都会有着这样的感慨，当看到这三位男生满脸汗水地帮助老奶奶的背影，那种欣赏的感觉不亚于看到花轮、大野和杉山。这就是真正的酷。

这就不免让我想到现在很多学生有着追星的喜好。诚然，当我们年少的时候，看到那些闪闪夺目的人，自然会有那种欣赏与喜好。**但从我们的欣赏和喜好，也往往可以看出自己内心的追求排序。**

就好比曾经有人做过这么一个调查。在某所学校内，让学生写出自己的偶像是谁？原因是什么？在那张表单上，出现的绝大多数都是娱乐明星，喜好他们的理由大多也都是因为长相、因为穿着、因为一切外在的靓丽。调查组来到另外一个大家所熟知的知名学校，同样的问卷，同样的调查，在那张表单上，除了一部分的娱乐明星外，还出现了大量的科学家、政治家、大学教授……喜欢他们的理由，全都是因为他们曾经做过什么事，说过什么话，上过什么课，以及表达过一个怎样的观点影响过他……我们不能说哪个是好的，哪个是对的，但是我们可以看出，这两组调查对象的价值倾向不同，一组是看重外在的，一种是看重内在的。

我并不是说喜欢明星是不对的，我只是说，如果你喜欢一个人，仅仅是因为他长得帅，她长得美，那真的是挺遗憾的。因为你完全看不到他除了表面之外的特点，如果你也能透过表面的靓丽去探寻内在的充盈，那或许这也是一个不错的偶像。如若除了表面，其他地方完全探寻不着，那么这样的外在，又能维持多久？

是的，我们所谓的"追星"，最为微妙的地方就在于，在少年时期，你崇拜谁，崇拜的原因是什么，就能看出你真正追求的是什么。这些，都能从日常中体现出来。我想，这也就是为什么会有些学生不断努力、不断向上的原因。

原则的力量

　　子曰："*君子不重则不威。学则不固。主忠信。无友不如己者。过则勿惮改。*"

　　这句话的本意是：君子如果不庄重，不踏实，就没有威严。所学的东西就不牢固。做人首先要以忠信为原则。主动结交比自己好的朋友。犯错了也别害怕去纠正。

　　首先我们来看"君子不重则不威"。它的意思是要告诉你，君子要庄重，要踏实。"重"是一个很有分量的字，扬雄的《法言·修身篇》里写道：或问何如斯谓之人？曰：取四重，去四轻。曰：何谓四重？曰：重言，重行，重貌，重好。言重则有法，行重则有德，貌重则有威，好重则有观。是言君子贵"重"也。这是一段很好的诠释，如果这个"重"字我用现在的话来说，就是你得有自己的原则和立场。一个有原则的人，才是一个值得别人尊重的，能立得住自己威信的人。

　　我经常说一句话：**一个人有多值钱，就看他的原则有多值钱**。罗振宇曾经讲过一句话，他说在我们传统的语言习惯中有一句很不好的话语，就是"这件事'原则'上可以"，或者"'原则'上不可以"。然而，当你听到这样的话时，我们马上就能听懂话外之音："原则"上可以的事，实际上就是不可以；而"原则"上不可以的事，往往又都是可以。这样的语言习惯和思维观念让我们对"原则"的概念，从根本上就模糊了起来。

　　语言的习惯往往会改变思维的方向，时间长了就会让人觉得——"原则"是可以被打破的。但是，如果原则都可以被轻易打破，我们还有什么可以坚守住自己原本恪守着的种种信条。所以，原则一旦被打破一次后，就很容易一退再退，一退再退，就这么一次次突破自己原有的界限，最终，变得世俗且虚妄……

在孔子看来，君子就是应该有原则，有立场的，即使这样的立场和原则，在坚守的瞬间，会带来很多阻碍，你也都得接受，那是因为，不退，也总有不退的代价……这样的代价所换得的，是你坚如磐石的原则，一旦树立了这样的原则，你就会赢得那些在原则内的人的尊重与认可。

就好比我是一个对于时间观念极为有原则的人，在我看来，长时间的迟到和爽约都是不能够容忍的，无论是在工作上，或者是在生活中。但就是因为我有着这样的原则，在工作中得罪过很多人，生活中也有一些朋友渐行渐远。有些原则外的人，不能够理解，所以就会成为我必须要付出的代价，但无论怎样，这样的原则不曾动摇。时至今日，当身边所有的人都知道我有这样的原则后，彼此在时间上的把控就极为有效率，每每我讲起有关于时间管理的话题时，也就极为服众。这些，都是当初那些代价背后的收获。

在家庭教育里更是这样。我曾经听储殷教授讲过这么一件家中的趣事，说他家中的老二最近学了一个新句式："除非你给我买什么，我才会怎么样！"当储殷老师周末要带他出去玩时，孩子就开始套路："除非你给我买个冰激凌，我才愿意和你去公园玩。"爸爸照做了，回家时又来这一套："除非你再给我买个冰激凌，我才愿意和你回家。"爸爸又不得不照办。孩子就只通过这一个句式，把父亲拿捏得死死的。

之后孩子用这个招式对付妈妈："除非你给我买两个玩具，否则我就不去幼儿园。"妈妈则冷冷地来了一句："你有两个选择，要么哭哭啼啼地去，要么老老实实地去。"孩子立马就认怂了，乖乖去了幼儿园。在去幼儿园的路上，爸爸满怀期待地问孩子："儿子，你现在觉得爸爸好，还是妈妈好呢？"他以为这样他就一定能听到他想要听到的答案，毕竟他对孩子要求从来就来者不拒。想不到儿子说："妈妈好。"这时候爸爸无语了，觉得自己那些东西都白买了，于是问道："你妈对你都这样了，还妈妈好啊？"儿子抬起头说道："因为妈妈有原则。"

这是一个非常好的家庭教育模板。很多时候我们在家里对待孩子的时候是最没原则的，总以为自己一退再退就一定会被孩子认同。殊不知，你越对他百依百顺，他就越觉得你是个没有原则和底线的人，就会越发得寸进尺。相反，那个平时对孩子很好，但会在关键时刻对他说"不"的人，就越会被孩子当作权威和偶像，你以后所说的话，所做的事，就越能被他当回事。

这，就是原则的力量。

之后那句"学则不固"，则是告诉你，一个没有原则、没有立场的人，就好比没有"根"一般，学习什么都不会牢固的。就好比我们常说的，这个人观念很正，这是对一个人学习维度的最好褒奖，也就意味着你所学的，所认知的，都有一个稳固的根，在不断地输送养分。如果没有这个根在，你的底线和价值观都还在飘摇之中，那无论再怎么学一些外在的东西，都是不能够长久保持的，一旦受到冲击，立马支离破碎。

接着说做人要"主忠信"，也就是说要做一个有忠诚之心，同时言而有信的人。在孔子的观念里，"忠""信"两个字始终是很重要的概念，也是最根本的为人准则。

之后的"无友不如己者"有着一些争议。从字面上来看，说的是交友要交比自己好的人，很多人认为这是一种非常功利的价值观。但如果我们站在自我成长的角度上来看，去主动结交一些比自己优秀的人成为朋友，这何尝不是一种更好的自我提升的方式呢？所以无须太空泛地去谈道德，换一个角度看，《论语》里的话，自然有它可以借鉴的道理。

当我们讲到交友的话题时，我经常会说：朋友是可以选的。那我们在漫漫人生旅途上选择自己的朋友时，又该以什么作为标准呢？我想至少有一个很好的参考就是，在那个人的身上，一定有你认同的闪光点，或者是你心向往之的特质。可以是学习，也可以是为人；可以是某个技能，也可以是某项爱好……所谓"无友不如己者"，就是在你身边的朋友身上，都可以找到一些自己没有的优点和特质，那这样的交友环境，是良性的。这样的良性，不仅在于你可以从朋友身上学到东西，更重要的是，你始终可以看到那些别人身上最为闪光的地方。

最后说到"过则勿惮改"。这个道理从小就会有人告诉我们——犯错不要紧，及时改正就好了。那问题就在于，为什么会有这么一个道理始终在灌输呢？那就是因为人在犯错的时候，就会有那种"忌惮"的感觉。

很多同学不理解的是，犯错后我们怕什么呢？那我们来代入几个你们熟悉的场景来想一想，为什么有些同学那么不愿意订正练习册？题做错了，为什么这么害怕改正？

又为什么有些同学犯了错，宁愿僵着，耗着，都不愿意道歉呢？

那是因为题错了要订正，就势必会花更多的时间、更多的精力去弥补之前那些不懂的知识，去纠正那些错误的观念，你怕麻烦……

犯了错之后要你承认错误，你低不下这个头，甚至会为自己的错误找理由；又是因为你拉不下这个脸，你的好面子让你认不清是非对错……

是的，这就是为什么要说"过则勿惮改"的原因，很多人会因为怕麻烦，怕丢脸，从而去掩盖自己的错误。这句话就是告诉你，有错别忌讳，不要害怕去纠正。你得从心底里认同一件事，这个世界上没有人会不犯错，所有人都是在犯错的过程中去成长的，区别就在于有些人犯错后会掩盖，会逃避，有些人犯错后会审视，会纠正，会认清这是一次重新审视自己的好机会。后者的每一次犯错，都将成为一次收获。

如何正确看待死亡?

曾子曰:"慎终追远,民德归厚矣!"

这句话的意思是——曾子说:"要谨慎地对待父母的丧事,要恭敬地祭祀祖先,这样就能使民心归于淳厚了。"

或许从字面上来讲,这句话所要表达的意味有些脱离现在的时代。在儒家看来,丧祭之礼是一件非常重要的事,也是孝道的重要体现,所以父母的身后事不能马虎,要极为严肃认真地对待。祖先虽然离我们很远,但是也得想到,没有他们就没有现在的我们,这样的敬仰是不能随着时间的流逝而消失的,所以也才有了祭祖的习俗。

但我在这句话里想说的,并不只是字面上的意思。我们可以深层次地往下看,曾子为什么会对"慎终追远"如此重视,比起表面的形式,或许更重要的是那对于死亡的敬畏和对过往的崇敬。

我们先来讲"慎终"。它指的是,我们要严肃对待死亡这件事。我们每个人,都应该尽早对"生死"有明确的概念。但在我们的传统里,我们似乎很少愿意提及"死"这个字,这个字只要一出口,就会立马被人阻止,然后以不吉利的名义,终止这个话题。以至于我们从小就生活在一个对于死亡充满未知和恐惧的生活里。

我相信很多人小时候都和我做过同样的傻事,就是在对生命有了基本的了解后,有一天晚上躺在床上,闭着眼睛准备入睡的时候,听到墙上的钟"滴答滴答"地响着,就突然间想起什么,猛然从床上爬起来,跑到写字台前,拿起笔就开始算:我这辈子大概还有多少年,能换算成多少天,有多少小时，有多少分钟，多少秒。当算出一个准确答案的时候，那种恐惧的茫然感就迎面而来，然后在暗夜独自哭泣。因为不管这个数字多么庞大，只要它被数完的那一刻，我就死了。小时候的我们，对于死亡，都会有强烈的恐惧感，因为它意味着失去，意味着幻灭。

但"死"真的就仅仅意味着幻灭吗？如果我们的孩子在他小的时候，向我们来探讨"死亡"这件事，我们又该怎样来回答他呢？

蔡康永曾经在某个节目当中说到过这么一段话：

如果一个小孩子在他很小的时候就愿意理解"死亡"这件事，是一个珍贵的机会，而且在借由回答孩子的过程中，大人们也可以再温习一些关于"死亡"的想法。其实小孩子对于"死亡"并没有那么的陌生，他们可以在各种童话，各种故事中了解到死亡的各种形式。只不过如果这不发生在故事里，而是发生在小孩子的真实生活中，或许是长辈、同学，或者是宠物……这些都是要面对的。如果孩子在这个时候感到恐慌，感到难以消解，那或许刚好是生命教育的开始。这里有两个层面可以回答。

首先，当我们亲身感觉到死亡，并且理解可以通过什么方式来保存这份记忆时，这是好的。比如把小动物的尸体埋到土里，和它好好地告别。这个时候他可以很真实地感觉到对方活在他的回忆里面，这就证明了，生命只要存在过，就会有它的意义。这不全然是恐怖和可怕的，这也有它温暖的部分。如果当孩子感受到，人生到了最后，累积的回忆是最珍贵的资产，即使死亡到来了，那留下的温暖和安慰，也是能感受得到的。

另外一个非常重要的观点在于：所有美好的事情，之所以是美好的，就是因为它们是有限的，是会结束的。就好比我们去迪士尼乐园游玩，我们会兴奋，会愉悦的一个很重要的原因是，我们终究是要出园的。当看完城堡的灿烂烟花后，即使再不舍，我们都要离开。所以，我们都能明白，在园内的每一分每一秒都如此绚烂的原因就在于，这一切都是会结束的。无论你在这里曾经有过怎样刺激的、惊险的、温暖的、快乐的事情，也都会结束……

如果没有结束，你一直得在乐园停留，时间虽然是延长了，但是你也失去了原本那种有限的快乐，你也就能明白，为什么在有些故事中，有人会觉得，永生，是一种诅咒。就好比西方故事中的吸血鬼，他们拥有无尽的生命，这对他们来说是种惩罚，在他们这种被设定的人生中，没有什么事情是需要现在做的，想要看的书，想要见的人，想要去的地方，都不必马上行动，因为几百年后再去做也没有关系……你不会珍惜，你就没有办法体会人生的曼妙，因为无穷无尽这种事情，根本没有办法享受。

是的，**一切有限度的事情，会结束的事情，才会让我们感到快乐，才会让我们感到珍惜**。这个观念，是可以给我们往后的人生带来极大的帮助的。

所谓的"追远"，在祭祖的背后我们可以看到些什么？或许那是对于历史的尊重。**无论时间如何流逝，你都得知道你是从哪儿来的，这是对于过往的崇敬之心。一个懂得尊重历史的人，势必也懂得从过往的历史中获得借鉴，从而让自己的人生使命有着明确的方向和指引。**

如果这个时代的人们，人人都能够"慎终"——知道自己生命的有限，从而懂得提升生命的质量；也能够"追远"——知道自己的历史使命，从而懂得尊崇与借鉴。那么所谓"民德归厚矣"，就是在横向的"生命坐标"和纵向的"时间坐标"中，如果都能成为典范，都能给予指引，那么这个时代，人人都能够发自内心的更为踏实，更为朴素，更为勤奋。

你若盛开，蝴蝶自来

> 子禽问于子贡曰："夫子至于是邦也，必闻其政，求之与？抑与之与？"子贡曰："夫子温、良、恭、俭、让以得之。夫子之求之也，其诸异乎人之求之与？"

子禽问子贡一个问题说："夫子每到一个国家，总有当权之人与其商量国事，这是夫子自己求来的，还是别人主动问询拜访的呢？"

子贡的回答是："夫子是靠温和、善良、谦恭、俭朴、谦让得来的。夫子的这种求得方式，或许是与别人求得的方式不同吧。"

这里提到的"温、良、恭、俭、让"是子贡概括出来的孔子的特质，我们现在也经常拿这样的标准来衡量心目中的君子，这着实是有依据的。

"温"指的是一个人的温和。一个温和的人，当别人和他在一起的时候，就会是极为舒适的。这样的温和来自内心的平静，也来源于对万物的包容。当一个人内心豁达到可以听得进一切的主张和观点时，即使是不认同的也不会先行排斥，用耳顺之德去聆听，去酝酿，理解那些话中的主观和局限，再用温润、平静的话语去引导，实在不行也能保有基本的善意。这样的人，就是温和如玉，人人都想要去接触的人。

"良"指的是内心的善良。夫子的中心思想是"仁"，所谓仁者爱人，就一定是内心存有善意的人，这样的人懂得用真诚的心去看见，去理解，去帮助身边那些需要帮助的人。那种"凡是人，皆需爱"的仁心，是君子之所以是君子的根本。

"恭"指的是内在的谦恭。这种谦恭是对自己的，对自己多一份严肃，多一份谨慎，就能不断地审视自己，看得见自己的长处，也知晓自己的不足，这样的人，就懂得如何尊重他人，敬畏事物，这是由内而外的修养。

"俭"指的是自身的俭朴。尤其是现代的我们，当身边诱惑的力量越来越大的时候，我们如何才能保持内心的平静，去屏蔽掉那些不必要的奢靡，从而滋养着属于内心的力量。正如诸葛亮在《戒子训》中说的"非淡泊无以明志，非宁静无以致远"。意思就是告诉我们人在简单的生活中，才能够明确自己的志向，不平静下来，就不能够有远大的目标。"俭以养德"是君子应有的参考。

"让"指的是那种与人无争的谦让。人越成长就越应该明白，不是所有的事情都要去和人争个明白的。当有人和你有着不一样的观点或者看法的时候，那是因为他和你有着不同的出发点，甚至是眼界的不同。当这些有偏差的时候，结论是不会那么容易达成共识的，你要对这个现实保有充分的理解，从而滋养出那种与世无争的淡然。

以上就是子贡认为孔子有的"五德"，也是后人对于君子的参考之一。在子贡看来，这"五德"正是孔子"求得"的方式。这种"求得"之所以和别人不一样，那是因为，大多数人的"求"是请求或恳求，孔子的"求"，更多的是吸引，用自身的魅力，去吸引你过来。虽然这也是我要的，但是这种要的方式，或许比起那种表面的"求"要高明得多。

这也是我这节课中重点要和大家讲述的观念：与其把重心放在他人身上，想着如何才能求得？不如把精力放在自己身上，想想如何才能吸引他人？

我想把话题迁移到一个看似不相关的地方，就是很多年轻人有的困扰：我怎么才能追到我喜欢的男生（女生）？之所以要讲这一点，就是发现现在好多年轻人，包括以前的我自己，对于"追求"这个概念，有着那种极为执拗的偏差。

首先我们要了解一件事，当你喜欢一个人的时候，是因为TA的身上散发出的光，让你感知到TA的优秀。所以你不断地示好，不断地追求，试图用这种方式让TA接受你。但我想问你的是，你喜欢TA，是因为TA的优秀，是因为TA的好；那么TA如果要喜欢你，难道是会因为看到你对TA有多好吗？不是的，而是TA也得看得到你的优秀，你自己本身的那种"好"。

　　了解了这一点就会发现，那些一旦喜欢一个人，就一股脑地付出，拼了命去追求对方的人哪，统统把力气用错了方向，这种"追求"很初级。真正高级的"追求"则要像孔子的"温、良、恭、俭、让"一样，从自身出发，不断地完善自我，去让别人感受到你的优秀，让别人认知到你的好……这种追求的方式，叫"吸引"。只有双向吸引的关系，才能够更健康，更持久。

　　所以，子贡评价孔子的"温、良、恭、俭、让以得之"是告诉那些正在迷茫、慌乱、患得患失的我们：

　　与其追求，不如吸引。

　　你若盛开，蝴蝶自来。

　　充实自我，随顺因缘。

精致的灵魂，更有力量

子贡曰："贫而无谄，富而无骄，何如？"子曰："可也。未若贫而乐道，富而好礼者也。"

这句话中，子贡问孔子："贫穷却不谄媚，富贵却不骄傲，怎么样？"孔子回答："可以了。但还是不如那种虽然贫穷却仍然以获得知识、懂得道理为乐趣，虽然富贵，但仍然谦虚好礼的人。"

在子贡看来，很多人以谄媚的方式去让自己的生活变得更好，总想着巴结别人来获得好处，而如果一个贫穷的人不那么做，就一定是有风骨的。还有一些富有的人会仗着自己的财势炫耀显摆，来彰显自己的地位，如果有人不那么做，那么也是一个有境界的人。说实话，这已经是很不错的品质了，孔子也是表示认可的。但在认可后，夫子提出了两个更高的标准，叫作"贫而乐道""富而好礼"，并给予了更高一层的指引。

首先我们来看"贫而乐道"。里面有两个字看上去是天然对立的，那就是"贫"和"乐"。很多人认为，一个贫穷的人，一个生活条件并不富裕的人，又有什么可以快乐的呢？

我把这4个字拿到现在的时代来讲，尤其是我们很多年轻人，实际上你们已经脱离了那种原始的"穷"的状态，大多数的人都能够过上衣食无忧的生活。但你们会经历那种暂时性"贫"的处境，比如大学住宿，比如刚踏上工作岗位，在身边的资源还不能够给予自己想要的生活的时候，我们怎么去调整好自己的心态，变得更为快乐一点呢？这是我在这一节中想要专门和你们讲述的事情。

当我们说"穷"也可以获得快乐的时候，实际上是在和你说，不用去和生活刻意较劲，当你看到那些精致的事物时，你也得有着享受粗糙的能力。

这个观点，黄执中在某一期"奇葩说"里讲到过。在那场比赛中，他说世界上有两种不同的开心，一种是享受精致的开心，一种是享受粗糙的开心。两种开心你都能享受得到的话，你才能够很健康地生活。

就好比，你能够享受那种穿着昂贵高跟鞋出门时的典雅魅力，你应当也能够享受那种穿着拖鞋时的自由和随意；你能够在最好的饭店享受着那种品尝顶级料理的奢华，自然也应该能享受在路边摊撸串的潇洒和烟火气……如果一个人只能享受前者，觉得只有前者是快乐的，只要经历后者那种看似贫苦的生活，就会浑身不自在，就会不快乐的话，那么这种不快乐不是贫穷带给你的，而是你对贫穷的看法所带给你的。

一个真正健康的人，既能够享受精致，也能够拥抱粗糙，这才是拥抱自己的最好方式。

当我们暂时只能拥抱粗糙的时候，要如何才能找到自我的定点呢？所谓"乐道"就是指要以获得知识，懂得道理为最根本的乐趣。是的，尤其是当代的年轻人，当你还不能够负担得起自己想要的生活的时候，那么静下心来，好好去学习，好好去明理，去找寻自我成长的快乐。

一个人怎么才会一直穷？只要他始终保持抱怨，拒绝接受，甚至寻求捷径，又从不把目光投注到自己身上，那么贫穷就会成为常态。而一个可以拥抱粗糙，能够关注自我成长，并在其中找寻到快乐的人，是了不起的，这样的了不起放到现代，是不会让你"贫穷"的状态维持太久的。

"富而好礼"的意思是，一个人即使是富有的，也要去追求那些道义和礼法。

从这句话的意味当中，我们可以明确地体会到，有些东西，比起外在的财富更为重要。我们前面说到那些生活中的"精致"，很多人会认为那就是些表面的美好——昂贵的高跟鞋、奢华的餐厅、限量的跑车……这些精致有个特点，就是它会因为财富的缩减而崩塌，一旦没钱没势了，就统统不存在了。而当我们谈到一个人真正精致的时候，是否可以脱离表面，更往内走呢？又有哪些真正的精致是不会崩塌的呢？

放到现在的时代来讲，我们从小被教育要好好读书，好好做人，养成好的学习和生活习惯，那些刻在骨子里的素养，那些蕴在脑海中的知识内涵……这些，不会崩塌，这些，会始终跟着你走。我们要追求的精致，是这种可以形塑你灵魂的精致。

所以，当我们在谈"富"的时候，我们在谈些什么？有太多太多的人，把"富"的概念仅仅停留在外在的物质上，所谓"白富美"，所谓"高富帅"，往往看重的就只有外在的靓丽。**而我们倡导的是，人人都可以是"白富美"——白于内在，富于才华，美于气质；人人也都可以是"高富帅"——高于品行，富于阅历，帅于行为。**

是的，精致的灵魂，永远比精致的外在，更有力量。

由内而外的品格

子曰："道之以政，齐之以刑，民免而无耻。道之以德，齐之以礼，有耻且格。"

这句话中讲到有两种治理百姓的方法，一种叫"道之以政，齐之以刑"，一种叫"道之以德，齐之以礼"。

孔子说："用行政命令作为手段来引导和治理百姓，以刑法来制约百姓的话，那百姓会因为畏惧而免于罪过，但内心并不会觉得其罪过是有问题的。如果用德行来引导，用礼法来约束，那么百姓不仅有羞耻心，而且内心也是能够恪守规矩的。"

在孔子的那个年代，由于社会动荡，各国纷纷颁布了很严苛的刑法，但从长远看，这种方法并不能很好地教化百姓。孔子有过一个很恰当的比喻就是，如果用礼法来治理百姓的话，就好像用缰绳来驾驭马匹，只要握好缰绳，马就知道该往哪儿跑了，不需要花费太多的力气。而如果用严苛的刑罚来管理百姓的话，就好比用鞭子去抽打马匹，会有效，但也很容易失去控制，骑在马上的人也更容易受到伤害。所以在孔子看来，"以德治国"更为重要，只有从根本上去修正人们的道德修养，才能进一步构建社会的和谐。

但也有人提出过质疑，说只有缰绳没有鞭子的话，马儿怎么能听话呢？当马儿不听你使唤的时候，仅仅用缰绳是不够的。

的确是这样的。当我们在谈治理的时候，也要看当下的时局是怎样的，现处盛世，还是乱世？

盛世和乱世的生存之道是不一样的。乱世教人生存，所以在乱世中，当大家的生计都出现问题的时候，道德礼法就会成为弱的约束，所以管理者更希望能用重典治理。

盛世教人体面。在盛世的安稳中，我们理应去求得美好的品质和德行，那么就需要道德和礼法作为指引和方向。所谓"赠人玫瑰，手有余香"，所谓"予人为乐，与己为乐"……盛世中的我们需要这种温度与光亮。

所以，这句话对于现在的我们来说，是极具参考价值的。现处于安稳时代的我们，是应该被刑罚政令约束，还是应该受道德礼法的指引？这是完全不一样的两种选择。

如果仅仅是受刑罚政令的约束，放到现实社会中，闯红灯会被罚钱，所以我不闯；偷东西会被抓，所以我不偷；贪污受贿会判刑，所以我不做……虽然表面上是避免了危害的产生，但是所谓"民免而无耻"，就是在说，这些你所规避的事情都不是内心真正所想的，而是被迫无奈的：闯红灯不罚钱我就会闯；偷东西万无一失，没人看到我就会偷；贪污受贿足够安全我就会做……这种就叫缺少羞耻心，一旦没有外界的约束，就会立马崩盘。而这，不应该是我们所倡导的方式。

如果这个时代是倡导道德礼法的，你始终沉浸在这种环境中的话，你就会知道，不闯红灯不是为了避免罚钱，而是为了自己和他人的安全，是为了遵守秩序；即使再需要也不偷东西，不是因为会被抓，而是自我道德的约束，是自我价值的保留；不贪污受贿也不只是因为怕判刑，而是明确自身职责，对于公平正义的恪守……这种由内而外的发心，才是有品格的，才是值得倡导的心法。

罗翔老师曾经在他的课上说过一段话，他说这个时代，如果在外标榜自己是个"遵纪守法"的公民的话，那你跟他接触要小心，因为"有格"之人绝不会把"遵纪守法"作为优点标榜，在他们看来，"遵纪守法"是最起码的理所应当。

我想，是这样的。

不同的预期会带来不同的感受

子贡问君子，子曰："先行其言而后从之。"

子贡问孔子，怎么才能做一个君子？孔子回答说："对于要说的话，先去做，然后再说。"

在这里，我们借由这句话来厘清一个很重要的观念：什么是君子？什么是小人？

在《论语》中，出现过很多有关"君子"和"小人"的诠释。由于现代语言的影响，很多人的理解是，君子就是品行端正的好人，而小人就是品行不端的坏人。

这样的理解是不正确的。在《论语》中，我们所谓的"君子"，指的是一种得体的、向善的状态。无论是何种对于"君子"的论调，都是在讲，我们此生应该往哪个方向去努力才是更好的。而所谓的"小人"并非坏人，相反的，"小人"指的就是芸芸众生的我们，是那种还不够成熟、不够得体、还没完全成长的人。也可以说是一种较为本我，没有历经教育和教导的自然状态。

"君子"和"小人"这两种状态其实一直在我们身体里较劲。我曾经听过一个非常贴切的比喻，说这就好像身体里有两头狼在打架，一头叫"君子"，一头叫"小人"。如果你要问这两头狼谁会赢，那得看你平日里喂养的是哪头？如果你的环境不理想，任由那种本我的力量拉扯你的话，那你喂养的那个"小人"就会更为强壮；但如果你可以始终对"君子"的状态心生向往，找寻好的方向和指引的话，那么那头名为"君子"的狼才会赢。

所以，这也是《论语》的价值之一，它告诉你君子应该长成什么模样，让你多做君子会做的事，这样你才会更为约束自己，从而让"君子"的光，

慢慢长到自己的身上。

在这句话中，孔子说到君子的时候，提出一个标准，那就是君子会先做后说。为什么要对子贡说这样的话呢？那就得提起孔子因材施教的本领了。因为弟子子贡是一个经商之人，由于工作性质，他善于表达，很多时候他管不住自己的嘴，孔子正是借由这句"先行其言而后从之"来告诫子贡应该如何去做。

那我们来看这句给子贡的引导——"先行其言而后从之"。这句话其实也能给现代的我们带来很多启发。

我们倡导先做后说，有一个很重要的原因在于，同样一件事，同样的结果，事先的预期不同，事后的感受就不同。就好比我们最常见的考试，当你考了一个90分，这个成绩可以给人带来怎样的感受，完全来源于你事先给予的预期是什么。如果考试前你就对家里人说，这一次的考试我一定可以取得高分，那就意味着你在一开始就给了别人一个很高的预期。高预期所带来的结果就是，即使你能够做得到，给别人的感受也是"他果然可以"——预期之内的事不会有太多的惊喜。如果你事先不说，或者带给别人一个低预期的话，那么等你做到之后，情况就会变成——"他居然真的可以！"——预期之外的事就可以给人带来更好的情绪冲击。

所以我经常对同学们说，考前不要放高调，这不只是来源于修养，要谦虚不骄傲，还有一个考量就是，你得知晓在结果不变的情况下，不同的预期会带来不同的感受。一个聪明的、懂得调试的人，就会在事先去调整和控制自己及他人的预期，然后在努力去做之后，达到一个最好的效果。

但每每讲到这一点的时候，也会有些同学不同意，他们表示自己也知道当事先就把话说出去后，这种负担不只是来源于自己，也来源于别人等着看结果的压力。而如果你有信心把这种压力转化为动力，从而去破釜沉舟的话，也未尝不可。

我想我是理解这种说法的，因为我自己在年轻的时候也曾有过这样的想法和做法，总觉得自己需要通过这样的压力来逼迫着自己前进，不要小看那种破釜沉舟的决心所带来的威力。但同样的，你也应该做好如果失败后自己会付出代价的准备。

在现在的我看来，这样完全可以规避的代价，是不必要的。

所以，我们倡导的先做后说，是在提醒自己预期对于结果感受的影响是很大的，先说就势必会带来高的预期，这并不是一个好的选择。

另外，先做后说也是在给自己留有余地，"**埋头猛冲**"固然是种勇敢的选择，但"**可进可退**"又何尝不是一种成熟的智慧。

多听多观察，少错少后悔

> 子张学干禄，子曰："多闻阙疑，慎言其余，则寡尤；多见阙殆，慎行其余，则寡悔。言寡尤，行寡悔，禄在其中矣。"

这里提到的是孔子的学生子张请教孔子求得官职俸禄的方法。所以这句话的实用主义倾向非常强烈，它所讲述的场景很明确，就是官场应该怎么应对？那放到我们现在的社会，或许也可以理解成，职场中我们应该注意什么？

孔子首先说的是"多闻阙疑，慎言其余，则寡尤"。意思是你得多听，有疑问的话先放一放，谨慎说话，这样才能减少过错。

这是一个非常好的职场建议。因为我们有些刚进入职场的人，还都有很多典型的学生思维。在学生时代，我们被教育有问题就要问，有质疑就要提，不要害怕犯错，要敢于发表自己的意见。这在求学阶段是对的，因为求学的过程本来就是一个试错的过程，我们有很高的容错率，然后通过一次次的试炼来提升自己。但进入职场后情况就不一样了，职场里没有人是你真正意义上的老师，他们也没有去教导和容忍你的绝对义务，对你的容错率是有限的，每一次的犯错也都是会付出相应代价的。正因为如此，孔子给出的建议是要先多听，尽可能地收集更多的咨询，如果在其中有疑问的话也别急着判断，要谨慎。

这就让我想起有很多职场中的年轻人，包括以前的我自己，在会议或者论坛交流的时候，听到一个自认为不对的观点或想法时，会急着下判断，然后立马做出自己的反应，提出自己的看法。但以前的官场或现在的职场之所以比学校复杂的原因就在于，这其中有着太多的利益关系，有时候你所看重的这个观点的角度，并不是他人所看重的；而他人所看重的部分，以你的角度又是看不见的。这个时候如果草率判断，就很有可能会出错，从而让自己陷入尴尬和麻烦的境地。

这一点其实在学生时代也是可以练习的。就好比在上课的时候，总会有一些学生会公然质疑："这是不对的，我记得不是这样的。"然后在查证之后就挠挠头说自己记错了。当然，这在学生时代是可以被容忍和理解的，但这也并不意味着是个好习惯。我会建议，当你听到一个和自己的想法相悖的内容时，比起直接表达，更重要的是提醒自己"且慢"。在表达之前还有一个很重要的步骤叫作"证实"，你得再去确认一下，如若符合你的设想，再找个合适的时机发表自己的看法；如若不是，那也庆幸自己规避了一次尴尬的处境。这，都比在那个当下就直截了当地去表达，要好得多。

而后，孔子又说到"多见阙殆，慎行其余，则寡悔"。意思是，你要多观察，不确定的事先放一放，谨慎地去做那些你真正能做的，才能减少事后的后悔。

这也是一个给予初入职场者的好建议。前面提到职场不同于学校，它有着极为复杂的利益和关系，身为职场中的人一定要先观察清楚，不能茫然。那些刚刚进入职场的年轻人往往有着一股冲劲，一有机会就想要表现自己。这固然是不错的优点，这能证明你的确是一个怀揣理想，愿意做事的人。但在职场中，我仍然会劝你"且慢"，在你急着说出"我来"之前，先要考虑几件事：这件事你究竟行不行？有没有把握？或者这件事该不该由你来做？你要考虑的并不只是"我想要去做"，能力、人际、利益都是你要考虑的因素。如果忽略了这些因素的话，那些潜在的危机和麻烦，就会让你在事后追悔莫及。

孔子最后说："言寡尤，行寡悔，禄在其中矣。"这就明确表示了，说话少犯错，行动少后悔，这样的人在官场中就能够有其一席之地，那官禄也就是自然的事了。那沿用到现在的职场中其实也是一样，多听多观察，谨慎说话，谨慎行动，这是混迹职场应该要知道的道理。我们说《论语》之所以是经典，就是它可以在实际场景中帮你解决问题。问题不同，方案就不同，这样的方案，即使是对现在的我们，也有所启迪。

建构一个好的环境，才能使人信服

> 哀公问曰："何为则民服？"孔子对曰："举直错诸枉，则民服；举枉错诸直，则民不服。"

鲁哀公问孔子："怎么做才能让百姓服从于你呢？"孔子回答说："要把正直的人推举上来，弃置那些不正直的人，老百姓就信服了；而推举不正直的人，把正直的人置于一旁，那么百姓就不会服从。"

从字面上很好理解的是，孔子认为要使百姓服从的方法就是，要选择正直的人。

在这句话的理解上，樊登有一个特别有意思的说法是，在中文的语境中，很多时候我们的用词但凡有着细微的差别，就会让意思变得不一样，意思不一样就会导致思维模式不一样，而思维模式往往决定着我们最后的行为。

比如这句话里的"举"，当我们说选择人才的时候，有两种不一样的说法，一种叫"选举"，一种叫"选拔"。光看这两个词语，很多人会认为并没有什么差别，但我们细细去琢磨这两个词语，就会发现其中的不同。

一个是"举"，所谓的"举"是一个自下而上的动作。一个人要由下至上地起来，是要底下的人愿意使劲，把他举起来的。而如果你想要被推举，那么你一定得"往下看"，要看看底下的人需要些什么，站在他们的角度去思考问题，解决问题。这样的人就会是人们喜欢的、认同的，也自然愿意把你推举上去。

另一个是"拔"，所谓的"拔"是一个自上而下的动作。一个人要由下往上，是要靠上面的人把他拔上去的。一旦是这种模式，那么你就势必"往上看"，你要清晰地了解上面的人看重什么，需要什么，才能有被"拔"上去的资本。

一旦你发现了这两个词语之间的区别，你就会明白，当我们真正在选择人才的时候，应该采取的是哪种思考模式？那得想一想，你选上来的人是要为你做事、投你所好的，还是真正懂得大众、为大家办事的？想清楚了这一点，就自然知道该怎么做了。

是的，孔子知道作为一个管理者、掌舵者，思维模式极为重要。我们从历史长河中看到，那些任人唯亲的君主往往就是采用"选拔"的模式，那么底下的人就会把注意力都放在"我该怎么才能变成上头喜欢的人"，所以说君主喜欢听的话，做君主喜欢做的事，使得一人高兴就能稳固自己的地位。但这样的人又怎能真正解决实质的问题呢？因为他根本看不到啊！

我们再把这句话引用到实际生活中来，比如同学们都能有所代入的场景，那就是选班干部。

如果班内的模式是"选举"的话，那么一个同学怎么才能够被选举成干部？或许是他的成绩可以服众，是大家的榜样；或许是他的某项能力很强，被大家认可；又或许是他始终有一颗服务同学的心，被大家赞赏……不管怎么样，如果你想被同学们推举上去，你就得知道他们需要一个怎样的干部，你的存在又可以给他们带来什么。

而如果是"选拔"的话就不一样了，你或许只要考虑一点，那就是班主任喜欢什么样的学生，你只要变成这个样子就可以了。

那我们再来看，在孔子的这句话中，有一个词是选举的关键，那就是"直"——要选用一个正直的人。

对于一个国家而言，一个正直的人，是大公无私的。当一个人有是非观念，知道什么是对的、什么是错的、什么是好的、什么是坏的，在整个过程中不存私心，这样的人一定能受老百姓欢迎的。因为他时时刻刻会为国家着想，时时刻刻会为百姓着想，当你选择用这样的人的时候，老百姓也是能够信服于你的。

另外一个层面就是，我们选用正直的人，而把那些不正直的人置于一旁的原因是，**在孔子看来，君子和小人从来都不是两个固定的概念，人是动态的，人也是需要好的环境来影响的。当这个环境中充满着正能量的时候，那些原先的不正直也有可能慢慢地在潜移默化中向着君子之道逐步前进。**所谓"君子之德风，小人之德草"，意思就是让君子的风气吹动起来，自然就能影响那些还不够完善的人。这个环境，是由掌局者建立的。

《论语》里还有段话——樊迟问仁。子曰："爱人。"问知，子曰："知人。"樊迟未达，子曰："举直错诸枉，能使枉者直。"樊迟退，见子夏曰："乡也吾见于夫子而问知，子曰'举直错诸枉，能使枉者直'，何谓也？"子夏曰："富哉言乎！舜有天下，选于众，举皋陶，不仁者远矣。汤有天下，选于众，举伊尹，不仁者远矣。"

在这段话里，孔子用"举直错诸枉，能使枉者直"来告诉樊迟一个道理：**把正直的人提拔上来，使他们的位置在那些不正直的人上面，那么就能使不正直的人变正直。这就是一种智慧的体现。**子夏听闻这段话后，用了舜提拔皋陶，汤提拔伊尹的典故来佐证孔子的观点，从而证明作为一个管理者，如何识别他人很重要。

所以当孔子说"举直错诸枉，则民服；举枉错诸直，则民不服"，就是来回应鲁哀公如何建立一个令人信服的、从而也可以更为向上的环境。那么对于我们现在大大小小的管理者而言，又何尝不是如此呢？

如何做一个靠谱的人？

子曰："人而无信，不知其可也。大车无輗，小车无軏，其何以行之哉？"

孔子用了一句很重的话来讲述诚信的重要性——"人而无信，不知其可也。"意思就是：一个人如果没有信用的话，那我也不知道他能干嘛了。

而后又用了一个非常形象的比喻来佐证自己的看法。所谓"大车"在那个时候指的是运载货物的车，一般用牛作为牵引力。所谓"小车"运载比较轻，或是运人较多，一般用驴或马作为牵引。大车上的"輗"和小车上的"軏"都是指车上的连接器，这个连接器连接着轮子与横木相接的地方，非常重要。如果没有这个的话，车子根本是没有办法行驶的。

孔子用大车和小车的比喻告诉我们，人与人的接触和相处，也是要靠联结的，这个联结的关键就是"信用"。

如果先讲概念的话，那么"诚信"一直以来都是我们中华传统美德中的重要成分之一，我们从记事开始就一直被教育要做一个有诚信的人。那怎样的人才叫有诚信的人呢？我们又应该怎么去做呢？这到底对于我们的生活有哪些影响呢？

我们带着这样的问题回到现实情景中来。在我们这个时代，对一个人最好的夸赞之一就是：这个人很靠谱，这个人很着调。当你听到一个人有着众多"靠谱"和"着调"的评价后，也一定会觉得这是一个很不错的人。那什么叫作靠谱和着调呢？有一个很重要的面相，就是这个人，很有信用。

在我做大队辅导员的这段时间里，我接触到的学生干部有很多，其中有两个男生让我印象极为深刻，一个是小文，一个是小陈。往往回想起他们，我能给出的评价一定是：这两个小子，极为靠谱。有些人会疑惑地问：一个小学的男生，能够靠谱到什么程度？如果我用一句话来概括，那就是：这两个人，每一次答应我的事情，都能够很好地做到。

是的，交给这两位男生的事情，我甚至自己都可以回头忘记，他们也能够在说好的时间内完成，并给予反馈，无须任何提醒，也没有任何一次拉胯。有一次，当他们着实遇到困难的时候，也会在事先和我报备，表示自己没有办法完成，并且一起商量备用方案。他们说："答应你的事情我一定会做到，做不到的事情我便不会答应。"我想这个就是最好信用的体现。

正是因为这样，我至今和他们保持着很好的关系。在我看来，这两个人是值得交往的，一旦我们可以有联结，我们的"车"行驶起来，一定是既稳又快的。

同样是面对孩子，我也曾有过这样的经历。

前几年学校参加市里的某个运动会，由我来带队，一共20个学生组队前往。当天早上在约定好的时间，大多数孩子都已到来，唯独缺了一人，而且怎么都联系不上。大巴司机使劲催着时间，我们所有人都在原地干着急。

20分钟后，这个小男孩和他的妈妈才姗姗来迟。妈妈不停地打着招呼："不好意思不好意思，今儿天太冷，孩子早上说什么也起不来，只能由着他又多睡了一会儿，我们已经尽量在赶了，给你添麻烦了。"

我应和了两句，看了看小男孩的样子，他已经和那边的小伙伴嬉闹在了一起，很显然，他并没有意识到，自己白白让另外19个孩子等了这么久。

那天的比赛我们掐着时间赶到现场，因为没有任何的准备，一下车就得直奔场地，导致最终的结果很不理想。

如果答应好的时间不遵守，又摆出一副所有人都应该等我的样子来，那么，即使是孩子，以后我哪还敢和你产生联结？我们的"车"，定然是开不起来的。

所以，诚信这件事，是需要从小培养的。我们得知道，诚信不只是对他人负责，也是对自己负责，那种强大责任感的建立，可以促使你成为一个人

人都愿意和你产生联结的人。

另外值得注意的是，"诚信"没有我们想象得那么坚挺，它建立起来不容易，但是摧毁它极为简单。

就好比做生意，信用靠着几百几千桩的买卖建立起来，但是只要一件事情处理不当，失去诚信，那么之前的积累就会瞬间崩塌。我们也一定听过这种比喻，说诚信就像一张白纸，要么一如既往的平整，但凡有一件事使得白纸出现褶皱，之后无论你多么想要恢复原状，它都不可能像之前那般毫无痕迹。

这就告诉我们，我们要谨慎对待诚信，让诚信的种子从小就埋入心底，让观念带动思想，让思想恪守行为，人生的车轮才能滚滚向前。

在"不忍"中见良知

孔子谓季氏:"八佾舞于庭,是可忍也,孰不可忍也?"

这句话里的"是可忍孰不可忍"我们现在也经常用,在看到让自己极为生气的事的时候,这句说起来很霸气的话,是能很好地体现自己态度的。而所谓"是可忍孰不可忍"在大多数人的理解里,意思是:"这种事都能忍,还有什么事是不能忍的呢?"那究竟在那时发生了什么事,会让孔子生这么大的气呢?

我们都知道,孔子是一个很讲究"礼制"的人。在他看来,"礼"代表着一种修身与治国的文化精神,这不仅是政治和社会伦理的体现,也是国家治理的重要参考和依据。所以,孔子始终倡导用礼法来规范各级人们的行为,也就是让每个人都知道自己的身份、自己的位置,不能僭越。如果守不住礼法的话,那么国家和社会就极易陷入混乱的状态。

所以我们可以看到,在古代的各种细节中都体现出这种礼法规制的概念。比如大门上的铜钉,这上面的数目不是随意定的,而是有规制的,不同身份的人数目不一样。天子的门上,门钉的数量是9行9列81个;往下一级,亲王、诸侯的门钉数量则为8行8列64个;再往下一级,郡王大夫的门钉数量就是7行7列49个。

我们回到这句话中来——"八佾舞于庭",这里的"八佾"指的是一种单位,在古时候奏乐请人伴舞,每一行有8个人,称之一佾。按照当时的礼法,天子的身份可以用八佾,也就是8行64人;往下一级诸侯亲王可以用六佾48人;再往下是大夫的级别,只能用四佾,即32人。故事中的主角季氏,他的身份是鲁国的大夫,所以在他的身份里,无论你多有钱,最多也只能用32人伴舞。但这个季氏，竟然公开在家中使用天子的架势，用了八佾64人。在孔子看来，这就是典型的僭越，对王权和君权的僭越，这是一直崇尚礼法的孔子所难以忍受的事情。

很多同学初听这句话会表示不理解，别人用多少人跳舞又不碍着什么事，为什么夫子会这么生气？但如果我们知道这是孔子对于礼法的重视，这种礼法不只是体现在表面的人数，其背后蕴含着的是政治和伦理的规范，你或许就能理解夫子了。

这种对礼法的重视虽然是一种极具时代性的特征，但如果放到现在，也有其可取之处。就好比现今的机构，无论是社会组织还是企业单位，在它们的组织架构中，也都会有各种制度的存在，用来明确各种权责的归属。从效率的角度来看，只有遵守这种制度，才能让组织更好地运转起来。

但关于这句话，我还听过一个非常棒的诠释，在这里也和大家分享。在钱穆先生的《论语新解》和杨伯峻先生的《论语译注》中，这句话的意思还可以是：季氏用八佾在庭院中奏乐舞蹈，这样的事他都忍心做，那还有什么事他是不忍心的呢？

在这个理解中，把重点从孔子指向了季氏本人，其中的"忍"不是指孔子的忍耐，而是在阐述一种"人心向善"的态度。一个人做错事的时候会不忍心，会纠结，这是人之常情。

我们来代入自己的生活想象一下。每每当我看到那些作业不按时完成的同学，第二天红着个脸找各种理由搪塞我的时候，在表示无奈和生气之余，还会感到有那么一丝心疼。看着他毕恭毕敬地站着，手指不断交错着来掩盖自己的尴尬和紧张，一张脸从脖子红到耳根，却仍然憋不出一个像样的理由来为自己的懒惰开罪……我心疼的是他当时的状态，那种纠结，那种尴尬，那种不安，都不是演出来的。这一切都在说明，他其实也知道不做作业是不对的，是没有办法向自己和老师交代的，作为一个学生就是应该好好学习……你看，这种就叫作"不忍"——不忍自己的懈怠，不忍自己的懒惰，不忍自己所犯的错。这一切，恰恰就表明了那种人心向善、向好的状态。

我们也可以在电视剧里看到过这样的场景。当一个人由于种种原因，想要去做一件不好的事的时候，都会纠结万分，这个纠结的过程就是在与自己的良知做斗争的过程。良知有些时候会赢，有些时候也会输。当输了的时候，我们也可以看到，即使下定决心后，在临出发前，那些人都要灌自己一些酒，所谓这时候的"横下一条心"，就是想尽一切办法来麻痹自己的良知和向善之心。

但良知和善心有一个很大的特点，就是它耐不住你不断地磨。如果每一次犯错你都能"忍"，次数一点点增多，弹性就会一点点变大，那么人也就会渐渐脱敏，从某种角度来说，这也就是那些恶人的由来。

我曾经听过一个非常好的说法，说人的良知如果有形状的话，应该是一个三角形，它被好好地安放在你心房周围。当你做一件错事或者坏事的时候，这个三角形就会旋转起来，那锐利的角会剐蹭到你的心房，让你产生明显的痛感。我们常说："你的良心不会痛吗？"从这个角度来看，良心，着实是会痛的。所以每每旋转一次，你都会感知到这种痛，它提醒你什么事情该做，什么事情不该做，这颗心要怎样好好的，它才不会疼。

但是，如果转的次数多了，疼的频率高了，你就会渐渐适应。更恐怖的是，那些个原本可以磨痛你良心的角也会逐渐圆润，每一次的旋转都会让痛感大不如前，直至它被磨圆的那一刻，你就再也感受不到那种钻心的疼痛了……当一个人的良心不再痛的时候，那将会是多么凄凉的恐怖。

所以在这句话中，比起礼法的重要性，我更想和大家交流和分享的是，我们倡导"人心向善"，就是要时刻提醒自己，说正确的话，做正确的事，守住那颗宝贵的良善之心。

礼，从内心出发才最为重要

林放问礼之本。子曰："大哉问！礼，与其奢也，宁俭；丧，与其易也，宁戚。"

当林放问到礼之根本的时候，孔子感叹道："大哉问！"意思就是：这个问题问得太好了，太有价值了。当很多人把问题停留在一些琐碎问题的时候，林放提出了在孔子看来是当下哲学范畴的一个大问题。

我们在之前已经了解到，孔子对于礼制极为重视。上一节讲到"是可忍也，孰不可忍也"的时候就可见一斑。而当被林放问及礼之根本的时候，夫子觉得高兴的一个很重要的原因是，在当下很多人只是在学礼的表面形式，只知道要做什么，却不知道自己为什么要做。仅仅停留在形式上的礼，是很难长久地留下来的。林放则问到了礼的实质根本，这说明他想要探寻礼法的本质，这自然是一种更高层次的追求。

夫子的回答是："礼，与其奢也，宁俭。"意思是：礼与其追求形式上的奢华，不如俭朴一些。

有史料记载，孔子是最早反对陪葬制度的，在他看来，这种形式太过残忍。在那个时候，那些君王都想用这种方式来隆重化，从而体现自己的重要性。但孔子认为这种奢华，完全是没有必要的。乃至于之后中国的几个时代，尤其是汉朝，我国的盗墓业极为发达，究其根本原因，就是因为那时的人们特别流行厚葬，觉得只有这样，才是礼的最高体现，才能更好地展现出自己的孝道。曾经有过这么一个笑话，说一个老太太去世了，他的儿子和儿媳为了表达对她的孝敬，在墓穴中放了许许多多珍贵的物件，然后铺上层层叠叠的蚕丝被，到最后发现东西都放满了，老太太却搁不下了……旁边的人发出感叹，老太太劳苦了一辈子，活着的时候都没有盖过这么好的被子，死了还要给被子腾地方，真的是作孽。

是的，生前不好好对待，死后的奢华其实都是做给别人看的。你认为这样的奢华是礼的体现，但在孔子看来，有着这种肤浅的理解，是因为你根本不知道，礼从内心出发才最为重要。**但凡从内心出发，你就能体会到礼中的诚敬之心，而诚敬之心，是不需要外在奢华的包装的。**

而后孔子又说："丧，与其易也，宁戚。"意思是：治丧之道，与其在仪式上面面俱到，不如内心真正哀伤来得重要。

治丧是一件让人难过的事，但很遗憾，我们大多数人，在人生的历程上，都得有这个经历。在极度悲伤的状态下，还要保证整个丧礼的流程，也要做好例如接待、招呼、沟通等种种烦琐的事宜。所以往往在这个时候，丧礼的主事人会强压自己的情绪，让自己的思绪处于暂时理性的状态，以便更好地整理思路，然后办妥眼下的这件事。

但说实话，这是非常违背人性的，孔子就是发现了这一点，才指出，如果一个人太过追求仪式的条理、章法和细节，那么丧礼最重要的部分——哀伤，就会作为代价被削弱，这是逐末舍本的行为。中国的传统葬礼实际上是需要表达出这种哀伤的情绪的，这不只是对于逝者的缅怀，也是对于生命价值这个宏大主题的反思。**我们所谓"哀不足而礼有余"，就是表明如果丧礼都没有表露出哀伤的话，那么这种礼就又是停留在表面上的礼，是那种没有根的，只为做给别人看的礼。**

另外，我们所指的这种哀伤，是真正发自内心的哀伤。在农村的有些地方，有一种专门的职业叫"哭丧"，这些人是专门到别人葬礼上去哀嚎的，从而体现家人们的悲伤。每每看到在一个老人的葬礼上，那些职业哭丧人跪倒在地，声嘶力竭地哭着，叫着，表达着自己极为悲伤的情绪，这种专业程度让旁边不知情的人都为之动容。而当任务完成后，他们可以说停就停，刚刚还哭得跟个泪人似的，一转身就可以和别人说说笑笑……这种表面演出来的悲伤，实际上也是"易"的一部分。流程准备得很妥当，这些都能花钱办到，而如果丧礼上的情绪也可以花钱买的话，那么，办这个丧礼的真正目的，又究竟是什么呢？是真的缅怀老人，还是为了表现自己？

我想，这就是表面的礼，是和内在的礼之根本，最大的区别所在。

真正的争，是自我的拔擢

子曰："君子无所争，必也射乎。揖让而升，下而饮，其争也君子。"

这句话的意思是，君子是不争的，如果有，那一定是射箭了。比赛的时候，相互作揖然后登台上场。比完后退下来一起喝一杯，这是君子之争。

在这句话中，提到了一个概念叫"君子不争"。我们之前的一讲中提到子贡形容孔子"温、良、恭、俭、让"，是说夫子从来不是靠争的，无论是财富与地位，还是口碑与信任，夫子都是通过自己的德行吸引而来。所以在孔子的概念里，但凡有争夺的地方，就会有输赢，我争来了，那你就没有了，这就意味着我赢了，你输了。所谓的"君子不争"就是告诉你，不用去刻意争夺一些东西，如果你可以通过你自己的能力与品行去吸引得来的话，就不存在什么你赢我输，而是双赢的局面。

接着，孔子举了一个当下流行的例子——射箭。因为在那个时候，射箭是儒家的六艺（礼、乐、射、御、书、数）之一。射箭主要用于战斗，平时也可以作为一种活动或比赛，讲究射礼。

"揖让而升，下而饮"就是射礼的体现，要求人们比赛前先作揖，表示承让，然后再登台射箭，这是射箭前的礼节。比完箭下台来，无论输赢都要干上一杯，赢的人陪着输的人一起痛痛快快喝一杯，多么和谐，多么友好。在这个射礼中，我们完全可以体会到谦让和友善的美好，在孔子看来——"其争也君子"，如果说君子也会争的话，这就是君子之争的体现。

是的，我们倡导"君子无所争"，就是说君子要转变"争"的概念，与其

追求外在的争夺，不如内在的吸引。如果说一定要有争的话，那么这种争的形式，也是和谐与谦让，公平和友好的。

在我们的学校中，也经常会有这种类似竞争的场合，最常见的就是大队委员竞选。每次提到竞选，都会有那些"结果至上"的论调，所以经常可以看到有些同学为了赢，想尽各种办法，采取各种手段；也可以看到输了的同学心态炸裂，久久不能平息。这些，都极为遗憾。

所以，我们学校每每在大队委竞选前，我都会找候选人开准备会。在准备会上，比起宣讲竞选的流程和方式，更重要的是要让他们知道，这不只是一次竞选，更是一次很好地认识彼此的机会。多么难得可以有一个场合，把学校里各种优秀的同学集合在一起，共同完成一个任务，彼此协作一次呈现。结果自然是有输有赢，有成功有失败，但这都不是你在其中最重要的收获，最重要的收获在于，你可以借由这次竞选的机会，认识一群很棒的人，并且在接触交流的过程中，发现别人身上自己所没有的特质，从而共同进步，共同成长。

有了这个概念，这些年我们学校的大队委员竞选非常和谐，虽然从结果上来看，一定会有人选上，也一定会有人落选。但从整个过程来看，他们都在彼此学习，彼此借鉴，在这个共同进取的过程中，他们也都在创造自己更高的价值。在这个过程中，有输家和赢家吗？或许从功利的结果上来看，是有的，但是如果你看得够高够远的话，就会发现，但凡有了这样的观念，在这个竞选活动中是没有输家的，比起那个结果，他们都赢得了更为重要的东西。

这正是所谓"其争也君子"概念。

君子之争，首先不会没有底线。你有着自我进取的目的，有着共赢的心态，就不会存在任何耍手段、耍心机的行为。

君子之争，是懂得如何相互尊重的。君子可以看到别人的优点，发现自身有不足的时候也会虚心讨教和学习。

君子之争，更重要的是懂得如何自我提升。与其说这种争是对外在事物的争取，不如说是对自我提升的拔擢。如果所有的"争"最后指向的都是新的自我价值的创造，那么这才是最有意义的"君子之争"。

明确人生的价值排序，坚守仁德的君子之道

　　子曰："富与贵，是人之所欲也；不以其道得之，不处也。贫与贱，是人之所恶也；不以其道得之，不去也。君子去仁，恶乎成名？君子无终食之间违仁，造次必于是，颠沛必于是！"

　　这是一段带有明确观点和指引的话，在表述的过程中，孔子也非常直接，显得特有力道。由于这段话比较长，我们逐句来阐述它的含义。

　　"富与贵，是人之所欲也；不以其道得之，不处也。贫与贱，是人之所恶也；不以其道得之，不去也。"

　　这句话的意思是：富贵是人们都想要的，但如果是以不正当手段得之，是不接受的。贫穷也是人人都厌恶的，如果是不正当摆脱，也是不需要的。

　　不知道大家在这句话中有没有体会到一种价值排序的力量，我们并不是说富贵不重要，也不是乐于、安于贫贱，如果可以过上好日子的话，那自然是人人所向往的。但是比起富贵，更重要的是"道"，"道"的价值排序在富贵之上，如果一件事不符合道义却能取得财富的话，那是不能拿的，所谓"仁者不取"，说的就是这个道理。

　　其实说到底，如果一个人没有"道"的束缚，只追寻财富的话，实际上并不是那么难的。我曾经听过黄执中老师讲过一个故事，出自纪晓岚的《阅微草堂笔记》，这本书主要搜集的是各种鬼怪神仙、因果报应等流传的民间故事。其中有一个故事是这样的，说有家人家的主人爱吃鳖，有一次把鳖切开的时候，从里面钻出一个小人满地跑，随即就消失了。这个主人感到十分惊讶，就到处问这是怎么回事。有一位老人家就告诉他："这玩意儿叫'鳖宝'，这是一个妖精。只要你抓住它，把它放在手上，它就会钻到你的皮肤里住下

来，吸你的精血为生。但是只要它住在你身体里，你就能看到地底下的宝物，随迹而挖，你就能有取之不尽的财富。"结果这个主人就很遗憾，说错过了发财的机会。当这个故事传到了纪晓岚奶奶这里，奶奶说了一段非常有深意的话："这没有什么好扼腕叹息的，这种'鳖宝'实为'以命求财'，如果一个人愿意'以命求财'的话，则'何财不得'……"意思就是，如果你连命都不要了，就只想要钱，那么这个世界上有太多的方式可以满足于你。舍得一身剐的人，有什么事是不能做的呢？之所以很多人会不愿意，那是因为他们知道，比起钱财，有很多东西更为重要，比如生命，比如道义，比如尊严……

所以，在我们的价值排序上，富贵决然不是第一位的。所谓"君子爱财取之有道"就是告诉你比起财富，道义更为重要。现如今，那些为了财富而贪污的人，那些为了脱贫而违法的人之所以被唾弃、被惩治，就是因为他们为了钱而违背道义的行为，是为世人所不齿的。人活于世，内心的平和与坦然，更为重要。

"君子去仁，恶乎成名？"

这是在说：如果一个人内心没有仁德的话，又怎能称得上是君子呢？**孔子是在告诉你，比起你的名声，你内在的仁德更为重要**。

这就好比我们现在有很多人，比起内在的修炼，他们更为看重外在的名声。由于我们现在这个时代极为纷繁，人们有着太多太多的渠道可以展现自己，从而有着外在的流量与名声。

近几年看到很多自媒体的小视频和直播的内容，内容低俗到无法想象，各种无耻的恶趣味在屏幕的那边肆意流淌，比如在马路上拿酒浇自己来表示自己的悲伤；故意说一些过激的话来挑拨观众的情绪；吃各种各样的怪东西来吸引观众……可悲的是，就是这样低俗恶趣味的内容，在网络上却有着极高的人气，从而让他们有更大的动力继续。这种只为博出名赚流量的心智模式虽然可以带来一些短期的利益，但却失去了内在的沉淀。当一个人觉得这样的名气和流量就是心之所向，从而不去往内在下功夫的时候，那路，势必是会越来越窄的。

"君子无终食之间违仁，造次必于是，颠沛必于是！"

君子没有一顿饭的时间是背离仁德的，在最急迫的时候也这样，在颠沛流离时也这样！

这里孔子提及的是君子本来的样子。首先为何说君子没有一顿饭的时候是背离仁德的？那是因为所谓君子，是那种植根于内心的修养，这种修养不需要刻意，而是时时刻刻在生活中流淌着的。

我们说看一个人是一个怎样的人，不能看他在某个时刻的表现。尤其是一个人面对陌生人的头几次见面时，他一定会把自己最好的那一面拿出来，这种展现是刻意的，是有目的的。要真正了解一个人，需要时间，需要在他的日常中去观察他的表现。如果一个人每一顿饭都能展现出君子风范的话，那么，这就是一个真正的君子，这种植根于内心的修养，是自然流露且不加修饰的。

曾经有人做过这么一个观察：在国外的快餐店中，他们可以看到，很多吃完快餐的人，会不自觉地做一个动作，就是把自己吃剩下的东西整理好，拿到垃圾桶这边倒掉，再把餐盘放到指定的位置。这里面所观察到的人，很多都是一个人过来就餐的，吃完后的这一系列的动作也是如此自然，仿佛这就是他们就餐中的一个必然环节。当他们接受访问的时候都表示，这个很正常，因为他们从小就被灌输，尽量不要给别人添麻烦的观念，自己收拾餐盘可以让接下去用餐的人更为方便地入座。这种与人着想的观念，就牢牢地根植于他们的内心，从而让他们有着那种体面且温暖的修养。

当一个人急迫和落魄的时候，最能看出这个人是一个怎样的人。

我相信现如今的社会，我们绝大多数人都是一个看上去还挺不错的人，我们遵守规则不闯红灯，言语得体不冒犯他人，心怀善意友爱待人……但我们也得清晰地认识到，这一切，大多是在一个还不错的处境下的选择。不赶时间的时候红灯停绿灯行；心情好的时候见谁都能得体对待；自己日子过得还不错的时候也能给予他人更好的关怀……

而试问，在一个很赶时间的情况下，遇到红灯，你能不能等？在心情很糟的情况下，在沟通中你能不能忍？在自己都还在颠沛的落魄中，你又能不能坚守自己内心的根本?

孔子认为,如果一个人不管是急迫,还是落魄,都能够坚守自己内心的仁德之道的话,那才是真正意义上的君子。

《论语》里还有一句话也提到了这个含义——子曰:"回也,其心三月不违仁,其余,则日月至焉而已矣!"这是在表扬颜回,说他连续三个月始终处于仁的境界,其他人能维持十天半个月就已经很好了。

在孔子看来,"仁"是一种很好的状态,也是一个很高的标杆。这样的状态短时间之内做到很容易。就好比我们看完一部弱者逆袭的电影,就也想立马投入学习渴望改变;看到一个极度自律的博主,就也想和他一样好好锻炼摆脱慵懒……但长时间的坚持却很难,这需要你时时刻刻都能在"仁"的境界里,始终喂养着内心中有关"仁"的部分。

虽然这对于大多数人而言是一件不容易的事情,但是,这也正是君子的价值,是我们一直需要去努力的方向。

如何看待以吃穿不好为耻的人？

子曰："士志于道，而耻恶衣恶食者，未足与议也。"

当很多人都志于道的时候，如何判断是真是假？在这句话里，孔子给出了一个很好的标准：那些嘴上说志于道，但以吃穿不好为耻的人，就不值得与其探讨。在孔子看来，当一个人把目光聚焦到外在的物质，聚焦到吃穿的享受时，那么其心中一定是缺少信仰的。

这是一个即使在我们现代生活中也十分常见的现象，广东卫视"你会怎么做"栏目曾经做过这么两期节目，其中一期是他们观察到在现在很多的学校里把潮牌当作某种时尚的符号。这种符号渐渐深入到校园生活中去，当潮牌成为学生们互相攀比的工具时，就会有一些同学成为被嘲笑的对象。当路人们看到这一幕时，纷纷站了出来，谴责那些仅仅是因为衣服不好、鞋子不好而耻笑别人的人。我们说一个人的内心应该是有锚点的，这样的锚点不是来自外界的包装，而应该来自内在的充盈。比起潮衣潮鞋，当自己的自信来源是能力、是学识的时候，那么就不会对于外在的包装如此依赖与看重。

还有一期里，中学生因为自己的鞋子被同学看不起，从而缠着收入不高的妈妈帮自己买高价鞋，路人们同样也阻止了孩子这样的行为。就如同之前说到，人是环境建构的，当你身处并相信只有靠外在的包装才能取得自信的时候，你得知道，这样的自信是脆弱的，它根本留不下来。

所以当我们谈及"耻恶衣恶食者"的时候，我们是在说，人的处境，我们应该如何正确地看待？

我曾经在知乎上看到一个非常热门的话题——"一个吃必胜客都要发朋

友圈的人是什么心态？"说实话，当看到这个话题的时候，我的内心是非常不舒服的，因为在这短短的一个问题里，满满透露出的都是一种极为强烈的优越感。当你看到别人在吃一个你不屑的食物时，你的态度是疑惑的，是鄙视的，甚至还要把它当作一个话题，让别人吃必胜客这件事成为公众焦点……我实在是无法认同。热评中有一个答案非常直接，他说："别人吃了顿饭，拍照分享朋友圈。他或许对必胜客毫无概念，就像吃了顿午饭一样简单。而你，重点在于他吃了必胜客，居然吃必胜客还要发出来？不要去问别人的心态，先问问你自己的。"

是的，当一个人以吃穿不好为耻的时候，其实就是心态发生了问题。在他看来，外在的那些标准是可以有等级的，这些等级是可以决定一个人的层次的。这实在是一个太过浅薄的认知。

在这里，我想引用老子《道德经》中的四个字——和光同尘。

它的意思是，我们身处在这个世界上，可以和光保持着某种和谐，我们与那种灿烂而光明，耀眼而夺目，精彩而缤纷的事情可以很好地融合，能够彼此默契，能够相互支持。但同样的，我们也可以和最微末的，最普通的，最草根的人或物产生联结。一个人有不一样的生命气相，使得这个人既可以"和光"，又可以"同尘"；既可以和最高贵、灿烂的东西保持默契，也可以和最普通、最平凡的事物保持共鸣。而这，是一种极好的人生状态。

"和光同尘"一直以来都是我个人非常崇信的四个字，它给予了我的人生最好的指引，让我可以很坦然，很舒适地过好每一天的生活。有了"和光同尘"的概念，你既可以挥霍五星级的欢愉，也可以享受路边摊的肆意；你既可以欣赏燕尾服的闪耀，也不会影响你把那件旧T恤重新洗好……

吃什么，穿什么，从来不是你生活中最重要的标准，接纳所有外在层次的呈现，从而去追求一切内在层次的拔擢，这才是"志于道"之人，最该有的方向。

无适无莫，做遵循道义之人

子曰："君子之于天下也，无适也，无莫也，义之与比。"

这是一句极具哲学含义的话。孔子说君子对于天下的事，没有什么一定是可以的，也没有什么一定是不可以的，而要看它是否合乎道义。

乍看上去这是一句废话，没有什么可以的，也没有什么不可以的，那到底是要告诉我们什么呢？那是因为在我们的传统思维里，有很多的词都是"好词"，比如诚信、勇敢、坚持到底……也有很多是"坏词"，比如说谎、懦弱、半途而废……那么问题就来了，在我们的生活中，是否要严格按照这种价值判断呢？

孟子有一句话和孔子的这句话很类似，他说："大人者，言不必信，行不必果，惟义所在。"意思是通达之人说话不一定句句守信，做事也不一定非有结果，只要合乎道义就行。

我们来举几个例子。就比如你答应一个好朋友，在他需要帮助的时候一定会帮助他，这是属于你们之间的承诺。但是他在某一天要求你帮助他考试作弊，那你，还要不要信守这个原先的承诺？

又好比之前有个新闻，说一个女子深夜被人抢劫，女子与他不断斡旋，最终说服劫匪拿走钱财但不要伤害她，她可以不报警。劫匪答应离开后，女子立马就拨通了报警电话。你那说，这种说话不算话的行为，该不该受到谴责？

我相信在这两个例子中，你都会有明确的判断，如果按照定式思维去做的话，那么和朋友之间的承诺就一定要遵守，答应别人的事也一定要做到。

但是与这个思维产生抗衡的是，你明显地感知到，一旦这么做，是对其他考生的不公平，你的信守承诺伤害了其他人的利益。如果你不报警，这个人就会继续逍遥法外，那么其他人就有可能继续受伤害。但凡我们从道义出发去思考问题，才能真正明白，什么是该做的，什么是不该做的。

在傅佩荣老师的《〈论语〉300讲》里提到过一个观念，说我们判断一件事情的时候，要有一个简单的原则，叫"守经达权"。"经"是常、原则的意思，而"权"意味着变化。意思是在不断变化的事情中守住自己的原则。因为越长大就越会发现，这个世界很多的问题都不是简单问题，不是说这么做一定是对的，那么做一定是错的。我们每天面对的都是一些复杂的问题，而复杂的问题要随时看情况而定，以前每次都是对的，这次不一定对；以前每次都是不对的，这次也不一定完全不对。**我们面对的是真实的人生，你琢磨不透那些事情变化的规律，那么，就只有遵循自己的原则处事，道义就应该是我们原则的主要构成部分。**

我们回到自己的生活中来谈一些常见的场景，我在之前的相处篇中也讲过同样的案例。

当你的好朋友兴冲冲地跑到你的面前，热情地向你展示她新买的衣服，告诉你这是她很久之前就看中的，现在终于舍得把它买下，并询问你她穿着好不好看。

但你却发现，这衣服在你的专业判断下并不理想：颜色不匹配；裁剪也不合适，价钱更是高到离谱……

你是一个始终信奉诚实的人，你从小接受过的教育从来都是不能说假话。但在那时候，你看着朋友兴奋的神情，你又怎么忍心用这样的"真实"去浇灭她现有的热情。

你只能收起你的"真"，微笑地表示，还不错，只要你喜欢就好。并且在下一次买衣服的时候答应陪伴前往，给出最好的意见。

朋友高兴地接受了你的答复。看着她始终愉悦的表情，你会发现有些时候"真实"并没有那么重要，比起朋友的心情，它可以略做牺牲。

所以，生活中很多时候，仅仅有真实是远远不够的。如果仅仅是以真实为目的的话，我们是否可以完全忽略人的感受、忽略当下的局面、忽略当时的气场，只顾着眼前用真的力量去解决一切问题。那种一味地"求真"，但凡使用不当，造成的伤害与压力又该如何去化解？

但如果能在真实前考虑到"善"的层面，那种所谓的真才会成为一种更为高级的"真实"。它会站在别人的角度重新解读当下的局面，用最合理的方式去表达、去解决，在原本略显粗糙的"真实"表面，尽可能地圆润成一种大象无形的表述……

我们的"真实"在现实生活中往往是站在自己的立场上出发。辉姑娘在《时间会证明一切》里说：

> 从某种意义上来看，在大多数场合里，"自己"是最不重要的东西，重要的是矛盾的解决，利益的分配，旁人的态度以及情谊的交流，还有"是否乐意下次再见你"。
>
> 世人都爱彬彬有礼、风度翩翩、笑靥如花、端庄优雅，这不是"做作"与"虚伪"，而是一个具有常规素质的普通人基于"善"的自我要求和规范。
>
> 除非遗世独立，不食烟火，否则不要把那一套张牙舞爪的原生态嘴脸搬上台面。

我们总以为"真实"是最重要的，不管在什么情况下我们都要依真心、说真话、做真事。

这话是对的。

但随着文明的进步以及社会的发展，我们处在这么一种复杂的生活和人际中：在一个自己所关爱的人的面前，那句"真话"呼之欲出的时候，你是否会有那么一瞬间感觉到，比起那不加修饰的"真实"，眼前的这个人，才是最为重要的？而这，就是"道义"的范畴。

某一集"奇葩说"中蔡康永曾经回答过一个网友的疑问。那名网友说：

"外婆很喜欢做蛋糕给我吃，但是做得不好吃，我向来都是个诚实的人，我要不要诚实告诉她？"蔡康永说道："诚实是一个多么美好的品质啊，不要'浪费'在一块小小的蛋糕上……"

谁说不是呢？

人，总有价值应该在神坛之上

子曰："放于利而行，多怨。"

子曰："君子喻于义，小人喻于利。"

这两句话中，有一个关键字就是"利"。

"放于利而行，多怨。"意思是一个唯利是从，一切以利益为优先的人，是会有很多怨恨的。

"君子喻于义，小人喻于利。"意思是君子一切都会从道义的角度出发，而小人则是从利益的角度出发。

当我们在讲"利"的时候，往往会有个纠结，就是都说"利"不好，是多怨的，是小人的，那我们到底要不要"利"？

那作为一个实在的人来讲，无论我们身处哪个时代，从来不会认为我们是完全不要"利"的，这不现实，也不是一个好的价值引导。但我们在谈"利"的时候要明确的一点是，我们的人生价值不只有"利"，还有好多其他的东西，我们应该如何对它们进行排序？这才是我们这一节中所讲述的重点。

就好比一个大学生毕业找工作，他优先考虑的会是什么？这时候就会出现很多排序，有自己内心的向往，有工作的意义，有未来的发展，自然也会有金钱的诱惑。

又好比我们很多人在创业的时候也会面临一些选择，你创业的项目看重的是什么？是项目的意义，还是仅仅只为了赚钱？路径不同，心法不同；心法不同，整个方向就会天差地别。

如果仅仅看重"利"的话，或者说在你的人生排序中，"利"是最为靠前的话，那么会导致两个不可避免的结果。

首先是不容易长久，你没有办法在这个地方持续地生根。

当你的选择全部来自利益的驱使时，你内生性的力量就会被不断压迫。你不会考虑喜不喜欢，也不会考虑有没有意义，更不会考虑今后的发展，你想的仅仅是我现在能拿多少钱，怎样才能来钱快。一旦有了更多利益的地方，你立马就会调转方向。这样的心智模式是不会让你有可持续发展的动力的，一个人一旦停止成长，则最为遗憾。

其次是怨恨的增多，你没有办法被人所真正认同和接受。

当你作为一个老师教书的时候，如果你上课的出发点是——"你能给多少钱？"而不是——"我要怎么才能教好他？"你怎能得到家长和学生的认可和尊重？

当你作为一个医生，需要你去救人的时候，你想的是——"他给钱了吗？"而不是——"我得赶紧救活他！"那么你又怎么得到病人和社会的认可？

是的，当我们说钱不能成为唯一的丈量指标时，我们是在传达一个观念：人和AI人工智能不一样的一个很重要的面相就在于，人是有情感的，有使命感的，这才是人之为人的本质力量。

曾经有一道辩题："人们可以自由买卖生命时间，你支持吗？"

知名辩手陈铭在这场比赛的论述中，谈及了哈佛大学的政治伦理学教授迈克尔·桑德尔的一个经典问题并写了一本书《金钱不能买什么》，他详细考察了在我们的市场中哪些应该置入，哪些应该离出，然后得到了一个答案：钱无法买到超越性的精神需求。

人总有一些价值应该在神坛之上，比如奉献，比如忠诚，比如爱国……军人发了军功章，是用来表彰他的爱国与奉献的精神，如果仅仅是利益驱动的话，那么一个雇佣军是可以用钱买的，可是你还能说他是奉献吗？还会说他是爱国吗？不会，因为这完全出于利益，换一个花钱者，他就可以调转枪口。钱会消解那些云端上的超越性的精神价值。

所以我们说一定要有边界，决然不能"放于利而行"，也从不倡导"喻于利"的观念，是因为如果什么都可以用"利"来衡量，那么神坛上闪着人性光辉的价值，就会逐渐崩塌与消散……

上能尊崇，下懂尊重

子谓子产："有君子之道四焉：其行己也恭，其事上也敬，其养民也惠，其使民也义。"

这句话是孔子对于郑国大夫子产的褒奖，说子产有4个方面符合君子的标准：待人处事很谦恭，侍奉国君很尊敬，养护百姓有恩惠，让百姓干活也符合道义。

从字面上来看，这句话是对于一个大夫在其职位上的赞赏，好像和我们的生活没有多大关系。但是我始终认为，《论语》里的话虽然是情境的产物，每一句话都有一个具体的场景和故事，但是有着怎样的观念才能说出这样的话，才是我们重点要去关注的。与其是去理解这句话本身的意思，不如说我们学习的是这句话后到底有着怎样观念的引领，从而即使让现时代的我们，也有迹可循，也有样可考。这是我们学《论语》的意义。

那么基于这个出发点，我们来看看，在这句看似在表扬官职的话中，我们又可以学到些什么呢？

一、其行己也恭，其事上也敬

"其行己也恭"是说子产待人处事方面的优秀。所谓的"恭"，指的是谦恭。谦恭的特质可以从什么方面来体现呢？一个人走路端端正正，说话和颜悦色，行事气定神闲的样子，就是谦恭的体现。

我们可以设想一下，在日常生活中，接触怎样的人会让我们感到舒服？有一个非常重要的面相在于，这个人遇事一定是不急躁的。我们常说，相安无事的生活是看不出一个人真正的品质的，要想看一个人如何处事的特质，就得看遇到麻烦事时，他是什么状态？如果一个人遇事后，走路不匆忙，气场很淡定，说话仍然保持和气，待人同样和善可亲……那么这个人就是一个值得跟随和交往的人。"己也恭"指的是一种自己特有的人格魅力，是对自我操行的要求，也是自我修养的体现。这种能量，是可以传递给别人最好的榜样。

而"其事上也敬"指的是对于上级的尊敬。如果说对于下级我们起到的是榜样的作用，引领的作用，那么对于上级，我们首先要做到的就是尊敬，先谦卑地去寻找值得自己学习的地方。当然我们现在所谓的"上级"并没有子产当时的上级来得那么的阶层分明，不容有任何马虎和僭越。我们现在所谓的"上"，可以把它理解为领导或者老师，而所谓的"敬"，实质上是仍在提醒自己，还处于一个学习状态，你得时刻保持谦卑的态度，这才会有进一步提升的空间与可能。

二、其养民也惠，其使民也义

"其养民也惠"从字面理解，是说养护百姓要懂得给予恩惠。当然，句子的本意是基于子产的职位而言。那这句话可以给我们怎样的指引呢？在我们绝大多数人的身份里，并没有什么高于老百姓的存在，但是对于各个单位的管理者而言，却有员工概念的体现。员工对于老板或领导而言，或许也是某种意义上"民"的范畴。

那么作为管理者来说，如何重视员工福利，也是"其养民也惠"的体现。一个好的公司，是一个懂得员工需求的公司，它知道怎么才能让旗下这么多的员工踏实安心地在你这里工作。这其中有一个很重要的原因在于，懂得民心的公司知道员工缺的是什么，福利的体现不只是钱，还可以是时间，可以是学习的机会，可以是对于家庭的关心，可以是对于意外风险的保障……是的，只要你想的比员工周到，能契合他人的需求来给予，那么员工就会更为忠心且卖力地为你付出。

"其使民也义"是更为重要的标准，它的原意是如果你要靠老百姓干活，那么要讲究方法，要符合道义。"如何使人做事"是管理者避不开的一个课题。但可惜的是，很多人根本不重视这一点，他们觉得我有差使你的身份，那么就能够随意地去差遣你做事，你没有说"不"的权利。从表面上来看或许是这样的，但是长远来看，你是没有办法让底下的人信服的。不得人心的人，又怎会牢靠？

历史上有太多太多这样的案例了。如果你不懂得如何使用老百姓，仅凭借权力，而不讲究道义，那么就会有相应的后果。比如秦朝和隋朝的灭亡，很大的原因就是在于管理者根本不懂得如何劳役百姓，只要是对我有利的，就可以一股脑地下压，从而不顾底下人的感受。

在我们的生活中也常常有这样的事发生。就好比有些领导特别喜欢在周末，甚至是半夜给人发工作消息，他根本不管你有没有休息，只要他需要，那么你就得无条件地配合。遗憾的是，大多数的员工都不敢说"不"，也就更为滋长了他这样的习惯。但如果仅仅是靠权利来捆绑他人的话，这样的链接又能有多牢靠呢？

所以，好的领导都要懂得，合情合理地去调用下属是一件很有意义的事，比起权力的效用，道义，才更能使人信服。

子产有的这4个素质，被孔子称为他的君子之道。对于我们而言，这4项内容其实是教会我们，无论是作为下属，还是领导，在自己的生活和工作中，应该如何处事，如何待人。上能尊崇，下懂尊重，非君子所不能也。

大智若愚，难得糊涂

子曰："宁武子，邦有道，则知；邦无道，则愚。其知，可及也；其愚，不可及也。"

这里孔子表扬的对象是宁武子，他是卫国的一名大夫。孔子说宁武子这个人在国家政治清明的时候就显得极有智慧，当国家昏庸无道的时候，就显得糊涂装傻。他的智慧和聪明，别人是可以做到的，而那种糊涂装傻，别人则难以做到。

从句子中我们可以了解到，宁武子这个人有着一种"大智慧"，他知道在什么时候展现，什么时候隐藏，这是一种常人难以企及的境界。

一、邦有道，则知

在国家安定、政治清明的时候，就充分展示自己的才能和智慧。这是绝大多数的文人志士都能够做到的事情，因为国家安定意味着治理国家的管理者是有"道"的，而跟着一个能干的、思路清晰的人做事，是会充满意义和价值的。

在我们的实际生活中，虽然很少提及"邦"的概念，但是在某些地方你也可以领会到"邦有道，则知"的含义。比如带领你的导师如果是一个很有想法、很有条理、很有思路的人的话，你会发现跟着他去做项目就会极为顺畅。而且在整个过程中，你愿意投入自己所有的智慧，因为你觉得跟着的这个人，是值得的，跟着做的那件事，是有价值的。

同样的，如果你在单位里遇到一个很棒的老板，你完全认同他的理念，也极为欣赏他的做派，那么在这个过程中，你也会投入自己百分百的心力。

一个对的地方，一个对的人，一件对的事，就可以激发你所有的智慧与动力，这是"邦有道"的力量。

二、邦无道，则愚

在国家昏庸无道的时候，就显得糊涂装傻。国家一旦在混乱中，很多事情就会跟着一起混乱，这个时候如果还要展现自己的智慧的话，或许就会变得麻烦。有一个现实很残酷，就是当一个国家已经到了昏庸无道的地步时，这并不是一个人造成的，在其中有太多股力量随着时间的发酵，从而导致了当下这副模样，这时仅靠个人的力量是很难改变的。

我们都知道《国王的新衣》这个故事，读完后你会不会觉得有些奇怪，一个国家这么多的大臣，难道没有一个是清醒的？难道没有一个人清楚地知道，皇帝就是遇到骗子了，他就是没有穿衣服？难道没有一个人是聪明的，可以识破这个骗局吗？我想答案是否定的，他们中一定会有人知道的。但是在那个当下，当所有人都站在皇帝那一边，当所有人都顺着皇帝糊涂时，那个聪明的、清醒的人，又有多少勇气和信心，站到所有人的对立面去做抗衡呢？这样的故事，在历史的长河中，是很常见的，不是吗？

是的，当一个地方开始混乱，开始无道时，你很难做出准确的判断，或者不管怎么去做，都会是错的。在宁武子看来，与其陷入两难和纠结，不如装糊涂，从而避免错事的发生。

三、其知，可及也；其愚，不可及也

孔子最后说到，像这样的智慧，别人是可以做得到的；但像这样的糊涂，别人却很难企及。

为什么会这样说呢？那是因为绝大多数人都想着能跟着一个靠谱的领导，能有一个好的环境去做事。一旦环境不好，领导很糟，很多人就不知道如何应付了。

我记得自己曾经比过一个辩题——"我的老板是傻子，你要不要告诉他？"其实这道题就是在问，当你所处的"邦无道"时，你应该如何应对？尤其是你发现，这样的局面难以改变的时候你该如何选择？是仍然保持清醒，和其硬刚？还是装作糊涂，从而去寻求更好的选择？

在现今这个时代，我自然是认同要时刻保持清醒，要充分展现智慧，但同时也得清楚地认知到，这种选择一定是会付出相应的代价的。

历史上有很多死谏之人，比如比干死谏商纣王，比如伍子胥死谏吴王夫差，又比如田丰死谏袁绍……这些个"智者"都有一个共同点，就是已然看到了"邦无道"于极致，但仍想着通过自己的一己之力改变，但换来的，就只有灰飞烟灭的结果，实在是太过可惜。

与其相对的还有另一种选择，那就是明哲保身，本着"留得青山在，不怕没柴烧"的态度，去更圆润地处理当下的繁杂。

很难讲这两种选择哪一种是绝对正确的，但是宁武子教会我们的是，一**个智者要依环境而做事，这样才能将自己的才能发挥到极致，这或许，也是一种智慧之道。**

内外兼修，才是最好的呈现

子曰："质胜文则野，文胜质则史。文质彬彬，然后君子。"

这句话中有一个成语"文质彬彬"，字面理解是文和质配合适当，现在一般用来形容一个人非常文雅有礼貌的样子。这个成语的出处就来自《论语》里的这句话，在这句话中，诠释了"文"和"质"的辩证关系。

所谓的"质"指的是内在的本质，就好比人的才华、学识、本领习得……

所谓的"文"指的是外在的修饰，就比如人的举止、谈吐、待人处事……

在孔子看来，"质胜文则野"，指的是一个人的"质"如果多于"文"的话，那未免会显得粗鲁。

在我们熟悉的文学作品中可以发现，如果一个人的内在胜于外在的话，那么呈现出的方式，就会不修边幅，甚至有些吊儿郎当。就好比《射雕英雄传》中的洪七公与《笑傲江湖》中的桃谷四仙。不可否认的是，他们武功高强，内在的修炼和道行都达到了一个很高的层阶，但是由于缺少文礼的修饰，让自己的秉性随着环境野蛮生长，以至于变得粗鄙。这样的粗鄙最为可能带来的就是那种极为自信的张扬。

又好比在《射雕英雄传》中，大反派裘千仞面对诸多正派的对手，抛出了一个很有哲理的疑问："若论动武，你们恃众欺寡，我独个儿不是对手。可是说到是非善恶，嘿，我裘千仞孤身在此，在场哪一位生平没杀过人，没犯过恶行的，就请上来动手，在下皱一皱眉头就不算好汉。"

此话一出，在场的人个个沉默，每一个人都在反思，身在江湖，自己哪有把握保证没有杀戮无辜，做过坏事。在这个时候，洪七公站了出来说："老叫花一生杀过二百三十一人。这二百三十一人个个都是恶徒，若非贪官污吏、土豪恶霸，就是大奸大恶、负义薄幸之辈。老叫花贪饮贪食，可是生平从来没有杀过一个好人，而你裘千仞，就是第二百三十二人！"

这段话说得慷慨激昂，说得振振有词。由于书中的洪七公是个正派人物，所以大家在看的时候都会代入到这个情境中去，但仔细想想，这种极度自信的源头，实际上就来自"质胜文"的力量。黄执中曾经在某场辩论中说过，同样的"自信"，在《倚天屠龙记》中，那个灭绝师太也有，但是灭绝师太在那个故事里属于小半个反派，所以大家都能体会到她那种"自信"背后的荒谬。你以为的坏人，是否个个是坏的？你以为要杀之人，是否真的个个该死？**一旦没有"文"的思考与支撑，那么这种野生的自信，就会蒙蔽很多理应看清的事实与真相。**

所以作为"质胜文"的典型，你也就能够理解《西游记》中的孙悟空，《三国演义》中的张飞等人，为何会有那些旁人所不能理解的行为了。

而"文胜质则史"，指的是一个人的"文"如果多于"质"的话，那未免会显得虚伪和浮夸。

和之前的例子相反，如果人的外在胜于内在的话，那么可以推导出，这样的外在是不牢靠的，多多少少，是有演和装的成分的。这样的人，我们称之为虚浮之人。

如果同样在文学作品里找典型，那么《笑傲江湖》中的岳不群和《三国演义》中的马谡则是"文胜质"的代表。在《笑傲江湖》中，一开始我们都会把华山派当作名门正派来看待。随着情节的发展，尤其是岳不群开始心生嫉妒，对令狐冲排挤，甚至迫害之时，我们才发现，这种对外装出来的谦谦君子根本是站不住脚的。他懂得掌门的礼仪，懂得江湖的规矩，但缺少掌门的胸怀，缺少内在的实力。没有内在的基础，外在的虚浮，一冲即散。

马谡也是一样。诸葛亮看重他，是因为他饱读兵书，往往能给出很好的建议。而一旦上战场，则原形毕露，那些表面所学根本无法运用在实际之中，当自己被质疑的时候，那份由长时间外在修饰所养成的自尊又让他变得极为固执，最终失了最重要的街亭，也使得自己丢失了性命。

外在的修饰固然重要，它会让你显得更为得体，但如果没有内在本质的扶持，那么这种浮于表面的泡沫，经不起任何实质的考验。

所以在孔子看来，"文"和"质"从来不是割裂的个体，而是要相互配合起来，才有呈现最好的样子。

用"文"去管理"质"，你的修养可以控制你的才能，使得你能更为有效地去发挥。

用"质"去提升"文"，你的学识可以反哺你的素质，使得你能更为得体地去处事。

这种均衡交融，合乎中道，才能称之为君子。

所谓"文质彬彬"作为成语一直沿用至今，就是为了告诉我们，要努力成为一个内外兼修的人。

人不正，侥幸就只是悲剧的前奏

子曰："人之生也直，罔之生而幸而免！"

这句话的意思是：人凭借着正直而生存于这世上，不正直的人也能生存，但是是凭借着侥幸而免了灾祸。

每每在生活中谈及"好人有好报""你只管善良，福报正在路上"……这样的论调，就会有很多人发表不同的意见，他们认为事实并不是这样的，你看那些坏人不也活得好好的，由此可见，"做好事"和"得好报"这两者之间并没有什么联系。

这里我想通过一个经济学的概念来和大家阐述这件事。生活中当然有很多不确定的因素由不得自己，但我们必须要明确的一点是：如何去选择大概率的事，然后投注其中。

就好比有些闯红灯的人表示，为什么要遵守规则，我闯了这么多次红灯也没事，可见闯红灯这件事情也不会有什么后果。但你得清楚地知道，这些所谓的"没事"，归根结底是运气的眷顾，那些个路口的司机精神高度集中，都能够在最危险的时候帮你规避，而你只要一直这么闯下去，你被撞的概率就会越来越大，而只需要一次，你就得付出巨大的代价。那怎样才能保证不被撞的概率最低呢？那就是遵守规则，从来不闯。

这就像极了在课间孩子们肆意奔跑的行为，这是个令很多班主任都感到极为头疼的问题。孩子们之所以会这么肆无忌惮地奔跑打闹，是因为他们完全不知道自己这样的行为会造成什么样后果，所以没有一种力量会约束他们的行为。但你也得明确知道一件事：没有人闯祸前觉得自己会闯祸的。那些牙齿被撞掉的孩子，摔倒骨折的孩子，甚至有些新闻里造成更大后果的孩子，但凡他们知道这个结果，他们就一定不会这么去做，但是，又有谁知道呢？唯一可以规避这些隐患的方法就是：轻声慢步，不做任何危险的行为，那么发生危险的概率就会急剧减小。

像这样的例子可以举出很多。我们不能把所有的事都交付于运气，很多事情其实自己可以把控。在这句话中"正直"就是一个非常好的标准。一个具备正直品德的人，在任何方面都会严格要求自己，行得正，做得端，光明磊落，是最大概率能够生存于世的选择。

所谓"罔之生而幸而免"是一句力道很重的话，孔夫子是告诉你，那些个不正直的人不要沾沾自喜自己现在的处境，所谓"善有善报，恶有恶报；不是不报，时候未到"，这绝不是一句自欺欺人的话。

我们得理解一个观念：人是跟随着自己的行为所发展的。还记得前几节课中谈到的那"两头狼"吗？人的心里养着两头狼，它们时刻在较劲，在撕咬，至于谁会赢，就看你平时喂养哪头。如果你日日行善，为人正直，那么你喂养的那头"善之狼"就会占据主导；但如果你肆意放纵，时有罪过，那么那头"恶之狼"就会迎头赶上。

"狼"是会越来越强壮的，这也就意味着，那些不正直的人，越侥幸躲过，那么之后的那一次就会更为肆无忌惮。一次次地加码，会让自己的行为一次次地越界，直至重重跌下的那一刻。

我们可以关注到那些身陷囹圄的罪犯。通过采访和调查可以发现，他们也不是一开始就是如此胆大妄为，如此丧尽天良的，而就是一次次的行为没有得到重视，没有受到惩罚，致使他们的侥幸心一点一点增长，让自己最终陷入了这般境地。那些个入室盗窃的小偷，大多是从小偷小摸开始，侥幸没有被抓所以越偷越多，越偷越大；那些个诈骗犯，也是从撒一个小谎开始，然后没有后果，所以更为放肆；那些个贪污犯，哪个不是从收受小惠小利开始，一次次的暂时安全让他们的欲念越来越大，最后成为巨贪落网……

这就是孔子为什么会用这么重的口气说："罔之生而幸而免！"就是用来告诉我们，只要为人不正，行为就会产生偏差，这样偏差的行为暂时得不到

后果仅仅是侥幸，而越侥幸的人，最后就会摔得越重。这种侥幸，只会是你悲剧的前奏。

或许也会有人在这里提出质疑，那有没有可能有一个人一直这么侥幸下去呢？不可否认，从概率上来说，是有的。但，你会愿意去冒这个险吗？或者说，你会愿意成为这样的人吗？我想，答案就在你自己的心中。

帮助他人时，担心被骗怎么办？

宰我问曰："仁者虽告之曰'井有仁焉！'其从之也？"子曰："何为其然也？君子可逝也，不可陷也；可欺也，不可罔也。"

这里宰我提出了一个看似很尖锐的问题：一个有仁德的人，如果别人告诉他"井里掉下去一位仁人"，他会跟着跳下去救吗？

宰我是一个有些调皮的学生，孔子在《论语》里说的"朽木不可雕也"就是用来批评他白天睡觉的。在这里，他提出了一个很刁钻的问题来问老师，意思就是我告诉你井里有人，你如果怕危险不救，那便是不仁，如果你贸然下去救了，却发现里面没人，那也是很愚蠢的。他问孔子应该如何去做。

其实这个问题看似有些故意为难，但是仔细想想的话，其中的深意即使放到现在也并非是没有价值的。他揭露出了一个赤裸裸的现实：当我们关爱他人的时候，会担心被人骗，怎么办？这个担忧会使得很多人对"仁"这个字产生怀疑。

就好比现在有好多社会新闻，马路上有人摔倒，很多人经过，却鲜有人第一时间上去帮助。从他们犹豫的脚步和踯躅的神情中可以看出，他们其实是很想要帮忙的，但是就是有那么一种无形的力量限制住了他们，他们害怕自己贸然出手，会被坑，会被骗，会让自己陷入麻烦的境地。不可否认的是，的确有那么几个事件让帮助他人的人受到了不公正的待遇，所以人们有着这样的顾虑，从现实的角度来看也很正常。这也就是当初宰我为什么会拿这个问题来问孔子的原因。所谓的"要做个仁爱之人"，而当这样的"仁爱"很有可能会让自己被骗时，你又会怎么做呢？

孔子给出的答复是："何为其然也？"意思就是：为何会有你所说的这种

局面呢？

之后给出了自己的看法："君子可逝也，不可陷也；可欺也，不可罔也。"意思是：君子是一定会去的，但不会被诱骗入井；君子是可能会被欺骗的，但是不会被愚弄。

是的，当看到有人遇到危险的时候，在孔子看来，君子一定是会赶过去的，因为有仁心的人是绝对不愿看到别人处于危险境地的。而当真正要实施救人的时候，君子是不会轻易让自己陷入危险的境地的。就像句子说的，井中有人一定会赶过去尝试去救，但是用什么方法救？要不要舍身去救？也是君子会考虑的问题。

我们所谓的仁爱，从来不提倡牺牲自己，保全别人。尤其在现代社会中，我们倡导的是，即使是遇到危难的情况，也要结合当下的局势去思考，在保证自己安全的情况下，采取合理的行动去保全他人。这就是所谓"君子可逝也，不可陷也"。

君子有没有可能被欺骗？我想是有这种可能的，一个有仁爱之心的人，一个善良的人，很可能会被人利用这样的特质行骗。就好比那些街头假乞讨的，他们装作可怜的样子，编造出一个凄惨的身世，在街头会引起很多人的注意。而真正伸出援手的，往往就是那些看不得别人受苦，从而相信了他们的仁爱之人，所以君子是很有可能被骗的。

但君子绝对不会被愚弄，也就是说那些不合情理的事情是骗不了他的，他也会有自己的判断。

我之前碰到过一件很有意思的事情，那个时候和朋友在外就餐，旁边来了一个中年乞丐，踢了踢我们的椅子要我们给他钱，我和朋友摸了摸自己的口袋，然后无奈地表示没有零钱。那个中年乞丐露出了不满的神色，说你们有大票我可以找零，实在不行你们扫码也可以，然后打开了自己的手机收款码……这个场景让在场的我们哭笑不得，自然也就没有"帮助"这位完全有能力自我生存的"乞丐"。

"奇葩说"有一期的题目是："给走投还有路的人捐款是不是蠢？"黄执中

说过一个强而有力的观点，他说一个仁爱之人，对一件事情不忍心是善良的本源，这是绝对正确的。但是一定要"多想想"，要不然就会变得愚昧，会变得"可罔"。越善良的人越需要聪明，同样的，越聪明的人才有能力越善良。甚至当你善良到如同菩萨一般，你巴不得自己有千手千眼。"千手"是说有各种能力帮助别人；而"千眼"更为重要，一是我能够看尽世间的苦难，不要遗漏，二是我能够看清一件事情的方方面面，不要被蒙蔽。

这段辩词说得真的很好。**是的，小人不需要一千双眼睛，他只需要看清自己的目的，而君子不同，他必须得"取法乎上"，他必须要看得比别人更清楚，更全面，才能让自己不被愚弄。这就是所谓"君子可欺也，不可罔也"。**

有仁心的君子，在我们看来，也是实实在在的人，那颗宝贵的仁心一定会把他拉到那个所谓"井有仁焉"的场域中。这之后，他应该知道如何去正确地处理事情，他也会有自己准确的判断。

不可陷，亦不可罔。

所有你想要的，都会有代价

> 子贡曰："伯夷，叔齐何人也？"曰："古之贤人也。"曰："怨乎？"
> 曰："求仁而得仁，又何怨？"

这句话中提到了两个人：伯夷和叔齐。我们先要认识一下他们才能对这句话有整全的理解。伯夷和叔齐是商朝末期孤竹君的两位王子，孤竹君命叔齐为太子，但在他死后，叔齐就想把王位让给兄长伯夷。但伯夷不接受，觉得这是父亲的遗命，怎能轻易更改？于是便逃离了。叔齐觉得自己也不应该继承王位，所以就和伯夷一同逃离。国人就只好推举另一个儿子继承王位。

伯夷和叔齐在出逃的路上听说西伯侯是一个很有德行的人，想要去拜访，但是等到他们到达的时候，西伯侯已经去世，他的儿子姬发继位。当姬发准备带着西伯侯的棺木讨伐商纣王的时候，伯夷和叔齐不赞同这种以暴制暴的方法，劝解周武王说："父亲死后不安葬，而去讨伐打仗，这是不孝的；作为商朝的臣子去弑君，这是不仁的。"但周武王没有听他们的，伐纣成功后建立了周朝，伯夷和叔齐不愿意吃周朝的粮食，就跑到首阳山里挖野菜，最后不幸饿死了。

这是一段记载在《史记》中的文字。一向崇尚礼法的孔子对于这两个人的评价是很高的，说他们是"贤人"的代表。但是使得子贡不理解的是，这两个人的结局太悲惨了，虽说是贤人，但换得这样的结局，难道不会感到怨恨吗？

接下去孔子的回答就极为经典——"求仁而得仁，又何怨？"意思是：他们追求仁德，也得到了仁德，又有什么好怨恨的呢？

说到这里大家或许就有很大的疑问了，明明为了追求仁德付出了这等代价，怎么会说没有任何怨恨呢？那么在这一节中，我就要和大家分享一个很重要的观点：**你很难找到一个背后没有代价的、独立存在的好处和优点。**

伯夷和叔齐为了追求仁德，而为了这样的仁德所要付出的代价就是大家都想要的名和利。

同样的，如果你一心要追求利益，那么作为代价，有时候你就不得不放弃一些仁和义。

这些就是那时君子和小人各自的选择。不可否认，君子和小人都能获得某种意义上的幸福，但同样的，他们为这样的幸福，也付出了相应的代价。

生活中的我们也是一样，如果我们追求的是食物的美味，那么就一定会付出金钱和时间的代价，因为美味的食物会很贵，也会吸引大量的人去光顾。

如果你追求的是时间的便利，去那些不用排队的地方，那么往往你要付出的代价就是品质的下降，或者服务的滑坡……

学习也同样是如此。我经常看到有些家长和学生在双休日给自己报了很多学习班，把自己的学习安排得满满当当。我不能说你不对，因为这的确就是你的选择，但你也得很清楚地了解到，在这样的选择背后，一定会有巨大的代价。你想要的是更好的学习成绩，以及今后更强的竞争力，那么就必然会付出时间、精力和财力的代价。同样的，那些选择当下愉快玩耍，不把学习当回事的同学，你拥有的是当下充裕的时间和放松的心情，但你也得清楚，在这背后，也是有巨大的代价作为交换的……

没错，这一切都是选择。有选择就会有代价，凡事都得看你想要什么，没有一个你想要的好处会独立存在的。

一个人要过得安心的一大前提，就是要做清楚选择。一旦选择了就要清晰代价，要到了什么后，再去抱怨那些没有要到的，那就会变得不幸福。

伯夷和叔齐的选择是仁德。在孔子看来，仁德是一种至上的追求，往往这种追求，所要付出的代价也是很多的。但正因为是这样，才会显出仁德的可贵，那种拥有仁德的幸福感，是最为纯粹的光，也是君子们始终努力要去追求的。

独立思考，开明豁达

　　子绝四：毋意，毋必，毋固，毋我。

　　这里讲到的是孔子的四戒：不凭空猜测，不武断绝对，不固执拘泥，不自以为是。这"四戒"在我看来是很有意义的观念，它教会我们应该要有独立思考的能力。

　　"毋意"教会我们不要凭空猜测。对任何事情的判断都要有依据，信息要完整，举证要明确，不要以自己无根据的猜测去评论，甚至诋毁他人。

　　就好比我们在马路上看到别人在吵架，还没等了解事情真相，就完全根据自己的主观判断觉得，一定是那个用手指着别人的人不对，他这么凶，这么强势，一看就不是什么好人……往往当你有着这样的意念的时候，在你心里就已经无端地把那个人划分到对立面，可遗憾的是，你根本还不清楚发生了些什么。

　　今年上海的疫情极为严重，我们都被封控在家。小区作为一个集体，只要有阳性病人出现，就会出现一些恐慌，甚至带来一些无端的猜测。记得封控到第二个月的时候，我们楼底下的一对老夫妻感染了新冠，当天早上，他们拿着两条杠的抗原检测向全楼居民说抱歉，在语音里可以听得出，这对老夫妻害怕极了，可就在如此害怕之余，还担心自己会给大家添麻烦。

　　而当小区里的有些人得知又有阳性冒出的时候，他们的反应居然是：怎么时隔这么久还会有阳？这对夫妻到底做了什么事情？他们一定是违反了什么规定！当我们表示这对老夫妻这段时间一直待在家里，除了拿发放的物资外，没有出过任何一次家门后，那些人仍然不依不饶地表示：他们一定没有说实话，他们一定是做了些什么……

当看到这样的论调反复出现后，不常在群里发言的我实在没忍住，和那几个人争执了起来。在我看来，如果小区一旦有人得阳，就会被孤立化、异名化，这真的是一件很令人愤怒的事。当你把这样的枪口指向那个不幸的人后，这样的行为不被制止，不被修正，那么当我们自己也可能遭受不幸时，也将受到同样的待遇。另外，当我们遇到问题的时候，理应用事实来说话，而不是去猜测，更不是去恶意揣测，用自己的臆想来证明自己的观点，从而去攻击和诋毁对方。人与人之间不要刻意对立，与其去猜忌，去慌乱，去焦虑，不如想想在现有可知的信息和允许的条件下，怎么规避，怎么防范，怎么调整自己的心理和身体状况，才是最为重要的。

"毋必"教会我们不要固执己见，不要武断，不要因为颜面而坚持，受到质疑的时候得看看自己之前的认知有没有漏洞和谬误的可能。

人都是会自动坚持原先立场的，因为重新修正自己的理论本身就是一件很费心费力的事情。所以，我们经常会看到一个人即使遭受明确质疑，还是会硬刚着坚持自己原有的看法，你越有强力的证据，就越能激发他维护原有立场的动力，他会找出无数的理由来捍卫自己。我们可以想想有些父母，有些老师，有些领导，为什么明明是不对的，他们仍会这么固执？那是因为你低估了这种"坚持己见"的力量。而如果一个人能够懂得重新审视自己的话，那真的就是非常了不起的存在。

2019年奥斯卡最佳影片《绿皮书》讲的也是这样的故事。黑人钢琴演奏家唐雇佣了白人保镖托尼，去往美国南方进行巡演，在20世纪60年代的时候，那个地区有着非常严重的种族歧视，唐和托尼在一路上遇到了各种各样的麻烦。

即使是声名远播的音乐家，唐也免不了因为肤色而备受歧视：餐厅不让他进去用餐，服装店也不愿为其做衣，连洗手间也拒绝让唐进入而让他去室外的茅房……

当唐一脸迷惑地问他们"为什么"的时候，我相信那些老老少少的普通人很少有人能说得清楚真正的"理由"，更多的答案就只是——"从来如此"。因为在他们出生之后就受到这样的"教育"。唐却始终没有低头，为了保持自己的体面和尊严，不断地做着努力。

那些排挤唐的人里面，各种人都有：有街上的混混、有贵族的绅士、有体面的管家，也有街头的浪人……他们每一个人在歧视唐的时候，都不会觉得自己在当下是错的，因为他们是一个群体，而群体就是会让每个人在其中的错误缩小，同时又让每个人的恶意在当下被合理地放大。

托尼从一开始也是如此，对黑人的歧视也是他从小就接受到的耳濡目染，但之后他越来越多地发现唐身上的优点和现实的不公，最终他勇敢地"跳"了出来，作为那个去和群体背道而驰的人，从内心深处去接纳和尊重面前的这位叫作唐的黑人音乐家。

世界本就复杂，改变人们的观念需要莫大的勇气。暴力没有办法永远取胜，保持尊严，才能赢得真正的胜利……

"毋固"教会我们不要顽固拘泥，试着从不同角度去看待问题，试着从他人的立场去寻求事情的合理性，并平衡决策，找到合适的解决办法。

在我刚上班的第三年，曾经遇到过一个女生，叫小L，她是一个很文静的女孩，学习成绩马马虎虎，谈不上多好，但始终有着向上的趋势。

有一段时间，她上课的专注度急剧下降，总有打瞌睡的情况出现，提醒了许久都没有好转。多次问其原因后才得知，女孩的家里是开棋牌室的，她住在隔间，但隔音效果很差，那群牌友们每天都要玩到很晚才逐渐散去，这直接影响到她的作业质量和睡眠时间。

我听后很是生气，第一反应就是怎么会有这么不负责任的家长，家里开棋牌室，让这么多人在家里边抽烟边打牌到很晚的行为，难道丝毫没有考虑过隔间还有个未成年女儿的感受吗？

所以，我带着这样子的情绪和他父母进行了多次电话沟通，当然，电话里也只是把情况和不满表达了出来，说是说爽了，但没有任何的解决实效。最后，她妈妈邀请我去她家看一下情况，主动要求面谈一次。

去到她家后发现，这是一间不足30平方米的小房子，里面放着三四张麻将桌。她爸爸出来迎接我的时候，我才发现这是一位腿部有残疾、行动不便的中年男子。她妈妈因为要照顾这个家，所以也没有固定的工作，从而得知这个棋牌室就是他们家里最主要的经济来源之一。女儿的房间在里屋隔间，其实父母已经想了很多的方法隔绝这两个空间的联系，但毕竟在现有条件下很难做到兼顾。

自此，那些原本产生的"不负责任""自我""顽固"等标签统统消失不见，在我面前的，只是一对为了生活奔波劳苦，却又有着女儿牵绊的父母。我分明能感受到他们当下的无奈。

是的，"固"是固执，也是执着，往往是对一些事理的固执让人成为一个不能变通之人。有些时候信息不对称，当新的信息进来，不要顽固于自己之前的看法，尝试着多看一些，多了解一些，就能够多理解一些，多通达一些。

"毋我"教会我们不要以自我为中心，不能过于自大，自视清高，不从自己的角度去做层次的划分，平等且随和地去看待身边的人和事。

生活中的我们有一个很自然的习惯，就是很喜欢说"我"，以为自己是最好的，最对的，常常对他人的生活指手画脚。所以我们常听到的那些"怎么连这个都不知道，我来讲给你听……""我跟你们讲，我是过来人，你们听我的……""你这个不算什么，我的更厉害……"

我们总喜欢在和他人的相处中当"老大"，当"老师"，当"老人"，以为这样就能够彰显自己，表达自己。而孔子会告诉你，当人成长到一定境界后，"自己"并非你想象得那么重要。在我们现实的生活中也是如此，用辉姑娘的话来说，就是在与人的交往中，我们在意的是问题的解决，在意的是利益的分配，在意的是人们的态度和情感的交流，当然还有一个极为重要的面相叫作"下次是否还乐意见到你"。

"毋意，毋必，毋固，毋我"是孔子的四戒。也是在提醒我们，学会独立思考，学会用开放心态面对外界。夫子的这"四绝"，不只是一种处事的智慧，更是一种修持的境界。

三达德的启示

子曰："知者不惑，仁者不忧，勇者不惧。"

这句话中提到的"知、仁、勇"——"智慧、仁爱、勇气"是儒家传统道德的三个重要范畴。我们把其称为"三达德"，是来自《礼记·中庸》的"知、仁、勇，三者天下之达德也"。指的是做到这三者，就是君子的德行通达了。那么这一节中，我们就来仔细分析一下这"三达德"的含义。

一、"知者不惑"——智慧的人不会被迷惑

这里的"迷惑"或许可以分为内在的和外在的。

内在的迷惑在于，当一个人还认不清自己的时候，便会迷失方向。就好比现在很多大学毕业生，一脱离学校就会被就业的问题困惑，很大的一个原因在于，你知不知道自己喜欢什么？知不知道自己擅长什么？又知不知道自己想要从事什么？如果你的方向始终明确的话，你就会朝着那里去奋斗，去努力，哪怕路很艰难，很遥远，但至少不会迷茫，因为你知道你要去的地方。如果你的眼前没有方向，便不会有这种精进的动力，却只是留在原地不停地打转，然后每条路都浅尝辄止地去尝试，又时不时地转换方向，这是内在迷惑最要命的地方。

外在的迷惑在于外物的诱惑。不可否认，人是充满欲望的，如果不加以管控的话，欲望就会不断膨胀，从而影响你的判断。现如今很多骗局利用的就是人的贪念，这些不法分子利用各种话术手段，不断调动人们对于名和利的欲望，让人掉入陷阱，然后从中牟利。**一个智慧的人是懂得管控自己欲望的，懂得管控欲望的人相对是理智的，而理智则是面对诱惑最大的**

天敌。

孔子说过"四十不惑",意思就是一个人到了40岁的时候,各方面的智识都应该更为成熟。智识成熟的人不会被自身所困惑,也不会被外物所迷惑,他们目标明确,他们也能理智判断。

二、"仁者不忧"——有仁心的人,忧愁就会少很多

这句话对于我们的参考价值非常大。很多人都会困扰,到底要怎么才能减少忧愁,让自己变得更为快乐和豁达些呢?在儒家看来,懂得放下的人,自然就会少一些忧愁。但我们又要如何学会放下呢?

那么这里有一个观念就可以和大家进行分享:人们很多的忧愁,实际上是取决于你怎么去看待问题。当我们遇到了一件不好的事的时候,如果你始终停留在"我失去了……"的思维上,那么忧愁就会越来越多。

当一次考试考砸了,很多同学会觉得难过,因为在他们看来,"考砸了"这件事意味着我失去了一次好成绩的机会,我辜负了老师和家长对我的期盼,我丧失了能够做好一件事的信心……

当你被朋友背叛了,始终无法释怀,是因为在你看来,"背叛"这件事意味着你失去了一个朋友,你失去了别人对你的爱,你失去了这么长时间以来的美好回忆……

是的,只要你停留在这种负面思维上,你当然会忧愁,因为你觉得这些不好的事情给自己带来的只有不堪的伤害。

所谓的"放下",并不是教你如何去遗忘它,而是可以换个思路去理解它。把"我失去了什么"转换成"我得到了什么"。

考试考砸了,比起那些失去了的,或许我得到了一次很好的经验教训,这些可以帮助我在下次考试中做得更好;或许我还得到了对于自我水平的清晰认知,那些之前虚无缥缈的自信不那么真实,趁此机会可以更清楚地认识自己;或许我还可以得到一次和爸妈好好沟通的机会,在成绩的压力下,我并非可以次次做得很好,我也要学会在失败的时候怎么去面对,或者,在失败的时候,学会怎么寻求父母老师的帮助,和我一起面对……

被朋友背叛了，比起那些失去了的，或许你得到了一个机会，能看清楚一个人的机会；或许你也可以重新审视一下自己，看看自己有哪些不足，从而得到了一次重新审视自我，提升自我的机会；或许你还明白了一个道理，这世上没有多少可以陪你一直走下去，每个人都只能陪你一段路，这是人和人之间的缘分，留着的好好珍惜，离开的，彼此祝福……

你看，但凡你换一种思路去看待问题，把那些"我失去了什么"的思维统统转换成"我可以收获什么"，这其实就是"放下"的另一种体现。你会变得更为通透和豁达，这样的人，自然是很少被忧愁侵扰的。

三、"勇者不惧"——勇敢的人，是不怕困难，毫无畏惧的

每次在《论语》里提到"勇"这个字，我就会很小心，因为对于学生来说，对于"勇"的理解极为重要，很多人会认为，"勇敢"就是不顾一切地去做某事，但实际上，"勇"是最需要其他东西来扶持的。在其他几个谈到"勇"的章节中也有具体讲解，这都是在说，认识"勇"，我们一定要有一个相对清晰的概念。

"勇者不惧"中，我们所谓的"不惧"，其实不是不害怕的意思。当消防员进入火场时会不会怕？警察面对歹徒的时候会不会怕？那些抗疫战士去往疫情一线，直面病毒威胁的时候会不会怕？答案一定是会的，他们都是普通人，他们都会害怕。

那些勇敢的人，虽然怕，但仍然会去。

所以我们才能看到那些火灾现场，令人动容的逆行者；可以看到为了保护人民安全，奋不顾身的执法者；也可以看到身穿防护服，日夜和病毒做着抗争的医务工作者……是什么力量让他们明知危险，但还是会奋勇向前？

你们会说，是勇气。这样的勇气来自选择——没有生而勇敢，只是选择无畏。这种心怀他人、满怀慈悲的勇气，是值得我们致以崇敬的。

"知者不惑，仁者不忧，勇者不惧。"希望我们都能够从"知、仁、勇"的三达德中，找到自己成长的方向。

懂得度与分寸的把握

　　子贡问："师与商也孰贤？"子曰："师也过，商也不及。"曰："然则师愈与？"子曰："过犹不及。"

　　这句话里提到了两个孔子的学生："师"是子张，"商"是子夏。

　　子贡就问孔子："子张和子夏，谁能更为贤明呢？"孔子回答道："子张做事有些过头，子夏有些赶不上。"

　　在这里，我们先要了解一下这两名孔子的学生分别有着什么特点。

　　子张做事肯使劲，但性子偏急，正因为此，事情常常做过头。在《朱子集注》里面记载："子张才高意广，而好为苟难，故常过中。"意思就是子张是一个很有本事，从而志向很广的人，所以他做事喜欢专挑难的做，喜欢挑战自己，所以往往会"过中"，也就是掌握不好做事的度。

　　子夏则是慢性子，做事没有那么积极。《朱子集注》里说："子夏笃信谨守，而规模狭隘，故常不及。"意思是子夏是个老实本分的人，做什么事都非常谨慎，不会妄动，所以就显得规模狭隘，做事往往会"不及"，也就是达不到要求。

　　子贡在听到孔子对于这两个人的评价后，做出了自己的判断："然则师愈与？"意思就是：老师您这样说，可以理解为子张更好一点吗？

　　紧接着孔子给出了4个非常重要的字，也是一直延存至今的重要观念：过犹不及。意思就是："过"和"不及"是一样有问题的。

　　每当我们说到"过犹不及"这4个字的时候，都会引出另外一个非常重要的观念就是"中庸之道"。"中庸"是儒家重要的道德标准，指的是待人接物要保持中正平和，因时制宜、因物制宜、因事制宜、因地制宜。在这句话

中，"过犹不及"就是中庸的体现。

如果同学对于"中庸"的概念理解起来比较费劲的话，我们不妨用最简单的话语来说，就是一件事没做到和做过头，都是糟糕的。就好比我们说节约是一个好的品质与习惯，如果你时常浪费，这自然是不好的。但如果节约过了头，家中所有的东西都舍不得扔，买东西只挑便宜的不挑好的，过期的东西仍然在使用……那么这样的节约就是"过"了的，这种过头，就已经失去了节约的意义，和"不及"同样有问题。

又好比讲礼貌是一个好品质，我们从小接受的教育就不允许我们成为不礼貌的人。但礼貌的程度也得分关系，分场合，分时间。你会发现生活中那些过度礼貌的人，虽然体现出了谦逊，但也会有一丝冷漠夹杂其中，当人试图和你进一步拉近距离的时候，你却用过度的礼貌将关系隔绝，成为冷冰冰的客套应对。

同样的，我们在课堂中，老师教导我们说话要有感情，不能用平淡的语气，这样会影响情感的表达。这是对的。但我们也经常能看到，一些同学无论是在朗读课文，还是上台发言，或者是接受采访的时候，都会把抑扬顿挫发挥到极致，刻意拔高语调去调用自己的情感。然后你会很清晰地感受到，这样说话虽然看上去很有感情，但是完全不自然，一点不真诚，就像你演出来的一样，那我又如何相信你所表达的内容呢？这种情感上的"过"，就如同"不及"，都达不到应有的效果。

在《四书蕅益解》中写道："然则师愈，子贡却呈自己供状。过犹不及，夫子亦下子贡钳锤。"

意思是说，其实当子贡说出"然则师愈与"的时候，就已经暴露出了自己的价值取向，而夫子用了"过犹不及"这4个字评价了子夏和子张，同样也给了子贡一定的提醒和教诲，这里的"钳锤"是比喻严厉的教诲：千万不要认为自己有多了不起，从而有着满足心去看不起那些所谓"不及"之人。在孔子看来，但凡没有达到"中庸"的境界，都是需要继续努力，继续学习的。我们也从中领会到，但凡做事都有一个度，我们要懂得分寸的把握，尽可能地去领悟"中庸"的含义。

"取信于民"的安全感

　　子贡问政。子曰："足食，足兵，民信之矣。"子贡曰："必不得已而去，于斯三者何先？"曰："去兵。"子贡曰："必不得已而去，于斯二者何先？"曰："去食。自古皆有死，民无信不立。"

　　在这句话中，当子贡提出如何治理国家的问题时，孔子提出了自己的治国之道——"足食，足兵，民信之矣。"意思就是：粮食要充足，军备要充足，老百姓得信任管理者。

　　我们结合内容来看，"足食"意味着物质生活的建设，在那个时代，粮食的充裕是老百姓安全感的首要来源，你要治理好一个国家，就务必要保证老百姓的生活基础。

　　"足兵"就是兵力要充足，一个国家强大的标准之一，是它战斗力的保证。军队建设，国防力量都是重要的保障。

　　最后则是"民信之矣"，是为"取信于民"的观念，一个国家的人民一定要相信他们的管理者，这个国家才会有发展的可能。

　　当子贡问道："必不得已而去，于斯三者何先？""必不得已而去，于斯二者何先？"实质上就是在问孔子这三者重要性的排序。孔子给出的结论是先"去兵"，后"去食"。也就是说"取信于民"在这三者之中是最为重要的。

　　很多人会对这个排序有质疑，如果说先"去兵"，让老百姓可以吃饱更重要，这个观念是可以理解的话，那么当"食"和"信"之间做取舍，为何要"去食留信"呢？老百姓都吃不饱了，要"信"有何用？

　　这里孔子给出的结论是："自古皆有死，民无信不立。"

这句话很有力量，也可以看出孔子在看待政局时，格局是很大的。孔子说道："人自古以来就没有不死的，而一旦人民对于政府失去了信任，那么这个国家就会从此垮掉。"所以在孔子看来，"信"才是一个立国的根本，这就好比一座房屋哪里都可以去掉，但房屋的脊梁不能去，一旦去除，这间屋子就会统统垮掉。垮掉的屋子，再也没有办法住人了。

我们可以看到当年共产党的部队条件都比不上敌人，吃得不好，武器也远远落后于他人，到底是什么力量使我们可以赢得最终的胜利？那或许就是从上到下的坚定信念，有了这样的信念，上下一心，我们就可以爆发出最强的力量。

今年上映的《长津湖》电影中，我们可以很直观地感受到这一点。当我们的志愿军战士只能吃冻土豆，也没有美军的先进装备，但就是在这种情况下，我们仍然坚信这场战斗的意义。当他们说出："这场仗我们不打，我们的孩子就得打"；当他们一次次用自己的生命去完成任务时，我们可以体会到那是一种信念，这种信念来自对一个国家至高的格局的肯定与崇敬。正因为相信国家，相信政党，我们才能一次次地取得最终的胜利。

前几年的疫情也是一样，在全世界都被病毒侵扰，人民的生活受到大大小小的影响时，我们会重视，但不用太过慌张的原因就在于，我们对自己的国家有信心，我们也对自己的管理者有信心，我们坚信无论过程有多困难，我们仍然会取得最后的胜利。这种信心与坦然，则是一个国家能够给予它的人民，最好的安全感。

复杂的世界，更需要整全的信息

子曰："片言可以折狱者，其由也与？"子路无宿诺。

这里是孔子对于子路的评价，说："只听几句话就能够把案子断了的人，大概就只有仲由（子路）了吧？"子路这个人从没有说话不算数的时候。

这句话放在那个时候，是孔子对于子路的夸奖，所谓"片言折狱"，从字面上来理解，是指他在判案方面有才干，不需要听取长篇大论，只需一面之词，就可以断案。

但作为现代的我们看到这句话的时候不免会有些质疑，凭什么子路断案会如此简单？《论语》里也给出了答案，叫"子路无宿诺"。

这里的"宿诺"指的是拖了很久却没有兑现的诺言。子路是个果决的人，他承诺别人的事，立刻就会去做，能力也非常强。正因为如此，子路在百姓心目中的形象和威望都是非常高的，人们都相信他。

所以从这里我们就可以看出，古时候的诉讼相对比较简单，一个有公信力的人能否在场很重要。什么叫"公信力"？就是说有一个人说话做事，人们都是信服的，只要他出面调停，就没有不服气的，事情就能妥善解决。

就好比以前有些地方的村长和乡长，家家户户但凡有解决不了的事，都会找到他们。只要是他们给出的方案，就能够说服双方照着去做。仔细想想就会发现，其实不是这个方案有多好，而是这个人对于他们有多重要。

子路对于那时候的百姓，就是这样的存在。这里的逻辑关系大家一定要厘清，不是因为他能够"片言折狱"，所以才有能力，而是因为他"无宿诺"的表现证明他有能力，所以才可以"片言折狱"。完全公正吗？不见得！但是这不重要，重要的是他能够解决矛盾，让所有人都信服于他。

那这种"片言折狱"放到现在合不合适？答案一定是不合适的。随着社会越来越发达，现有的矛盾也变得越来越复杂，而且在信息高速流通的社会里，我们更为追求的是绝对的公正。那么在处理矛盾，甚至解决诉讼的过程中，我们就绝不能"片言折狱"，而是要更耐心地、更多地去了解信息，整全信息，试图还原事情的全貌。

有一个观念我们一定要了解，就是当两个人发生矛盾，产生冲突后，但凡要表述事实，人们总会习惯性地为自己说话，把事实的经过描述成对自己有利的版本。

就好比学校里经常会出现的同学吵架，当老师要介入处理的时候，明明是一件事，但是两个孩子表述出来的事情则会大不一样。一个孩子说吵架的主要原因是他推了我一把，另一个孩子说吵架的起因是因为自己的水杯被踢了，对方却没有任何表示。你看，在第一遍描述事实的时候，人都习惯于隐藏对自己不利的信息，然后放大对自己有利的信息，从而让事情在观感上可以更倾向于自己，这是一种与生俱来的能力。

另外，即使是亲眼所见的事情，都不要急着做判断。社会是复杂的，很多时候我们只能看到事物的一方面。

有一个泰国的公益广告很发人深省：

有一个农贸市场的女当家，看上去总是一副趾高气昂的样子，让人多少有些距离感。在一次巡视的时候，她大声责骂着卖肉的摊贩为何还不交摊位费；又随手拿了蔬菜摊位的番茄直接啃了起来；最后还砸坏了鱼贩子的电子秤。这一幕幕都被一个年轻人用手机拍了下来，他感到十分气愤，回家就把这段视频上传到网上让人评理。

网络上迅速开始发酵，所有人都在指责这位女当家的跋扈和蛮不讲理，在同情摊贩的同时把女当家的个人信息统统挖了出来，用网络暴力的形式对其进行谴责，并呼吁人们再也不要去她的市场买菜。

女当家的情绪愈渐消沉，摊贩们也因为没有了生意而经营惨淡，但奇怪的是，在旁人眼里的"受害者"们，并没有一个人在这个时候离开这个市场。

镜头转向了另一个视角：

女当家总是在马路边找到那些落魄的流动摊贩，让他们来自己的市场营生，给他们一个固定的居所，不必再忍受日晒雨淋的辛苦。那个卖肉摊贩的摊位费是市场里最便宜的，因为他妻子正在生病，女当家拿了他3个月的费用之后，又返还了一半让他回家照顾妻子；那蔬菜摊贩的番茄，女当家在吃了之后，默默把钱放在摊位上，那钱远高于一个番茄本身的价值，女当家啃着番茄离开的背后，是这位摊主千恩万谢的双手合十；而那个卖鱼的电子秤是因为摊主缺斤少两被顾客举报，女当家砸了他的秤，并告诉他做生意要诚信，并且主动帮其换了新的秤……

但很遗憾，这些，世人都没看到……人们只是愿意相信他们自己亲眼所见的景象——那个女当家的欺负摊主，却怎么都想象不到这趾高气昂的背后，有着多么与人为善的仁慈。

但造成的伤害，已经避免不了，网络上漫天的抨击，街上路人的指指点点，以及门可罗雀的市场前，那落寞的女当家旁，所有的摊贩都陪着她。谁知道，要花多少代价，才能让世人看到真实的情况。

我们总是自信地认为只要是亲眼看到的就是真的，既然是真的，就可以传播、定性和谴责。但我们看不到的是那辆打着双闪闯着红灯的出租车里，有着一位病重的，亟须抢救的老人，但就因看到他闯了红灯就谴责这位司机的道德；我们看不到的是在岗位上打着瞌睡的同事，在深夜曾为了突发的情况，不得不在医院和家里来回奔波，但就因为只看到了她的瞌睡而吐槽她的态度；我们看不到的是那个在深夜大声哭泣的姑娘，倒是经历了怎样的变故才会如此撕心裂肺，就因为她侵扰了你的休息而质疑她的素质……

是的，**不要急着做判断，不能"片言折狱"，让我们看得再多一些，让接收的信息再整全一些，这个世界才会更公正一些。**

成人之美，是你能否帮他成为更好的人？

子曰："君子成人之美，不成人之恶。小人反是。"

孔子说："君子成全别人的美事，而不助长别人的恶处，小人则恰恰相反。"

"君子成人之美"时至今日都是一句耳熟能详的话，尤其是在需要人帮忙的时候，就会奉上这一句话，使得别人更有心地去帮你。

恰恰是因为这样，我们更要了解这句话背后的真正含义，我们应如何判断一件事是"成人之美"，还是"成人之恶"？并不是帮助别人都叫"成人之美"，那实属一个天大的误会。在这之中有一个很重要的标准就是：这件事，能让他成为更好的人吗？

以下几个例子或许你们能够做出明确的判断：

当你的朋友想要成立一个公益组织，在筹办的过程中，你恰恰有这方面的资源共享，他想寻求你的帮助来做成这件事。

你的同学出了一本画集，里面涵盖了他近些年来所有的努力成果，因为渠道不够始终得不到好的宣传，而你恰恰有着不错的流量平台，他来寻求你的帮助。

以上这两件事，如果你帮了他，这算不算是"成人之美"？我想答案是肯定的，那个想要筹办公益组织的朋友或许会因为你的帮助，从而让更多的人关注到公益项目，实现自我价值的同时也让更多人从中获益。那个想宣传画集的朋友，或许也会因为你的帮助，看到自己努力的成果后，更为坚定自己的梦想，致使他能够成为更好的人。

　　是的，一件事情值不值得帮，一个很重要的面相就在于，帮助了他，他能否因为这件事成为更好的人？如果可以，那就是"成人之美"的体现。

　　那么以下两个例子你再体会一下：

　　当你身处高位，你的老同学登门拜访，带着重金重礼来寻求你的帮助，希望你能够通过职务之便帮助他完成业务的指标，虽然他口中说着"君子成人之美"，这时候你帮还是不帮？

　　当你的同学考试没复习，想要和你协商，能否通过作弊的方式帮他渡过这次考试的难关，虽然他口中也说着：这对你来说简直举手之劳，你就"成人之美"吧……这时候，你帮还是不帮？

　　我想你的答案一定是"不帮"。因为不管是那个带着重金贿赂你的人，还是那个考试寻求作弊的人，但凡得到这一次的好处，就会寻找到一条不需要多少努力就可以成功的捷径，这条捷径一旦走得通，就立马会变成他的主路，更何况这条路居然还是你帮他一起开凿的。那么对于他而言，这条路并不会让他成为更好的人，而是会越走越闭塞，越走越危险。这不叫"成人之美"，反倒是"成人之恶"。

　　作为一个朝着君子方向努力的人，我们要时刻提醒自己，你所有的帮助都是要使人变得更好，要"成人之美"，不要"成人之恶"。

　　那孔子又为什么会说"小人反是"呢？

　　那是因为对于小人而言，他们并不看重"更好"这个概念，你能不能成为更好的人对他而言并不重要。他所看重的是，我帮助你之后，我能够获得什么眼前的利益？之所以小人会"成人之恶"，就是因为这种"成人之恶"的行为往往"帮助"了别人，也肥沃了自己。

　　这也就是为什么我们可以看到那些收受贿赂的人层出不穷，那绝不是因为我的权力可以帮助到你，对他来说更重要的是，你能给我带来什么好处，让我利用权力去帮你？

　　我们也可以看到那些刑事案件当中，帮助罪犯逃脱的从犯，他们也并非真心实意想要帮人逃脱，而是我给你便利之后，我也有相应的好处可以拿。

是的，小人"成人之恶"的原因就是在于，这样的行为，可以给自己带来利益。正所谓"小人喻于利"，也正是说明了这个原因。

相反的，对于小人而言，"成人之美"太过费神费力。你要知道，所有真正的"成人之美"都有一个共同点，就是这些好事都需要你花费心思，花费时间，花费精力，你需要付出足够的成本，才能够真正帮助到人。而小人，并没有太多这样的耐心。所谓"君子上达，小人下达"，也正是阐述了这个道理。

所以你会发现，在《论语》里，君子和小人的思考和行为逻辑，基本都是相通的。参透这一点，我们就能更好地明确自己的方向。

分清"权力"和"影响力"

子曰："其身正，不令而行，其身不正，虽令不从。"

这是我在《论语》里最喜欢的话语之一，甚至我儿子的取名也和它有关。

孔子说："一个人如果自身行为端正的话，不用发布命令，人们也会遵行；如果自身都不端正的话，即使发布命令，也没有人会听从的。"

这句话在当时是说给当权者和管理者听的。孔子认为作为管理者，更应该以身作则，依仗自身的言行来感染他人，而不只是发布命令。因为老百姓的眼睛是雪亮的，如果你做得好，做得对，那么就会有人跟着学，照着你的方向去做；而如果你的身上没有任何参考价值，甚至背离方向的话，那么即使要靠强政去推，也是完全没用的。

我们在现实生活中也能明白这一点。要说服一个人不是很容易的，与其靠说教，不如靠行动的引导。就好比作为一个老师或家长，你教导你的孩子不要乱窜马路，讲得头头是道，但是你自己却不遵守，被孩子看到后，那么你讲再多、约束再大都是没有说服力的，因为在他看来，连你自己都没做到的事情，又如何来要求我呢？

管理孩子的学习也是一样。很多家长要求孩子要好好看书，不要总玩手机，甚至制定出一系列的家庭规矩来制约。但孩子发现，爸爸妈妈自己下班后，也整天抱着手机玩游戏，那种溢于言表的沉浸于游戏中的快乐，又怎能去说服孩子放下手机，走向书本呢？

好的管理者，即使是在班级里，在家庭里，也应该要懂得如何做好自己，用自己的行动去感染他人，而不是通过命令与制约。

作为一个管理者，一定要分清楚"权力"和"影响力"的区别。

"权力"是可以制约人的，但是有它的局限性，这种局限就来自于那不确定的身份条件，今天你的职位高我一头，我不得不听命于你，这是把所有的目光都集中在"事"上。而如果一个人的能量仅仅只停留在"权力"层面的话，那一旦你没有了这一层的身份关系，那所有的一切都会土崩瓦解。所谓"人走茶凉花易散"，所谓"物是人非事事休"……停留在"权力"中的一切，都不会长久。

而"影响力"不同，人们可以用所谓红包、所谓送礼去收买权力，但却很难用这些东西去收买影响力。**所谓"影响力"是把眼光放到"人"的身上，在你的日常中，发现你身上的光，探寻你发出的亮，认同你的观念和做法，从而认同你这个人。认同人的过程是长远的，它不会因为你职位的变化，身份的变化而产生太多的改变，只要你还是你，就会值得敬仰，就会值得追随。所谓"择其善者而从之"，所谓"心慕笔追，亦自可佳耳"。**

最后，我想引用《史记》中的一段话来更为深刻地诠释这个含义。

在《史记》的《李将军列传》中，司马迁是这么评价汉将军李广的——"桃李不言，下自成蹊。"字面的意思是桃树和李树不用过多介绍自己，你所散发出来的魅力，自然会吸引很多人过来，在底下踩出一条小路。

李广将军就是这么一个人。作为一个赫赫有名的将军，他为人极为和善与廉洁，常常把属于自己的赏赐分给部下，也时常和兵士们同食同寝。更为难得的是，当部队遇到困难的时候，比如缺水和缺粮，只要底下的兵士没喝水，没吃饭，他自己是绝不会先行享用的。反观打仗的时候，李广将军却能身先士卒，表现出难以抵挡的英勇……就是这么一个人，虽然他不善言辞，但是作为他的兵士，没有一个人不敬佩他，不愿意追随他的。那是因为李广将军的人格魅力，无须赘述，却能够实实在在地感染到每一个人。

我给我儿子取名的时候，就撷取了这句话中的"言蹊"二字，从而表明一种人生态度的倾向。希望他以后能够成为一个无须自己多言，就仅凭自己日常的言行，就能够被人认同的人。

足够亮，才能被看得到

叶公问政，子曰：“近者说，远者来。”

叶公问孔子如何管理政事，孔子回答他的是：“使近处的人高兴，使远处的人归附。”

这句话中的“说”念“悦”，指的是喜悦高兴的意思，和“学而时习之，不亦说乎”中的“说”一样。

“近者说，远者来”实际上是一个因果关系，意思是要告诉叶公，把自己周边的老百姓服务好，那么人们自然就会慕名而来了。

很有意思的是，在《论语》中，有很多人来问孔子如何管理政事，子路、子张、子贡等人都向孔子问过这个问题，孔子却给出了很多不一样的答案。那是因为每个人在问政的时候，身份不一样，处境不一样，他们各自的性格也不一样，自然就没有一个统一的答案来帮助他们解决实际的问题。在我看来，这就是孔子最有价值的地方，他的回答不只是大道理——讲一句你无法反驳的话来应付这个话题。而是真真切切想要帮你解决问题，以实用为出发点的回答，可以看出孔子因材施教的用心。

就好比你问一个老师如何把学习搞好，最为简单的回答一定是——你要努力学，认真学，就一定可以学好。这个答案有没有错？一定没有。但它能不能帮你解决问题？那自然也是做不到的。一个真正负责任的老师，会清楚地判断你学习不好的原因究竟在什么地方，根据你个人情况的不同，给予你可操作的指引和方法，这才是价值所在。

在这句话中，叶公所处的国家是一个小国，归属于楚国，叶公作为这个国家的管理者，他所遇到的实际问题就是国家不大，人口也很少，在这种情况下，我应该如何把这个国家治理好？

所谓"近者说，远者来"就是指你得从最近的开始做，先把周边的老百姓安顿好。如果你的政策可以让自己本国的人民和谐安定的话，那么周边的邻国就一定能感受得到这里的风气，然后渐渐的，就能够归附而来。

朱熹有一句话可以很好地注解这个道理："被其泽则悦，闻其风则来。然必近者悦，而后远者来也。"说的就是，如果能够得到楚国的恩泽，老百姓就一定会满意，所谓口口相传，这样的仁德之风很快就会传到周边地区，那边的人们就会闻风而来。这就是管理小国应该有的思路和方法。

以上是对这句话的诠释，但作为现代的人们来说，这句话对我们又有怎样的帮助呢？

我们仔细来琢磨一下孔子给叶公的回复，就会发现，这其实也是给予我们的一个非常好的指引。在孔子看来，一个人有远大的目标是好事，但得先做好眼下的事。

现在很多年轻人都有着自己的抱负与理想，都想着能够凭借能力做成一番自己的事业。远大的目标是有了，但是却忽略了，越远大的目标，就越需要逐级往上去实施。

记得有一次的座谈会上，有一个刚毕业的年轻人问了在场嘉宾一个很现实的问题。他说：作为一名职场新人，我现在有一个很大的困扰，下班前老板、客户总是有各种事务找到他，要他加班，我能不能拒绝？

在场很多的人都对这个问题有着共鸣，讨论中也可以发现，大家其实都很想拒绝，表示年轻人应该更懂得说不，更为自己着想。

这个时候，米未的创始人马东说了一番话让我印象深刻。他说："如果你已经是一个职场老手了，那这个问题可以两说。但作为一个职场新人的话，我倒有另外一番见解。我们都要了解一个现实，那就是年轻的时候，我们的时间没有那么值钱。在职场上，比起那些你自己的私人时间，你的机会更宝贵，能否让人看得到你更重要。作为老板和客户，时常让你加班处理公务，也就意味着在他们看来，你的合作成本是低的，但这并不是一件坏事，作为年轻人而言，你的合作成本越低，合作机会就越多。"

当然，这仅是马东先生的一个观点。但这个观点有价值的地方就在于，他提供给现在的年轻人一个很明确的价值方向，就是如果你想把事业搞好，就得一步一步来，先让自己身边的人认可你，花时间，花精力，去提升自己的价值，去优化自己的能力，去完善自己的口碑。当你被身边的人更多认可的时候，那就会有更多的机会和资源向你靠拢，这些不是运气，而是你努力积累的结果。

是的，如果你有远大的理想，那就先做好眼前的事，只有身边的人认可你了，你才有可能被更远的人看到，那是因为你的光，足够亮。

而这，不只是对表面政事的管理，更是我们处事的指引。

慢慢来，是种诚意

　　子夏为莒父宰，问政，子曰："无欲速，无见小利。欲速则不达，见小利则大事不成。"

　　阙党童子将命。或问之曰："益者与？"子曰："吾见其居于位也，见其与先生并行也，并非求益者也，欲速成者也。"

我们已经了解了很多人向孔子问政的情况。这句话中，问政的人是子夏。子夏要去做莒父（地名）的宰官，这个职位相当于现在的县长，于是便来问孔子应该如何管理政事。

孔子给子夏的答案，也是非常有名的一段话："无欲速，无见小利。欲速则不达，见小利则大事不成。"意思是：不要急于求成，不要只看到眼前的小的利益。要知道越求快越到不了，只看到眼前利益的人，是做不成大事的。这段话中的"欲速则不达"则成为很多人经常引用的观念。

这段话虽然是孔子给予子夏的指引，但却道出了人的本能——贪图即时满足。不可否认的是，人与生俱来就是一个"急性子"，任何事情都想要求快。饿了就想马上吃，困了就想马上睡，一付出就立马想要有回报……而孔子则是告诉你，如果你对自己是有要求的，做事就不能太求快，处事要有长远的眼光。

在这里我要分享的一个观念，叫"延时满足"。它的本意是指一种甘愿为更有价值的长远结果而放弃即时满足的选择取向，以及在等待的过程中展示的自我控制能力。在研究者看来，这是个体完成各种任务、协调人际关系、成功适应自然的必要条件。

在20世纪60年代，心理学专家米歇尔就有一个非常著名的"延迟满足"的实验，他找来数十名儿童，让他们待在一个只有桌子和椅子的房间里，桌上放着他们爱吃的棉花糖。研究人员说，他们完全有权利马上吃掉棉花糖，但是还有一种选择就是忍住不吃，如果做得到，那么等到他们回来时，就可以额外得到一块棉花糖作为奖励。

在实验过程中，很多孩子完全受不了糖果的诱惑，坚持不了多久就选择把棉花糖给吃掉了。仅仅只有三分之一的孩子成功抑制住了欲望，得到了额外的奖励。

在之后的跟踪分析中，米歇尔发现，当初那些选择直接吃掉棉花糖的孩子，比起忍住不吃的孩子，无论是在家里还是在学校，都更容易出现行为上的问题，他们大多难以面对压力，注意力也不够集中。而那些成功忍住的孩子，在学习成绩上的平均值，也远远高出他们。

当跟踪研究越往后继续，就越能发现，后者在生活、学习和工作上的表现，都远远要好于前者。这个实验说明，那些能够延迟满足的人自我控制能力更强，他们可以在没有外界监督的情况下适当地控制、调节自己的行为，坚持不懈地保证目标的实现。

当然我是完全可以理解那些即时满足的人的内心状态的，当眼前有一份"小开心"和"小收获"放着的时候，自然是会被吸引和诱惑的。但如果你把眼光放长远一些，你就会看到日后会有"大开心"和"大收获"。这些需要你忍住现在的诱惑，你又会如何进行选择？

就好比我们现在很多的学生，为什么那么不爱学习，反倒对游戏、玩耍，甚至是无所事事充满兴趣。有一个很重要的原因在于，游戏、玩耍和那些无所事事可以给你带来现下的满足，游戏里厮杀的愉悦，玩耍时放纵的快乐，无所事事中安逸的放松，都是马上可以给你带来好的反馈的。但学习不一样，学习是一件典型的在当下看不到回报的事，你认真听课，努力练习，这样的节奏要维持好些年才能看到显著的成果。在这个过程中，还会有不稳定的打击和阻力，这实在是让人感到挫败。但是，你也会很清楚地明白，如果你始终保持努力的话，大概率就会取得还不错的结果。问题是，你有没有耐心去等待这个日后的收获？

说到这儿，我想起了在网上的一个小调查，出题人给了网友们两个选择，一个是当下就拿走100万现金，另一个是给你一个去名校深造的机会，你会怎么选？很现实的情况是，虽然只是个虚拟选择，但是底下大多数的网友都会选择前者，因为那100万的现金太过晃眼，那是巨大的眼前利益的诱惑。反观去名校学习，虽然也有可能获得比100万更高的变现价值，但如果要取得成果，那也是好多年后的事了……那些选择后者的人却表示，如果真的有这样的机会，他们愿意等，也愿意凭借自己的努力去创造更大的价值。我想，这就是延迟满足所带来的希望与意义。

在《论语》里还有另一句话——阙党童子将命。或问之曰："益者与？"子曰："吾见其居于位也，见其与先生并行也，并非求益者也，欲速成者也。"

这句话是说阙党有一个童子来传信息，有人问孔子对于他的看法，孔子观察到这个童子坐在成人的席位上，看见他与长辈并肩而行，就表示这不是一个求上进的人，而是一个急于求成、急功近利的人。

暂且不去谈那些应有的礼节，而是看为何这名童子会如此冒进，有一个的原因就在于，他着急让别人看到他，他急于展现自己，一切的症结都在这个"急"字上。

所以在另一个层面上，所谓"欲速则不达"，也是在说我们实在是太急了，也太过追求速度和效率了。即使是放到现在，我们也都想用最快的速度，最少的精力去办事，以达到最高的效益。**但在我看来，很多时候，"慢"——更能体现诚意。**

就比如我们交朋友，哪怕一个人和你再投机，如果一上来就对你表现出无比热情的话，我想你也会感到非常不自然，这不是人与人之间应有的相处节奏。太快，反而会使人防范和疏远。

那么这个时候，请你慢下来，渐渐地了解，点滴地接触，这样子的情感才会更为自然且真诚，关系也会更为长久。

学习也是一样。当你着急地想着，自己怎么还没变好时，你得了解一件事——变糟糕很容易，但是变优秀需要你足够的耐心，要不然如何体现优秀的价值？静下心来，慢慢努力，慢慢提升，也是一种对正在改变的自己所能有的最大的诚意。

减肥更是这样。很多人会放弃的原因就在于急于求成，总觉得自己费了好些天的劲了，也吃了好多天的苦了，怎么仍然没有瘦下来……但你又是如何胖上去的呢？那一顿顿的放肆，一天天的懈怠，让你变成了这副不得不改变的样子，那么如果不是一斤一斤地减，又怎能体现自己真正的决心和诚意？所谓"慢慢来"，是让你在整个过程中多看一些，多经历一些，多了解一些，甚至多付出一些代价，那么最终所获得的，才更显出它的价值，不是吗？

"无欲速，无见小利。欲速则不达，见小利则大事不成。"蕅益大师对于这句话的批注是："观心者，亦当以此为箴。"是的，我们得时刻关注自己的内心。当自己心浮气躁，想要急于求成的时候，要学会"延迟满足"，懂得"慢慢来是种诚意"，那么，在处事的过程中，就会有着更好的心态。这样的心态，则是成大事的前提条件。

"士"的三重标准

> 子贡问曰:"何如斯可谓之士矣?"子曰:"行己有耻,使于四方,不辱君命,可谓士矣。"曰:"敢问其次。"曰:"宗族称孝焉,乡党称弟焉。"曰:"敢问其次。"曰:"言必信,行必果,硁硁然小人哉——抑亦可以为次矣。"

这是一段很长的对话,是子贡和孔子有关于"士"的探讨。所谓"士",是古代社会中非常受人尊重的阶层。我们都听说过"士、农、工、商","士"排在第一位,足以看出那时的人们对其的重视。"士"就是指读书明理之人,对自己的道德修养有要求的人,也是指不断在圣贤之道上努力着的人。

当然,所有人都有成为"士"的可能,每个人都可以朝着这个方向去努力,所以才会有子贡的疑惑。他问孔子到底怎样才能称之为士?孔子给出了3个层次的答复,我们逐一来看。

一、行己有耻,使于四方,不辱君命,可谓士矣

这里有个关键词叫作"行己有耻",意思就是要对自己的行为有所约束,知道什么该做,什么不该做。

我们在"德之不修"这一讲中有提到一个观念,叫"慎独",就是一个人的时候,也要有标准,有底线,这样的人,才能称得上是有道德修养的人。

这是因为有太多人的道德都是外界约束的。当别人看着你的时候,当有条约法规制约你的时候,你能恪守自己的行为举止,这并不稀奇,也是社会中绝大多数人能够做到的事情。真正的道德修养是自发的,也就是说当谁都看不见你的时候,你还能不能有自己的标准来约束自己,这才是有价值的。

就好比一个人在马路上捡到钱，有路人，有摄像头，绝大多数人的选择都会是找寻失主，做一个拾金不昧之人，这自然是一个好的现象。但我们也得清楚地认知到，路人和监控在这其中也发挥了很重要的作用，在这样的社会监督下，要维护内心的秩序，并不是一件很难的事。而当路上没有一个人，也不会有任何监控设备监管你，你确切地知道，即使你拿走也不会有麻烦的情况下，如果你仍然想着不能私吞他人钱财，有着与人着想的善良的话，这才是真正发自内心的道德修养。

再比如，现在也有很多人觉得骂脏话是不文明的现象，在与人接触的过程中，我们会特别注意自己的语言规范，从而维持自己的体面和修养。这诚然也是一件好事，但也得清楚地了解到，这种规范也是来自外界的约束，是你不想在他人的目光下成为一个不文明的人，从而保有自己的形象。而当没有人知道你是谁的时候，你还能不能保持这种文明的恪守？就好像我曾经看到过一个在人前非常体面的人，却在私底下打游戏时，一不顺心就脏话连篇；我也看到一个生活中彬彬有礼的人，却在匿名的网络上，肆意地用最不堪的话语去攻击他人……

是的，当你远离人们的视线，没有外界约束的情况下，所做出的举动，才能证明什么是真正的你。所谓"行己有耻"就是说，一个人无论在什么情况下，都要有羞耻心，这种羞耻心不是对于外在的表现，而是在于内在的修持。

孔子说，这样的人，才能够"使于四方，不辱君命"。也就是说一个有自己行为准则的人，无论去到什么地方，都是能够办成事的，外界的因素干扰不了他，他有着自己最为坚定的力量。

二、宗族称孝焉，乡党称弟焉

"行己有耻"的标准看似简单，实质上很难，那种对于道德的修养需要长时间的浸润与修持。所以子贡会问："敢问其次？"也就是说再次一等的"士"应该是怎样的？孔子给出的答案是宗族和乡党都能有对其好评，觉得他是一个懂得孝顺和友爱之人。

在这一小节中，我不打算和大家讲"孝顺与友爱"的重要，因为这个概念大多数人都已然明白，无须赘述。我更想要和大家分享的是另一个观念：口碑的重要性。

"孝悌"是那个时代对于"士"的口碑。那随着时代的发展，其实很多标准都可以成为我们好的口碑，重要的是，我们该如何建立起自己的口碑的？

这里有一个非常有用的观念，如果你想要有一个好的口碑，让大多数人都认同，就一定要有属于自己的"高光时刻"，因为人的印象，大多来自"高光时刻"。

我们以迪士尼乐园为例。为什么几乎所有人都会觉得迪士尼是一个充满欢乐、极度浪漫的地方，每一个来迪士尼游玩的人，最终离园的时候都是带有极度愉悦和不舍的心情的？其实我们仔细想一想，在乐园里玩乐的过程，我们的情绪大多是波状的，有起有伏，玩到好玩的项目时，我们是愉悦的，排队冗长时，我们会抱怨的；乐园里就餐时，我们是高兴的，自己想要的周边没买到，我们就会是遗憾的……类似于这样的波动在整个游玩过程中应该是不断起伏着的。迪士尼乐园不同于其他乐园的地方就在于，不管你在乐园中的游玩体验是多么起伏，在最后都会有一个城堡烟花秀，让你的情绪达到最高点。当城堡的烟花绽放的时候，所有驻足观看的人们，忘记了一天的疲惫，也忽略了一切的不快，就完全沉浸在这一场极度浪漫的场景中。烟花一结束，就是离园时刻，人们就带着这种被刺激到最高潮的心情离开这里，自然会觉得在这里的一整天都是梦幻的，以至于每每提及迪士尼，都会想起这一场烟花秀，对这里保有浪漫和梦幻的回忆，这就是烟花的"高光时刻"给他们带来的体验与感受。迪士尼还做了"双保险"，即使今天不能放烟花，它也有着"花车游行"让你有着类似同样的感觉。所有的目的，就是为了让每一个游客都能感受到属于这里的美好。

人也是一样。一个人的"高光时刻"并不是说你时时刻刻都要做到最好，而是在某一个关键时刻，体现出你的价值和优势，那么就会在大多数人心里留下深刻印象。

我们来举一个生活中的例子。在一节数学课上老师提出了一个很难的问题，全班都没有人可以回答，就当老师无奈地准备告知答案的时候，某位同学突然举手，然后上台用了一种很漂亮的解题方式出色地完成了这一题，让同学和老师都大为赞叹。从此以后，你们对他的印象就会变成：这是一个极具数学天赋的同学。又好比某一次班级需要出一个代表节目参加学校的比赛，临近比赛，原先准备的那个节目出了意外需要临时有人顶上去，所有人都在为难，却有一个同学跳出来表示自己可以试试，并最终完成了任务。那么从此以后，对于这个同学的印象就会是：有才干，有担当。

但我们仔细想想，其实他们也就做了这一件事。之所以这一件事就能够给他们带来这种口碑，就是因为这件事情有够"高光"，才能给人留下深刻印象。

当然，我们也得说，这种"高光时刻"并不是凭空得来，有日常的沉淀，才会有适时的绽放。"孝悌"是一个标准，而在当下的时代，所有向好的标准，都能给你带来好的影响。

三、言必信，行必果，硁硁然小人哉——抑亦可以为次矣

得知这两个"士"的标准后，子贡又问："再次一层又是怎样？"孔子也给出了他的答案：说到一定做到，做事一定坚持到底，浅薄又固执，这是小人——但这也可以称之为再次一等的"士"了。

这句话其实是有些颠覆我们日常的观念的。在传统教育中，"言必信，行必果"一直是正向的标准，而在孔子看来，这却是小人的观念。当然，这里的小人并不是批评人，和君子相对，是指没那么智慧，还有待提高的人。

那为什么会说"言必信，行必果"是不好的呢？那就一定要了解到一个观念：太多事情都是复杂变化的，人也要通权达变。

在"言必信，行必果"中，最有问题的那个字就是"必"，"必"是一个太过绝对的字，它意味着一定，也就是说无论事情怎么发展，你都不会变，这就会带来很多麻烦。

这个观念在之前讲"君子之于天下也，无适也，无莫也，义之与比"时，已经有比较详细的解读。就好比你答应了一件事，之后发现有了变化，这个变化或许是"事"变复杂了，不能再像之前那么做了；又或许是"人"变坏了，不再是你之前答应的那个人了。那么你该做什么选择？

孔子始终倡导，人是要随着事情而变化的，不能秉持那种"说了就一定

要去做，做了就一定要做到底"的观念。当你发现事情不能再继续的时候，该停还是要停，发现错误后，停止是当下最好的选择。

这不免让我想到导航中有一句话我非常喜欢，甚至觉得它非常有哲理。当你开错路的时候，导航会发出这样的提示："发现您已偏离路线，请在合适的地方调头。"这就是告诉你，不要执迷不悟，路错了就是错了，继续往下只会越开越远，调头是最好的选择。

很多悲剧就是源自"言必信，行必果"的决然。很多人从小学习一件事物，无论是艺术还是体育，花了大量的时间和精力下去，当你发现自己确实没有天赋的时候，有些人会选择停止，越早停止损失越小。还有一些人会觉得自己坚持的路就一定走下去，即使发现没有天赋也要硬拼硬抗，最终付出了很大的代价，却仍然没有一个好的结果。

事情会变化，人也要随之变化，当你发现方向都开始错误的时候，言不必信，行不必果。重新调整，比盲目坚持更为重要。

不要去挑战他人的人生

子曰：*"君子和而不同，小人同而不和。"*

这里又是一句关于君子和小人的不同注解。孔子说："君子追求的是与人和谐相处，而不是完全相同，小人则追求与人相同，而不能和人相处。"

"和而不同"是孔子思想理论中很重要的观念：可以与周围的人保持和谐融洽的关系，但同时要有着自己独立的思考能力，不会盲从附和。我们生活于世有一个重要观念一定要清晰，那就是每个人都是不一样的个体，经历不同，学识不同，家庭背景、文化背景都不相同，所以就会造成很多观念和想法的不同，这极为正常。

每当我们听别人说出一个观点时，都得明白一件事——这是他的人生经验，你可以不赞同，但是也得尊重和理解这种观念的出现，因为你无法真正了解到他的人生。

就好比一个人说苹果不好吃，实际上指的是，在他的人生中，吃苹果的经历都不太美好。了解到这一点，哪怕作为重度苹果爱好者的你，也无法去改变这一事实，因为在苹果这个事物上，你们有着截然不同的体验。

又好比有人说：钱是万能的。这句话看似是一句很不合理的话，但是他背后实际是在说，至少到目前为止，他都能够用钱解决他所有的困扰。这未必不是一件幸福的事。而你之所以不这么认为，也一定是经历或者感受过钱的局限。这样的局限，恰巧他还没有过相似体验而已。

带着这样的观念，我们在自己的人生中就会豁达很多。记得有一次去买家电，身边的朋友就告诫我说，买这种家用电器，不要节约钱，要买就要一步到位，买最好的，这样才最省心。且不说这个观念我认不认同，但至少有一点可以肯定，我的这位朋友，一定尝到过这种"一步到位"的甜头，致使他有了这种观念。在那个当下，如果你没有什么经历，又正好能够负担，或许这也是一种经验参考。而如果你有着自己截然不同的看法，你也不必反驳，因为这也仅仅是因为你们的经历不同而已。

不要去追求绝对的相同。人很难被别人改变的原因之一，就是因为人们不愿意别人否定他自己曾经有过的人生。

所以，我就特别喜欢孔子所谓"耳顺"的概念。之前有提到过复旦大学熊浩老师的话，"耳顺"从字面上来理解是让耳朵顺畅，像丝绸一样顺。孔夫子的意思在于，在60岁的时候，人应该建立强大的同理心，任何观念、任何观点都能通情和理解。

我们在听一个人说到自己不认同的观点的时候，第一反应是什么？是急于判断，贴上标签，加以否认和抨击，还是先冷静下来，让耳朵不受干扰，不做判断地让信息先进来，在你耳朵里完成停顿和酝酿，而不只是采取像盾牌似的防御形态，站在自己理论的制高点，自上而下地进行判断，去区分好坏对错？

耳朵不是抵抗的壁垒，耳朵应是接收的容器，要让它"顺"。

是的，夫子在60岁时就深知对各种价值抱有慈悲之心，每个人都抱有同理体验的重要性。即使再不中听的意见，也有可能有其生命的为难，和局势中的不得已。

理解和关爱，同情与感怀——这就是儒家所提倡的"耳顺"之德。

所以，所谓"和而不同"就是要求我们懂得尊重他人，求同存异，重要的把持住，其他不同意见可以保留，这才是一种难得的君子风范。懂得这一点，在现实生活中也可以减少很多烦恼。

前阵子班里有两个女生起了争执。她们都在看一档有关于跳舞的综艺，对于舞蹈也有着同样的兴趣，但是其中一个女生不喜欢节目中的一个明星，当她表达出来的时候，却激起了另一个很喜欢这个明星的女生的不满。然后她们就从争执到争吵，想尽办法要改变对方，使得对方和自己站在相同的立场。

　　这是一种很普遍的现象，当我们看到有人和自己不一样时，总想着要去改变对方，做到你我相同，这才能证明我是对的。但是，当你理解了"和而不同"的观念后，你会发现，和你意见不同这太过正常了，别人有着自己的审美，有着自己的判断，他对于一件事，或者一个人的评价标准，和你完全不同。**那么，最好的方法就是保留你的态度，尊重你的选择，维持人与人之间的稳定和谐，不要去试图挑战别人的立场，也就是不要去试图挑战他人的人生。**

做一个相信自己，且安定坦然的人

子曰："君子泰而不骄，小人骄而不泰。"

这又是一个关于君子和小人区别的话题，出现了两种形容——"泰"和"骄"。"泰"指的是坦然，"骄"指的是傲慢。孔子说："君子的状态是坦然安定，而不傲慢无礼；小人的状态却是傲慢无礼，但内心并不坦然祥和。"

我们先来看君子的状态"泰而不骄"。

我们把那种极为坦然舒适的样子叫作"泰"，有个成语叫"泰然自若"，意思就是指为人处事不那么慌乱，很淡定的样子。那怎么才能达到这种状态呢？就一定要有那种强大的内在，这种内在可以让你充分相信自己。

前几年有一部系列电影《叶问》很火，在我看来，电影中的主人公叶问完美体现了这种"泰而不骄"的状态。在大多需要比武切磋的场合里，甚至有一些是被逼得不得不去比试的状况下，他都能展现出一种极为淡然的态度——认真且不失温和，强悍中也带着谦逊。在赢得一场又一场的比试后，也从来不标榜自己的功绩，只是坦然地拱手微笑，信步而下，展现出一种云淡风轻的洒脱。叶问很清楚地知道自己功夫的实力，正是因为这样，才会让他有着这种泰然自若的特质。在这种实力下，他对人仍是毕恭毕敬，一点没有傲慢的气息，这也就是为什么这么多人都尊敬他的原因。

是的，君子的"泰"来源于对于自己内在的笃定，君子的"不骄"则来源于内心对于人的尊重。

那些傲慢之人，往往都会觉得自己有某些地方高于常人，或是地位，或是财富，或是能力，或是相貌……在他们看来，只要我有地方比你强，那就是一种层次的划分，从而升起那种傲慢之心。**但在君子看来，人是生而平等**

的。 越强大的人，内心就应该越平和，越强大的人就越不会把那些外在的标准定义为比较的层次。

　　小人的状态则是"骄而不泰"。

　　他们表现出来的状态往往都是骄横的、傲慢的，但是内在却并不安定。为什么会有这样的状态？恰恰和君子相反的是，小人对于自己的内在往往没有多少笃定，但却想要更外显地表露出来。他们对于得失看得很重，一旦这样的话，就会显得用力过度。而你得知道，没有内在的加持，越用力就越不安定。

　　就好比我们在公众表达课上讲到，人为何上台演讲会紧张？有很大一个原因就在于，你很在意底下的人对你的评价和看法，你很想要表达好自己，但却又害怕不能如意，这种站在高处，往下一看就是万丈深渊的感觉，的确会让人感到紧张和不安。所以你会慌，你会乱，你慌乱的是你或许会讲错，讲错了就下不来台，就会失了体面，丢了尊严……一旦背上这个包袱，就一定达不到"泰"的境界。

　　所以我们倡导的是，站在台上进行表达，与其想着我要表现得有多好，不如去想，我到底要向大家说些什么？有什么东西是我真正在意的？有什么事情是我真正想要去述说的？有什么情感我是真正想要表达的？一旦这样想，你就不会往"下"看，你会往"远处"去眺望，往远处眺望的人不会紧张，反而充满动力，因为那里的风景，是你站在高处的理由。这种状态，需要的是时间的积累，需要的是内在的沉淀。摒弃自己的傲慢和虚荣，更往里地去提升自己，磨炼自己，才能让你更自洽地展现与存在。

　　"君子泰而不骄，小人骄而不泰"是在告诉我们，君子的价值更多来自内在。关注内在的人，是舒适的，是泰然的；小人的价值更多追求外在，所以会是波动的，会是傲慢的。说到底，这是源于君子和小人内在价值取向的不同。

　　在《论语》里说的"君子坦荡荡""君子周而不比""君子上达""君子求诸己""君子和而不同"……都有一个共同点，那就是君子会更多地在意自我的提升，从而达到那种坦荡舒适的境界。这种境界，是崇尚和学习传统文化的我们，应该去向往和追求的。

通往仁德的四种品行

子曰：“刚、毅、木、讷近仁。”

这句话中，孔子提到了能够接近于仁的四种品行，给予了很明确的行为指引。这四种品行分别是"刚、毅、木、讷"，也就是"刚强、坚毅、质朴和慎言"。我们分别来看这四种品行可以带给我们怎样的价值参考。

"刚"指的是刚强。那怎样的人可以做到刚强呢？有个词叫"无欲则刚"，出自《论语·公冶长》——子曰："吾未见刚者。"或对曰："申枨。"子曰："枨也欲，焉得刚？"这句话就是在说，要做到刚毅不屈，就得减少自己的欲望。

在上大学的时候，我的老师曾经给了我一个人生公式：幸福=能力/欲望。他说一个人要获得生活的幸福，有两种途径可以达到，一种是不断提升自己的能力，能力越强的人，选择就越多。而如果在能力有限的情况下，幸福感仍旧不够的话，**那么还有一种方式，叫作"减少欲望"，自己对于世俗的欲望小一点，幸福的指数自然就能大一些。**

这是一个非常好的公式，它告诉我们欲望的变量对于一个人实际上是有挺大的影响的。为什么孔子会说"吾未见刚者"，就是因为很少有人能真正管控好自己的欲望，这是人性使然。一个有欲望的人，就一定会有弱点，这个弱点往往就是别人利用的地方。所以，我们去看中国的历史，哪些人最好管理和利用？那一定是充满欲望的人，贪财的给钱，图名的给权，一旦有了欲望的驱使，你就注定不是一个刚毅的人。

一个刚毅的人应该是什么样？我想南宋岳飞是个最典型的范例。不贪财不好色，不图钱不图利，一个没有世俗欲望的人，你就没有办法去利用他。

岳飞一心只想迎回徽、钦二圣，一心只想恢复江山社稷……虽然没有落得一个好的结果，但是这样的人，则是我们所崇尚、敬仰的所谓刚毅之人，流芳百世则是对于他最好的褒奖。

"毅"指的是坚韧和果敢，是那种坚持自己，不屈服的品质，甚至是那种在生命受到威胁的时候，仍然不惧，坚守着自己的道义的体现。

这样的人物和事迹，有太多太多可以讲述：有面对铡刀不屈服的刘胡兰，有为了不暴露部队强忍火烧的邱少云，有在狱中写下《囚歌》的叶挺，有奋勇去堵敌人枪眼的黄继光，有宁死不泄露情报的赵一曼……这些革命烈士之所以值得我们崇敬，就是因为他们身上那种坚韧果敢、宁死不屈的品质。

对于我们这个时代的普通人而言，"毅"也是可以在日常的生活中得以磨炼的。

我是一个跑龄10年的马拉松爱好者，对于我而言，马拉松就是一种可以锻炼自己刚毅品格的最好方式。每一个跑过全程马拉松的人都会了解一件事，马拉松跑到后面，不是与他人的对抗，更多的是与自己的对抗，是那种存在于大脑内部的战争。尤其是到30千米后，当身体所有的机能都开始下降，每一个细胞都在说服你慢一点、停下来、缓一缓的时候，你应该如何做选择？是放弃那个成绩的目标，顺从自己的身体放松下来，甚至停下奔跑的脚步，用走来代替或者坐上收容车放弃比赛，还是仍然驱动这个已然疲劳的身体，去尽力完成制定好的目标呢？我想，这是每一个马拉松选手后半程都会面临的选择题。从数据来看，绝大多数跑者都会选择后者，**那是因为，每一个跑马拉松的人都明白，马拉松最大的魅力就在于，它能够让你在那个时候，战胜自己痛苦下放弃的念头……这一点，比任何收获都要宝贵。**

"木"从字面看上去并不是一个很好的字，在现在，很多人会用"木"来形容一个人呆头呆脑的样子。这里的"木"指的是质朴，是那种深沉、厚重、靠得住的表现。

在黄执中老师的课上讲过一个这样的故事。说他们曾经有一次党派竞选的任务，办公室里的所有人都在为了这一次的竞选而准备。有一天，一个朋友来到他们办公室，闲聊之余就随口问了小王一个很平常的问题："小王，最近忙不忙啊？"在所有人看来这都是一个再正常不过的打招呼的方式，但小王却一声不发地望着他，最后憋出4个字："我不知道。"那个朋友很是尴尬，又补了一句："就是随口打个招呼嘛，最近工作还好吧？"只见小王仍然是呆呆地杵着，还是说出了那4个字："我不知道。"整个办公室的人都被这种尴尬的气氛所环绕，最后只得扯开话题，送那位朋友离开。

送客之后，执中就忍不住对小王说："小王啊，人家只是打招呼嘛。不要这么拘谨，不要这么木讷，忙就是忙，不忙就是不忙，'我不知道'这算是什么答案嘛。"只见小王扶了扶眼镜，很正经地说道："学长，在我看来，在竞选准备期间，我们的工作状态忙不忙，是机密。"

这个时候，执中才恍然大悟，原来小王并不是木讷。对于竞选准备而言，工作状态的忙或不忙，或许的确能透露出一些讯息来，虽然这些讯息并不一定特别重要，但小王这个人连这一点都能想到，可见，他是一个多么靠谱的人。

是的，我们这里说的"木"，是指一个人最本质的力量，而一个厚重、靠谱、信得过的人，又如何不是一种近"仁"的体现呢？

最后是"讷"，从字面上来看是少言的意思。关于"如何说话"的观念，我们在"巧言令色足恭""不可与言而与之言，失言""君子有三愆"章节中有了明确的解读。在《论语》中，有很多内容都在教导我们如何说话。

这里的"讷"，并不是指不会说话，那是不会随便说话。我们只需记住一点，我们的嘴巴要跟在自己的脑子后，嘴巴绝不能比脑子快——该说的说，不该说的不说，想好了的说，没想好的不说。这样就会规避很多祸事与烦恼。

4种品行，给出4种指引，最终的目的就是要尽力去做一个具备仁德的人，而仁德的道路需要不断努力与修行。

小心语言，恪守行为

子曰："邦有道，危言危行；邦无道，危行言孙。"

这里的"危"是指山高高耸立，正直不阿的样子；"孙"同"逊"，意为谨慎。在这句话中，孔子是说："国家政治清明的时候，说话可以直来直去，做事也可公正直接；而当国家混乱无道时，做事依然公正，但说话要小心。"

这句话是一句有明确现实意义的指引，它告诉你在什么状况下应该如何处事和说话，做一个懂得变通之人。

在整个一部中国历史中，但凡是盛世，国家多半是开明的，而一个国家的开明程度，就意味着底下的人可以说什么话，做什么事。

唐朝贞观年间，唐太宗李世民和大臣魏徵就是最好的例子。有一次在朝堂之上，作为臣子的魏徵和皇帝李世民在某个政见上意见不合，两人争得面红耳赤。李世民眼瞅着说不过魏徵就要退朝，想不到还被魏徵扯住袖子不让走，把李世民气得够呛。回到后宫时，他极为气愤地和长孙皇后说道："会杀此田舍汉！"（非杀了这个乡巴佬不可！）长孙皇后听后询问了他原因，当得知真相后，并没有出言劝阻，而是直接退回内室换了一身隆重的华服走到李世民跟前向他下拜。李世民非常惊讶，觉得今天又不是什么特别的日子，为何皇后要穿如此隆重？长孙皇后说："妾闻主圣臣忠，今陛下圣明，故魏徵得直言。妾幸得备数后宫，安敢不贺？"（我听说君主圣明臣子们就忠诚，现在陛下圣明，魏徵才能够直言劝告。妾身幸运地掌管后宫，怎敢不来祝贺呢？）李世民听到后，才放下芥蒂，转怒为喜。

在这段历史故事里，我们能够感受到长孙皇后的贤明，她的一句"主明则臣直"直接道出了一个真理——如果要做一个圣明的皇帝，要有一个开明的国家的话，就一定要听得进底下人的直言纳谏。正因为这样，唐朝在这个阶段才渐渐开始成为一个了不起的朝代。

相反的，当国家昏暗无道的时候，则要特别小心自己的语言。因为一个国家之所以会变得昏暗，很大的一个原因就在于管理者的失当，这个时候不要贸然"危言"，那很有可能导致灾祸。

就如同大家都很熟悉的商朝纣王，因宠信妲己，听信谗言，使得整个国家暴虐荒淫，陷入一片混沌之中。作为纣王叔父，也作为商朝臣子比干叹息表示：君主有过错，做臣子的不进谏就是不忠，怕死不敢说就是不勇，而如果我因谏而死，那就是忠诚到了极点的行为。于是，他前往摘星楼强行谏言三天不离开。当纣王问他原因时，比干表示，我就是依仗着我平时所做仁义之事。之后的事情则令人发指，纣王愤怒地表示："我听说圣人的心有七窍，你这么以圣人自命，我倒要看看是不是这样。"于是就把比干杀了，还把他的心剖出来看……

我们自然是欣赏比干在那个时候的勇气，也承认他所谓的那种忠诚。但是比起这些，我们更多的是充满遗憾：这么贤明的人，这么正直的人，用这种方式失去自己的性命，且没有什么价值，这实在是太过可惜。

所以在孔子看来，一句话要不要说，如何说，并不是看话语本身，还有一个重要的面相在于，你得看你说话的对象，值不值得，应不应该？所谓对的话，要讲给对的人听，才能体现这句话的价值。如果人不对，请慎言，因为你仍有着属于自己的价值。

在这句话中还有一个字叫"行"，也就是行动。"邦有道"的时候自然不必说，如果话语都能够直截了当的话，那么做事更能够公正直接。问题在于当"邦无道"的时候，当言语受到限制的时候，我们的行为又该如何？孔子给的指引是"危行言孙"，也就是说语言可以谨慎，但是行为，仍要正直。

这里我想分享的是一个明朝的历史故事。在明朝成化年间，明宪宗朱见深有一个羁绊非常深的贵妃——万贵妃。万贵妃是一个掌控欲非常强的女人，由于自己未能和皇帝有儿女，则产生心魔，当得知宫内有其他女子怀有皇帝子嗣的时候，就派太监张敏去谋害她们。那个时候万贵妃的势力已然非常强大，底下的人自然不敢有任何意见的反驳。被派去的太监张敏，看到那可怜的女人和孩子后，良心发现，实在不忍下手，却又不敢忤逆万贵妃的意思，就只能用瞒天过海的计策，自己私底下抚养那个孩子，却向万贵妃谎报已经完成了任务。他就这样一直抚养到这个孩子5岁，在此期间，别人都不知道这个孩子的存在。

直到有一天，张敏在服侍皇帝梳头的时候，皇帝感慨自己这辈子竟然无一子存在，因此黯然神伤。张敏出于强大的共情心，向皇帝秉明实情，把那个偷偷抚养了5年的皇子，送到了皇帝的面前。这个孩子，就是之后的明孝宗朱佑樘。这个满是人性光环的太监张敏，则因害怕被万贵妃报复，最后自杀身亡。

在这个历史故事中，我们欣赏那个太监张敏的原因就在于，他和很多人一样有着太多的无奈，想说的话不能说，很多事情也是被迫着去做。但是他能够遵从自己的良心，知道怎么做才是对的，怎么做才是有道义的，这就是孔子说的"危行言孙"，当你没有办法表达你的意见的时候，你那正直的内心，同样会告诉你该如何去做。

是的，在"邦有道，危言危行；邦无道，危行言孙"中我们读出不少无奈。"言"涉及和他人的互动，我们自然是希望自己身处的环境都是"邦有道"的环境。但现实是残酷的，不可否认的是在我们的实际生活中，有很多事你其实做不了主，尤其是在"邦无道"时面对那些职权比你高的人，我们的确会有顾虑和限制。

但是，无论是怎样的环境，也无论能不能直来直去地表达，在行事的时候，务必要遵循自己内心的正直，做事规矩，行为端正。"邦有道"，则如鱼得水，相得益彰；"邦无道"，则衾影无惭，仰不愧天。

路正，则心安

子曰："君子而不仁者有矣夫，未有小人而仁者也。"

这句话从字面上来理解，是说孔子认为，君子之中或许会有不仁的人，但小人之中却不会有仁人的。

在这里很多同学就会有疑问了，为什么说已经是君子了，却还会不仁呢？那么我们就得理解，"君子"是一种向好的状态，而"仁"则是向好的目的。如果一个君子完全做到仁了，那么这就是一个圣人的标准了。在《论语》里，我们从来不是教导大家去做一个圣人，因为这的确很困难，我们只是一步一步地不断往"仁"的方向去靠，尽可能地去完善自己。

所以说"君子而不仁者有矣夫"是指，走在君子这条道上的人，方向是对的，但路上一定会有坎坷，一定会有阻碍，暂时没做到也极为正常。

当你读到这一篇的时候，你应该发现，在《论语》中，讲到"仁"的话语是很多的，就比如"博学而笃志，切问而近思，仁在其中矣""巧言令色，鲜矣仁""知者乐水，仁者乐山；知者动，仁者静；知者乐，仁者寿""刚、毅、木、讷，近仁"……

你会发现，如果真真切切要做到"仁"，是全方位的，是多方面的，这对于常人而言，的确是一个苛求。所以在孔子看来，"仁"不是一个要全方位达到的目标，它是一道光，始终可以照亮你的方向，只要你有心往那儿去走，就是一个很好的状态了。君子就是会选择"仁"这条路的人。或许君子的身上仍然存有缺点，但是这并不打紧，方向是对的，那些缺点，就会随着这个方向不断修正，一点一点靠近仁。进一寸，就有进一寸的欢喜。

但小人则不同，所谓"未有小人而仁者也"是说，小人根本不会选择"仁"这条路，由于他根本不在这条道上，所以小人之道是没有光的，犯错后也不会有修正的指引，自然就不会有任何关于"仁"的体现了。

我们在之前几讲也说过，小人的一个特质就是他们更关心眼前的利益，致使目光短浅，致使格局狭小，这些统统会影响他们志向的确定。

小人有没有可能靠近"仁"呢？如果一直停留在小人的道上，那不可能。但是小人和君子并不是固定的，并非君子始终是君子，小人始终是小人，这是可以变化的。当小人有了这颗向好之心，想要朝仁德的方向靠近之时，那么他就已然换了自己的跑道，只要路正确了，即使再远，都是"越来越近"的过程。

说到这，我还是想说我很喜欢汽车导航中的哲学逻辑。在前几节课中说到，当我们走错路的时候，导航会说："您已偏离路线，请在合适的地方调头。"这是告诉你，如果路不正确，走得越快，偏得越多，你得尽快驶入正确的道路。

我更喜欢的一句话是："虽然前方拥堵，但您仍在最优路线中，请放心驾驶。"它告诉你，只要路是对的，即使慢一点，也能够获得心安与坦然。

贫与富的真正差距是什么？

子曰："贫而无怨难，富而无骄易。"

这句话讲的是贫穷和富贵会对人们产生的影响，孔子说："贫穷而没有怨恨很难，富贵而不骄傲是容易做得到的。"

自古以来就有关于贫穷和富有的比较，两个阶层过着完全不一样的生活，所导致的状态、心境、观念、行为都是不一样的。在这句话中，孔子给出了一个相对比较独特的观点，来告诉你贫和富的区别，去深入剖析一下两类人群的内心世界。如果我们能体会和参透这一些，或许对于自己的实际生活也有着很积极的参考意义。

首先我们来看"富而无骄易"。

为什么会说人在富贵的时候没有骄傲，是相对比较容易的呢？那么我们先得理解一件事，那就是：富有本质上可以给我们带来什么？

有些人会说富有会带来更好的生活，有好吃的，有好穿的，一切的生活都可以进入自由骄奢的状态。如果你是这样想的话，你对"富"的理解仅仅停留在表面。

当一个人富贵的时候，最有价值的不是这些外在的享受，而是内在的选择。是的，富有，最大的好处，就是可以带给你更多的选择权。

我们所说的富有不只是有钱，这个世界上比钱重要的东西太多了，比如时间、自由、梦想……但这一切也不可否认的都基于有钱的基础上。

有钱可以追求内心的美好。你可以选择自己享受，同样也可以选择帮助他人；你可以选择投资生活，也可以选择付诸梦想……

有钱还可以让你没有后顾之忧。你可以选择大胆尝试，不用去考虑失败的代价；你可以选择暂时懈怠，也不用考虑暂时放下所要付出的成本……

拥有多种选择权的人，是幸福的。幸福的人更容易内心安定。内心安定的人，让他不傲慢，不骄傲，自然也是相对容易的。

那么，我们或许就能理解为何"贫而无怨难"了。

贫穷带来的不仅是生活层次的降低，更重要的就是，它让你没有选择权。一个没有选择权的人，一定是痛苦的。

如果富人有对时间的渴望，对自由的向往，对梦想的追求，那么贫穷的人就不配拥有了吗？我想我们不会给出残忍的答案说"不配"，但是我们也清楚地了解到，穷人之所以没有办法拥有，就是因为贫穷会带来巨大的阻碍。

当看到那些好吃的东西自己没法吃，好看的衣服自己没法买，那些想要买的书又太贵，想上的学又没有办法负担……**现实告诉你，当自己想要的东西始终被现实所阻碍的时候，怨恨的情绪就不免滋长。这样的怨恨如果始终持续，心境一直都被影响的话，情绪和行为就容易失衡。**

前几年的奥斯卡最佳外语片《寄生虫》中就有着这么一段让人印象深刻的场景：穷人一家四口靠着各种卑劣的手段寄生在富人的家中，当有一天富人们外出，穷人们堂而皇之地把富人的家当作自己的家，肆意地狂欢时，儿子女儿表示，这群富人还真是好心和善良，要不然我们也不会有这样的机会。穷人的母亲则说道："人不是因为善良而有钱，而是因为有钱所以善良，钱就如同熨斗一样，能把所有的褶皱、烦恼全部烫平，那样光滑没有龃龉的人生，穷人是不可能得到的。如果我也可以和他们一样有钱，我也可以很善良……"

这一段对话道出了很多残酷的真相。是的，当我们以这样的眼光来看待穷人和富人的时候，我们更能同理地感受到他们的处境。我们不能以一把尺子去衡量人们的观念和行为，因为外在因素的不同，很大程度会决定于他们的内在也有所不同。

很多人又说，那为何颜回可以达到"一箪食，一瓢饮，在陋巷，人不堪其忧，回也不改其乐"的境界呢？

孔子之所以如此喜爱颜回，那就是颜回更接近于圣人的标准。我们自然想要通过学习更进一步地去接近颜回的水准，去理解苦和乐完全不随外在，更多要注重内在的修持。这是对的，这也是好的，但这也绝不是我们去衡量，甚至去要求普通人的标准，对此我们应该保有同理心。

如果我们正处于"贫"的状态中，我知道这很难，但是，所有困难的事都有它的意义，我希望我们学习过《论语》，体悟过传统文化的人，都能够不畏这样的困难，从而让自己更有价值。

有过思考的语言，更值得相信

子曰："其言之不怍，则为之也难。"

这句话中有一个很关键的字"怍"，意思是愧疚，脸红害羞的样子。孔子要表达的是，一个人如果说话时大言不惭，显示出毫不愧疚的样子的话，那么要把事情办好，是很困难的。

说到"其言之不怍"，我们在日常生活中经常可以碰到这样的人，喜欢拍着胸脯说话，一副信誓旦旦，势在必得的样子。那是什么让他们有着这样的表现呢？一个很重要的原因就在于，这些人过于乐观，缺乏足够的经验。一个不知道何为困难的人，就天然觉得很多事情都是容易的。

这就好比我在学校里，需要找学生上台发言，就会遇到这样的情况。有些同学听到有这么一个任务，毫不犹豫地接下来，然后信誓旦旦地表示这很简单，可以做好。往往这样的人，最后呈现出的结果总是不尽如人意。他们太过自信，完全没有意识到眼下的这件事与自己的匹配程度，然后在整个操作的过程中就会显得松垮，不能达到很好的效果。真正靠谱的同学，在接到一个带有困难属性的任务时，是会略显犹豫的，在这个犹豫的过程中他想到的是，这件事情与自己当下能力的匹配程度究竟是多少，如果相差太远，这就不是一个好的机会，如果相差不大可以挑战，那么才会接下。正因为有了这一层的犹豫，在接下任务后才会去思考自己应该如何去做，用这样的思考去推进他的行为，最后尽力达到理想的目的。按着这样的思维逻辑顺下来，无论结果如何，你都会发现自己的问题在哪儿，从而让这件事对于自己的意义趋于饱满。

是的，遇事的时候不要急着夸海口，说大话，以此来彰显自己的能耐。这样用语言所彰显出来的能耐是不牢靠的，一攻即破，一冲即散。**我们倡导的是，遇事之后谨慎地去说话，这样的谨慎是基于充分思考的前提，有过思考和衡量的语言，更值得人相信。**

所以，当你遇到别人找你帮忙的时候，不要想都不想就答应，信誓旦旦地保证能够做好。要知道，你的语言可以影响你的思维，你的思维可以影响你的行动，这绝对不是一个谨慎办事的态度。"包在我身上"这样的话语和态度，所展现出的是一种对于未知的漠然，当一个人不考虑事情的复杂性的时候，那么就一定会付出相应的代价。

讲到这儿，我想起以前大学时期的一位学长，他是一个电脑高手，几乎所有电脑的问题到他这儿都能迎刃而解。有意思的是，就是这么一位高手，每当有人拿着电脑找到他寝室，需要他帮忙的时候，他总是先看看机器，然后很谦逊地说道，我大概知道问题在哪儿，要不你先放在这儿？我试试……

是的，越靠谱的人，就越不会说大话。

注意“内外归因”的影响

子曰：“不怨天，不尤人，下学而上达，知我者其天乎！”

子曰：“躬自厚而薄责于人，则远怨矣。”

子曰：“君子求诸己，小人求诸人。”

在这一讲中，我们把三句话放在一起说。在这三句话中，所表达的含义是一致的——随时要在自己的身上找原因。

我们先来看这些话中的一些概念：

“怨天尤人”是一个典型的贬义词，指的是遇到事之后，觉得都是别人的问题，和我无关，所以才会怨恨天命，责怪别人。

“躬自厚而薄责于人”则要求我们在责备自己的时候要严格一些，对于别人则要宽待一点。

“君子求诸己，小人求诸人”又是一句阐明君子和小人区别的话语，说的是君子会从自己的身上找原因，小人则总想着推卸责任，撇清自己。

我们可以发现，这三句话所要表达的意思是相似的，就是遇到问题的时候，我们到底应该从哪个角度来看待它呢？

这就得牵涉到一个非常重要的观念，那就是人的归因在不同状况下，是不一样的。所谓“归因”是社会心理学的范畴，它指代人们对他人或自己行为原因的推论过程。一般分为“外部归因”和“内部归因”。

所谓“外部归因”是指客观原因，比如环境、机遇、难度、他人影响等。人们总习惯于用外部归因去解释自己的失败。

就好比当你考试考砸的时候，我们会说是今天的题目实在是太难了（难度）；会说家里邻居最近装修，真的很影响复习（环境）；我复习的东西今天都没考到，太背了（机遇）；考试的时候监考老师总是走来走去，真的很分散注意力（他人影响）……

你发现没有，每当人们自己遭受挫折和失败的时候，总习惯于"外部归因"，因为这是偶然的，这是不可控的，下次或许就不这样了……只有这样想，才会让自己更为坦然和舒服，不必遭受太多精神的困扰。

有趣的是，同样的"外部归因"，人们习惯用于解释自己的失败，却也热衷于解释别人成功的原因。

当同事有了晋升的机会，在旁人眼里，或许是因为他所在的这个部门的确是公司里最好的部门，他才会有这样的机会（环境）；或许是因为他运气不错，正好做成了一件老板看重的事情（机遇）；今年公司晋升的门槛真的不高（难度）；他能升得这么快，一定是有人在帮他（他人影响）……

是的，这样的"外部归因"在别人成功的时候也非常好用，那是因为这些偶然的、不可控的因素，会帮自己消除掉很多负面的情绪，也让自己看上去不那么糟，差距也没有那么大。

"内部归因"是指主观原因，比如才能、动机、努力、品格、态度等。和之前相对比，有趣的是，人们会习惯于用内部归因去解释自己的成功。

就好比你赢得了一场比赛，我们会说自己真的具备这方面的天赋（才能）；我就是因为有了这个了不起梦想，才让我有动力可以走到现在（动机）；我在准备期间真的很上心，每天都做好着充分的准备（努力）；对于这次的比赛，我极为看重，因为这是证明我能力的最好的平台（品格态度）……

你看，当自己取得成功的时候，我们就不自觉地进行"内部归因"，因为这是稳定的，是可控的，这一次的成功全靠我自己……这种积极的情绪很容易帮助我们找到自信与尊严。

但是，同样的"内部归因"，人们习惯用来解释自己的成功，却也习惯用于解释他人的失败。

当同事因为项目没有做好而被老板骂的时候，在旁人眼里，这或许是因为他本身就没有做好项目的能力，这本身就是在勉强（才能）；他本来也就没有特别想要做好这个项目，做砸了也是正常的（动机）；经常看他准时下班，也没有看他有多认真对待（努力）；这个人本来就是一个懒散的人嘛（品格态度）……

是的，"这个人就这样……"是人们常常用来诠释他人失败的原因。

这是一个非常有意思的社会心理学概念。当我们理解了这个之后，我们就能清楚地发现，那些所谓"怨天尤人"的人，为什么会产生这种怨气？就是因为有这种强大的自我合理化的影响。在这些人看来，我的失败都不是因为自己造成的，我的失败都是外部的原因，是运气不好，是机遇不好，是难度太大，是他人影响……看似是贬义词的"怨天尤人"，却不知，人们常常用这个来让自己享受片刻的舒服和心安。但是，这完全没有办法解决问题。

所以孔子会说"躬自厚而薄责于人，则远怨矣""君子求诸己，小人求诸人"——要想远离这样的哀怨，要想向君子靠拢，那就要改变自己的思维模式，不能习惯用"外部归因"去解释自己的失败，而要尝试用"内部归因"去找寻自己的问题；也不能习惯用"外部归因"去觊觎他人的成功，而是用"内部归因"去肯定别人的实力。

当然，之所以这会是很多人的自然反应，就是因为这是人性使然，如果要做到"不怨天，不尤人""躬自厚而薄责于人""君子求诸己"自然不是一件简单的事。这也就是为何孔子会发出感叹："知我者其天乎！"（了解我的只有老天了吧！）正因为它不容易，才更有去做的价值，也是每个人精进成长的方向。

那应该如何去做呢？孔子给出了"下学而上达"的指引。对于孔子而言，下学人事，上达天命。我们从中可以理解到的是，如果"上达"是我们的梦想和目标的话，那么"下学"就是我们势必要历经的过程。注意归因带来的影响，从小事做起，慢慢地改善，逐渐地提升。

把控错误的代价，要在过错中成长

子曰："过而不改，是谓过矣。"

这句话是在讲：人哪，有了过错不去改正的话，那就真的是过错了。

其中我们接受到一个非常明确的观点，那就是但凡是人，就一定会犯错的。即使如孔子一般的圣人也同样如此。《论语·述而》里有句话："丘有幸，苟有过，人必知之。"孔子是在说他真的很幸运，因为他有了过错，就一定会有人指出来，这样，他就能马上意识到，从而修正它。同样在《论语·雍也》里孔子评价自己最喜爱的弟子颜回的时候说："不迁怒，不贰过。"意味着颜回不会犯同样的错误。在《论语·学而》里还有句话："过，勿惮改。"说的就是有错误就一定要有勇气改正。

你看，在《论语》中，就是有一个如此明确的概念，那就是人不可能不犯错，人性的特点就是如此，时刻都要受着本能的诱惑，去动摇自己的意志，去弱化自己的行为。正因为如此，我们才得去和这些做抗争，犯错之后的改正，就是最好的抗争方式。这意味着我们有着向好的心，意味着我们可以从犯错中找寻到价值。

但有些同学就会有所质疑，那明明都知道是错了的事，为什么会有人不去改正呢？那么我们就要回到错误本身来谈问题，其实每一次错误的背后，都会付出一定的代价，很多人之所以会不在意，那是因为这些代价不够重，不够痛。

就好像我们经常会吐槽那些乱窜马路的行人，以及那些开着电瓶车横冲直撞，对交通规则不管不顾的人。他们知不知道他们这样的行为是错的？我想他们一定是知道的，一定有人告诉他们要遵守规则，要珍爱生命。但是为什么他们仍然会有这样的行为呢？有一个原因非常重要，那就是他们每一次的犯错，都不会给他们带来很痛的代价。如果你乱窜马路的代价仅仅是被吓一跳、被警察警告甚至是被司机摇下窗户骂几声，那都不足以让他们做出改变自己错误的行为，因为代价太微不足道了。那在这种情况下，到底要怎样才能改变他们？或许等闯过一次大祸后，才会知晓，才会在意，但这未免太过遗憾……

我在之前的课中举过一个例子，就是有些企业老板表示，他们找专职司机的时候，会刻意挑选那些出过车祸的。很多人不理解，为什么这么需要安全保障的事，需要找一个曾经犯过大错的人？老板表示，开车这件事，只要你在路上，就难免会犯错，这就像人生一样，你无法避免自己始终不犯错，这是一种不合理的期待。而闯过祸的人，意味着他们曾经为此付出过代价，这样的代价是真真切切的，甚至有些是切肤之痛，那些付过代价的人，或许更知道如何不再犯错，这些人开车上路，才会更为妥帖和谨慎。

交通事故处理办事处总是会挂着几个屏幕，来来回回地给过来处理事故的人播放着视频。这些视频内容是那些因为各种错误和疏忽所造成的严重事故，场面惨烈，代价巨大。有一例交通事故的肇事者躺在床上，惨烈的事故让他再也没有办法恢复正常生活。他悔恨地表示，我以后再也不闯红灯了……是的，他现在知道再也不能闯红灯了，但他也没有所谓"下一次闯红灯"的机会了。

在每年的高考期间，我们都会看到这样的新闻，总有几个考生因为迟到不能进入考场，门口家长和考生捶胸顿足，呼天抢地，旁边的人都唏嘘不已……是什么造成这种局面的发生？有一个很共通的地方是，那些考生平时就是缺乏时间观念和自我管理的，但是平时的疏忽有人担待，平时的错误也有人原谅，这种日常代价极小的错误对其造不成什么冲击，所以也就不会在意和改正。而这样的错误，迟早会有付出代价的那一天。

是的，有过代价的错误一定会逼迫人改正，但是我想要说的是，正因为这样，才不要等到代价足够大的时候才去悔改。要知道，有些过错能够改正，但有些遗憾再也无法弥补。

所以孔子也说"每日三省吾身……"其实就是提醒我们，要时刻关注自己的想法和行为，如果发现错误，一定要及时改正，不要因为麻烦而偷懒，更不要因为没有代价而忽视。"人非圣贤，孰能无过？"改正了的错误叫作成长，不去修正的过错，才是人生的荼毒。

明确反馈，找准归因——让犯错有价值

子夏曰："小人之过也必文。"

子贡曰："君子之过也，如日月之食焉：过也，人皆见之；更也，人皆仰之。"

这两句话是子夏和子贡两人对于过错的讨论，子夏说的是"小人之过"，子贡谈的是"君子之过"，我们可以结合着一起看。

子夏说："小人犯了错一定会掩饰。"子贡说："君子的过错就好比日月食：犯错了，人们都看得见；改错了，人们也会仰望着他。"

我们可以发现，小人和君子对于过错的态度，有一个很大的不同在于，小人会掩饰自己的错误，君子会更为清晰地意识到并改正自己的错误。

很多人会认为，所谓小人犯错，一定是故意掩盖的，他明明知道自己犯了错，却刻意不让人发现。这当然是一种常见的情况，但我更想和大家分享的是，我一直说"小人"指的是普通人，他们的学识和修养还不够，所以有些行为的偏差就很正常。一旦理解了这一点，我们就能知道，小人身上有的一些行为，实际上是人的本性使然。而为何犯错后会有所掩饰，那也是因为，人的自我感觉本来就是极为良好的。

当谈到人对于自我的感觉的时候，我们来阐明一个观念，就是人给予自己的反馈分为两种，一种是高反馈，一种是低反馈。

高反馈的内容包括拳击、赛跑、考试、下棋……这些直接能够量化的，明显能够分出胜负的，可以直观感受到自己能力范围的事情，是比较容易对自己做出准确判断的。

低反馈的内容包括人缘、思维、审美、幽默……这些事情不能够量化，没有直观的评判标准，所以如果要在这些领域对自己进行判断，那么结果就很可能不准。

我们在上一节的内容里重点强调了人对于自我的归因是不同的：当我们成功的时候，我们常用的是内部归因：才能、动机、努力、品格……造就了我的成功；当我们失败的时候，我们常用的是外部归因：环境、机遇、难度、他人影响……这些导致了我的失败。

是的，当这种"自我感觉良好"再遇上"错误归因"，就会激发人们那种非常强烈的自我合理化。

就比如经常揍孩子的父母，他们为何意识不到自己的错误？为何会掩盖自己的错误？其实并不是因为他们知道自己犯错而不想让别人知道，更常见的情况是，他们完全不认为自己犯错，他们有着强大的自我合理化，来修正自己打孩子的行为。我们经常可以听到父母打孩子的时候喜欢说这么一句："你不要逼我揍你……"我们仔细品品这句话，他是在说，我揍你的原因都是外部的，是你不听话，是你不乖，是你没有达到我的要求……我本身是好的，我是善良的，我是通情达理的，我是公平的……一旦这么想，打孩子的行为就变得如此顺理成章。

又好比我们很多同学考试没有考好，他们也并不是想要故意掩盖自己没考好的事实，但为何很多时候，他们并没有意识到自己的错误呢？有一个很大的原因就在于，有些人很难去接受自己还太弱的事实，从而觉得这次的失败只是因为试卷太难了，昨晚没睡好，复习的没考到，运气也不好……我本身是聪明的，是认真的，是有效率的……一旦这么想，你在这次考试中所犯的错，就被统统掩盖了，你根本没找到原因在哪儿，也就无从下手去修正。

所以，我们说"小人之过也必文"，并不是说小人会故意掩盖自己的错误，而是说对于很多普通人而言，我们往往会掉入这种自我反馈模糊和错误归因的陷阱里，从而产生自我合理化的力量，去掩饰错误本身。我们一定要意识到，这是陷阱，你一旦掉入其中，诚然会让自己更舒服一些，但是也就白白浪费了一次修正错误的机会，那么这个错，就真的白犯了。

那我们再来看君子。君子和小人的不同在于，他们有着学问和修养的加持，胸怀坦荡，也明确自己的目标和使命。当君子犯错的时候，他们就有着截然不同的态度和方法，去面对他们的错误。

我们常说："人非圣贤，孰能无过。"孔子也始终认可，是人都会犯错的，但犯错后的表现才能证明你是一个怎样的人。我们在之前"过而不改，是谓过矣"一节中已经明确阐释改错的重要性。

在这一节中，我们要谈的是，越成熟的人，越聪明的人，就越能看清错误的本质。他们懂得人性的弱点，就不会被其欺骗，被其牵着走。

是的，当自己犯错的时候，明确反馈，找准归因，就可以找出自己真正的问题在哪里。人，都是在错误中学习，并且修炼自身，只有这样，你所犯的错误才会有它的价值。

看得到未来，也看得到他人

子曰："人无远虑，必有近忧。"

这是一句极为耳熟能详的话，它告诉大家，一定要有长远的考虑，不然就一定会有眼前的忧患。人们始终认同这句话的原因是，它教会我们的是要做一个能够谋虑深远的人，学会更为成熟、周详地思考和处理问题。

有一个说法我很是认同，这句话中的"远"，不要只把它理解为"长远"的意思，更要从时间和空间的角度分别去看待。

首先我们来看时间上的"远"，它指的是遇事想得要够长远，而不只是停留在当下。

我们在历史课上都学过林则徐禁烟的故事。在清朝道光年间，英国人不断地向我国输入鸦片，使得当时清朝的国民都沉浸在鸦片的荼毒之中，整个街区都是鸦片烟馆，里面躺着一个个萎靡的国人，靠着吸食鸦片混沌度日。在1820年到1840年期间，清朝外流的白银就高达一亿两，其中最大的输出原因就是鸦片流入。面对这样的国家，当时很多人的心态是任其发展，因为毕竟没有对现在的生活造成多大的影响，日子照过，饭照吃，只要不影响现在的生活，那就没有必要大动干戈地去处理。

两广总督林则徐看到的就不只是眼前，他主张坚决禁止鸦片，在呈给道光的奏折中清楚地写道："若犹泄泄视之，是使数十年后，中原几无可以御敌之兵，且无可以充饷之银，兴思及此，能无股栗？"（若仍然这么视而不见，那么数十年后，中原就没有可以抵御外敌的兵士，也没有可以充饷的银子，想到这里，怎能不发抖呢？）正是这样的奏折，坚定了道光的决心，下令让林则徐主持禁烟。

　　我们想一想，林则徐为何和别人想的不一样？很重要的一个原因是，当别人都想着眼前生活的时候，他想到的却是若干年后的民族危难。他看到了眼前局势的崩塌，当这样的逐渐崩塌迟早有一天会造成大祸时，如果放任不管，那么这样的灾祸就会近在眼前。看得到未来的人，才有心思去改变。

　　对于我们学生而言也是一样。很多孩子对于学习很懈怠的原因就是，他只能看到眼前。眼前的作业是痛苦的，所以逃避；眼前的上课是烦人的，所以敷衍；眼前所有需要我花时间、花精力的事情都是暂时看不到回报的，所以放弃……但是眼前的游戏是爽的，眼前的玩乐是爽的，眼前的放松是可以带来即时的欢愉的，所以充满向往……这些，都叫作只顾眼前，不顾将来，你的目光太过短浅，你根本看不到未来的样子，也意识不到人生的漫长，只能等到那个时候，你才会看见眼下的困境，而这，还来得及吗？

　　真正看得到未来的学生，往往是会提前准备的。想要考取好的学校，那么从现在开始就得着手准备；想要获得理想的工作，那么从毕业前几年就得厘清思路，找准方向；想要有着超群的能力，那么在日常就会做好积累，勤于练习，不断试炼……

　　是的，但凡你能想到以后的选择，就势必会从现在就开始准备，你的状态始终是向上的，是积极的。人一旦想得不够远，觉得当下的安定会是长久的安定，那么人就会放松，会懈怠，时间一长，自然就会出现问题。"想得远"是一种思想警示牌，它能够让你时刻保持警醒，维持好自己的人生状态。

　　如果你常看棋类比赛，尤其是围棋比赛，就会看到选手们每下一步棋都会思考很久。很多不怎么下棋的人会觉得很奇怪，明明很明显的局势，为何要思考这么久？那是因为你就只看到下一步，而那些棋手想到的却是更后面的棋局的阵势，每一步都有多种可能，每一步都能够改变局势，在这个当下就都要考虑周详。所以有人会说"善弈者，通盘无妙手"，那是因为当每一步都能够长远考虑的话，无须"妙手"的挽回，而是步步为营的妥帖。

　　另一个"远"的面相是空间上的"远"，不仅要在时间上想得长远，更要在空间上想得周全，想得多，要为其他人或者其他地方考虑。

这就好比我们这两年的疫情，当2020年武汉暴发疫情的时候，我们没有任何准备，被打了一个措手不及。从空间上来看，武汉的情况最为严重，但全国各地第一时间做出了反应，该救援的救援，该管控的管控。我们都知道，这不只是武汉一座城的问题，这是全国，乃至是全人类的问题。当有了这样的意识，我们就会团结起来，一起解决我们共同的问题。

而当2022年上海暴发疫情的时候，全国各地的人们都表示关心，居家隔离的我也收到了好多全国各地朋友们的慰问，他们也时刻关注着局势的发展。如果你要问，人们为何要去关心其他城市的疫情的发展情况呢？那么想想空间上的"人无远虑，必有近忧"或许就能获得答案。

现如今，我们对于很多问题都表示关注，冰川融化我们在意，城市污染我们在意，资源利用我们也在意……为什么会在意这些看似对我们并没有什么影响的事？那是因为，这些问题如果无人在意，觉得都离我们太远了，不关我们的事……但凡有了这样的心态，就不会采取任何措施，那么迟早，所有问题都会变成我们自己的事。

所以，当我们在谈"人无远虑，必有近忧"的时候，我们实际上是在提醒自己的思维模式，要学会更长远地、更多方面地考虑问题，看得到未来，也看得到他人，就能从"当下"的迷局中走出来，更为积极、更为坦然地去面对生活。

比生命更重要的选择

子曰："志士仁人，无求生以害仁，有杀身以成仁。"

这里谈到"志士仁人"的概念，孔子表示，志士仁人，没有会为了求生，贪生怕死而损害仁德的，却能牺牲自己的生命去成全仁德。

其实我们学了这么多章，一定程度上也能了解，孔子对于生命的态度是谨慎的，在大多数的情况下，夫子都会主张"全身而退"。比如我们之前一讲所说的"邦无道，免于形戮""危邦不入，乱邦不居"等。而在这句话中，夫子对"志士仁人"有着极高的期待和要求，他认为，要被称为"志士仁人"，就一定得有为仁德而献身的勇气。

我们说一个人为了活下去而求生没有错，但如果为了自己的求生，而损害了仁德，那么就会带来更大的损害。

前阵子有部电影叫《悬崖之上》，由雷佳音饰演的谢子荣和同伴作为共产党员一起被敌人逮捕，敌人想从他们口中问出我方的情报，那几个壮士誓死不说，最终不得不面临被枪毙的结局。就在这群人被枪毙的时候，谢子荣的求生本能被完全激发，为了能够活下去，他不惜出卖组织情报来换得求生的机会。正是因为他的出卖，使得共产党的特工一个一个被敌人捕杀，差一点就使得任务失败。

我们理解一个人在极端情况下求生的本能，但如果这样子的求生换取的是仁德的丧失殆尽，换取的是他人的危险处境，换取的是理念的崩塌、时代的没落……那么，这种"求生"是为人所不齿的，其本人也是会被钉在历史的耻辱柱上的。

所以孔子说到，志士仁人也懂得求生，但是这种求生是有前提的，如果求生的代价是损害仁德的话，就没有人会做出这样的选择。我们所熟悉的那些英雄人物：刘胡兰、赵一曼、叶挺、方志敏……这些都是"无求生以害仁"的典型，他们都有着自己的理想，都有着自己的仁德和道义，即使在生命受到威胁的时候，都如此坚定从容，这才是我们所敬仰的对象。

所谓"有杀身以成仁"更是在说，这些志士仁人不但不会因为求生而损害仁德，更会愿意牺牲自己去成全仁德。

有些同学会问，这有什么区别吗？这两个部分最大的区别就在于被动和主动。不会因为求生而损害仁德是被动的，当生命受到威胁的时候不会妥协；而愿意牺牲自己的生命去成全仁德是主动的，在他们心中，有比生命更宝贵的东西。

那到底有什么会比生命还要宝贵呢？我想身处和平时代的我们或许意识不到，我们身处的时代是先辈们用鲜血换来的盛世。在那些动乱时代，当整个国家和社会都面临停滞甚至崩塌的时候，就一定有比生命更宝贵的东西存在。

去年是我们建党一百周年，我们回顾了很多在建党初期时的历史，知道那些革命先辈们是如何从那一段岁月中坚定自己的理想，从而一步一步走到现在的。在这整个过程中，我们也极为清晰地了解到，这每一步，都有代价，这每一步，都有牺牲。

有一部电影叫《革命者》，讲述的就是共产主义先驱李大钊同志的故事。李大钊是伟大的马克思主义者，杰出的无产阶级革命家，也是中国共产党主要创始人之一。在那个时代，国家和社会都处于乱世，李大钊积极探索想要改变中国，拯救民族，不断追寻着正确的革命道路。正是在他的指引和感召下，一批又一批志士仁人前赴后继地投身到传播马克思主义、建立中国共产党和建设新中国的革命进程中，李大钊也因此遭受了很多迫害，最终被敌人送上绞刑架。在绞刑架上，他依旧神色从容，他知道他牺牲了生命，换取的是整个中国的希望，这种牺牲就是值得的。他曾说："试看将来的环球，必是赤旗的世界！"正是因为这样的理想和信念的传承，才使得之后革命的进程如此慷慨激昂。

　　还有一部电影是《1921》，讲的是首批中国共产党人，在风雨如磐的日子中担起了救亡图存的重任，让中国革命前途焕然一新的故事。在这部影片中，我们全然了解了中国共产党成立的过程，从上海到嘉兴，从石库门到小渔船，随着中国共产党第一次全国代表大会的召开，宣告了改变亿万国民前途命运的政党正式成立。

　　最让我动容的是影片的最后，那些革命先驱们一个个遭受迫害：何叔衡面对敌人追捕，纵身跳下悬崖；邓恩铭面对敌人折磨，咬紧牙关不泄露任何信息；杨开慧面对拷打誓死不屈；李汉俊被敌人在武汉枪决……这一系列的镜头一晃而过，交代了这几个人物最终的命运。是的，他们完全能想到自己会有这样的结局，这是他们选择的结果。**之所以会这么选，就是因为他们知道，在那个时代，一定是有什么东西比生命更可贵，他们愿意牺牲自己的生命去换取它们。也正因为他们的"杀身以成仁"，铸就了我们今天的盛世太平。我想，这些英雄都是"志士仁人"最好的代表。**

选择的重要性

子曰：“贤者辟世，其次辟地，其次辟色，其次辟言。”

这里的“辟”同“避”，是避开的意思。这句话讲的就是“贤者四避”。

一、贤者辟世——贤者要懂得避开乱世

当发现眼下的世道是浑浊的，是动荡的，那么就不要参与，不要深入其中。

《论语》里记录了很多当面对乱世的时候，我们应当如何应对的句子。比如“邦无道，危行言孙”“邦无道，免于形戮”“邦无道，谷，耻也”“天下有道则见，无道则隐”……

这些话都在阐明一件事，那就是在乱世的处境，是危险的，当一个国家处于乱世的时候，仅凭一个人的力量是没有办法做太多改变的。那么对于贤者而言，如果不能够改变这个世界，不要勉强，不如选择避世，远离名闻利养，尽可能地避免灾祸，

二、其次辟地——次一等的逃避是到另一个地方去

“辟地”就是择地而居。避开危险的地方，避开不好的地方，选择一个适合自己的居处，很是重要。《论语·泰伯》中就说到“乱邦不入，乱邦不居”，就是告诉我们不要进入危险的地方，也不要住在动乱的地方。

三、其次辟色——再次一点的是要避开不好的脸色

我们说在古时候，贤人为君主做事，但是君主却并不一定会信任和重用

他，这种"亲小人，远贤臣"的内心一定会于外在体现，最直接的体现方式就是脸色的变化。作为贤者而言，当你发现君主的脸上已经出现了不好的脸色，逐渐开始怀疑和疏远你的时候，那么，灾祸就会离你不远了。在历史上，因此而遭难的贤臣数不胜数，他们都觉得只要我是对的，我就可以直言纳谏，却忽略了眼前这个人的秉性，忽略了说这些时眼前这个人的脸色。之前的课中我们也说到"未见颜色而言谓之瞽"，就是告诫我们，相处时一定要关注他人的脸色，一旦发现脸色不对，就得立马调整，不然就是眼瞎，也会让自己陷入危险。

四、其次辟言——再次一点就是要避开恶言恶语

当你听到一个人对你恶语相向，很不体面，很不妥当的时候，那么对于贤者而言，不要与其发生冲突，避开他是最好的选择。如果前面所谓"辟色"是能不见就不见的话，那么这里的"辟言"则是即使不得不见，那么能不说话就不说话。

贤者是能够判断眼前这个人的品质的，当他发现这个人没有办法与其相处的时候，就一定会选择远离他，不要被其影响。就好比孔子和阳虎二人是不对付的，阳虎相见孔子，都被孔子避开，但两人都在鲁国，阳虎还是凭借计谋把孔子堵在了路上。虽然不得不相见，但是孔子仍然敬而远之，不与他讲话，不与他相交，尽可能地隔断与他的关系。

是的，当你实在避无可避的时候，即使在一个时间和空间里，也可以屏蔽掉联系，这是贤者的选择。

以上就是"贤者四避"的内容。那么对于我们现代人而言，这"四避"又有着怎样的现实意义呢？我想，当你读完这"四避"之后，你会非常明确一件事——选择很重要。

樊登先生有一个观念非常棒，他说如果我们把这"四避"引申到我们的社会中，所谓"辟世"，就意味着我们要选择一个好的行业。行业就相当于世道，当你发现一个行业正处于这个时代的末端，是一个"夕阳产业"，马上就要被淘汰了的时候，那么即使条件再好，这也不是一个好的选择，你要懂得

避开。

所谓"辟地"指的是你得避开不好的地方，选择一个好的公司。一个好公司可以提供更好的资源和机会，一旦这个平台选择正确了，才会有更多可以实现自己价值的机会。

而"辟色"和"辟言"就意味着如果可以的话，你得选一群好的伙伴或者领导，当人的秉性和观念一致了的时候，那种合力的形成才是最有推动力的。远离那些整天负能量的人，那些难看的脸色，那些刺耳的话语，都不应该是你工作时的障碍。

是的，选择很重要，但更重要的是，你得有选择的权利。我经常和我的学生讲，我们努力的意义，就在于能够给我们未来的人生带来充分的选择权。所谓幸福的人生，都是由选择权带来的。什么人最幸福，时时能选择的人最幸福；所谓的无奈指的就是，遇事没得选，或者被迫做选择……我们现在要做的，就是给未来的选择权充分赋能。

好好努力，好好奋斗，愿我们所做之事，所遇之人，都能是自己喜欢和向往的。

心中有自己，眼中有他人

子曰："君子义以为质，礼以行之，孙以出之，信以成之，君子哉！"

在这句话中，孔子提出了作为君子的四项准则：把道义作为根本，依照礼来实行，用谦逊的语言来表达，用诚信的态度去完成。

我们先来讲"义以为质"，所谓把道义当作本质。这里的"义"意味着符合天理，符合道理，一件事情合不合适，能不能做，那得看这件事能否符合天理，能否符合良心，都能契合，就是"义"的体现。我们可以把它理解为，作为君子，内心一定得是有原则的。

有一句话我一直挂在嘴边：看一个人多值钱，就得看他的原则有多值钱。我在之前的课中也讲到过，我们很习惯去退让自己的原则，所谓"原则上可以"和"原则上不可以"，几乎都是有斡旋余地的。那么这些就根本谈不上原则，你的"弹性"会给人一种进退自如的随意感。一个什么事都好商量的人，没有任何自我的底线可以坚守的人，往往不那么值钱，别人随处都可以找到讨价还价的余地。真正的原则，指的就是有明确的观念，能够坚守自己的底线，这样的人，才更具价值。

我来举一个大家都很熟悉的动漫中的例子。《海贼王》中的山治为什么这么受欢迎？从本体上看，他有着很多的缺点，时不时吊儿郎当且贪图女色的样子，其实是很不讨喜的。但是，山治有一个巨大的优点，就是他极为有原则，其中最大的一条就是——不打女人。在《海贼王》的世界中，有些明确的敌我双方的概念，在战场上，大家的目的都是取得胜利。而山治这个原则从始至终贯穿着，即使他被骗，甚至要被杀，都坚守着自己不攻击女人的原则。是的，遇到任何情况，都不打女人，就是这个原则，让他这个人物形象充满魅力。

我国的解放军为什么了不起？那也是因为其部队有着明确原则的关系。在战乱年代，物资极为匮乏，但不管自己的部队过得有多辛苦，条件有多困难，都不会拿百姓一分钱。因为他们知道，他们所有的付出乃至牺牲都是为了百姓们的生活可以更好。就因为这样，任何情况都不拿百姓的一针一线就成为他们的原则，这就是为何这支部队会如此为人民所拥护的最大原因。

是的，坚守自己内心的道义，坚守自己内心的原则，就是"义以为质"最直观的体现。

"礼以行之"指的是行事的过程中要讲究礼。儒家特别讲究"礼"，这个"礼"在那个时代背景下是各种礼法，而转换到现在的生活，我们把它理解为我们德行的体现，最外在的那一层，就是礼的体现。

我们前面说到"义以为质"，说人要有原则，但有原则是不是就意味着碰到和自己原则相悖的事就要硬刚？很显然不是的。即使遇到冲突时，能否圆润地处事？能否不轻易翻脸？能否妥帖应对？这是"礼"的体现。

曾经有一次，一个地方邀请我去做演讲培训，由于这正与我的专业对口，我欣然应允。但在之后和他们的沟通中了解到，这个地方对于演讲的理解和我相差甚远，他们请我过去，让我教他们的学生一切声、台、行、表的东西，上台的语调、身形的控制、手势的设计、走位的轨迹……这一切在我看来，在学演讲的开始，是最不重要的，当你的内功没学好的时候，外功一切的修炼都只是徒有虚表，对真正的演讲起不到任何帮助，甚至还会有反面效果的可能。当我提出我的想法后，他们仍然坚持身、台、形、表就是他们当下所需要的，是能够更功利性地完成目标的方法，我的内心对此表示十分抗拒。是的，我对公众表达这件事有着自己的原则，这种原则不会有所退让，但不退让也并不意味着要有冲突，当双方不能达成理解的时候，礼貌拒绝，维持体面就是最好的方法。

"孙以出之"中的"孙"同"逊"，是谦逊的意思。"出"是表达和发言。它的意思是，和人沟通的时候要谦逊一些，表达的时候也要更得体一些。

生活中的沟通是一件需要刻意训练的事，但很可惜，很多人并不在意，总是凭借着极为野生的状态去说话，就容易造成很多麻烦和困扰。

其中最容易犯的错误就叫"说话的时候不过脑"。这是沟通中最忌讳的行为惯性之一，想说什么就说什么，想怎么说就怎么说，完全不考虑这句话会带来的影响和后果，以及对方听到这句话后的感受与反应。然后把它归结为"我就是这么一个直来直去的人"，或者"是你太敏感了"……这真的是太不合理了，你在表达的过程中丝毫不考虑别人，然后期待所有人的态度和反应都要顺着你，那么你就会理解，为什么碰到带刺的事物，人们都会选择避而远之的原因了。

在我们这个时代，说话的途径不只是面对面的口语，还有一种常用的平台叫作网络媒介。那么在网络上的表达要如何做到谦逊和得体呢？

大家有没有过以下这些困扰：

其一，和别人联系工作时，你刚刚回过去一段文字，对方回过来的就都是30秒以上的长语音。你耐着性子仔细听，却发现这好几段几十秒的语音里充满着口语化的废话。听完后就是这么一件简单的事，50个字以内也足以说清，却花了你好几分钟的时间去拿着手机仔细听。

其二，微信里突然冒出的一句"在吗？"之后再也没有下文。看着这陌生的名字和头像，你一时不知道应该回复在与不在。

其三，需要寄快递的时候让对方输入信息，他却把姓名、地址、电话分好多条分别输入，让你在输入快递单的时候来回切换。

以上这些行为都是提升沟通成本、浪费别人时间的行为，是不得体的。

我们时常在联系对方的时候习惯以自己为主，只要自己能够方便了就行，却往往忽略了对方的时间成本。

试着在微信沟通的时候不要去发长语音，输入言简意赅的文字表达意思，就能节约对方逐条去听的时间，并且就能快速做出回应。

试着在找对方的时候，用一段完整的话说明来意，而不只是一句——"在吗？"给予对方时间想好用最合理的方式来回复，避免双方的尴尬。

试着在输入地址的时候整段输入，让对方可以在粘贴信息的时候更为便捷。

在网络上的沟通也是一样，谦逊和得体意味着你有多为别人考虑。一个习惯为别人考虑的人，才是一个人们乐于打交道的人。

最后是"信以成之"，指的就是答应别人的事情要做到。

这个观念在前几讲中已经和大家阐述得很具体了。其实我们都知道诚信的重要性，但是为何会有这么多不诚信的人和事出现呢？有一个很重要的原因就是，人们太习惯轻易承诺。

是的，慎重对待你的承诺，你的每一句话都是你信用的堆积。信用堆积起来不容易，崩塌时却极为简单。

以上就是君子的4个准则。有些人会说，要成为君子太难了，这么多条条框框需要去遵守，需要去努力，即使想做也未必能够记得住。**但在我看来，所有有关君子的准则，无非也就是在关注自己的同时，也要看重他人。一个心中有自己、眼中有他人的人，无须刻意去记，自然会走在一条通往君子的道路上。**

承担责任，比展现自我更重要

子曰："君子不可小知而可大受也，小人不可大受而可小知也。"

在这句话中，孔子从处事的角度来谈君子和小人的区别。如何判断一个人是君子之才，得依据一个重要的标准——"大受"，指的就是可以承担重任。而在判断"大受"的时候往往会有一个迷惑项进行干扰——"小知"，指的是一些体现在小事中的小智慧。孔子表示，君子不可以用那些小事来察知，但可以让他们承担重大的使命；小人不能让他们承担重任，却可以让他们去做那些小事。

我们来仔细琢磨一下，在这句话中君子和小人的区别，实际上是做事上的区别。很多人在一开始的时候，习惯于把重点都放在这些"小知"上，不断地去磨练自己在某件事上的技能，不断地去扩展自己能力的边界。殊不知，当你真正开始处事的时候，更重要的是，你会如何处理眼前的事务？有没有办法去承担这个责任？

在这里我要谈谈现在很多学校选大队委的方法。在我看来，太多人喜欢用"小知"的标准去选拔人才，包括刚刚开始做辅导员时候的我也是一样。一张制作精美的竞选海报，再加上一段自己准备的个人才艺，表演完毕之后就开始竞选。底下的代表们对台上的候选人们一无所知，唯一知道的就是他们的长相，以及刚刚所展示的才艺。那么选举的标准就大概率变成：我喜欢哪个人的外表，我喜欢哪个人的才艺……当你用这种方式选出这十来位大队委员后，你是想让他们做什么呢？参加艺术节？参加个人秀？老师们一定会否认，说咱们选出的大队委员是要承担学校各项职务，是要真真切切为同学们做事的。那如果是这个目的，以才艺表演作为选拔方式的意义又何在呢？

　　曾经以这种方式选出来的很多大队委员，他们个个才艺优秀，好像样样都会，是旁人看上去的"全才"。而真的当他们戴上大队委标志的时候，却发现他们其中有些人根本难堪大用，交代的事会忘记，安排的任务会推脱，甚至有些活动安排，也会因为自己的私事放鸽子……他们好像就只对自己的事感兴趣，一旦面临相对复杂的人或事，他们根本无暇顾及，也无力操作，这不免让我对这种选拔模式产生怀疑，并着手改变。我发现，当做一件事的时候，目的一旦模糊，我们所采取的决策就会失去方向，依凭着既有的惯性去做事，老师们会说：这样的选举模式，向来如此……但，向来如此，就是对的吗？

　　在我看来，我们要选拔的真正有价值、有意义的大队委员，比起那些外在的才艺，更重要的是引导他们在面对问题时如何思考，如何去应对不同的人或事，然后用思考启迪着自己的观点，用思考牵引着自己的行动，在这其中去找寻最好的解决之道。我需要的大队干部，他们必须要比大多数的孩子看得更多、听得更多、想得更多，是一个更多元的、有基本行为逻辑的，甚至不用牵着，稍加点拨就能行动的人。

　　正是带着这样的目的，我们的选拔模式就不再是简单的才艺展示。我会让他们在展示前随机分为几组，以小组的形式进行最终的呈现，这几年的呈现方式有辩论、演讲、情景表演、访谈等。在这些相对较复杂的任务中，他们需要相互合作、分工、协调，当每个人都被安排到任务的时候，你可以观察他们是否可以做得到，做得好。最终呈现的形式，你也可以看到他们思考问题的广度和深度，从而可以了解到他们在面对这个复杂议题的时候，是如何抽丝剥茧地去整理，是如何深入浅出地去整合……以上这些，是更能看出一个学生干部是否能够胜任的重要参考。

　　是的，考察才艺，你看到的是"小知"，观察他们如何协作，如何处理复杂问题并且加以表达，你看到的则是"大受"。

　　在当今社会，"小知"和"大受"可以给我们带来怎样的启发？我想最重要的一点就在于，**我们不要仅仅把目光放在"小知"上，"小知"意味着你只能看到自己，局限地把重心都放在自我身上。而要学会让自己成为可"大受"的人，可"大受"的人意味着你在面对问题的时候可以想得更多，你懂得配合，懂得协作，懂得沟通……当你把眼光放在任务的完成上时，那么你就会成为一个极具责任心，且能够综合运用自己各项能力的人。这样的人，极具价值。**

谨慎地面对每个人生阶段的问题

子曰：*"君子有三戒：少之时，血气未定，戒之在色；及其壮也，血气方刚，戒之在斗；及其老也，血气既衰，戒之在得。"*

在这句话里，孔子以年龄为标准，对君子进行了提醒，所谓"三戒"，就是有3个方面需要警惕和戒备。正是这3个方面，在人生的3个历程上很容易给人造成影响。

一、少之时，血气未定，戒之在色

这是在说，人在少年的时候血气未定，当身体不断在成长的过程中，心智还没有办法及时跟上，会显得不成熟，而这个时候需要学会控制自己源源不断的欲望。众多注疏中把这个"戒色"理解成"戒除女色"，而少年时代的我们或许可以把它理解为欲望的一种表现而已。

在我们年少的时候，会滋长出很多欲望，首当其冲的叫"物欲"。这个时代在飞速发展，好东西太多了，而少年很难去抵御这种物欲的冲击。当看到别人有好鞋的时候自己也想要；当看到别人用上了新的手机，于是也想把自己旧款的换掉；当看到别人能够过上奢华的生活时，就逐渐对自己当下的生活产生不满……于是我们常常可以看到在学校里会出现那种攀比的状况，那些孩子比来比去，都是把自己最拿得出手的东西作为标准，去彰显自己外在的显贵。而那些对此也在意，但暂时还负担不起的同学，也常常会因为这一些差距而感到难过和自卑，我想，这就是物欲给少年们所带来的迷惑和困扰。

我在之前也提到，人的幸福感其实是有公式的——幸福感=能力/欲望。当你的欲望没有办法控制，不断在滋长的时候，你有没有衡量过自己的能力

究竟有没有跟上？而当能力跟不上，欲望又很强烈的时候，你的幸福感就一定会在一个很低的水准上徘徊。少年时期，我们的能力往往很有限，我们可以提高自己幸福感的方法，就只有克制自己的欲望，欲望越低，幸福感就越强。

另一种欲望叫"情欲"，这是很常见的，在青春期会滋长出的产物。我始终认同在少年时期，喜欢一个人是正常的，甚至是一件令人高兴的事，因为你已然可以发现别人身上所散发出的魅力，并被其吸引，这个过程是美好的。但为何很多少年在这个时期，会因为情欲的滋长而产生很多困扰和痛苦呢？那是因为他们没有搞明白一件事，那就是，喜欢一个人的前提是，你得先懂得欣赏和爱戴自己。

语文课本上有过一篇《海的女儿》的节选，说的是小美人鱼因为得不到王子的爱，最终牺牲了自己，变成了泡沫……在讲这篇课文的时候，底下的同学都很愤慨，他们一致认为王子是一个渣男，都觉得小美人鱼最后就应该拿那把尖刀去杀了王子，为自己的爱情报仇……我看到同学们都有着这样的反应的确会隐隐担心，于是我告诉他们，在整个故事中，王子其实并没有做错些什么，他和小美人鱼的信息完全不对称，在这个过程中，王子的情感是自由的。

我们一定要明白一件事：你要允许你喜欢的人不喜欢你，即使你已经爱得死去活来，这一点极为重要。我们大多数人犯的错误就在于，我们误以为只要我喜欢那个人，那个人就应该接受，就也应该喜欢我——你看，我对你这么好……但你真的搞错了。我们喜欢一个人，最大的原因是因为那个人身上有你喜欢的特质，是因为"TA很好"。同理，你想要让他也喜欢你，最大的重点不是在于展现自己对其有多好，没有人会因为你对他有多好从而喜欢上你，你应该做的是，让自己成为那个值得被喜欢的人——你得让对方觉得，你有多好，不是吗？

是的，与其不断受情欲的控制，去追求，去渴望，不如把时间花在自己的提升上，去吸引他人。"王子"如此美好，能遇上和爱上都是一件幸运的事，所以我也希望，你能够被"王子"看到，从而去做那个值得如此幸运的人。

二、及其壮也，血气方刚，戒之在斗

这是在说，人到壮年的时候，气血很旺盛，这个时候要警戒争强好斗的心理。和少年时不同，人到了壮年，身体已然发展到了极致，智识也已经相对成熟，经验也逐渐丰富，所以事事都要去争强，样样都要去争胜。

我们分两个层次来理解这句话。首先是字面上的"好斗"，壮年的时候容易冲动，遇事时血气一旦奔涌，就很难控制，这个时候容易产生祸端。

现在好多社会新闻里都会出现这样的场景，本来可以很好解决的一件事，就因为在场的几个壮年控制不住自己的情绪，一句话，一个动作，就把事情搞砸了，甚至有些到了难以收拾的地步。就比如在某个新闻中，有一个人在路上开车开得好好的，突然有人强行加塞，并且开窗辱骂，这人就按捺不住自己的情绪，猛踩油门开了赌气车，最终造成人员的受伤，自己也因为危险驾驶罪被起诉。

你看，本身占理的事，因为冲动，因为斗气，导致了不可挽回的结果，这就是好斗的代价。我在前几节课中说过，遇到问题的时候我们应该如何好好沟通，用最低成本的方式解决问题，这不只是为了自己的有效，还有一个很重要的原因是，我从不赞成去和别人吵架，因为你永远不知道，你面对的那个人是谁……保护好自己，就从"戒斗"开始。

另一个层次的"戒斗"是说，当我们到了壮年的时候，各种阅历都逐渐丰满，不免会有一些傲慢的情绪滋长。正因为如此，每每遇到一些和我们意见相左的人和事，就总想着要强压一头，让别人顺从于你，这也是另一种"好斗"的体现。

之所以这句话是孔子对于君子的要求，那就是因为孔子期待君子们不是那些恃才傲物的人，也不会是那些气场很硬的人，君子要柔和，君子要开明，君子要懂得"耳顺之德"。真正的君子不会因为对方的意见和自己不同，就一定要去争辩，而是以那颗强大的同理心和包容心，去理解，去参透，即使真的不认同，也会寻求最好的方式去解决。而这，才是君子应有的特质。

三、及其老也，血气既衰，戒之在得

指的是年老的时候，气血衰弱了，要警戒自己的贪念。年老的时候有一个最大的不同在于，人们已然没有办法去劳动，去奉献，去有所得了，这种落差感会让人产生失落，也会让人有着极为明显的不安全感。

是的，安全感。人在什么时候会有安全感？就是当自己有所得的时候。你知道自己还能够获取，知道自己还存有价值，这个时候就是安全的。那人什么时候会失去安全感？那就是你明显地知道，自己的人生就只剩支出，没有收入，这种支出或许是时间，是精力，是财富……无论是什么，都会在你年老的时候，产生一种匮乏感，这种匮乏感，就是不安全感的最大来源。

失去安全感的人，就会想方设法地通过外界去进行弥补。所以就能理解，为什么一些老人不舍得花钱？那是因为钱花了就没了，他们要把钱留着，才会有安全感。又为何有一些老人会疯狂地买保健品？那是因为他们害怕生命的逝去，总想着可以通过什么方法让自己可以更健康，更长寿……

但是，这些在你年老的时候，都会是困扰。你总是害怕，总是担心，不够坦然，也不够豁达，那就没有办法去享受晚年的时光，总是在这种不安全感的阴霾中，找不到打开生活的正确方式。

所谓"戒之在得"就是在说，年老的时候，不要总想着得到些什么了，尽可能地从容一些，尽可能地坦荡一些——坦然面对时光的流逝，坦然面对岁月的蹉跎。它们曾给你带来过年少时的青春，如此澎湃，如此激昂；就也得安然接受晚年时的衰老，如此安逸，如此安详。

在这句话中，孔子对于君子的3个人生阶段进行了提醒，"欲望""好胜""贪心"——这是3个在不同时期我们应该警醒的问题。谨慎地面对每个人生阶段的自己，是君子这一生都要做好的功课。

好的品质，需要通过学习来提纯

子曰："由也，女闻六言六蔽矣乎？"对曰："未也。""居，吾语也。好仁不好学，其蔽也愚；好知不好学，其蔽也荡；好信不好学，其蔽也贼；好直不好学，其蔽也绞；好勇不好学，其蔽也乱；好刚不好学，其蔽也狂。"

这是一段孔子和子路的对话。孔子问子路："你听说过六种品德和六种弊病吗？"当子路表示没有的时候，孔子说："来，你坐下，我来告诉你。"

孔子在之后说的我们在前面好几讲中都提到过相关的内容，那么借由这段和子路的教导，我们一起来温故一下。

一、好仁不好学，其蔽也愚

这句话是说追求仁德但不去学习、不去进步的人，会容易愚钝，容易犯傻。

我们在"君子可逝也，不可陷也；可欺也，不可罔也"的这句话中讲到过一个观念，越是好的人，越是仁德的人，就越需要聪明，或者说，越聪明的人才有能力越善良。还记得那个"千手千眼"的例子吗？当你善良到如菩萨一般，你巴不得自己有千手千眼，"千手"是仁德赋予你的，你想要尽自己的全力帮助别人；而"千眼"则需要学习，一方面看尽世间苦难不要遗漏，更重要的是要学会看清事情的方方面面，不能被蒙蔽。

所以说，如果光是有仁德的那颗心，却疏于学习，疏于长进，那么通往仁德的那条路也并不会很通畅，因为你没有足够的智慧和方法去实现自己仁德的目的，这未免太过可惜。

二、好知不好学，其蔽也荡

追求智慧的展现，却不去学习，就会变得飘忽和放荡。

智慧之所以被很多人所认同和追求，就是因为得到它并不容易。下过功夫的人一定可以了解，越好的知识，就越得花时间去钻研，去研究，要有足够的定力，才有可能去掌握这一层的智慧。是的，它需要你为此付出很多代价，时间、精力、财力、情绪……代价越大，就证明你所换取的收获越有价值。

现在的确有很多人，他们是向往智慧的，也是知道知识的重要性的，但是遗憾的是，他们并不愿意往里过多投注。没有定力的结果一定是"半瓶水"的，那似懂非懂，却以为自己很懂的感觉，会使你变得飘忽和放荡，因为你从来都没有真正安定地扎根下来。

三、好信不好学，其蔽也贼

这里的"贼"指的是"贼害"的意思。这是在说一个人讲究信用，却不学习提高认知，那么就很容易被人利用和伤害。

孔子说："言必信，行必果，硁硁然小人哉。"孟子也说："言不必信，行不必果，惟义所在。"

我们在前几讲中反复在强调一个观念：我们面对的是复杂世界的构成，人和事都在不断变化着，如果只看到"信"往往就把控不好最终的方向。

不可否认，"信"是你一个好的品质，但是，这个品质需要你通过认知的提升，更好地去加以运用。当你答应你的朋友以后在他遇到困难的时候一定会帮助他，而当某天，他需要你帮他去做一件坏事的时候，你还要不要去遵守当时的那个承诺？人变了，事也变了，你对于当初的那个"信"如果不变的话，就会让自己受到伤害。《弟子规》里有句话特别好："事非宜，勿轻诺；苟轻诺，进退错。"与其紧盯"信"的手段，不如把目光放在人和事的意义与目的上。

四、好直不好学，其蔽也绞

这是在说，一个人喜好直率，但不好学的话，那么这就会是一个非常尖利刻薄的人。

我始终在强调，我们所谓的"直率"和"莽撞"是有本质上的区别的，最大的区别就在于，你在表达自我的时候有没有分寸感，有没有为他人考虑？

我们在之前"直而无礼则绞"这句话中分析过，生活中我们听到过的那些"我说话直，你别介意……""我没有恶意，我说话就这样……"的开场白，那么之后说的，大概率都会是一些伤害人的话。

一个人的直率如果失去了分寸，那这完全谈不上是一个优点，你懒得去思考如何表达才更妥帖，如何表达才能避免伤害，你任由这种"直率"去让他人承担情绪和后果，这本质上，都是尖酸刻薄的。

生活中这样的人很常见。就好比你买了一样喜欢的东西，你朋友看到后就不停地吐槽这样东西有多少缺点，然后否认你的决策，打击你的品位，完全不顾刚买完这样东西后，原本还有着不错心情的你，在他面前有多么尴尬和不悦。

"直率"是个好的特质，但是也需要学习，学习分寸的拿捏，学习察言观色的本领，学习为他人着想的良善。

五、好勇不好学，其蔽也乱

一个人喜好勇敢，但不好学的话，就很容易犯上作乱。

之前在"勇而无礼则乱"中就和大家分析过，勇敢这个品质是最需要边界的，它需要其他品质进行扶持，不然一腔蛮勇着实可怕。

我们说越勇敢的人，就越需要有判断力，你得知道什么事情可以做，什么事情不能做，用自己的智慧推动着自己的行为。这样的判断力不是与生俱来的能力，它需要通过学习获得。

比如三国时期的吕布，以及《水浒传》中的李逵，从表面看，这两人都是有着万夫莫敌的勇力的，但为何人们对于这两人都有着负面的评价？就是因为他们在行动上毫无判断力，别人让你干吗你就干吗，吕布杀了几个义父，成为三姓家奴；李逵更是连4岁的小衙内都不放过……这些莽夫的行为谈不上"勇"的体现，那只是没有判断力的武力机器而已。

是的，越勇敢的人，就越应该知道什么时候需要勇敢；越勇敢的人，也越应该清楚该用怎样的方式去勇敢。

六、好刚不好学，其蔽也狂

一个喜好刚正的人，如果不学习不进步，那么就会变得孤傲和狂妄。

什么是狂妄？就是那种认为自己很了不起，别人都不如他的心理。这种心理为何会产生？一个很重要的原因就在于，当一个人太笃定自己所认同的观念时，与其不同的那一方，就很容易被看作异端，从而产生冲突。

所谓"刚正"恰好有这一方面的因素存在，一个刚正的人意味着他有原则，有底线，有自己所认同的观念，这样的观念和底线是不容突破的。

但是，我们始终倡导一种观念：再强硬的底线，都不意味着没有容人的空间，懂得站在他人角度去思考问题，这是极为难得的"耳顺之德"。

真正的高人是随和的，是亲人的，他们有着自己的处事原则，但也并不影响与他人的相处之道。他们知道每个人的观念和想法都是他个人的人生总和，你可以不认同，但得明白，它有它存在的意义和理由。

我们在之前几讲中说到过："君子义以为质，礼以行之，孙以出之，信以成之，君子哉！"说的就是即使恪守自己的道义，自己的原则，眼中也要有他人的存在，这样，就不会成为狂妄之人。

这句话中一直在强调学习的重要性。没有了学习的把持，任何美好的品德都会被蒙蔽，有所覆障，所以不能通明。

"好仁""好知""好信""好直""好勇""好刚"都是好的品德，使用它们的那个人如果是好学的，是能够通过学习不断提升自己的，那么这些好的品质就能以最纯粹的模样，去散发出最耀眼的光芒。

用慧眼辨别，用善恶隔绝

子曰："道听而涂说，德之弃也。"

这里的"涂"同"途"，而"道听途说"是一个被沿存下来的成语，顾名思义，就是指在路上提到，又在路上传播的意思。孔子说："在路上听到传言就到处去传播，这是为道德所唾弃的行为。"

这里说到一个非常常见的、自古以来就有的行为，就是人们太容易相信那些其实没有被验证过的信息，然后再从自己的渠道传播出去。

朋友圈里经常会出现这样的链接或图片：一个孩子在某地走失，家长万分着急，如有消息，拨打电话××××××××可联系。

图片上的孩子动人可爱，走失的地点和时间也交代得很清楚，所以朋友圈里开始疯狂转载，急他人所急，都希望这孩子能够尽快找到。

过了几天，官方发布这是不实消息，地点是假的，孩子的名字和照片也"货不对板"，那电话更是一个诈骗电话的号码，只要一拨就会落入圈套。众人一阵唏嘘，连忙删除几天前的转发。

不可否认，大家都是善意的，在看到这样子触目惊心的标题的时候，第一时间产生的情绪逼迫着你立马做出选择。在人人都是自媒体的时代，手指只要轻轻一动，这样的信息就又从四面八方辐射出去，形成更大的影响。

人们常说"耳听为虚，眼见为实"，当网络上的信息铺天盖地向我们袭来的时候，我们又该如何分辨真假？

如果你是一个"主动出击"的人，你可以用你的逻辑推理和认知判断，去推测这个信息的真实性。我们得认同，没有依据的事情是不可信的，我们可以在信息不完整的情况下尝试去找出这样的依据，从而推断事情的真实性。

比如，当你发现网络上出现这样的寻人启事时，要先看一看某地有没有这个名称的小区，和启事上标注的是不是同一个地方；再搜一下所留的电话号码是否有网络信息的留存，以及区段的显示，这些都是最为基本的调查和论证。

再比如，你看到朋友圈有人发某地火灾的消息，伤亡惨重，一片狼藉。震惊之余，你可以去搜索一下，有没有类似的支线消息的流出，还是仅仅"只此一家"。

什么什么又不能吃了？什么什么有致癌物质？养生要注意的事项……类似于这样的消息，有着基本教育素养的人，但凡用点心，去查阅、去思考，都能自行确认或证伪。

用智慧去判别事情的真实性，保证从你这儿流传出去的信息的真实性，这是一种难得的责任感。

如果你是一个"被动等待"的人，有句话叫"让子弹再飞一会儿"——有些事情我们无法在第一时间判定真假，那就不如再等一等。

几年前有一个很著名的社会新闻，说一个老外骑车碰倒了一名中年妇女，这位妇女躺在地上不住地痛苦呻吟，身边围观的群众也越来越多，纷纷拿出手机拍摄视频。他们大多数人并没有亲眼看到事情发生的经过，只是任由骑车人的单方叙述，再加上本身对中年妇女的既有偏见，就判定这又是一起明显的"碰瓷事故"。

视频一出，网友们群情激奋，矛头全部指向这位中年妇女，好像他们已然了解事情的全部真相。大量转发的传播，也对这位妇女的生活造成了很大的影响。

没过几天，当地的警局就发出官方通报，根据监控显示，骑车男子的确车速过快，也确实撞倒了正常行走中的妇女，造成了对方的损伤。

这时候网友们纷纷表示是自己怪罪错了，一笑而过，一哄而散。但那个之前被你们骂得如此不堪的她呢？她遭受的伤害又有谁来弥补？

类似于这样的事情，我们没有办法做出明确判断，毕竟我们不在现场，也无法得知全部的准确信息。那么，为何要那么着急地做判断？为何不等一下，等到事情水落石出时再做评判？

人总是有着强烈的情绪驱使，那些夺人眼球的新闻标题和事件，总会在第一时间激发我们内心的正义感和同情心。

我们要做的是，在消息就这么猝不及防袭来的时候，停下来，等一等，不是亲眼所见的不要轻易地相信，用智慧去做推断，用耐心"让子弹再飞一会儿"。

那些在公共平台造谣的人被抓之后都有着一个共同点，他们的目的单纯到只是想让自己发出的信息让更多人看到，让自己的言论被更多人重视，这是一种多么悲哀的幼稚……

我们都在竭尽全力让自己拥有更多的存在感，所有的努力，所有的付出，潜意识里都在告诉这个世界，让更多的人关注到自己。但很可惜的是，这并不是一件容易的事，很多人穷其一生都难以做到，所以有些人选择用另外一种方式得到关注：说大逆不道的话，编夺人眼球的事，想着这样你们总能看到我了吧？那些转发和评论是他们兴奋的原点，也是他们存在于这个社会上的最卑微的"价值"。

智慧的人，不会成为他们的"帮凶"。

我不知道有多少人曾被谣言侵害过，如果你不幸有过，就会有一个这样的困扰：为何如此虚无缥缈的事情，在他们讲来却可以如此绘声绘色、真真切切？

我们可曾遇到过这样毫无根据的恶意谣言：同学A穿得这么好——那他家里一定很有钱——搞不好他爸爸是当官的——那这钱来得一定不干净。所以，同学A就成了一个贪官的儿子。

同学B和同学C放学后经常一起回家——我总看到他们说说笑笑——这两个人一定有问题。所以，同学B和C就成了舆论里早恋的对象。

同事A离开了原单位——因为曾和同事B有过矛盾——同事B又是个骨

干。所以，同事A离开单位的原因，就是遭到了同事B的排挤。

……

这样类型的谣言有没有似曾相识，它们会在我们的生活中时不时地出现。如果我们冷静下来去判断其中的逻辑，总会感到非常可笑，这不成结构的推理，和栽赃并没有什么区别。但是为何在那个当下就是有人会信，有人会传呢？

著名辩手胡渐彪曾经说过：谣言之所以会成为谣言，是因为没有人会在意它的真实性，人们只会在意这条消息够不够"鲜"，够不够"辣"，够不够成为饭后有趣的谈资。

是的，那些恶性的传谣者从不考虑事情的真实性，他们只是追求事情的新鲜感，更有甚者会为了夯实这件事情的真实感，加上"这是我亲眼所见""这件事情千真万确"的话语来增加被传谣者的可信度，从而让其成为下一个的传播者。真相不是他们所在意的，他们只要绘声绘色，他们只要八卦好听，他们又有多少人会意识到，这样的话会给当事人带来怎样的伤害？

当一件又鲜又辣的事情传到你这里，判断事情的可能性，想想传播的危害性，善良的你，有仁德的你，会做出应有的选择。

君子的三种状态：庄严、随和、准确

子夏曰："君子有三变：望之俨然，即之也温，听其言也厉。"

子夏说到，君子有三种不同的状态：远远望去庄严可畏，接近他时却温和可亲，听他说话严厉不苟。

很多人在解读这句话的时候，把其中的"变"理解为"变化"，但我认为，更好的理解是"状态的切换"。君子不是一直在变化着的，而是在不同的时候，所展现出来的状态不一样而已。那么我们就来看一下，这三种状态分别有什么不同，又分别代表着君子怎样的特质？

"望之俨然"指的是君子看上去庄严而有距离感的样子。

这是一种很典型的对于君子的观感，尤其是在初识阶段。当还没有建立链接，还不够熟悉的时候，就会感觉到君子有距离感，不那么容易接近。

为什么会有这种感觉的出现呢？我们要了解到的是，生活中那些强大的人，厉害的人，往往都是不那么合群的，不轻易打开的人。他们会把更多的时间和精力投注在自己身上，有着自己舒适的生活节奏，所以从观感上，他们大多都是偏向沉默，不那么容易亲近的。

是的，内心强大的人，他们能够自给的能量就足够强大，不需要向外界过多地去讨要。这种由强大内在支撑着的人，是自洽的，是平和的，是不那么会展露情绪的，远远望去，自然就是庄严可畏的形象。

"即之也温"指的是，当真正接触了他后，却发现这是一个随和而亲近的人。

如果之前的"远"指的是还不够熟悉时会有距离感的话，那么这里的"即"，就是当你真的与其深入交流的时候，却会有和之前截然不同的感受——你会发现君子待人亲切温和。

我不知道大家有没有过这样的感受：就是生活中和有些人交流的时候，会感到异常舒服，自己所有的话对方都能接，所有的情绪对方也都能感受得到，并且能用最恰当的方式来回应，从而给你最妥帖的感受。

很多人会以为，这是因为自己找到了知己，眼前的这个人真的是一个很懂自己的人，你们两人之间着实很有缘分。这固然是一种好的感受，但也多多少少带有一丝误解。如果你每一次和对方的交流都会发现极为愉悦，且没有任何障碍的时候，很有可能，你面前的这个人远高于你，他正在向下兼容你。

人与人之间完全本能的契合，是一件概率极低的事情，如果知识和涵养都不足以支撑的话，那么人际摩擦就会成为交流的常态。而如果有一个人知道你所有想要表达的意思，了解你所有表露出或者没有表露出来的情绪，他知道怎么说你才会开心，怎么说你才会接受……那就证明你面前的这个人有着极高的境界。这种与他交流时的"随和与亲近"，更多的，是来自他的能力，这种能力，是君子始终在积累着的综合能力。

"听其言也厉"指的是，听君子说话，会感觉既严谨又准确。

要注意的是，这里的"厉"并不是指态度上的"严厉"，而是言语的内容极为精确，也极具说服力，他能够很清楚地知道问题在哪儿，并能给出言语的指引。

我们学习《论语》到现在，其实每个人都能发现，《论语》里孔子说的每一句话，都是"听其言也厉"。无论谁提出自己的疑问和质疑，孔子都能清楚地知道问题出在什么地方，并且用最简练的语言，精准地指出，并且给予明确的指引，这是非常了不起的一件事。

我们常说，语言是有力量的。这样的力量来自你对事物的洞察力；以及历经时间淬炼，在学习和生活中所积淀下来的判断力；最重要的，是最后对于问题的执行力。观察——判断——解决，是孔子在《论语》中落实到每一句话中的体现，也是给予君子们最为明亮的模范与参考。

和自己好好相处，与世界和谐共处

孔子日："不知命，无以为君子也；不知礼，无以立也；不知言，无以知人也。"

这句话是《论语》的末篇末节，编排者将其放到最后，多多少少的，会有一些总结的含义在其中。这句话中的"知命""知礼"和"知言"的确也从三个角度极为涵盖地浓缩了孔子的观点和思想，那么也就让我们借由这最后一句话，来进行一个整体的复习与总结。

一、不知命，无以为君子也

这是告诉人们要懂得天命，知命是君子之道的根本所在。

孔子曾说过"五十而知天命"，就是说人到了50岁的时候，就应该要明白，不是所有的事情都能够凭借你的努力就能做到的，很多时候它需要天命的成全。一旦参透这一点，人生就会变得相对快乐一些，也就不会有那么多执念的存在。

我们在少年时，总觉得成功是一件自己可以完全掌控的事情，只要我足够付出，足够努力，足够优秀，就一定能有相应的成就。这是一个很好的想法，因为一旦你这样想，就意味着你找到了成功的先决条件，从概率上来说，你达成目标的可能性就会变大。

但越往后就越多人明白，一个人的成功与否，不只取决于努力，时间、地点、人物……一切的时机都非常重要。

我小时候挺喜欢一个明星，叫周渝民，是演《流星花园》里的花泽类而出道的，他就是一个天命非常好的人。周渝民之所以会当上偶像，是因为他在某一次陪同朋友去参加试镜的时候，被星探看中，并且认为他有成为偶像的潜质，遂给予一切的资源捧红他。那个参加试镜的朋友却没有被选中。之后发生的事情大家都知道了，通过一部《流星花园》的走红，周渝民在那个时候扶摇直上，成为炙手可热的一线明星。有很多人会说，那是因为他的确长得好看啊，被看中也极为正常。是的，但你有没有想过，长得好看的人这么多，为何就只有他能够有这样的机会，为何会在那个平平无奇的一天里，天命就这么毫无征兆地砸到他的头上？这，就是天命的随机性。

同样的，在这个领域拼命努力的人那么多，又有多少人会得到天命的成全？这个比例说实话是很令人悲观的。所以有很多人会产生心态的变化，他们抱怨世道的不平，抱怨命运的不公，抱怨自己生不逢时……那往往就是因为你给了自己太多的期待。

我们有一句话常常挂在嘴边——"尽人事，听天命。"这句话并不是让你躺平摆烂地去等候命运的垂青，而是让你保有原本的梦想，去努力，去奋斗，去精进，去做好一切你在自己的把控范围内能够做好的事。其他的，就交由天命成全。

是的，所谓君子，应该要学会与自己和解，惜缘不攀缘，知命不强求，这样的人生，才更快乐和洒脱。

二、不知礼，无以立也

指的是，不知礼的人，是无法立身处世的。

"礼"是孔子始终强调的核心概念，在儒家中，"礼"一方面指的是政治上的"礼制"，还记得之前所讲的"是可忍，孰不可忍"的典故吗？这就是从"礼制"出发的约束。那对于我们现代人而言，我们可以从"礼法"和"礼教"上来明白"礼"的重要性。

所谓的"礼"其实都是由内在的生成，从而有着外在的显示。我们说，人都是社会的组成部分，在社会中，我们一定是需要与他人合作或者沟通的。在这个过程中，以"礼"作为规制和约束自己行为的方式，是能够学会如何立身处世的根本。

我举几个生活中常见的例子：

比如去别人家做客，我们都知道一定得带上些小礼物，不能空手而去。那为什么会有这种约定俗成的规矩呢？那是因为登门拜访是人际交往中的一种重要形式，人们常说登门一定要带礼物是种礼貌，这种礼貌并不只是外在的独立体现，而是真正发自内心地表示对主人的重视和尊重，一旦有了这一层的意味在，带上一份小礼物就不是刻意的行为，而是内心礼教的体现。

现在这个时代，与他们的交流不只是线下面对面的接触，还有一种常见的方式叫网络。所以对我们而言，这样的"礼"是在不断更迭的，我们无法从某个单一的层面去记住所有的外在行为，而是要懂得"礼"的内核，从而知道无论面对怎样的情境，都能很好地去应对。

就比如现在的即时通信中，如何去与人沟通就很能体现"礼"的存在。在这里我只举一个最常见的例子，就是当你要找人的时候，千万不要只发一句"在吗"就没了下文，这是一种极度缺失"礼"的表现。你要知道，当你逐渐成长的时候，要领会一件事，那就是对于成年人来说，"时间"是最宝贵的，是无可取代的资源，尽可能地节约沟通成本很是重要。所以当你试图找对方的时候，请用一段完整的话说明来意，而不只是一句——"在吗？"给予对方时间，想好用最合理的方式来回复。这样的礼仪是近些年科技发展后才演变出的方式，但不变的是，你为何要有这样的举动？那是因为你内心想的不只是自己，还有对方，你在相处和沟通的过程中，有着一颗为他人着想的心，那就极为珍贵。

三、不知言，无以知人也

说的是在与他人的交流中，要学会分辨他人的言语，不然就无法真正了解对方。

很多人表示不理解的是，分辨他人说什么能有什么困难？照着语言所要表达的意思去理解不就没有问题了吗？如果你也这么想，那就说明你把这个世界想得太简单了。这个世界之所以复杂，是因为其中的事很复杂，其中的人也很复杂。当碰到复杂的事的时候，人在其中的一切行为也都有可能变得复杂起来。从语言角度来看，人们经常会因为某些原因并不直话直说，你要参透他的意思，如果仅从话语本身就会理解得很局限，你必须得观察他的表情，体会他的语气，从而去领悟话语背后的含义。

我记得在我中学的时候，有一个同学令我印象深刻。体育课上课铃声响起的时候，外面正下着瓢泼大雨，这时数学老师走进来说："这节体育课由于下大雨的关系，你们就只能在教室里做练习。"底下的我们不免发出遗憾的感叹。数学老师见状，眉头一锁说道："不是我不让你们上体育课啊，是下雨的关系，当然，你们如果有谁愿意下大雨还出去活动的，我也不拦着。"我们看着老师的表情，自然也就打消了不合理的念头。这时候，有一个同学就站起身说道："老师，我不怕下雨，我要出去活动。"说罢就出了教室门，一个人在下着雨的操场上拍着篮球活动……我至今还能记得数学老师那张铁青的脸，那是一种集合着不解与愤怒的尴尬表情。

是的，那个同学就只听见"你们想出去玩，我也不拦着"的表面意思，却没有发现老师脸上的表情和语气要表达的真正含义，而一旦只停留在话语表面，就很容易误解他人真正想要表达的意思。

大家一定都有过和家里人吵架的经历。比起吵架的过程，吵完架后的冷漠才是最让人感到难受的。每每这个时候，如果对方过来和你说上一句："喂，我要吃个苹果……"你得感知到，在那个时候，这就是一个非常明确的吵架结束的信号。一个能听懂话的人，内心的想法就会是：他居然还想吃苹果，太好了，没事了，这个架总算是吵完了……而一个听不懂话的人，或许就会无视这个"梯子"的存在，表示：吃什么苹果？我们家又没有苹果！气头上还要吃苹果，莫名其妙……

没错，不要仅仅停留在话语的本身，而要去体会话语背后，对方所要表达的真正含义是什么。能听得懂话的人，才能真正地去了解他人。

《论语》的末篇末节到底要告诉我们什么？如果我们整合地来看的话，就会发现，孔子引导我们在不断提升自己的情况下，能学会和自己好好相处，也能学会和世界和谐共处。我想，这就是最有价值的指引。这也是《论语》的最后一讲，我也衷心祝愿读到这里的朋友们，都能通过修行，成为更好的自己。

参考文献

1. 杨伯峻.论语译注［M］.北京：中华书局，2006

2. 钱穆.论语新解［M］.北京：长江文艺出版社，2020

3. 南怀瑾.论语别裁［M］.上海：复旦大学出版社，2002

4. 李泽厚.论语今读［M］.上海：世界图书出版公司，2023

5. 傅佩荣.论语三百讲［M］.北京：北京联合出版社，2019

6. 樊登.樊登讲论语［M］.北京：北京联合出版公司，2020

7. 徐贲.明亮的对话：公共说理十八讲［M］.北京：中信出版社，2014

8. 史蒂芬·柯维.高效能人士的七个习惯［M］.北京：中国青年出版社，2018

9. 迈克尔·桑德尔.金钱不能买什么［M］.北京：中信出版社，2012

10. 熊浩.熊浩的冲突解决课：谈判［M］.北京：法律出版社，2017

11. 胡渐彪.松弛感［M］.北京：中信出版社，2023

12. 梁秋阳.深度说服［M］.南京：江苏凤凰文艺出版社，2019

13. 马歇尔·卢森堡.非暴力沟通［M］.北京：华夏出版社，2018

14. 罗杰·费希尔，威廉·尤里，布鲁斯·巴顿.谈判力［M］.北京：中信出版社，2012

15. 罗杰·费希尔，斯科特·布朗.沟通力［M］.北京：中信出版社，2012

16. 罗杰·费希尔，丹尼尔·夏皮罗,高情商谈判［M］.北京：中信出版社，2018

17. 阿图·葛文德.清单革命［M］.北京：北京联合出版公司，2017

18. 爱德华·L.德西，理查德·弗拉斯特.内在动机［M］.北京：机械工业出版社，2020

19. 塞缪尔·早川，艾伦·早川.语言学的邀请［M］.北京：北京大学出版

社，2015

20. 马克·郭士顿.倾听的力量［M］.北京：民主与建设出版社，2022

21. 岸见一郎，古贺史健.被讨厌的勇气［M］.北京：机械工业出版社，2015

22. 余党绪.祛魅与祛蔽［M］.北京：中国人民大学出版社，2016

22. 村上春树.当我跑步时我谈些什么［M］.海口：南海出版社，2010

23. 文森特·鲁吉罗.超越感觉：批判性思考指南［M］.上海：复旦大学出版社，2015

24. 刘擎.刘擎西方现代思想讲义［M］.北京：新星出版社，2021

25. 胡适.人生有何意义［M］.北京：民主与建设出版社，2015

26. M.斯科特·派克.少有人走的路［M］.北京：中国商业出版社，2013

27. 余秋雨.文化苦旅［M］.武汉：长江文艺出版社，2014

28. 安德斯·艾里克森，罗伯特·普尔.刻意练习：如何从新手到大师［M］.北京：机械工业出版社，2016

29. 斯科特·塞缪尔森.关于痛苦的七堂哲学课［M］.北京：北京燕山出版社，2020

30. 阿黛尔·法伯，伊莱恩·玛兹丽施.如何说，孩子才会听？怎么听，孩子才肯说？［M］.北京：中央编译出版社，2013

用《论语》的光，照亮更好的你
（后记）

很高兴，终于和大家一起走到了"《论语》的味道"的最后一篇。回顾了一下，这套课程从2020年开始企划，直到今天，已经将近4年的时间。在这段时间里，除了文字版本，我还在喜马拉雅更新了140期线上音频课程，同样通过学习篇、相处篇和为人篇，从3个不同的面相，撷取了160多句典型的，更容易被中小学生理解和运用的话语，和大家一同领略了《论语》这部经典的魅力。

在全部课程结束之后，和大家说说心里话。我知道，关注我的《论语》课的，或者在线上聆听这套音频课的人并不算太多，但能跟到这里的小伙伴，无论是学生、家长还是朋友，你们都不只是冲着我个人来的。但凡能一直关注着的，多多少少，都是认同这套课程的观念的。如果要说希望这套课程有着怎样的作用和影响，我最想要的就是，能够尽可能地改变同学们对于《论语》，以及其他古代经典文本的看法。由于自己一直任教语文这门学科的关系，我看到好多好多学生，在接触这类文本的时候，都极为苦恼，这种苦恼不仅来源于考试要考，所以需要你背出来、默出来、翻译出来，更多的是来源于他们找寻不到学习这个的意义和价值。

是的，意义和价值，这是学习任何东西的源动力，没有这些，就一定会吃力，如果还要加上那不得不学的名头，那就势必会痛苦。如果站在成年人的视角，就会真真切切地明白，为什么现在有很多人会这么厌恶上班，无非就是找寻不到意义，却又不得不做的现实。

也正是出于这个原因，在"《论语》的味道"这套课程的观念里，从不提及背诵，也刻意在弱化翻译，因为在我看来，这个是不重要的。重要的是，你能否穿透几千年的光阴，去了解夫子于那个时代的智慧，并且化繁为简，让这样的智慧，在你现实的生活中，可以得到映照，可以拿来参考，可以帮你解决一个又一个有明确困扰的问题……就像每集前面的话所讲的：《论语》，不是语文课上强加背诵的文本，而是历经千年，仍可以与生命历程糅合的光痕，用《论语》的经典做皮，用生活的经历做馅，才会产生那种无与伦比的绝妙味道。我想，是这样的。

最后我想说，要感谢各位一直以来的支持。这一年当中，收到的不少私信是来源于对某节课程内容的肯定，以及对于整个课程的认同。其实这套课不只是在线上，在学校里也有相关的线下课，每每看到现场同学们专注的神情，以及现场热烈的互动，都会给予我很大的鼓励，让我知道这样的形式是可行的，是可以被接受和认可的。更重要的是，我在好多同学的日常中看到了正确学习《论语》的成果。

我看到有同学鼓起勇气参加某个比赛，并在随笔中提到：季文子三思而后行，子闻之，曰："再，斯可矣。"——他需要的是那种不要多想，先上路的勇气。

我也看到有同学在某次演讲前不断练习，并最终在台上完美呈现。之后的经验分享中她提到：临事而惧，好谋而成——遇到事情感到紧张很正常，所以这才更需要充分准备。

我还看到在班干部竞选中，同学们的姿态都很健康，在展现自己的同时，也给予他人充分的认可和尊重。有同学同样在文章中写道：君子无所争，必也射乎。揖让而升，下而饮，其争也君子——这正是良好竞选心态的体现。

……

以上的例子在这些年里比比皆是，没有什么比看到这些更让人感到欣慰的了。你看到《论语》的经典在闪光，并且这样的光，正融入他们生活中的点点滴滴，去照亮他们——一个个的，都成为会学习、能相处的温柔之人。

这套课程虽然结束了，但《论语》的光始终都在，我希望它可以成为一个很好的引子，用正确的方式去帮各位打开一扇学习经典的大门。它们不再是一句句冷冰冰的、只存在于书本上的文字，而是穿透了千年的光阴，仍可与现实产生共鸣的语词。

2024 年 8 月

图书在版编目（CIP）数据

论语的味道 / 唐振杰著. — 上海 ： 文汇出版社，
2025. 6. — ISBN 978-7-5496-4515-2

Ⅰ．B222.25

中国国家版本馆CIP数据核字第2025LP7280号

论语的味道

著　　者 / 唐振杰
责任编辑 / 熊　勇
封面装帧 / 张　晋

出版发行 / 文匯出版社
　　　　　　上海市威海路755号
　　　　　　（邮政编码200041）
经　　销 / 全国新华书店
排　　版 / 南京展望文化发展有限公司
印刷装订 / 启东市人民印刷有限公司
版　　次 / 2025年6月第1版
印　　次 / 2025年6月第1次印刷
开　　本 / 720×1000　1/16
字　　数 / 420千字
印　　张 / 29.25

ISBN 978-7-5496-4515-2
定　　价 / 58.00元